Für Barbara von
Aleksandra Botic für gute Zeit
mit Filip
in Frankfurt am Main
am 14.12.2022   A Botic

IMPRESSUM

AUTORINNEN:
Aleksandra Botic und Susanne Konrad

LEKTORAT:
Johannes Chwalek

TITELBILD:
Aleksandra Botic

GESTALTUNG UND SATZ:
Jonas Zauels

VERLAG:
edition federleicht, Fuldatal
www.edition-federleicht.de

1. Auflage 2022
© edition federleicht

ISBN 978-3-946112-79-2

Aleksandra Botic | Susanne Konrad

AM UND IM FLUSS

Roman

Vorgeschichte

DIE FAMILIE FARI

In Serbien, zwischen Rumänien, Bulgarien und dem serbischen Norden, wo der Jasenische Fluss in die Donau mündet, unten an einem kleinen Hügel und nur sieben Kilometer von Norin entfernt, befand sich ein kleines Dorf. Das Dorf hieß Serdar. In diesem Dorf lebte am Anfang des 20. Jahrhunderts eine Familie, die Fari genannt wurde. Das Familienoberhaupt war Adam Farajcic. Er wurde aber von seinen Nachbarn Adam Fari genannt, denn auf dem Grundstück, wo er mit seiner Familie lebte, war früher ein Spiel namens Fari gespielt worden. Das war ein Spiel, bei dem die Spieler Holzstücke in die Luft warfen und bei deren Rotationen es ein Geräusch gab, das wie ein lautes »Frrrr ...« klang. Adam Farajcic, genannt Adam Fari, hatte dieses Grundstück von seinem Onkel als Hochzeitsgeschenk erhalten. Der junge, frisch verheiratete Adam baute dort ein Haus, in das er um 1885 nach der Hochzeit mit seiner jungen Frau einzog.

Er selbst war von seinem Onkel großgezogen worden. Seine Eltern hatten elf Kinder bekommen, von denen sieben als kleine Babys gestorben waren. Adam und drei weitere Geschwister hatten überlebt. Seine Eltern waren an Typhus gestorben, als er noch ein kleines Baby war, und sein Onkel hatte ihn bei sich aufgenommen. Adam hatte eine schwere Kindheit. Er war unterernährt und schlecht gekleidet. In der Familie seines Onkels musste er die härtesten Arbeiten übernehmen. So wurde er mitten im Winter barfuß in den Wald geschickt, um Holz zu holen, weil er von seinem Onkel weder Schuhe noch Strümpfe bekam. Doch Adam hatte überlebt und sich zu einem außerordentlich fleißigen und intelligenten jungen Bauern entwickelt. Die Felder, die er von seinen Eltern geerbt hatte, bearbeitete er und zusätzlich schuftete er auf den Äckern seines Onkels. Von dem Geld, das er damit verdiente, erwarb er weitere Felder und so wurde aus ihm ein junger erfolgreicher Bauer. Er kaufte sich zwei große Ochsen, die er liebevoll pflegte, denn das Vieh bedeutete Wohlstand und Status. Jetzt hatte Adam die Möglichkeit, eine Familie zu gründen. So heiratete er die schöne Jala aus der Familie Kolani, zog in sein neu erbautes Haus und bekam 1906 darauf einen Sohn, den sie Jovi nannten. 1908 folgte eine Tochter, Lena. 1915 bekamen Adam und seine Frau noch mal Zwillinge, zwei Jungen. Doch bei deren Geburt starb Jala. Adam, so allein gelassen, war mit der Situation überfordert. Er wusste nicht, wie er die Zwillinge ernähren sollte. Die inzwischen achtjährige Lena versuchte, die Kleinen zu retten, aber sie wusste auch nicht, wie. Sie fütterte und badete die zwei Babys, aber schaffte es nicht, die beiden richtig zu versorgen. Selbst in Grausamkeit großgezogen, musste Adam zusehen, wie seine Kinder zugrunde gingen. Nach dem Tod seiner beiden Buben heiratete Adam 1916 die schöne Lilica aus der Familie Ardi. Lilica war unfruchtbar und ideal als Ersatzmutter für die beiden am Leben gebliebenen Kinder. Sie liebte die beiden, zog sie groß und vermittelte ihnen eine gute Erziehung.

    Lena heiratete, als sie erwachsen war, einen der drei Okuza-Brüder mit Namen Jovan Okuza und zog mit ihm in ein Haus, wo auch seine jüngeren Brüder mit ihren Frauen lebten. Lenas Bruder Jova war ebenfalls ein sehr gut aussehender Mann. Er blieb im Haus seines Vaters Adam und verlobte sich mit der schönen Njika. Doch schon kurz nach der Verlobung erkrankte er an Tuberkulose, einer damals unheilbaren Krankheit. Nach kurzem, aber heftigem Leiden und starken Qualen starb er 1921 im Alter von achtzehn Jahren. Seine junge Frau aber kehrte nach seinem Tod zu ihren Eltern zurück. Später heiratete sie in die Familie Cukulu ein.

Nach dem Tod seines Sohnes war Adam am Boden zerstört. Um nicht allein zu bleiben, holte er seine Tochter Lena und ihren Mann Vanje aus der Familie Okuza, wo sie lebten, zurück nach Hause. Lena bekam zwei Söhne, Petruce und Gischa, und die Tochter Jaca. Das kleine Mädchen spielte neben der Mutter, während diese Wäsche wusch. Einmal fiel sie in einen großen, kupfernen Wasserkocher und erlitt schwere Verbrennungen. Lena versuchte das Kind zu retten, aber konnte es nicht. Die kleine Jaca erlag diesen Verbrennungen im Alter von zwei Jahren.

Im Jahr 1941 lebten Lena, ihr Mann Jovan Okuza (Vanje), ihre beiden Söhne Petruce und Gischa mit ihren Eltern Adam und Lilica ruhig in ihrem Haus. Sie betrieben ihre täglichen Arbeiten auf dem Bauernhof. Sie waren glücklich. Vanje war Baumeister und ging sehr oft weg, weil er Häuser bauen musste, um die Familie zu ernähren. Plötzlich brach der zweite Weltkrieg über sie herein. Nachrichten wurden sehr schnell verbreitet, obwohl es im ganzen Dorf kein Radio gab. Die Informationen bekam das Dorfoberhaupt. Dieses schickte seinen Tambour. Der ging mit Trommeln durch das Dorf, trommelte kurz und rief die Nachricht laut heraus. Die Bewohner hörten aufmerksam zu und verbreiteten das Gehörte mit Mundpropaganda weiter. Vanje wurde einberufen und zog mit der Königlich Serbischen Armee in den Krieg, um das Königreich Jugoslawien zu verteidigen.

Doch am 27. März 1941 kam es in Belgrad zum Staatsstreich. Eine Gruppe serbischer Offiziere der jugoslawischen Luftwaffe besetzte verschiedene Regierungsgebäude und stürzte schließlich die Regierung unter Prinzregent Paul. Anlass war die Bereitschaft der Regierung gewesen, mit Hitler und den Achsenmächten des Zweiten Weltkriegs zu kooperieren. Am 6. April griff die deutsche Armee Jugoslawien an und bombardierte die Hauptstadt Belgrad. Am 17. April kapitulierte Jugoslawien. Die Königliche Armee wurde entlassen. Die Soldaten wurden nach Hause geschickt, um ihre Felder zu bewirtschaften. Der König flüchtete.

Im Jahr 1944 kamen die Russen, um Jugoslawien zu verteidigen und die deutschen Soldaten zu vertreiben. Junge Männer wurden mobilisiert, um der russischen Armee zu helfen. Sie zogen alle bis nach Wacikan. Von dort aber wurden die Soldaten zurückgeschickt, denn sie waren die Ernährer der Familien. Ihre Frauen weinten und beteten und die jungen Männer wurden entlassen. Vanje aber kam nicht zurück nach Hause. Er blieb im Krieg und schloss sich Titos Partisanen an, um gegen die deutschen Soldaten zu kämpfen. Er glaubte an den Kommunismus, war Patriot, liebte sein Land und wollte Jugoslawien verteidigen. Mit Titos Partisanen kam er bis Sandjak. Dort wurde er krank. Der Typhus hatte ihn erwischt.

Einmal wurde die Gruppe angegriffen. Wegen seiner Krankheit konnte sich Vanje nur schlecht orientieren. Statt an die sichere Seite seiner Kameraden zu flüchten, geriet er an die Front der deutschen Soldaten, die gemeinsam mit serbischen Tschetniks gegen die Partisanen kämpften. Diese fingen ihn und brachten ihn um. Seine Leiche wurde nicht gefunden. Lena aber bekam die Nachricht, dass ihr Mann Jovan (Vanje) Okuza im Kampf zwischen Partisanen und Deutschen gefallen sei, um die Kommunistische Partei und sein Volk zu verteidigen. Lena blieb im Alter von 27 Jahren als Witwe zurück, mit zwei kleinen Kindern und ohne Lebensunterhalt. Sie lebte aber auf dem Bauernhof ihres Vaters Adam. Weil sie Felder besaßen, hatten sie keine Entschädigung von der Regierung bekommen. Später bekam sie eine kleine Witwenrente. Ihre beiden Söhne, Petruce und Gischa, wuchsen auf dem Bauernhof ihres Großvaters auf und lernten fleißig von ihm die Landwirtschaft. Lena liebte ihre beiden Söhne und wollte das Beste für die beiden.

Petruce heiratete die einzige Tochter des Sekretärs der Kommunistischen Partei des Dorfes Radu und seiner Frau Malika, die Bica hieß. Malika stammte aus dem Dorf Radujevec. Nach der Heirat hatte Radu sie in sein Dorf Serdar gebracht und mit ihr die Tochter Bica bekommen. Als diese 15 Jahre alt war, hatte Petruce Okuza aus der Familie Fari sie geheiratet. Sie bekamen eine Tochter und nannten sie Grada.

Vier Jahre später heiratete Petruces Bruder Gischa Fari die große blonde Gica, die jüngste Tochter von Lie und Ilinka Jalic. Gica war in Gischas Großfamilie gekommen, um mit ihrem Mann dort zu leben: mit ihrer Schwiegermutter Lena, dem Groß-Schwiegervater Adam und der Groß-Schwiegermutter Lilica. Als Mitgift hatte sie fruchtbares Ackerland eingebracht. Mit Gicas Mitgift und allem, was sie besaßen, hatte Familie Fari sechs Hektar Ländereien und einen halben Hektar Wald. Das bedeutete in diesen Zeiten einen mittleren Wohlstand. Als Gica zur Familie Fari kam, hatte Adam Fari ein weiß gestrichenes, mittelgroßes Haus.

Das Haus hatte einen Haupteingang und vier Fenster auf der Südseite, sodass es den ganzen Tag vom Sonnenlicht durchflutet war. Die Fläche des Hauses betrug ungefähr 11x8 qm und bestand aus einem 7x4 qm großen Keller, dem sogenannten *Podrum,* sowie zwei weiteren großen Räumen für den Wohnbereich. Der *Podrum* war die Speisekammer, wo die Familie den Sommer über ihre Vorräte lagerte, damit sie während der sechs Monate im Winter und im Frühling, bis sie wieder ernten konnten, nicht hungern mussten. Dieser Vorratskeller war immer geschlossen und der Schlüssel war bei Adam. Der kontrollierte streng, dass nichts verschwand oder weggeworfen wurde und sorgte dafür, dass die Familie sich gut ernähren und auch alle Familienfeste mit gutem Essen und Trinken feiern konnte. Weil die Familie wenig Geld besaß, bestimmte Adam, wann und wofür das Geld ausgegeben werden durfte. Er achtete auch auf das Ansehen der Familie. Für Gica wurde neue Kleidung für Tanzfeste angefertigt, die so genäht waren wie die ihrer Dorfkameradinnen, die frisch verheiratet waren und sich *njeveste*[1] nannten. Denn Adams Schwieger-Enkelin musste wie die anderen Frauen im Dorf gekleidet sein. Niemand durfte wissen, dass die Familie wenig Geld hatte.

Dafür musste die jung verheiratete Gica sich als fleißige Frau zeigen und einmal in der Woche die Wäsche für die ganze Familie waschen. An jedem Samstagnachmittag wurde das Haus geputzt und Grundstück und Garten wurden in Ordnung gebracht. Auch die Straße wurde gekehrt. Alles, was die Familie besaß, musste glänzen. Die Frauen in der Familie kümmerten sich darum, dass das Haus sauber war und dass gutes Essen auf dem Tisch stand. Die Männer hatten andere

---

[1] die Frischverheirateten

Aufgaben. Adam sah nach seinem Vieh und seinen Landwirtschaftswerkzeugen und Gischa kümmerte sich, weil er früher tuberkulosekrank gewesen war, darum, die Neuigkeiten im Dorf zu erfahren und er achtete auf die Ehre der Familie. Die Frauen mussten am Sonntag immer sauber, schön angezogen und frisch gekämmt sein. Gica musste als die jüngste Frau frisches Gemüse aus dem Garten bringen und zu einer schmackhaften Mahlzeit verarbeiten.

1. Teil

Ein eigenwilliges Mädchen

BILIJA BEKOMMT EINEN BRUDER

In dieser Familie erblickte im August 1953 ein Mädchen das Licht der Welt. Gischa und Gica bekamen ihr erstes Kind. Das Mädchen wurde Bilinda genannt, aber weil die Patentante Bilija hieß, riefen sie das Mädchen auch Bilija. Bilija war wie die Quelle eines Flusses. Dieser bahnte sich seinen Weg. Zuerst war es ein kleiner Bach, der ruhig vor sich hinfloss. Das Mädchen begann im Fluss seines Lebens zu schwimmen. Die Familie Fari aber beobachtete und steuerte den Fluss und das Mädchen.

Als Bilija zwei Jahre alt war, an einem sonnigen Nachmittag, trieb Adam seine zwei schönen großen Ochsen aus dem Stall. Er trieb sie zum Jasenischen Fluss, der träge unterhalb des Dorfes dahinfloss. Nach zehn Minuten waren sie dort angekommen. Adam lenkte die Ochsen in das Wasser und sprach liebevoll zu ihnen: »Na, *Sahra*[2], na, *Ridja*[3] ... Jetzt werde ich euch baden. Ihr müsst so schön sein wie die schönste Blume, wenn der Sonnenstrahl sie berührt. Wir gehen zur Kirmes. Ihr werdet uns höchstpersönlich im frisch gestrichenen Holzwagen dorthin fahren.« Die Ochsen liebten ihren Besitzer und nickten zweimal mit dem Kopf, als ob sie sagen wollten: »Verstanden!« Die Ochsen wussten genau, wenn Kirmes war, wurde besseres Gras als sonst verfüttert. Denn alle sollten sehen, dass Adam sein Vieh gut und liebevoll behandelte. Nun strahlten die frisch gebadeten Ochsen in ihrer Pracht, Umbra in seinem Erdbraun und der Bunte mit seinem gescheckten Fell. Adam kam mit seinen Tieren nach

---

[2] Bunte

[3] Umbra = Erdfarbe

Hause und schirrte sie am Holzwagen an. Der Holzwagen hatte vier Räder und eine Verkleidung mit zwei bunten Holzbrettern an den Seiten. Er hatte eine kräftige Achse und ein Geschirr, durch das die Ochsen selbstständig ihre Köpfe stecken konnten. Adam schloss es an den äußeren Seiten ab. Der Holzwagen selbst wurde mit dem *Arnjev* bedeckt, der aus sechs gebogenen Zweigen von etwa vier Metern Länge und zwei Zentimetern Dicke bestand. Diese waren im Abstand von 50 Zentimetern an sieben Stangen festgebunden. Dieses Gebilde war mit der *Regozine,* einer Art Teppich aus Pappe, bedeckt und bildete so ein halb rundes Dach über dem Holzwagen. Die *Regozine* wurde mit Draht an den Zweigen und Stangen befestigt, so dass sie auch bei stärkerem Wind nicht wegfliegen konnte. Der hintere Teil des *Arnjevs* wurde mit einem von den Frauen gewebten dicken Leinentuch zugedeckt und vorne mit einem leichteren Tuch verhängt, das man zur Seite ziehen konnte, um kontrollieren zu können, ob die Ochsen den richtigen Weg gingen oder angetrieben werden mussten. Die Frauen brachten eine dicke Matratze, die mit Stroh gefüllt war, in den Holzwagen, dazu ihre schönsten selbstgewebten Decken und ihre festlichsten Kleider für die kommenden drei Tage. Denn an drei bis vier Tagen, vom 12. bis 14. Juli, wurde auf dem Kirmesplatz gelebt und man zeigte sich von seiner besten Seite.

Bilijas Mutter hatte einen sehr dicken Bauch und bewegte sich schwerfällig, aber sie wollte auf keinem Fall zu Hause bleiben. Adam forderte seine Familie auf, in den Holzwagen zu steigen und alle taten dies mit Freude. Bilija verstand das alles nicht, aber war begeistert. Einen halben Meter über den Köpfen der Fahrenden befand sich der *Arnjev*, der die Familie vor Sonne,

Wind und Regen schützte. Mit den Worten »*Ajd Kopiji ai mei*«[4] und mit einer leichten Berührung durch die Peitsche gab Adam seinen Ochsen das Zeichen, dass die Familie zur Abfahrt bereit war und dass sie laufen und den Holzwagen zur Kirmes ziehen sollten. Nach einer Stunde langsamer Fahrt waren sie tatsächlich eingetroffen. Sie hatten einen schönen Stellplatz zwischen ihren Cousinen und Nachbarn. Alle waren mit ihren Holzwagen da. Die Mutter zog Bilija ein lichtblaues Kleid mit weißen Blümchen an, dazu weiße Schuhe, die kleine Gurte über den Füßchen hatten, die sie festhielten. Dann zog sie sich selbst schön an, um mit ihrem Mann über den Festplatz zu gehen und sich zu zeigen. Plötzlich schrie sie auf und hielt ihren dicken Bauch mit beiden Händen fest. Sofort entstand Unruhe in der Familie. Adam, der immer ein schneeweißes, langes Hemd wie ein Kleid über seiner weiten, ebenfalls weißen Hose trug, spannte schnell seine zwei starken, großen Ochsen an den Spannwagen. Diese waren nicht begeistert, denn sie hatten gerade Futter bekommen. Adam sagte streng: »Wir müssen sofort nach Hause.« Die Ochsen verstanden das und gingen von selber zu ihren Plätzen. Adam befahl seiner Familie, wieder auf den Wagen zu steigen. Die schwangere, dickbauchige Mutter hatte eine komische Haltung, wie Bilija fand. Sie versuchte, auf den Wagen zu steigen. Gischa, ihr Mann, half ihr und nahm auch Bilija auf die Arme und hob sie hinauf. Dann stiegen Großmutter Lena und Urgroßmutter Lilica ein. Zuletzt sprang Bilijas Urgroßvater Adam auf den Wagen und trieb die Ochsen mit einer Gerte an, damit sie schleunigst nach Hause kamen.

Bilija erinnert sich: Der Raum war sieben Meter lang, fünf Meter breit und frisch gestrichen. Auf der

---

[4] „Meine Kinder, gehen wir!"

linken Seite befand sich ein Ofen. Bilijas Großmutter Lena brachte einen großen, kupfernen Topf, der mit Wasser gefüllt war, und stellte ihn auf den Ofen. Dann öffnete sie dessen kleine Tür, schob eine Handvoll getrocknete Zweige und Brennholz hinein und sah sich besorgt zu Gica um. Sie stand da mit ihrer komischen Grimasse und den Händen vor ihrem runden Bauch. Bilijas Urgroßmutter Lilica umarmte Gica und führte sie zu einem breiten, aus Holz gemachten Bett. Es war wohl 1,50 x 2,00 Meter groß. Kopfende und Fußende waren mit Holzschnitzereien geschmückt. Statt Matratzen gab es einen großen Sack aus selbstgewebter Jute, der mit Streu von Adams Getreidefeldern gefüllt war. Vor das Bett legten die Frauen ein selbstgewebtes Kopfkissen aus Schafswolle und eine große, dicke selbstgewebte Decke. In einer Ecke vor dem Fenster lag auch ein schwerer, mit Streu gefüllter, Sack, der mit einer weißen Decke verhängt war und *Ascernut* genannt wurde. Alles war sauber und steril.

Lilica umarmte Gica, zog sie sanft zu der für die Entbindung vorbereitete Stelle und sagte zart und leise zu ihr: »Mein liebes Kind, du musst dich hinknien und dich mit beiden Händen am Bett festhalten, und pressen!« Sie löste Gicas lange, blonde Haare, die zu zwei Zöpfen geflochten waren. Gica schrie laut und atmete schnell. »Pressen! Du musst pressen!«, rief Lilica. Es war ein Befehl, aber trotzdem liebevoll. Gica atmete flach und presste, sie beugte sich und hielt sich am Bett fest, presste wieder und atmete immer schneller: Aaaaaaa, uf, uf, ufuf, Aaaaaaa!
Die kleine Bilija versuchte zu verstehen, was los war. Warum musste ihre Mutter so komisch knien und warum schrie sie so sehr? Was liefen die Frauen so herum und kümmerten sich um die Mutter? Und

wo war ihr Vater? Warum blieb er draußen im Garten und spazierte hin und her? Sie verstand das nicht. Nach einer Weile aber hörte Bilija einen Schrei. Ihre Mutter drehte den Kopf, schaute auf ein kleines Wesen herunter und lächelte glücklich. Sie war erschöpft, aber ihre Augen strahlten. Dann schaute sie Bilija an und sagte lachend: »Du hast jetzt einen kleinen Bruder. Er heißt Ljubce. Komm, schau ihn an und begrüße ihn.«

Bilija sah das kleine Wesen, sie sah aber auch das viele Blut auf den Kissen, wo ihre Mutter gelegen hatte, ohne sich erklären zu können, was für eine rote Farbe das war. Die Patentante Dara kam mit einer Schere und durchtrennte die Nabelschnur, nahm das Baby, badete und wickelte es. Lilica und Lena halfen Gica auf und führten sie zu dem mit Streu gefüllten Sack in der Ecke. Dara brachte ihr das sauber in weiße Tücher eingewickelte Baby. Dessen Gesicht war rot und rund. Es schrie nicht mehr. Gica nahm das Baby und gab ihm die Brust.

»Der heißt Ljubce«, bestätigte Dara. Gica lag müde und schläfrig da und der Kleine schlummerte in ihren Armen. Durchs Fenster strahlte die Sonne und überflutete mit ihrem Licht die beiden nach der Entbindung erschöpften Menschen. Bilija aber beobachtete den Schatten, den der Körper ihrer Mutter an der Wand gebildet hatte. Das Spiel von Licht und Schatten an der Wand faszinierte sie. Über den Köpfen der Mutter und des kleinen Bruders hatte sich ein heller Schein gebildet. Ihre blonden Haare leuchteten und für Bilija sah es aus, als ob der Kopf ihrer Mutter eine Sonne wäre. Bilija ging zu ihr. Die Mutter zog sie an sich heran und umarmte sie. Da kam der Vater in den Raum, umarmte alle drei und küsste sie. Die anderen Frauen aber erlaubten dies nicht und sagten zu Bilijas

Vater Gischa: »Sie braucht jetzt Ruhe.« Mit ihrem Vater ging Bilija zu den Großeltern in einen anderen Raum.

*

Nachdem der kleine Ljubce das Licht der Welt erblickt hatte, ging das Leben der Familie Fari eigentlich so weiter wie zuvor. Doch fiel Bilija auf, dass ihr Vater nicht mehr zu Hause war. Als sie ihre Mutter fragte, bekam sie zu hören, dass er zum Militär gegangen sei. Die Sozialistische Republik Jugoslawien benötigte junge Männer zur Verteidigung, falls der innere oder äußere Feind das Land angreifen würde. So verging die Zeit ohne den Vater.

Die jetzt vierjährige Bilija war ein zartes Kind. Blonde Locken umrahmten ihr feines Gesicht mit den großen braunen Augen. Ihre Augenbrauen waren schwarz und gut geformt, ihr Mund aber war klein und ihre Lippen waren sehr schmal. Wegen ihrer hellblonden Locken nannte ihr Großvater sie liebevoll *Belka* – die Weiße.

Eines Tages kam ihr Vater nach längerer Abwesenheit nach Hause. Er trug einen dicken Wollmantel und eine Mütze mit einem roten Stern. Als Bilija ihn sah, lief sie zu ihm hin. Er nahm sie in die Arme und hob sie dreimal hoch in die Luft. Immer wieder fing er sie mit seinen großen Händen auf. Das kleine Mädchen jauchzte vor Glück. Ihre Mutter stand schon mit dem zweijährigen Ljubce neben ihm und lächelte. Gischa ließ Bilija auf den Boden herunter, küsste jetzt Ljubce und Gica nahm, obwohl sie zwei Kinder in den Armen hielt, die Hand ihres Mannes. So gingen alle ins Haus. Auch Adam, Lilica und Lena kamen in den Raum. Sie umarmten Gischa und küssten ihn. Nach dem ersten

Gefühlsüberschwang bereiteten sie ein Festessen auf dem Tisch. Adam erklärte Bilija, dass ihr Vater vom Militär zurückgekehrt sei.

In der ersten Zeit, als Gischa wieder zu Hause war, durfte er nicht schwer arbeiten, weil er als junger Mann an Tuberkulose erkrankt gewesen war. Nur die gute Ernährung und die Liebe seiner Familie hatten seine Genesung bewirkt. Bald aber arbeitete er wieder auf dem Hof, als ob er nie fortgewesen wäre.

DIE SCHULE UND DIE SCHAFE

Ein Wochenende bei der Familie Fari sah so aus: Am Freitagabend wurde gefastet. Nur etwas Leichtes wurde gegessen, dann ging es ins Bett. Der Samstag begann als normaler Tag auf den Feldern und mit der Versorgung des Viehs. Doch dann kam der Samstagnachmittag. Die Frauen waren dafür verantwortlich, Trinkwasser ins Haus zu bringen und frischgewaschene Kleider zum Wechseln vorzubereiten. »Der Sonntag darf uns nicht in schmutzigen Kleidern erwischen«, lautete die Devise. Das Haus wurde gründlich geputzt, das Grundstück in Ordnung gebracht und die Straße gekehrt. Straßenkehren war Aufgabe der Kinder oder von Gica.

Der Sonntag war für die Familie Fari ein besonderer Tag. Zuerst wurden Adam und seine Frau Lilica wach. Sie sprachen laut und weckten damit die anderen Familienmitglieder: Bilijas Großmutter Lena, ihre Eltern Gischa und Gica und ihren Bruder Ljubce. Zu Bilija war der Urgroßvater Adam leise gekommen, mit den Worten »*Belkaaa*, stehe auf, es ist schon sechs Uhr!« Bilija wurde durch seine zarte Berührung geweckt. Sie öffnete die Augen und erblickte seinen langen, weißen Bart und sein weites Gewand. Sie sah, wie er sich über sie beugte. Er streichelte ihre Wangen zart und sagte nochmal: »Es ist Tag. Es ist Zeit zum Aufstehen.«

Adam hatte keine Uhr in seinem Haus, aber er verfolgte den Stand der Sonne und wusste genau, wie spät es war. Wenn keine Sonne da war, dann verfolgte er das Tageslicht oder das Morgenkrähen seiner zwei Hähne.

Nachdem die Familie sich frisch und fertig gemacht und das Vieh sein erstes Futter bekommen hatte, bereiteten die Frauen das Frühstück vor. Es gab frisch gemachten Käse, Wurst aus eigener Produktion und Traubenmarmelade mit Kürbisstücken, die *Räcel* genannt wurde. Zum Trinken gab es ein kleines Gläschen *Rekiu*-Schnaps und danach entweder Wasser mit Fruchtsirup gemischt oder aber klares Wasser. Danach teilte sich die Familie auf und jeder ging seiner Arbeit nach. Bilija und ihr Bruder Ljubce zogen los, das Vieh auf die Weide zu treiben. Ihre Mutter Gica und ihre Urgroßmutter Lilica kümmerten sich um das Festessen. Für alles wurden Nahrungsmittel aus eigener Produktion verwendet.

Lena machte sich über die Dorfneuigkeiten kundig, die die Frauen betrafen, und Adam machte seine Ställe sauber, damit sein Vieh es auch sauber und gemütlich hatte, denn es war Sonntag. Gischa aber besorgte die Nachrichten, die für Männer wichtig waren und informierte sich über das politische Geschehen. Auf den Weiden und in den Akazienwäldern von Serdar hüteten Bilija und Ljubce ihr Vieh. Serdar war von Akazienwäldern umgeben, die entlang dem Hauptweg von Norin bis zur Donau wuchsen. Dabei trafen die Kinder auch auf Wildtiere, die in diesen Wäldern lebten. Bilija sprach mit ihnen und hatte keine Angst vor ihnen. Die Schlangen zogen vorbei. Die Hasen standen auf zwei Beinen, sahen die Kinder an und liefen weiter. Und Bilijas Ochsen fraßen sanft ihr Gras. Bilija hielt eine Gerte in der Hand und wusste, dass es elf Uhr war, wenn sie, wie ihre Mutter gesagt hatte, die Zweige wie einen Rechen in den Sand drückte und wenn dann der Schatten dicht neben den Zweigen war. Dann war es Zeit, die Tiere nach Hause zu treiben, ihnen Wasser zu geben und selber pünktlich zum Mittagessen zu Hause zu sein.

Und so machten es die Kinder, denn das Mittagessen am Sonntag durfte man nicht verpassen. Zuhause trieben sie die Ochsen erst mal zum frischen Wasser und diese tranken durstig, dann führten sie sie in den Schatten, damit sie sich beruhigten und schliefen. Dann gingen die Geschwister ins Haus und in dort in den Raum, der als Ess- und Wohnzimmer diente. Der Tisch war schön gedeckt mit Salat und frischem Brot, das unter dem *Cest* gebacken wurde. Der *Cest* war eine aus Stroh und Ton geformte Kuppel. Zuerst wurde die Backstelle, die mit einem Ziegel ausgelegt war, gut sauber gemacht. Auf dem Ziegel wurde ein Holzfeuer gemacht und gut eingeheizt. Dann wurden die Reste des heißen Holzes wieder entfernt. Der Brotteig wurde auf ordentlich ausgelegte Blätter vom Meerrettichgemüse gelegt, mit der Tonkuppel zugedeckt, die wiederum mit den heißen Holzscheiten bedeckt wurde. Nach zwei Stunden war das Brot fertig gebacken. Die Tonhaube wurde hochgehoben, das Brot aufgenommen und, nachdem es ein wenig abgekühlt war, auf den Tisch gebracht. Nun nahmen die Familienmitglieder einer nach dem anderen ihre Plätze ein, die wie folgt verteilt waren: Adam saß am Kopf des Tisches, an seiner rechten Seite saßen Gica, Bilija und Ljubce, auf der linken Gischa, Lena und Lilica. Adam schnitt das Brot an und Lilica brachte das Essen auf den Tisch. Jeder führte ein kurzes Gebet im Stillen, dann konnte die Mahlzeit beginnen. Während des Essens unterhielt man sich locker über die vergangene Woche und über die kommenden Aufgaben. Danach wurde alles schnell aufgeräumt und jeder zog sich in seinen Bereich zurück, um Mittagsschlaf zu halten. Nachmittags aber wurde das Vieh nur manchmal auf die Weide getrieben, denn alle mussten zum Sonntagstanz gehen. Denn man musste sich zeigen.

Bilija hatte das nicht gerne, aber sie wusste nicht, wie man das vermeiden konnte.

Zu Bilijas Aufgaben gehörte es, das Trinkwasser ins Haus zu bringen. Dazu ging sie zum Ostbrunnen oder zum Brunnen Bepu. Dort füllte sie ihre Tongefäße, die sie auf einer langen Stange über ihrer Schulter nach Hause trug, zwei vorne und zwei hinter sich. Das Wasser nach Hause zu bringen, war ein Privileg des jungen Mädchens.
In Serdar hatte jede Familie auf ihrem Grundstück einen Brunnen, dem das Wasser für die Versorgung des Viehs und für die Hausreinigung entnommen wurde. Doch tranken die Familien aus unbekanntem Grund aus diesen Brunnen nicht. Das Trinkwasser holten sie aus einem Wasserbrunnen, der ununterbrochen floss. Von diesen gab es in Serdar sieben Stück. Der erste Brunnen befand sich auf dem Weg aus dem Dorf in Richtung Donau. Dort entsprang eine Quelle aus einer offenen Höhle, in der Bilija manchmal spielte.

Aus dem »Ostbrunnen« bezogen die Bewohner des östlichen Teils des Dorfes ihr Wasser. Oder sie gingen zu einem weiteren Brunnen, der hieß »Brunnen von Pepu«. Pepu war der Name der Familie, deren Zaun neben dem Brunnen gelegen war. Dann gab es noch einen »Westbrunnen«. Er lag etwa 100 Meter westlich vom Pepu-Brunnen und sprudelte kräftiger als die anderen beiden Brunnen.
Der »Westbrunnen« stand ein wenig im Hintergrund und war von zwei großen Weiden umrahmt, die ihn zu umarmen schienen wie ein Beschützer ein Kind. Er war vor fremden Blicken geschützt. Er war der kräftigste Brunnen im Dorf. Aus zwei Eisenrohren

floss ein kräftiger Wasserstrahl bis in ein großes Betongefäß, wo es zwei starke Rinnsale bildete. Das Wasser floss weiter bis in eine fünf Quadratmeter große Schale und von dort in ein weiteres großes Betonbassin und danach in einen Bach. In einem großen Rohr floss es weiter unterhalb der Dorfhauptstraße durch das Grundstück der Familie Vanalopi, dann zwischen den Grundstücken Capu und Barza und mündete schließlich in einen kleinen Fluss, der das Dorf von den Feldern trennte.

Oben am Brunnen holten die Bewohner des westlichen Teils des Dorfes ihr Trinkwasser. Aus der ersten, kleineren Wanne tranken die Tiere, wenn sie von der Weide zurückkamen. In dem größeren, fünf Quadratmeter umfassenden Bassin spülten die Frauen, auch die der Familie Fari, ihre Wäsche aus, die sie vorher mit selbst gemachter Seife gewaschen haben.

Die Frauen trugen die nasse Wäsche auf einer langen Stange auf ihren Schultern. Die Wäschestücke waren vorne und hinten auf der Stange verteilt. Die Frauen waren sehr stolz, wenn sie diese Stangen tragen konnten, und wenn sie mit der frisch gewaschenen und ausgespülten Wäsche nach Hause kamen, waren sie sehr glücklich. Dieser Komplex aus Brunnen und Wasserleitungen war der Stolz des Dorfes.

Dann gab es noch einen vierten Brunnen auf dem Weg von Serdar nach Norin, gleich am Ausgang des Dorfes. Diesen Brunnen nannten die Dorfbewohner den »Kleinen Brunnen«. Von dort entnahmen nur Bewohner aus dem westlichen Ende des Dorfes ihr Wasser.

Das Dorf Serdar lag, wie gesagt, entlang eines kleinen Hügels, der sich von Osten nach Westen erstreckte. Es gab eine Hauptstraße. Die Häuser lagen südlich entlang der Straße genau unter dem Hügel. Von der nördlichen Seite der Straße zweigten fünf kleinere Straßen ab, die nur spärlich bebaut waren. In einer Entfernung von etwa 500 Metern floss ein kleiner Bach. Von ihm bis zum Jasenischen Fluss waren es nur weitere 200 Meter in nördliche Richtung. Dieser Fluss trennte das Dorf von den Ackerflächen. Lief man weiter in Richtung Norin, erreichte man noch einen sehr kraftvollen Brunnen. Mit dem Wasser dieses Brunnens gossen die Bewohner ihre Gärten. Zu guter Letzt gab es zwischen dem ersten und dem letzten Brunnen einen weiteren, den Brunnen John Barbu. Aus diesem Brunnen trank man und tränkte auch sein Vieh, wenn man auf dem Weg nach Norin oder auf dem Rückweg war.

1960, mit sieben Jahren, kam Bilija in die Schule. Ihre Mutter Gica hatte sie am ersten Tag hingebracht und zu ihr gesagt: »Du musst jetzt an jedem Tag in die Schule gehen.« Bilijas Schule war ein langgezogenes, weißgestrichenes Gebäude. Darin befand sich die schöne Wohnung des Lehrers Mirko, seiner Frau Marina und ihrem Sohn Zarko. Sie waren Kommunisten und als junge Partisanen im Krieg gewesen. Marina war im Krieg verletzt worden und man hatte ihr ein Bein amputiert. Den Lehrerposten hatten sie bekommen, weil sie politisch geeignet waren. Sie durften in Serdar die Kinder ab der Vorschulzeit bis zur vierten Klasse unterrichten.

Die Schule hatte drei große Räume als Schulklassen und einen langen Flur. Gegenüber dem Schulgebäude lag ein Häuschen, das Küche genannt wurde. Dort wurde an die Kinder in der Pause zwischen der zweiten und der dritten Unterrichtsstunde Frühstück verteilt. Es gab eine Scheibe Marmeladenbrot, dazu eine Tasse

Tee oder warme Milch mit *Saka*. Saka war eine Mischung aus geräuchertem Hopfen, die in dieser Zeit um 1960 sehr beliebt war.

Bilija liebte die Schule. Sie war im Unterricht sehr aufmerksam und lernte alles, was ihr Lehrer oder ihre Lehrerin sie unterrichteten. In Serdar, das ja zwischen Rumänien, Bulgarien und Teilen Serbiens gelegen war, wurde rumänisch gesprochen. Die serbische Sprache lernten die Kinder in der Schule. Bilija hatte keine Schwierigkeiten mit dem Sprachenlernen. Das Einzige, was ihr in der serbischen Sprache Probleme bereitete, waren zwei Buchstaben. Sie konnte zwischen Ć,ć und Ĉ,ĉ nicht unterscheiden. So lernte sie alle Wörter auswendig, die diese Signaturen erhalten haben.

Nachmittags erledigte sie zuerst ihre Hausaufgaben und dann half sie ihren Eltern auf dem Bauernhof. In den Wintermonaten wies ihre Mutter sie in die Kunst des Strickens oder Stickens ein, aber Bilija lernte auch, die Tiere zu pflegen und Trinkwasser ins Haus zu bringen. Auch half sie den Frauen bei den Essensvorbereitungen. Im Sommer saß sie gern beim Handarbeiten auf der Wiese und hielt in einer Hand ein Buch oder hatte es geöffnet neben sich liegen. Immer wenn ihre Augen von der Handarbeit wegschauten, fiel ihr Blick in das Buch und sie las weiter. Viel Zeit und Verständnis für ihr Lernen hatte ihre Familie nicht. Bilija sollte nur zwischendurch lernen und trotzdem gute Noten haben. Sie liebte aber ihre Bücher und hatte beim Sticken oder beim Stricken immer ein Buch dabei.

Oft hütete Bilija das Vieh ihrer Eltern. Die Familie Fari besaß nicht nur Ochsen und Rinder, sondern auch Schafe. In Serdar hatte jede Familie zehn bis zwanzig Schafe. Im Dorf lebte auch der Hirte Dikan

Guran. Der kam an jedem Morgen und sammelte die Schafe von ihren Besitzern ein. Wenn er alle Schafe aus dem Dorf zusammen hatte, trieb er sie auf die Weide. Am Abend führte er sie zurück zu ihren Besitzern. So ging das von März bis August. Die Familien aber, die sehr an ihren Schafen hingen, gaben ihre Tiere dem Hirten nicht. Sie gründeten einen eigenen Schafsverein, sodass fünf bis zehn Familien ihre Schafe tagsüber zusammenführten. Das funktionierte so: Der Besitz von drei Schafen entsprach der Verpflichtung, einen Tag lang alle Schafe zu hüten. Wer dreißig Schafe besaß, musste zehn Tage lang die Schafherde hüten, wer aber nur sechs Schafe besaß, musste auch nur an zwei Tagen die Herde hüten. Jeder wusste, an wie vielen Tagen im Monat er die Schafe hüten musste. Es wurde genau gerechnet, damit niemand Widerspruch einlegen konnte. Und so wurde diese Schafherde gehütet und gepflegt.

Von August bis September erwartete die Besitzer eine andere verantwortungsvolle Aufgabe. Die Bauern begannen sich auf den kommenden Winter vorzubereiten. Auch die Schafe mussten für den Winter gerüstet werden. Sie mussten reichhaltig ernährt werden, damit sie genug Fett ansetzten, um den Winter gesund zu überstehen. Auch sollten sie gesunden Nachwuchs zur Welt bringen, denn die Schafe waren alle trächtig und würden ihre Lämmer im Winter zur Welt bringen. Dafür brauchten sie viel kalorienreiches Futter. Es war auch die Paarungszeit für die Schafe.

Alles drehte sich darum, dass das Vieh gut gefüttert wurde. Bilija musste oft auf die Schafe aufpassen. Denn ihre Eltern waren im Schafsverein und hatten dreißig Schafe. Gischa und Gica mussten die Schafherde an insgesamt 10 Tagen hüten, sie pflegen und auch die Schafe melken. Auf der Weide wurde eine kleine Strohhütte errichtet. In die Hütte kamen eine Matratze und zwei mit Stroh gefüllte Kopfkissen. Eine Decke für kalte Nächte wurde auch hingebracht. Holzzäune wurden gebaut, die die Weide in zwei Bereiche trennten. In der Mitte des Zauns war ein Tor, durch das die Schafe hindurchgehen konnten, und gegenüber war nochmal ein Tor. So konnten die Schafe nacheinander verschiedene Bereiche abgrasen. Dadurch wurden sie für den Winter kräftiger, konnten bessere Milch liefern und kräftige, gesunde Lämmer zur Welt bringen.

Bilijas Vater hatte die kleine Strohhütte erbaut und mit dem Holzzaun einen für 120 Schafe passenden Platz geschaffen. Abends und morgens wurden die Schafe gemolken. Beim Melken wurde die gesamte Schafherde in den hinteren Teil des umzäunten Platzes gebracht. Gica öffnete nun das kleine Tor in der Mitte der beiden Bereiche, setzte sich auf einen Schemel und stellte einen großen, sauberen Emaille-Eimer vor sich, in den sie melken würde. Der Schafplatz hinter ihr war voll mit Schafen und der Schafplatz vor ihr war leer. Sie machte es sich auf ihrem Hocker bequem, umschloss den Emaille-Eimer mit ihren Beinen und hielt ihn mit ihren Knien fest. Bilija stand hinter ihr und hielt die Schafe fest, damit sie nicht durchgingen, ehe ihre Mutter vorbereitet war. Und das Kind wartete feierlich. Gica hob ihren Kopf hoch und sagte theatralisch: »Bilija, beginnen wir!«

Das Mädchen packte das erste Schaf vorsichtig am Hals und schob es zu Gica. Diese hielt das Schaf mit der einen Hand am Hals fest und mit der anderen streichelte sie es zart, dann packte sie es am Bein. Als sie es fest im Griff hatte, ließ sie den Hals los, nahm das zweite Bein des Schafes, zog es mitsamt dem Hinterbein über den Eimer, schob den Schafsschwanz zur

Seite, nahm das Euter in die Hand, legte es vorsichtig frei, fasste beide Zitzen und drückte sanft. Die edle, weiße Flüssigkeit strömte so schnell heraus, dass das Schaf in zwei bis drei Minuten fertig war. Danach gab sie dem Schaf einen liebevollen Klaps auf den Hintern und schob es von sich weg. So kam eines nach dem anderen, bis alle Schafe fertig gemolken waren. Danach wurde die Milch durch ein Sieb gelassen und Käsezusatz wurde hinzugefügt. Bilija öffnete das erste Tor des Platzes und ließ die Schafe frei auf die Weide laufen, damit sie weiter frisches, grünes Gras genießen konnten. Die Sonne war schon lange untergegangen und Mond und Sterne schmückten den dunkelblauen Himmel. Sie streuten ihr weißes Licht über den Wiesen aus und beleuchteten die Rücken der Schafe. Beim Grasfressen beugten die Schafe ihre Köpfe nach unten und die Herde wirkte wie ein einziger Körper, der sich im gleichen Rhythmus nach oben und unten bewegte. Man hörte nur die Geräusche, mit denen das Gras abgerissen wurde, *rapp … rapp … rapp …*

Manchmal legte Bilija in der Nähe der Herde eine Decke auf das Gras. Sie machte es sich darauf gemütlich und schaute in den Himmel. Sie beobachtete die Sterne und den Mond. Das Kind zählte die Sterne, bewunderte den Großen und den Kleinen Wagen, betrachtete den Nordstern und stellte sich hinter dem blauen Himmel eine andere Welt vor, in der Gott und die ewige Ruhe herrschten. Bilija dachte an die Erzählungen ihrer Urgroßmutter Lilica über Gott und den gekreuzigten Jesus. Zu seinen Füßen hatte die Heilige Maria gekniet und ein Gefäß hingehalten, um Jesu Blut zu sammeln, damit es nicht auf die Erde tropfte. In solchen Nächten war Bilija sehr traurig. Sie fragte sich, warum die Mutter Maria Jesus nicht gerettet hatte, denn Bilijas Mutter rettete sie immer, wenn sie in Schwierigkeiten war.

Gegen Mitternacht, als die Schafe gesättigt waren, gingen sie von selbst in ihr Gehege. Bilija musste nur das Leittier beim Namen rufen. Es hob den Kopf hoch, schrie einmal »Meeeh!« und bewegte sich in die Richtung des Holzzauns. Alle übrigen Schafe folgten wie bestausgebildete Soldaten ihrem Offizier. Als alle drin waren, machte Bilija das Tor zu und ging in die kleine Hütte zum Schlafen. Die hatte ihr Vater so gebaut, dass sie bequem war und warm. Bilija ließ den Vorhang am Eingang der Hütte fallen, hüllte sich in eine warme Decke und schlief ein. Am anderen Morgen wurde sie bei Sonnenaufgang von ihrer Mutter geweckt. Sie erschien dem Kind wie ein Engel in einem weiblichen Körper: groß und blond war sie, mit strahlend blauen Augen und einer schneeweißen, selbst gewebten Bluse. Nur rund um das Dekolleté war die Bluse mit Perlen bestickt, zu einer Reihe von roten Rosen und grünen Blättern. Auch das Tuch, das die Mutter um den Kopf trug, war weiß. Ihr über die Knie reichender leichter Rock aber war schwarz und wurde vom Luftzug bewegt. Durch den Stoff sah man ihre langen, wohlgeformten Beine. In diesem Moment fiel ein Sonnenstrahl auf sie und bildete auf ihrem Kopf ein Diadem aus Licht. Hinter Gica tauchte Gischa auf, der auch von den morgendlichen Lichtstrahlen überflutet war. Das Licht um seinen Kopf ging auf Gicas Schultern über, fiel dann auf ihre Brust und fiel zuletzt auf ihre Füße, an denen sie *Jadranke* trug, sehr leichte Schuhe. Sie neigte ihren Kopf zu Bilija herunter in die Hütte und sagte leise: »Bilija, es ist Morgen, die Schafe müssen gemolken werden. Steh auf, ich brauche deine Hilfe.« Und das Mädchen sah zuerst sie, dann ihren

Vater, im Hintergrund die eingeschlossene Schafherde, die ruhig und schläfrig war, und dahinter dann den klaren, blauen Himmel, wo die Sonne mit orangegelber Farbe aufging und ihr Licht über alles streute. Es war wunderschön. Das Paradies hatte Bilija zwar noch nicht gesehen, aber in diesem Moment dachte sie, im Paradies zu sein.

Noch blieb sie einen Augenblick ruhig liegen und dachte: Wo bin ich? Bilija hörte Vogelgezwitscher und das Rauschen des kleinen Baches. In der Ferne vernahm sie noch weitere menschliche Stimmen und dass die Schafführerin laut blökte. Mit ihrem »bleee!« wollte sie sagen, dass die Zeit zum Melken gekommen war. Ein weiteres »Meee!« riss Bilija aus der Betäubung. Sie sah, dass sie nicht im Paradies war, sondern auf der Erde, um jetzt an der Seite ihrer Eltern die Schafe zu füttern und zu melken.

Nachdem sie die Schafe gemolken hatten, nahm ihre Mutter eine *Kobeljica*, eine lange Stange, an deren Enden je ein 10-Liter-Milch-Gefäß befestigt war, auf ihre Schultern und gab Bilija eine gleiche, aber mit kleineren Gefäßen. Langsam schreitend trugen Mutter und Tochter die Milch nach Hause und passten auf, dass sie auf dem schmalen Weg nicht verschüttet wurde. Der Morgen war ruhig. Man hörte nur Schritte und Vogelgezwitscher. Zu Hause machte Gica aus dieser Milch Käse für den Winter, nachdem sie zwei Liter für den täglichen Bedarf der Familie abgezweigt hatte.

Ende September, wenn alle Schafe gut gefüttert und alle Weibchen trächtig waren, und als alle Familien genug Käse für den Winter hatten, dann wurden das Strohhäuschen und der Holzzaun entfernt und die Schafe hatten wieder ihren normalen Tagesablauf.

DIE WEINLESE
UND ANDERE EREIGNISSE

Mitte Oktober begann die Weinlese bei der Familie Fari. Sie hatten zwei Weinberge, auf die sie sehr stolz waren. Die Arbeit begann im Frühjahr mit dem Schneiden der Weinstöcke, dann musste man sich den ganzen Frühling und Sommer über um den Weinberg kümmern. Bilijas Mutter war dafür zuständig, dass der Weinberg einmal in der Woche mit einer Brühe aus blauem Stein - einem Produkt, das aus Kupfer produziert und mit Wasser gelöscht wurde.

Zuerst wurde der blaue Stein, der in einen Beutel aus Tuch eingeschlagen war, in ein großes Gefäß, das 200 Liter Wasser fasste, getaucht. Der Beutel hatte eine Schlaufe, die am oberen Rand des Gefäßes festgebunden wurde. Eine entsprechende Menge Naturkalk wurde in das Wasser untergemischt. Das Wasser hatte Gica unterwegs aus dem Feldbrunnen geholt, der auf dem Weg zum Weinberg lag. Als sie dort angekommen waren, wurden zuerst die Ochsen zum Grasen getrieben. Da der Kupferstein zum Auflösen Zeit brauchte, wurden von den Weinstöcken zunächst die überflüssigen Zweige entfernt und vor dem Holzpflock platziert. Die Erde zwischen den Weinstöcken wurde geharkt. Währenddessen löste sich der blaue Stein im Wasser auf. Gica mischte diese Zutaten zusammen und erhielt eine hellblaue Brühe. Diese goss sie in eine 20 Liter große Pumpe, die wie ein Rucksack aussah. Die Pumpe hatte auf der rechten Seite ein langes, dünnes Rohr, das am Ende eine kleine Spritzöffnung besaß. Auf der linken Seite der Pumpe war ein Griff, damit sie bequem in der Hand lag.

Bevor man spritzen konnte, musste man den Griff zuerst einige Male nach oben und unten bewegen. Durch diese Bewegung wurde die Brühe in die Pumpe gedrückt. Die Pumpe führte die Brühe in das Spritzrohr. Wurden die Handgriffe zu mühsam, öffnete Gica die Spritzventile und die Pumpe spritzte schnell den Weinstock. Gica bewegte sich langsam vorwärts über die geharkte Erde zwischen zwei Weinpflanzenstöcken. Wenn alles erledigt war, sah der Weinberg wie ein blauer Teppich aus, schön gepflegt und ohne Unkraut. Schaute man über den Weinberg, sah man reihenweise die lichtblauen Weinstöcke und unter den Pflanzen die wunderschöne dunkelblaue Erde, und ab und zu gab es Lichtflecken an den Stellen, wo die Sonne die dichten Blätter durchbrach. An beiden Enden des Weinberges wuchsen Rosenbäume.

Gica liebte ihren Weinberg und wollte alles schön haben. Auch Quittenbäume und Walnussbäume pflanzte sie am Fuße ihres Weinbergs. Für sie war der Weinberg ihr Zuhause. Wenn sie am Morgen kam, fühlte sie sich wie in ihrer zweiten Heimat. Sie sammelte ein wenig Feuerholz, machte Feuer, tat weiße Bohnen, die sie von Zuhause mitgebracht hatte, in einen Topf aus gebranntem Ton, gab Gewürze und Wasser dazu, stellte ihn aufs Feuer und verdeckte die Öffnung mit noch brennenden Holzscheiten. Danach rief sie ihre Familie zur Arbeit. Am Mittag waren die Bohnen gar. Gica rief, dass Pause sei, Zeit zum Mittagessen. Sie machte die Bohnen fertig, nahm einen Liter Rotwein aus einer Tasche, teilte das Brot, schüttete die Bohnen in eine Schüssel, tat einen großen Löffel dazu und die Mahlzeit konnte beginnen. Dazu aßen alle Gurkensalatbrühe, die aus geschnittenen Gurken, etwas Wasser, ein wenig Essig und etwas Salz gemacht wurde. Einen Liter Rotwein hatte Gica immer dabei:

»Wenn man bei den Weinbergarbeiten keinen Wein trinkt, wird der Weinberg im Herbst nicht genug Trauben bringen oder er wird von schlechter Qualität sein.« Und so wurde dieser Weinberg achtmal gespritzt und viermal umgegraben.

Bilijas Mutter hatte ursprünglich nicht viel von der Arbeit im Weinberg gewusst. Ihr Vater Lie hatte seiner Tochter einen Rat gegeben: »Gica, du musst nicht immer fragen. Folge den Bauern im Dorf. Wenn sie zum Weinberg gehen, dann gehst du auch, denn sie haben Erfahrung und du kannst von ihnen lernen, ohne sie zu belästigen oder dir einen aus Eifersucht schlechten Rat zu holen.«

Gica hatte auf den Rat ihres Vaters gehört und war den Bauern unauffällig gefolgt.

Nahmen die Arbeiten im August ein Ende, dann wurden die Trauben reif. Gica verfolgte diesen Prozess und achtete darauf, dass niemand eine von den ersten reifen Trauben bekam, bevor die Kinder nicht probiert hätten. Und sie pflückte davon und gab Bilija und Ljubce einige zum Probieren. Als nach zwei Wochen alle Trauben reif waren, schickte sie ihre Tochter mit dem Korb los, für die Familie Trauben nach Hause zu holen. Die Kinder durften so viele Trauben essen, wie sie wollten. Zweimal die Woche wurde Bilija losgeschickt. Das ging so bis Mitte Oktober. Dann war der Weinberg reif, um mit der Weinlese zu beginnen. Adam sagte voller Stolz: »Gica, der Weinberg ist bereit zur Weinlese. Bereite bitte alles, was dafür nötig ist, vor. Wir beginnen in zwei Tagen.«

Sie lächelte ihn an und sagte: »Ja, Großschwiegervater.«

Am anderen Morgen sprach sie ihren Mann Gischa an, er möge ihr helfen. Sie holten ein sehr großes Holzgefäß, das etwa 1000 Liter fasste. Sie wischten und putzten es und ließen es dann mit Wasser volllaufen. Denn wenn ein Holzgefäß mit Wasser gefüllt ist, dann saugt es Wasser auf. So wird es dicht und der Most wird nicht durchtropfen.

Als das gemacht war, nahmen sie die Seitenbretter vom Spannwagen weg und ersetzten sie durch zwei lange, dicke Akazienäste. Das Holzgefäß wurde auf den Wagen gehoben und auf die Stangen gestellt. Diese benutzten sie dann zum Ernten der Trauben. Beim Abendessen erklärte Gica, dass am kommenden Morgen die Weinlese beginnen würde und besprach mit der Familie, wie alles verlaufen würde. Sie planten alles bis ins Detail. Am frühen Morgen schmückte ein Blumenkranz den großen Holzbottich am oberen Rand. Die beiden Ochsen Sahra und Ridja wurden vor den Holzwagen gespannt. Beide wurden mit Blumenkränzen um den Hals geschmückt. Gica brachte zum Spannwagen einen großen Korb voll mit gutem Essen, nahm einen Liter Wein und brachte genügend Futter für die Ochsen herbei und sagte allen, dass sie auf den Wagen steigen sollten. Sie streifte die beiden Ochsen mit der Peitsche und sagte: »Na, Bunte, na Rote, meine Kinder, gehen wir!« Die Ochsen spürten die gute Laune in der Familie, hoben ihre Köpfe und begannen sich langsam zu bewegen, um die Familie zum Weinberg zu bringen. Sie kannten ihren Weg, sodass sie nicht gelenkt werden mussten. Wenn sie aus dem Dorf heraus waren, sangen die Kinder und ihre Mutter begleitete sie, indem sie auf einem Akazienblatt pfiff. Bilija hatte es auch versucht, aber das zu lernen hatte sie nie geschafft.

Im Weinberg wurde fleißig gearbeitet. Die Trauben wurden gepflückt und in Eimer gefüllt. Jeder brachte seinen Eimer und leerte ihn in das große Holzgefäß. Bei der Arbeit wurde gelacht und gesungen, denn alle waren froh, dass der Weinberg so viele und gute Trauben gebracht hatte. Zum Mittagessen gab es gebratenes Hähnchen und Kartoffeln. Aus unreifen Traubenkernen und Salz wurde Salat gemacht. Getrunken wurde Rotwein und Most. Wasser gab es bei der Weinlese zum Mittagessen nicht. Die Ochsen waren auch zufrieden, denn sie bekamen gutes Futter, das sie nicht jeden Tag erhielten: Adam zog extra los und pflückte nahrhaftes Gras, das er den beiden brachte. Die Tiere freuten sich sehr und gaben zur Begrüßung ein langgezogenes »Muuuuuuh« von sich. Adam antwortete: »Ist ja gut. Heute ist Weinlese. Ihr müsst einen schweren Wagen ziehen.« Er streichelte beide über den Rücken und über das Gesicht und kam dann zurück zum Traubenpflücken.

Als das große Gefäß voll war, spannte Gica die Ochsen an und sie gingen singend nach Hause. Die Leute im Dorf, die sie antrafen, begrüßten die Familie Fari und riefen: »In diesem Jahr war Ihr Weinberg besonders fruchtbar!« Gica sagte: »Ja, das war er. Wir müssen noch eine ganze Woche lang pflücken!«

Als sie zu Hause waren, spannte sie die Ochsen aus, brachte sie in den Stall, fütterte sie und kam dann ins Esszimmer. Kurz darauf gab es Abendessen. Dann begann das Pressen der Trauben. Gica wischte ihren Kindern die Beine und Hände ab, sodass diese sehr sauber waren. Sie stellte Bilija und Ljubce in ein großes Gefäß voll mit Trauben und sie pressten die Trauben mit ihren Füßen. Die Familie Fari besaß zwar auch eine Traubenpresse, aber Gica wollte, dass die Kinder das Traubenpressen spürten und genossen.

Als die ganzen Trauben, die sie gepflückt hatten, zerdrückt und ins große Holzgefäß zurückgebracht worden waren, ließ Adam Most durch ein Spundloch am unteren Rand des Gefäßes fließen. Dieses war extra dafür bestimmt und normalerweise mit einem kleinen Holzstück verschlossen. Adam entfernte diesen Stopfen und der Most floss reichlich. Er schmeckte süß und rein, denn Adam hatte hinter der Öffnung eine Pflanze angebracht, die *Tewelock* hieß und wie ein Sieb wirkte. Der gute, süße Most floss nun und Adam füllte seine Fässer. Als die Fässer gefüllt waren, ließ er den Rest des Mosts auf dem Grund des Bottichs zurück. Aus diesem Rest wollte er Rotwein machen. Einen Teil aber gab er an Lilica. Es waren 50 Liter in einem Kupferkessel. Daraus sollte seine Frau *Räcel*[5] machen. Lilica kochte den Most so lange, bis er sich in eine klebrige, süße Flüssigkeit verwandelt hatte. Sie gab viele Stücke geschnittenen und geschälten Kürbis dazu und kochte das Ganze so lange, bis der Kürbis weich war. Sie füllte ihre großen Tongefäße, die *Borkan*, mit dieser Marmelade, verschloss sie fest und brachte sie in den *Podrum*[6]. Danach bereitete Adam die Zutaten für seinen Rotwein vor, denn der musste auch möglichst viele Promille Alkohol haben. Er kochte mit einem 50-Kilo-Sack Zucker und Wasser sehr starken Sirup, gab es in dieses Gefäß und wartete neun Tage. Dann ließ er den Rotwein fließen und der war Adams ganzer Stolz.

An den folgenden Tagen ernteten Adam und seine Familie viele weitere Trauben, aber diese verkaufte er und brachte sie in die Weinkelterei Krajna in Norin. Das Geld, das er damit verdiente, bewahrte er für den Winter auf und war sehr sparsam damit. Nur für Familienfeste wurde es ausgegeben und wenn er für

---

[5] Weintraubenmarmelade

[6] Vorratskeller

seine Enkelin oder Urenkelin Kleider brauchte, denn die Mädchen der Familie Fari durften nicht schlechter angezogen sein als die anderen Frauen im Dorf. Und es musste Geld da sein, wenn er unbedingt etwas für seine Ochsen brauchte, wenn diese krank waren.

Nach der Weinlese kam die Gartenernte. Adam pflückte Weißkohl, füllte seine großen Gefäße und machte Sauerkraut damit. Aus Paprika machten die Frauen Paprikapulver, Paprikaschoten, gebratene Paprika, Paprikasalat und ganze Paprika mit Essig gesäuert und mit Weißkohl gefüllt. Zu Weihnachten schlachtete er ein gut gefüttertes Schwein. Davon bereiteten die Frauen salziges Fleisch, das den ganzen Winter lang hielt, dann gefüllten Darm, *Kawurma, Schwargla* und mit Schweineleber und Lunge gefüllten Magen, dazu reines Fett und *Cwarsi*. Das alles lagerte Adam in seinem Vorratskeller. Er füllte seinen *Podrum* mit Nahrungsmitteln und Getränken für den ganzen Winter. Dort waren genug Käse, *Räcel,* Weißwein, Rotwein, Sauerkrautsaft, Salat und Fleisch. Mehl hatte er von seinen Getreidefeldern und Maismehl von seinen Maisfeldern. Er lagerte auch frische Trauben und Nüsse ein. Wenn das alles gut untergebracht war, schloss er ab, nahm den Schlüssel und ging wieder auf seine Felder, um zu arbeiten. Denn die Herbstarbeiten mussten gemacht werden. Adam kümmerte sich darum, dass die Familie nicht schlecht, aber auch nicht verschwenderisch ernährt wurde.

An einem Abend, als die Herbstarbeiten abgeschlossen waren, saßen alle um den Esstisch beim Abendbrot. Draußen war sehr schlechtes Wetter. Es gab Sturm und starken Schneefall, mit Eisregen gemischt. Adam betrachtete seine Familie zufrieden, lächelte glücklich und sagte: »Der Winter kann beginnen. Wir sind gut vorbereitet, dass wir und unser Vieh das überstehen können. Bis Ostern sind wir versorgt. Danach können die Tiere auf die Weiden und wir sind gerettet und ohne Schaden durch den Winter gekommen. Um das alles zu erreichen, habe ich eine Waage oben im Viehfutterstall aufgehängt. Wenn wir unser Vieh füttern, müssen wir unsere Nahrung so abmessen, dass sie für den ganzen Winter reicht. Mahlzeiten für ein Tier dürfen nur zwei Kilo betragen. Sie werden dreimal am Tag mit getrocknetem Gras, zweimal mit einem großen Bund aus getrockneter Maispflanze gefüttert. Abends zwischendurch bekommen sie zwei Kilo Maismehl gemischt mit Kürbis, Wasser und sehr wenig Salz. Wasser bekommen sie zweimal am Tag. Einmal gegen Mittag und einmal gegen Abend. Den Boden müssen wir jeden zweiten Tag mit frischem Stroh ausstreuen. Den Stall sauber machen und die Ochsen kämmen, streicheln und mit ihnen sprechen, das müssen wir jeden Tag, wenn wir bei ihnen sind. Jeder hier muss sich an diese Anordnungen halten. Wer hier widerspricht, bekommt Ärger.«

Und alle, die ganze Familie, hörten aufmerksam zu, hatten großen Respekt vor Adams Rede und hielten sich an seine Regeln.

GEBORGEN IN DEN TRADITIONEN

So begann auch der Winter 1966. Die Bauern führten ihr ruhiges Leben in ihren Häusern und sorgten für ihr Vieh. Umgeben von seinen Familienmitgliedern saß Adam auf einem Stuhl und tat in regelmäßigen Abständen frische Holzscheite in den Ofen, damit der Raum weder zu kalt noch zu warm war. Auf dem hinteren Teil des Ofens, wo die Hitze nicht zu groß war, stand stets ein Topf mit Lindentee. Darin steckte ein großer Suppenlöffel und er war mit einem tönernen Deckel verschlossen. Nach Bedarf konnte man sich eine Tasse Tee eingießen.

An einem Tag im Dezember wollte die dreizehnjährige Bilija wie immer in die Schule. Frühmorgens um sechs Uhr gingen beide Geschwister aus dem Haus. Bilijas jüngerer Bruder Ljubce aber kam zurück, denn eine Gruppe von Schülern hatte kehrt gemacht. Der Schnee war zu hoch gewesen, um ihn durchqueren zu können. Bilija aber ging weiter, sie wollte nicht wieder nach Hause, sie wollte zur Schule, denn an diesem Tag wurde eine Klassenarbeit geschrieben. Einige Jungen aus ihrer Klasse und noch zwei Mädchen folgten ihr, den anderen aber wurde eine Mahnung erteilt. Sie konnten nicht sagen, dass der Weg unbegehbar wäre, denn Bilija war ja auch durchgekommen. Durch Wind und Schneesturm hatten sie die Schule erreicht.

Der Unterricht dauerte bis 13 Uhr. Dann wurden die Schüler entlassen und die kleine Gruppe aus Serdar ging den schwierigen Weg durch den hohen Schnee zurück nach Hause. Der Weg durch Eischenor war geräumt und für dreizehnjährige Schüler bedeutete es eigentlich keine große Mühe, ihn entlangzugehen. Als sie aber aus dem Dorf heraus waren, verboten einige Jungen aus der Gruppe Bilija, mit ihnen denselben Weg zu nehmen. Sie hatten vereinbart, dass jedes Kind für hundert Meter die Gruppe anführt und dann ans Ende der kleinen Schlange wechselte, sodass ein anderes zum Anführer wurde. Bilija aber wurde davon ausgeschlossen, weil sie die Schuld daran trug, dass alle an diesem Tag in die Schule mussten und dort Ärger bekamen.

Sie sollte also ihren Weg allein gehen und das zehn Meter von der Gruppe entfernt. Ihr blieb nichts anderes übrig, als Folge zu leisten. Sie wurde sehr müde und gab alles darum, sich der Gruppe anschließen zu können. Da wurde sie von einem kräftigen Jungen weggestoßen und in den Schnee geworfen. Doch im Schnee sieht man nicht, wo die Gefahren lauern, denn alles ist weiß und gleichmäßig. Bilija fiel in ein unsichtbares Loch und versank bis zum Hals im tiefen Schnee. Da fing sie an zu weinen und bettelte die Gruppe an, ihr zu helfen. Die Jungen lachten nur, sagten: »Du hast es so gewollt«, wandten sich ab und setzten ihren Marsch fort. Bilija aber blieb im Schneeloch stecken.

Ihre Mutter Gica wusste aus Erfahrung, wie grausam Kinder sein können, und um 12 Uhr mittags sagte sie zu ihrem Mann Gischa: »Bitte geh dem Kind entgegen, denn nur Gott weiß, was geschehen kann.«

Also zog Bilijas Vater seine winterfeste Bauernkluft an und ging Bilija entgegen. Als das Mädchen sah, dass der Vater kam, hörte es auf zu weinen. Gischa kam an der Schülergruppe vorbei und fragte nur: »Warum habt ihr das gemacht?«

Die Jungen sagten nur: »Die ist selber schuld. Die wollte bei diesem Schnee zur Schule gehen. Dafür muss sie büßen.«

Gischa sagte nichts mehr. Er zog Bilija aus dem Schnee, ging zum Anfang der Gruppe und rief: »Folgt mir!« Dann führte er die Kinder an, die sehr erleichtert waren und hinter ihm durch den sonnigen Wintertag wanderten. Weil die Kinder dick angezogen waren und keine Angst um ihr Leben haben mussten, wurde es für sie ein idyllischer Wintertag mit viel Licht vom glitzernden Schnee und der strahlenden Wintersonne.

Vater und Tochter kamen erst spät am Nachmittag nach Hause. Die Familie empfing sie überglücklich. Besonders Gica umarmte Bilija und Gischa und zog beide vor den Ofen, um sie zu wärmen. Dann verließ sie das Zimmer, um mit trockener Kleidung für beide wiederzukommen. Sie richtete auf dem Tisch eine warme Suppe an und ohne etwas zu sagen, bat sie ihren Mann und ihre Tochter zu Tisch. Sie sollten etwas Warmes essen. Gischa goss sie ein großes Glas *Serbet*, einen gekochten süßen Schnaps, ein, von dem Bilija einen Schluck probieren durfte. Nach der Mahlzeit schlief das Mädchen eine halbe Stunde lang. Die Familie beruhigte sich und kehrte zu ihrem täglichen Ablauf zurück.

Als Bilija sich erholt hatte, stickte sie und las. Ihr Bruder Ljubce ließ sich von der Urgroßmutter Lilica Geschichten über den Glauben und die Heiligen erzählen. Die Frauen verrichteten ihre Handarbeit und Gischa machte seine Notizen, wem er eine Spritze zu geben hatte. Er hatte nämlich als Soldat Erste Hilfe gelernt und durfte Kranken, die es vom Arzt verordnet bekommen hatten, eine Spritze verabreichen. Gischa ging heimlich zu denen, die ihn um sein Erscheinen gebeten hatten. Er suchte sie abends auf, wenn im Dorf alles ruhig war, denn die anderen Bewohner sollten es nicht mitbekommen, wenn jemand krank war. Trotzdem bekamen sie es raus.

Gischas Familie war immer neugierig, ob er für seine Hilfe Geld bekam. Meistens nahm er nichts für diese Arbeit, aber die Bauern fühlten sich in seiner Schuld und gaben ihm Bonbons oder steckten ihm etwas Geld in die Tasche. Die Bonbons gab er dann an seine Kinder weiter. Das war eine große Freude, denn Bonbons gab es in dieser Zeit nicht sehr oft.

Am Tage beschäftigte sich Gischa mit Schreinerarbeiten für den Bedarf der eigenen Familie. Er gestaltete Schränke und Fensterrahmen für ein geplantes neues Haus. Den Sommer über arbeitete Gischa nämlich als Baumeister für das Bauunternehmen *Koschovjanu*. Dieses befand sich im Nachbardorf Eischenor. Die Auszahlung für seine Arbeit sollte er nun kurz vor Weihnachten erhalten. Knapp drei Wochen vor dem Fest ging er zu Fuß durch den Schnee, um seinen Lohn von dem Bauunternehmer zu holen. Er traf ihn aber nicht an. Müde und traurig kam Gischa zurück. Seine Familie hatte ihn erwartet wie einen Retter. Er aber hatte das Geld nicht bekommen.

»Hast du was gekriegt?«, fragte Gica erwartungsvoll. Ihr Mann erwiderte traurig: »Nein, er war nicht zu Hause.«

Als Gischa auch nach dem dritten Versuch ohne Geld zurückkam, sah Bilija ihren Vater zum ersten Mal in ihrem Leben weinen. Urgroßvater Adam und Mutter Gica fragten ihn: »Hat er dir wieder dein Geld nicht gegeben?«

Gischa sagte: »Ich habe ihn nicht gefunden.«

Gica rief wütend und gleichzeitig traurig: »Was soll das heißen, Gischa, du kannst ihn nicht finden? Der versteckt sich vor dir!«

Gischa weinte und gab zu: »Ja, ich habe ihn hinter dem Vorhang im Haus gesehen. Der versteckt sich. Der will mir mein Geld nicht geben.«

Bilija, die alles mitbekam, dachte: »Was ist das für ein Mensch, dass er das Geld seiner Angestellten behält. Seine Mitarbeiter haben Kinder, die sie ernähren müssen. Wenn ich einmal groß bin, werde ich Unternehmerin sein und meine Mitarbeiter bezahlen!«

Adam sagte nichts zu alledem, ging zu seinem Ofen und legte ein Holzscheit hinein. Am nächsten Morgen aber stand er sehr früh auf, zog seine neueste dicke schwarze Wollhose und seinen weißen warmen Wollpullover, den ihm seine Frau Lilica gestrickt hatte, an, dazu warme Wollstrümpfe, kräftige, aus Schweineleder selbst gemachte Schuhe und seine gefütterte schwarze Winterjacke, die unauffällige weiße Streifen hatte. Auf den Kopf setzte er seine neue große schwarze *Schubara*[7] und sagte leise zu seinem Enkelsohn: »Gischa, du kümmerst dich heute um das Vieh und um die Familie. Pass auf alles gut auf, damit nicht etwas Unerwartetes geschieht.«

Und ohne zu sagen, wohin er ging, verließ er das Haus.

Kurz darauf kam er zurück. Im Wohnzimmer wärmte er seine Hände und sagte knapp: »Ich habe dein Geld, Gischa. Du sollst dir keine weiteren Sorgen machen.«

Wie Adam das erreicht hatte, das sollte sein Geheimnis bleiben.

Die Familie freute sich sehr, denn jetzt konnte neue Kleidung für den Weihnachtstanz gekauft werden. Einige Tage später wurde Silvester gefeiert und eine

---

[7] Feldmütze

Woche später Weihnachten. Das westliche Silvesterfest wurde in Serdar nicht großartig begangen. Am 31. Dezember um Mitternacht schossen die Familien, die ein Gewehr im Haus hatten, einmal in den Himmel, um den Beginn des neuen Jahres zu verkünden. Da die Familie Fari aus Sicherheitsgründen kein Gewehr besaß, ging Gischa in der Nacht nach draußen und machte einen großen und lauten *Krrrach*. Mit einer großen Stange schlug er kräftig gegen das Seitenbrett des Holzspannwagens. Danach kam er gut gelaunt zurück, alle gratulierten einander zum neuen Jahr, tranken ein Gläschen Wein und gingen dann ins Bett.

Weihnachten aber wurde ab dem 7. Januar sehr ausgiebig eine Woche lang gefeiert. Die Weihnachtsfeier begann am 6. Januar mit dem Heiligen Abend. Nach sechswöchigem Fasten warteten die Menschen ungeduldig auf dieses Fest. Am Vormittag des 6. Januar begannen die Frauen der Familie Fari, das Haus zu putzen. Es wurde gestrichen, Fenster und Möbel wurden gereinigt und alle schmutzige Wäsche wurde gewaschen. Die Männer waren dafür zuständig, die Getränke zu besorgen. Das heißt, es musste besprochen werden, welcher Wein, Schnaps und Saft aus dem *Podrum* geholt werden sollte. Dann stand der leckere Kuchen bereit. Das Fleisch für den Weihnachtsbraten war drei Tage zuvor gesalzen und mit Knoblauch gewürzt, in der Bratpfanne angerichtet und draußen in die Kälte gelegt worden, damit die Gewürze in das Fleisch einzogen und man einen noch besseren Geschmack erzielte. Die Weißkrautrouladen wurden am Vortag vor dem Fest gewickelt. Am Abend des 6. Januar, wenn das Vieh versorgt war, die Hühner auf ihrem Baum schliefen (— denn die Hühner waren in dieser Zeit nicht in einen Hühnerstall eingeschlossen, sondern sie liefen auf den Feldern frei herum und am Abend kamen sie nach Hause, um auf dem höchsten Baum zu schlafen. Sie wussten genau, zu welcher Familie sie gehörten —), dann versammelte sich die Familie und die Alten erzählten die Geschichten über Weihnachten, die heilige Maria und Jesus. Beide Familien, von Bilijas mütterlicher und der väterlichen Seite, waren zusammengekommen, um die Geburt Jesu zu erwarten. Alle sprachen sehr gedämpft und gaben sich geheimnisvoll.

Die Kinder lauschten den Geschichten über Jesus, Maria und Gott sehr aufmerksam. Bilija dachte nach. Brauchte nicht jedes weibliche Lebewesen ein männliches Lebewesen, um ein Kind zu bekommen? Schließlich hatte sie ihre Mutter gesehen, wie sie eine Sau zu einem Eber gebracht hatte, und sie gefragt, warum sie das tat, und die Mutter hatte nur kurz gemeint: »um Kinder — Ferkel — zu bekommen.«

Diese Frage stellte sie im Hinblick auf Jesus aber nicht, denn die hätte ihr keiner beantwortet. Das wusste sie schon, denn auch zu anderen Gelegenheiten, wenn sie eine Frage über Jesus und seine Mutter Maria stellte und danach, wie er ohne Vater zur Welt gekommen sei, hatte sie nie eine Antwort bekommen oder man hatte nur knapp gesagt: »Das hat Gott ermöglicht« und damit war die Sache erledigt. Bilija, wissbegierig wie sie war, konnte mit dieser Antwort nicht zufrieden sein, aber an diesem festlichen Abend wollte sie keine Zurückweisung erfahren und entschloss sich, keine Fragen zu stellen.

Die Speisen, die sie auf dem Tisch sah, waren aber verheißungsvoll und versprachen ein üppiges Abendessen: Frischgebackenes Brot, Paprikasalat und Sauerkraut, Nüsse, frisches Püree, zerdrückte Zwiebeln und gebratene Kartoffeln waren gebracht worden. Zum Trinken wurden Rotwein, Wasser, Fruchtsirup verdünnt mit Wasser und Sauerkrautsaft serviert. Die Familien genossen ihr Festmahl in aller Ruhe. Nach Mitternacht verabschiedete sich die Familie Jalic nach Hause und die Familie Fari ging zu Bett.

Am ersten Weihnachtstag um drei Uhr in der Nacht stand Gica auf und begann zu kochen. Auf dem Holzofen wurden *Sarma* und Suppenfleisch zubereitet. Fünfundzwanzig frische runde Brötchen in der Größe eines Tellers wurden gebacken, denn an Weihnachten wurde auch der Verstorbenen gedacht. Die Familie Fari gedachte 23 Verstorbener in der näheren und weiteren Verwandtschaft. Der Schweinebraten aber verbreitete einen verführerischen Duft nach gutem Essen, den Bilija kannte, aber viel zu selten erlebte. Am anderen Ende des Holzofens köchelten Innereien, denn auf der hinteren Seite des Ofens war die Hitze nicht so stark. Um fünf Uhr morgens war alles fertiggekocht und vorbereitet. Gica schöpfte aus jedem Topf eine kleine Portion und gab sie auf einen Teller. Dann brachte sie das Essen zum Tisch und weckte ihre Kinder. Sie sollten zuerst von dem guten Essen kosten. Bilija und Ljubce wurden wach, wuschen ihre Hände und aßen zum ersten Mal nach langem Fasten wieder Fleisch. Der Geschmack dieses Fleisches prägte sich tief in Bilijas Gedächtnis ein.

Um sechs Uhr wurden auch die anderen Familienmitglieder wach. Für die Erwachsenen begann der Weihnachtsmorgen mit gekochtem *Serbet* [8]. Adam brachte frischen Schnaps und kochte ihn in einem roten Emailtopf, der ungefähr zwei Liter Flüssigkeit

---

[8] ein süßer Schnaps

enthielt. Gischa bohrte eine saubere Eisenstange ins Feuer. Als sie rot glühte, nahm er sie heraus und hielt sie über den Topf, in dem der Schnaps kochte. Lilica brachte ihm fünf Würfel Zucker (Bilijas Urgroßmutter hatte immer Zuckerwürfel, wenn sonst keiner welche hatte), die Gischa an die heiße Stange hielt. Der Zucker karamellisierte, schmolz und tropfte in den kochenden Schnaps. Als alle Würfel geschmolzen waren und die Stange abgekühlt war, legte er sie zur Seite und nahm ein Streichholz, das er über dem kochenden süßen Schnaps anzündete. Über dem Schnaps brannte fünf Sekunden lang eine schwache, bläuliche Flamme, dann deckte Gischa den Topf mit einem leeren Teller zu. Die Feuer blieben ohne Sauerstoff und leuchteten von selbst. Der Schnaps war bereit zum Servieren. Gischa schenkte allen ein Gläschen ein. Bilija und Ljubce bekamen von ihrem Glas aber nur den Boden bedeckt, das heißt, sie erhielten drei bis vier Tröpfchen.

Danach nahm die Großmutter Lena die beiden Kinder an der Hand und machte sie für die Kirche fertig. Auf dem Weg waren nicht viele Menschen zu sehen, denn es herrschte Kommunismus und die Kommunistische Partei unterdrückte die christliche Religion. Da wurde Lena von einem Mann angesprochen. Er fragte sie, warum sie mit ihren Enkeln in die Kirche gehe. Gute Kommunisten stützten sich nicht auf den Glauben an Gott. Lena erwiderte: »Ich erziehe meine Enkelkinder so, wie ich es möchte. Ich habe Tito und den Kommunisten meinen Mann opfern müssen. Meine Enkelkinder ziehe ich so groß, wie ich denke, dass sie gute Menschen werden.« Der Mann zog sich zurück, ohne etwas zu sagen. Als Lena und die Kinder aber aus der Kirche zurückkamen, begann das Ritual »Verteilung an die Toten«.

Auf einem schön gedeckten Tisch wurden alle frisch gebackenen Brötchen angerichtet. In jedes wurde eine dünne, kleine Kerze gesteckt, dazu ein Stückchen gebratenes Fleisch und eine Traube aus Adams *Podrum*. Der Kuchen wurde aufgeschnitten, und auf jedes Brötchen wurde noch ein Stück Kuchen gelegt. Der restliche Braten wurde am Rande des Tisches auf einem Teller angerichtet. In einer großen Schüssel waren die *Sarma* genannten Kohlrouladen und eine weitere war mit Suppe und Suppenfleisch gefüllt, dazu gab es Getränke. Diese waren von besserer Qualität als die, welche beim Abendessen getrunken worden waren. Es gab edleren Wein und süßeren Fruchtsaft. Großmutter Lena zündete alle Kerzen an, neigte ihren Kopf, widmete jedem Verstorbenen aus der Familie eins der belegten Brötchen und sprach dazu die Worte, so als unterwerfe sie sich den Namen, die sie aussprach: »*Ijipija asta se vade la Fata mja Jaca, lipija asta se se vade la Omu meu Vanje ...*«, was bedeutete: »Dieses Brötchen soll zu meiner Tochter gehen, sie soll es bekommen und essen und dieses Brötchen soll zu meinem Mann Vanje gehen, er soll auch essen ...«

Das erste Brötchen aber war Gott gewidmet und das zweite dem heutigen Tag, dem Weihnachtsfest. Dann weihte Urgroßmutter Lilica alles mit Weihrauch, sie schwenkte das Gefäß dreimal um den Tisch herum und dreimal darüber. Die übrigen Anwesenden umkreisten den Tisch und verfolgten das alles. Als Lilica mit dem Weihrauch fertig war, legte sie den Weihrauchtopf unter den Tisch und sagte theatralisch, mit erhobenem Kopf zu ihrer Familie: »*Bo `dja prosce*[9]!«

Dann wurden die Brötchen weiter verteilt. Jede Familie, die mit Familie Fari verwandt war, sollte eines

---

[9] Bog da prosti – Gott, vergib!

bekommen. Das war Bilijas Aufgabe. Sie zog sich festlich und sehr warm an, bedeckte den Kopf mit ihrem schönsten dicken Kopftuch und tat die Brötchen, die verteilt werden sollten, in einen orangefarbenen, aus Weidenzweigen geflochtenen Korb. Dann zog sie schwere Gummistiefel an und ging mit dem Korb aus dem Haus und durch den hohen Schnee zu ihren Verwandten. Der Schnee war etwa einen Meter hoch. Die Bauern aber hatten jeder vor seinem Haus in einer Breite von 80 Zentimetern Schnee gekehrt, sodass zwei Personen, wenn ihre Wege sich kreuzten, aneinander vorbeigehen konnten, ohne in dem tiefen Schnee umzufallen. Bilija suchte ein Haus ihrer Verwandten nach dem anderen auf. Wenn sie vor ein Grundstückstor kam, rief sie laut den betreffenden Namen. Der Hausherr oder die Hausherrin ließ sie ein. Bilija grüßte mit den Worten: »*Xristos sa neskut!*«[10]

Die Verwandten antworteten: »Er ist wirklich geboren!«

Mit den Worten »Gott vergib« gab sie die Brötchen ab und die Verwandten nahmen sie entgegen und sagten ebenfalls: »Gott vergib.«

Nach diesem Ritual ging Bilija weiter. Die Brötchen, die die Familie Fari gebacken hatte, mussten besonders schön und schmackhaft und gut belegt sein. Denn wenn das nicht der Fall war, wurde danach darüber gesprochen und die Familie wurde in den Augen der anderen Dorfbewohner schlecht beurteilt. Die Familie Fari bekam aber auch von der übrigen Verwandtschaft geschmückte Brötchen vorbeigebracht. Gica war glücklich, wenn sie die mitgebrachten Brötchen mit ihren eigenen verglich, denn für sie waren die eigenen Brötchen die besten. Das

---

[10] Der Heiland ist geboren!

kommentierte sie laut. Wenn gegen 12 Uhr Mittag alle Brötchen an die Verwandten verteilt waren, bekam auch jedes Familienmitglied eins. Jeder musste sagen: »*Bo `dja `Prosce, Boze oprosti.*«

Endlich wurde das Mittagessen für die Familie serviert und das sehr schnell, denn die Männer in der Familie wurden schon ungeduldig. Sie hatten gesehen, wie Essen an andere verteilt wurde und sie selber durften bis Mittag warten. Gischa hatte aber ab und zu heimlich genascht.

Das Mittagessen an Weihnachten in der Familie war das Schönste, was Bilija in Erinnerung behielt. Eine große Bescherung war aber nicht dabei. Jeder aus der Familie bekam ein kleines Geschenk, meistens etwas Praktisches. Bilija, Gica und Ljubce bekamen neue Kleidung für den Weihnachtstanz, Gischa bekam ein neues Hemd. Denn am Abend musste die Familie zum Weihnachtstanz gehen ...

BILIJA WIRD VORGEZEIGT

»... Bilija, bereite dich vor, in einer Stunde müssen wir gehen. Und du, Ljubce, auch.«
Es war um 16 Uhr am Nachmittag, als Gica ihren Kindern das sagte.
»Nein, ich will lieber zu Hause bleiben und lesen«, erwiderte Bilija.
»Wie – zu Hause bleiben und lesen? Du bist dreizehn Jahre alt! Wir müssen dich zeigen, heute beim Weihnachtstanz und an Ostern und auf der Kirmes! Du musst sehen, wer dich begehrt und wen du begehrst, denn du bist jetzt ein großes Mädchen. Bald wirst du heiraten.«
»Und du, Ljubce ...« Gica drehte sich zu ihrem Sohn um und sagte so nebenbei: »Auch du sollst deine neu gekaufte Kleidung anziehen. Du wirst zwar noch nicht so bald heiraten, aber vielleicht zwei-drei Jahre nach deiner Schwester. Du sollst auch gut aussehen. Wir müssen alle gut aussehen, denn nur so werden wir eine gute Partie für deine Schwester bekommen.«
Ich will aber noch nicht heiraten, dachte Bilija. Sie ging in den großen Raum ihrer Eltern und betrachtete sich im Spiegel. Sie tastete nach ihren Brüsten. Sie hatte aber keine. Sie waren so flach wie bei einem halb verhungerten Jungen. Und ihre Taille? Die vermisste sie auch. Bilija dachte an ihre Kameradinnen. Sie waren alle schön geformt, aber Bilija nicht. Sie sah ihre Beine, dünn wie zwei Metallrohre. Dann zog sie ihren Rock hoch. Ihr Hinterteil und ihr Bauch zeigten keine Kurven. Alles war flach. Ihr Blick fiel nach unten. Nichts.
Sie hatte gehört, dass die Mädchen vor der Heirat Schamhaare haben müssten. Bei ihr war alles weiß wie

bei einem fünfjährigen Kind. Bilija ließ ihren Rock fallen und verließ das Zimmer mit den Gedanken: »Ich will niemals heiraten. Mich will eh keiner. Ich sehe aus wie ein Junge.«

Dann rief sie nach ihrer Mutter und fragte: »Mama, was soll ich anziehen?«

»Gehe schnell zur Dormanu und frag sie, was die anderen Mädchen anziehen«, sagte Gica. Bilija ging und fragte. Denn Dorina Dormanu war die Leiterin der Kameradschaft der Mädchen, die 1952 und 1953 geboren worden waren. Jeder Jahrgang der Mädchen im Dorf hatte eine Führerin, die aus einer wohlhabenden Familie stammte, die bestimmte, was zum Tanzen angezogen werden sollte. Dorina Dormanu und ihre Familie waren sehr korrekte und hilfsbereite Leute, aber sie mussten in jedem Fall befragt werden. Bilijas Eltern mussten deren Vorgaben befolgen, sonst wäre Bilija aus der Kameradschaft ausgeschlossen worden. Das Mädchen kehrte zur Mutter zurück und verkündete:

»Wir ziehen die neu gekauften Kleider an, Mama.«

Gicas Gesicht bekam einen stolzen Ausdruck, weil sie für Bilija die gleichen Kleider wie ihre wohlhabenden Kameradinnen kaufen konnte. Bilija aber ging in den Stall und nahm ein Bad. (Gebadet wurde immer im Stall. Aus welchem Grund, konnte sich Bilija nicht erklären.) Mit besonderer Sorgfalt wusch sie ihre Haare. Dann ging sie ins Haus zurück und begann sich anzuziehen. Zuerst zog sie ihre dicke, rosa Flanellunterhose an, die bis an die Knie reichte, dann ein ebenso kräftiges rosa Unterhemd und gemusterte, selbstgehäkelte Strümpfe. Als sie Rock und Bluse anziehen wollte, kam ihre Mutter und sagte: »Warte mal! Ich habe was für dich!« Gica band ein Tuch über Bilijas Brust und formte unter diesem Tuch zwei runde Tücher. Bilija wusste nicht, was das sollte, aber widersprechen durfte sie nicht, denn ihre Mutter hatte bestimmt einen Grund für das, was sie tat, auch wenn Bilija ihn nicht verstand. Die Mutter sagte: »Jetzt kannst du deine neuen Kleider anziehen. Dein Komplet ist sehr schön.«

Das Ensemble aus Rock und Jacke war im Nachbardorf Paslak für Bilijas gesamte Kameradschaft im gleichen Stil genäht worden. Der Rock hatte vier Falten vorne und eine Falte auf der Rückseite. Die dünnen weißen Streifen zwischen der rotvioletten Farbe strahlten und machten Freude. Unter ihrem Kostüm trug Bilija die weiße Bluse mit Volant und Stickerei, die in Norin gekauft wurde. Die Jacke des Kostüms hatte die gleiche Farbe wie der Rock. Sie hatte zehn mit dem gleichen Material überzogene Knöpfe. Dazu trug Bilija ein seidenes, hellgelbes Kopftuch mit braunem Blättermuster, das sie sich unter dem Kinn zuband, nachdem sie auf Geheiß der Mutter ihre Lippen rot geschminkt und ihre Augenbrauen mit zerbröselten Streichhölzern schwarz gefärbt hatte. Bilijas Wimpern waren schon von Natur aus sehr lang und dunkel. Ihre Augen strahlten. Unter ihrem Tuch zog sie eine mit einer heißen Klammer geformte dunkelbraune Haarsträhne hervor und über die Stirn zur linken Seite, sodass sie einen Zentimeter über die linke Augenbraue fiel und dann unter dem Kopftuch verschwand. Dann zog sie schöne Lederschuhe an, die den Fuß nur bis zur Hälfte bedeckten und zwei schöne, dünne Schleifen hatten, die über dem Mittelfußknochen gespannt und am äußeren Rand des Fußes befestigt waren. Gica spritzte ein wenig Basilikum und Zitronenwasser über ihre Tochter und sagte: »Warte. Ich binde dir jetzt Dukaten an. Du sollst sie tragen, damit die Leute sehen, dass wir sie haben.«

Bilija sah sie überrascht an, aber sagte nichts. Sie dachte nur: »Was haben die Leute damit zu tun?«

Nach kurzer Zeit kam ihre Mutter mit einer zehn Zentimeter breiten, aus rotem Samt genähten Schärpe. Auf der Vorderseite befanden sich zehn große Dukaten und an den Randseiten waren jeweils zehn kleine Dukaten aufgenäht. Gica legte die Schärpe über Bilijas falsche Brust und befestigte die Enden auf ihrem Rücken mit einer Sicherheitsnadel. Zwei weitere Sicherheitsnadeln fixierten die Schärpe unter den Schultern, damit sie unter der Schwere des Goldes nicht herunterrutsche. Fertig war die Maskerade!

In diesem Moment kam die Urgroßmutter Lilica rein und sagte: »Kind, breite die Finger aus und mach ein Kreuz vor deinem Rock über deiner Scham.«

»Warum?«, fragte Bilija.

»Das wird dich schützen, wenn dich jemand mit eifersüchtigem Blick, mit neidischen Augen oder schlechten Gedanken ansieht.«

Sie drückte Bilija ein Blättchen frisches Basilikum in die Hand und sagte: »Tu das in deine Tasche. Der Teufel kommt nicht dorthin, wo er Basilikum sieht oder riecht.«

Bilija nahm das Basilikum, tat es in ihre Jackentasche, aber so, dass es keiner sah, und war sich sicher, dass ihr nichts Schlechtes geschehen konnte. Sie zog ihren neu gekauften, schweren schwarzen Mantel mit dem weißen, großen, runden Fellkragen zu, knöpfte den Mantel zu und ging aus dem Raum heraus auf die Veranda, von der zehn Treppenstufen bis zum Gehweg führten. Da kam die Großmutter Lena und rief: »Bleib dort stehen! Ich muss eine letzte Kontrolle machen.«

Sie begutachtete Bilija mit prüfendem Blick von Kopf bis Fuß.

»In Ordnung. Jetzt dreh dich um.«
Bilija drehte sich.
»Die linke Seite des Rockes muss ein wenig nach oben gezogen werden. Warte. Ich mache das.«
Und sie zog Bilijas Rock auf der linken Seite nach oben.
»Dreh dich noch mal um.«
Bilija gehorchte.
»Schön«, sagte Lena.
Inzwischen waren auch Gica und Ljubce fertig vorbereitet. Lena sagte: »Wir können jetzt zum Tanz gehen. Gischa, mein Sohn, kommst du? Wir werden dort auch deinen Bruder Petruce und Gicas Bruder Vanje mit ihren Familien treffen.«
Gischa erwiderte: »Geht voraus. Ich komme später mit dem Großvater.«
Und Bilija schritt mit den drei Frauen aus ihrer Familie den schmalen, am Morgen vom Schnee gereinigten Weg entlang, der inzwischen wieder von zwanzig Zentimetern Schnee bedeckt war. Nach zwanzig Minuten erreichten sie das Bürgerhaus in der Mitte des Dorfes. Der große Saal war vom hellen Licht zahlloser Glühbirnen geflutet.
Die Musiker waren schon da, als die Menschen sich versammelten. Bilijas Kameradinnen auch: Dona Marika, Darja Flora, Zarina Kodra, Dana Fadina, Mila Garina, Dasina Parini, Lara Marilni, Dara Starkanic, Dina Baleni, Zarka Gratinic, Lalika Coranic, Aleksa Kirka, Bilija Fari und Dorina Dormanu.
Sie waren alle gleich angezogen und trugen die gleichen Kopftücher. Und alle hatten Schleifen mit Dukaten an ihrer Brust, die eine mehr, die andere weniger. Das war das Zeichen des Wohlstandes ihrer Familie.
Immer mehr Menschen kamen. Der Saal füllte sich. Männer und Frauen standen in der Mitte des Raumes.

Entlang der Wände wurde spontan ein Korridor freigelassen. Auf diesem Korridor sollte sich der Kolo, wie der serbische Kettenreigentanz genannt wurde, bewegen. Die Musik wurde von der Band *Coku* gespielt. Coku spielte Trompete, Stan Krisu Klarinette, Stancu spielte den Bass und Andra die Trommel. Als die Musiker zu spielen begonnen hatten, ergriff ein junger Mann die Hand seines Kameraden und so fort; in dieser Weise bildeten die jungen Männer eine Kette, die *Kolo* genannt wurde. Der Kolo entstand auf der freien Fläche entlang der Wand. Die Mädchen sahen zuerst zu. Als der Kolo der Jungen den Saal einmal durchquert hatte, trat das junge Mädchen hervor, das an diesem Abend die Kette der Mädchen anführen sollte, und gesellte sich an die linke Seite des leitenden Jungen. Sie nahm den Jungen an die Hand und alle Mädchen folgten Hand in Hand und bildeten den Kolo der Mädchen. Nach und nach kamen andere tanzlustige Jungen und näherten sich den Mädchen, die sie gerne hatten. Die Eltern sahen zu und achteten darauf, welcher Junge neben ihrer Tochter tanzte. Kam er aus einer wohlhabenden Familie, dann waren die Eltern zufrieden. Zuhause beeinflussten sie ihre Tochter, ihn zu mögen und sich für ihn zu interessieren. War der Junge jedoch arm oder aus einem anderen Grund nicht der Richtige für ihre Tochter, dann näherten sich Großmutter oder Mutter ihrer Tochter und tanzten an ihrer Seite weiter. Damit trennte sie den jungen Mann im Kolo von ihrem Kind und setzte so ein unausgesprochenes Zeichen, dass er zu ihrem Kind nicht passte. Und so erlebte es Bilija auf diesem Weihnachtstanz, dass sie auf der rechten Seite mit einem jungen Mann tanzte und auf ihrer linken aber mit ihrer Großmutter Lena. Bilija war wütend, denn sie verstand nicht, was diese Maskerade mit falschen

Rundungen, falschem Busen und Dukaten sollte. Wozu, wenn sie nicht mit dem, mit dem sie wollte, tanzen konnte? Sie schluckte ihren Ärger hinunter, tanzte weiter und wurde versöhnlich, denn die Musik und die gute Laune der Menschen verwandelten diese Veranstaltung dann doch noch in einen schönen Tanzabend. Bilijas Kameradin Zarina Kodra verlobte sich an diesem Abend mit Valin Takimir. Sie hatte als Siebenjährige ihren Vater verloren und ihr Großvater hatte entschieden, dass sie mit dreizehn heiraten musste. Die Familie Kodra brauchte nämlich ein junges Oberhaupt. Und noch mehr Verlobungen wurden an diesem Abend bekannt gegeben. Nach einer Weile ausgelassenen Tanzes setzten die Musiker das Zeichen, dass der Weihnachtstanz für heute beendet war. Sie machten ihr berühmtes »Tra, tratra traaaa traaaaaaaaaaaaaa«. Und die Trommel »Dum, dum, dum, dudududududmmmmmmmmmm«. Dann nahmen sie ihre Instrumente unter den Arm und gingen nach Hause. Die Gesellschaft löste sich auf. Adam und Gischa warteten auf die Frauen der Familie, dann gingen sie gemeinsam heim. Beim Abendessen wurde diskutiert, wer am schönsten und wer am prächtigsten gekleidet war. Gica und Lena lobten Bilija und versuchten sie zu beeinflussen, an welchem Jungen sie Gefallen finden sollte. Aber Bilija ließ sich nichts einreden.

Auf diesen ersten Weihnachtstanzabend, welcher der wichtigste war, folgten noch weitere Veranstaltungen, die aber nicht mehr mit so großen Aufregungen und Vorbereitungen verbunden waren. Es reichte, schön angezogen zu sein und zum Tanzen zu gehen. Eine Woche lang ging das so. Als die Weihnachtsfeiertage vorbei waren, wurde am 14. Januar 1967 Silvester nach Julianischem Kalender, Gottes Meldung und die Heilige Sava, gefeiert. Eine Woche später erkrankte Adam an einer Mundinfektion. Doch trotz Gischas Gebeten und seiner Forderung, sein Großvater möge zum Arzt gehen oder man werde einen Doktor kommen lassen, blieb Adam stur. Er wollte keinen Arzt in seiner Nähe sehen. Knapp sagte er zu seinem Enkel: »Meine Zeit ist gekommen. Ich will zu meiner verstorbenen Frau und meinen drei Buben gehen.«

Adam legte sich ins Bett. Er aß nicht mehr, nahm nur noch Wasser zu sich. Gischa flößte es ihm mit einem Strohhalm ein. Er pflegte seinen Großvater rund um die Uhr, sechs Wochen lang. Die Frauen der Familie waren nur ab und zu für Adam da und dann, wenn sie ihn etwas fragen wollten. Bis zum letzten Atemzug war Adam bei klarem Verstand. Verwandte und Bekannte und andere Bewohner des Dorfes kamen, um von ihm Abschied zu nehmen. Adam lehnte diese Besuche ab und gab den Gästen mit der Hand ein Zeichen, dass sie unerwünscht waren. Er scheuchte sie weg. Gischa und seiner Frau Gica aber gab er alle Geheimnisse des Erfolges der Familie weiter und verlangte von den beiden, dass sie versprachen, seine Frau Lilica und seine Tochter Lena auch nach seinem Tod zu respektieren, zu pflegen und bei wichtigen Entscheidungen um Rat zu fragen. Um sicher zu gehen, vermachte er Lilica ein Drittel und Lena den Rest seines Vermögens. Nach Lena sollten Gischa und Gica erben und nach ihnen Ljubce. So sollte eine Kette von Erben entstehen, damit das Vermögen der Familie nicht in fremde Hände fiel.

Neben Gischa und Gica durften Lilica und Lena ihm bis zu seinem letzten Tag zur Seite stehen. Den Geschwistern Bilija und Ljubce jedoch war es nur zweimal in diesen sechs Wochen gestattet, an sein Bett zu treten. Beim letzten Mal nahm er Abschied von den beiden Kindern. Dabei verlangte er auch von ihnen, das Versprechen, dass die Familie gut geführt werde, einzuhalten. Als er mit allen Versprechungen und Mitteilungen fertig war, wollte er nicht einmal mehr Wasser trinken. In der sechsten Woche wurde er bewusstlos und nach drei erfolglosen Versuchen, nach Luft zu schnappen, starb Adam Farajcic, genannt Adam Fari. Seine Witwe Lilica und seine Tochter Lena blieben in der Familie und wurden respektiert, so wie Gischa es versprochen hatte.

Als Adam starb, war Bilija in der siebten Klasse der Grundschule. Das Frühjahr 1967 kam. Einen großen Aufwand bedeutete es nicht für Bilija, mit den anderen Kindern von der fünften bis zur achten Klasse zu Fuß über den Berg und die Felder nach Stavinica, wo die Schule sich befand, zu marschieren. An jedem Morgen nahm Bilija ihre *Sekuj,* eine von ihrer Mutter gewebte Tasche, über die Schultern, sagte ihrer Familie »Auf Wiedersehen«, lief rechts von ihrem Haus zunächst geradeaus, dann wieder rechts einen Weg entlang, der durch eine Talenge führte und den Schülern einen zu steilen Anstieg auf den Berg ersparte. Dort sammelten sich die Kinder von der West- und Südseite des Dorfes Serdar und alle zusammen nahmen den Weg entlang bis Stavinica. Beim Hintereinanderherlaufen sprachen sie miteinander, manchmal verspotteten sie einander, beleidigten sich gar, aber alle hatten dasselbe Ziel: rechtzeitig zur Schule zu kommen. Bilija lief nicht gern in der Gruppe, denn sie war das kleinste Mädchen ihres Jahrgangs. Statt mit den anderen zu plaudern, nahm sie unterwegs lieber ihr Buch oder Heft und lernte oder las in dem Buch, das für die Lektüre vorgesehen war. Auch Ljubce ging in dieser Gruppe mit und ab und zu warf Bilija einen Blick auf ihren kleinen Bruder, ob er auch nicht von den anderen Jungen beleidigt oder geschlagen wurde. Ansonsten beobachtete sie die Tiere der Wildnis, die auch alle sehr geschäftig waren und überall herumliefen. So sah sie Igel, Schlangen, Hasen, Elstern und vieles mehr. Manche Tiere blieben stehen und beobachteten Bilija. Sie hielt dann an und sprach mit ihnen. Nur die Schlangen mochte sie nicht. Sie hatte Angst vor ihnen.

Bilija mochte ihre Schulfreundinnen sehr, diese aber hatten kein Interesse an ihr, weil sie so viel lernte und so klein war. So von den Mädchen abgelehnt, freundete sie sich mit einem Jungen aus ihrer Klasse an und die beiden nahmen den Schulweg oft gemeinsam. Sie mochte Marko Urbabu, weil er sehr intelligent und gutaussehend war. Ljubce, Bilijas Bruder, aber war mehr an Mädchen und an seinen Kameraden interessiert. Sein bester Freund war Dragi Ungar. Die beiden Jungen gingen den Weg sehr oft gemeinsam entlang und zu Hause besuchten sie sich auch. Bilija hatte nichts gegen Dragi. Er war nett und ruhig und redete nicht zu viel. Er konnte aber aufmerksam zuhören, wenn ein anderer sprach. Seine Eltern hatten ein Haus am Ende des Dorfes, in dem sie sehr zurückgezogen lebten. Ljubce gegenüber waren sie immer sehr fürsorglich.

Im Herbst 1967 kam Bilija in die achte Klasse. Immer noch lernte sie fleißig und hatte gute Noten. Da verliebte sie sich in einen Schulkameraden. Er war Klassenbester, aber mit Bilija sprach er nur ab und zu. Er schaute lieber nach den anderen Mädchen, die eine gute Figur hatten und aus wohlhabenden Familien stammten. Von der fünften bis zur achten Klasse hatte sie mit Simon Badaik aus Eischenor in einer Bank gesessen. Dieser war bei den Mädchen sehr beliebt. Bilija war geteilter Meinung über ihn. Sie fand ihn schön, aber egoistisch und er hatte einen eigenwilligen Humor. Zum Beispiel wurde er einmal im Serbischunterricht von der Lehrerin Stana gefragt: »Warum hat die Mühle einen langen aufsteigenden Akzent und keinen lang abfallenden?« Er antwortete: »Wenn die Mühle einen lang abfallenden Akzent hätte, würde sie ins Wasser fallen.«

Die Klasse lachte. Die Lehrerin Stana lächelte ihn aber an und sagte: »Wenn du mir nicht sofort richtig antwortest, schreibe ich dir die schlechteste Note auf.« Und das war eine Eins. Denn in Serbien ist die Note Eins die schlechteste und die Fünf die beste Note. Aber Simon Badaik war halt auch sehr egoistisch. Das merkte Bilija insbesondere daran, dass sie ihm zwar die richtigen Antworten zuflüsterte, wenn er eine Frage nicht beantworten konnte, er ihr aber umgekehrt niemals half, wenn sie etwas nicht wusste. In den Pausen bemerkte sie, dass er nur Augen für die hübschesten und reichsten Mädchen hatte. Und so beschloss sie, mit ihm ab sofort nicht mehr zu tun haben zu wollen als unbedingt nötig.

DIE AUFGEZWUNGENE HEIRAT

Im Sommer 1968 bestand Bilija ihren Volksschulabschluss. Sie erhielt ein Zeugnis mit der Abschlussnote »sehr gut.« Ihre Eltern und sie selbst freuten sich darüber sehr. Die Freude war aber nur von kurzer Dauer. Denn kurz darauf kam Lena zu ihr und sagte: »Du gehst nicht weiter in die Schule. Du wirst bald heiraten. Den Sommer über wirst du mit uns in der Landwirtschaft arbeiten und unser Vieh hüten. Und deine Liebe zur Schule kannst du vergessen. Wir werden für dich eine Aussteuer vorbereiten, eine gute Partie für dich suchen, dir eine schöne Hochzeit ausrichten und das war's.«

Bilija war perplex und sie fühlte sich wie benebelt. Ständig hörte sie diese Worte vor sich: »Das war's.« Es konnte nicht wahr sein.

An einem Tag im August, als sie ihre Ochsen nach Hause zum Mittagsschlaf trieb, kamen zwei Vertreter der Kommunistischen Partei in Norin und erklärten, dass von der Schule *Stanic Sternmarko* in Stavinica die Empfehlung gekommen sei, dass Bilija, weil sie die besten Noten hatte, in die Lehrerakademie eingeschrieben werden solle. Bilijas Eltern sagten nichts und übergaben dem Mann das Zeugnis ihrer Tochter. Einen Personalausweis hatten sie nicht, aber das Zeugnis reichte. Der Mann sagte, wann die Aufnahmeprüfung stattfinden sollte, und verabschiedete sich. Eine Woche später erschien Bilija zu dem genannten Termin, bestand die Prüfung und wurde aufgenommen. Ihr Glücksgefühl deswegen war unbeschreiblich. Ungeduldig wartete sie auf den Herbst. Im Oktober, als das Semester endlich begann, erschien Bilija froh und begeistert an der Lehrerakademie. Sie traf dort auf die besten Schülerinnen und Schüler aus dem Kreis Norin und auch aus anderen Gebieten in Jugoslawien, die an der Lehrerakademie Norin aufgenommen worden waren. In dieser Zeit begann aber auch die Weinlese der in diesem Jahr früh gereiften Trauben bei der Familie Fari.

Die Familie ging zur Weinlese, um fünf Uhr morgens. Bilija musste auch mit. Um sechs Uhr fragte sie ihre Mutter, ob sie zur Schule gehen dürfe. Sie erlaubte es ihr, aber nur unter der Bedingung, dass sie zu Fuß ging, und Geld für die Bücher gab sie ihr auch nicht. Also marschierte Bilija vom Weinberg auf dem Gebiet von Serdar bis zur Lehrerakademie in Norin. Die Wanderung dauerte neunzig Minuten. Bilija blieb in der Schule und lernte, was die Professoren unterrichteten. Am nächsten Tag nahm sie ihren Weg in der gleichen Weise. Eindringlich bat sie ihre Eltern, für sie doch eine Wohnung in Norin anzumieten, und um Geld für Bücher. Für Essen sollten sie ihr nichts geben, denn sie würde an jedem Wochenende nach Hause kommen und sich das Essen von zu Hause mitnehmen. Doch ihre Eltern wollten nichts davon hören. Sie flehte ihren Vater an, küsste die Hände ihrer Mutter. Sie erhielt keine Antwort. So bat sie auch Lena und Lilica. Lena sagte: »Du gehst nicht in die Schule und basta.« Aber Lilica sah Bilija sehr traurig an und sagte: »Mein liebes Kind, ich weiß, dass du lernen kannst und wenn ich dich so sehe, zart und mit deinen langen dünnen Fingern ... Du bist nicht dazu geboren, eine Bäuerin zu werden, aber ich kann dir nicht helfen.«

Eine Woche lang ging Bilija in die Akademie. Doch dann gab sie auf, denn sie konnte nicht an jedem Morgen von Serdar nach Norin wandern. Sie gab den Traum, Lehrerin zu werden, auf und fing an zu weinen. Sie weinte ununterbrochen drei Monate lang. Sie aß nicht mehr. Sie verrichtete brav die Hausarbeiten, die die Eltern ihr auftrugen, aber immer, wenn sie an die abgebrochene Schule dachte, fing sie wieder an zu weinen. Bilija wurde blass, verlor an Gewicht und ihre Eltern sahen bei ihr kein Lachen mehr. Da bekam Gischa Angst, dass sie zugrunde gehen würde, und meldete sie in der Schule für Nähen und Schneidern an. Eine Wohnung wollten sie für Bilija aber in Norin nicht mieten. Gischa nahm sich zur Aufgabe, seine Tochter an jedem Abend zur Schneiderschule zu fahren, dort auf sie zu warten und sie spätabends zurück nach Hause mitzunehmen.

Im Frühling bekam sie ein Zertifikat und fing an, für die Frauen im Dorf und auch für ihre Kameradinnen zu nähen und zu schneidern. Sie fing wieder an zu essen und bekam ihre ersten Rundungen. Ihr Busen wuchs und plötzlich war alles, was ein junges Mädchen kennzeichnet, ganz selbstverständlich vorhanden. Die Familie war erleichtert, dass Bilija wieder normal, gesund und gut entwickelt wirkte. Bilija selbst lächelte wieder und war stolz, dass sie mit ihrer Schneiderei das erste gute Geld verdiente und ihre Familie damit unterstützen konnte.

Mit fünfzehn Jahren bekam Bilija auch ihre Regel. Sie wusste nicht, was das Blut, das aus ihrem Körper floss, zu bedeuten hatte, und fragte ihre Mutter. Gica antwortete nur: »Na, du bist jetzt eine junge Frau und bereit zum Heiraten.« Das war alles, was sie über diese Sache gesagt bekam. Im Herbst fanden die Eltern für Bilija einen jungen Mann nach ihrer Vorstellung und die Elternpaare verlobten diese beiden Kinder. Bilija spürte sofort, dass sie und Duka nicht zusammenpassten, denn sie hatten keine gemeinsamen Interessen.

Doch der Vater drohte ihr im Stall und »überredete« sie, indem er sie schlug. Nachdem ihr Rücken und ihre Beine mit blauen Striemen bedeckt waren, unterwarf sich Bilija dem Willen ihrer Eltern und ihr war gleichgültig, was mit ihr geschehen würde. Sie wollte aber niemals mehr geschlagen werden.

Die Hochzeit fand Ende November 1969 statt, nachdem die Weinlese abgeschlossen, der Wein gereift und der Schnaps gebrannt war. Am Tag der Hochzeit war Bilijas Aussteuer auf dem Grundstück der Familie Fari im Freien gut sichtbar aufgebaut. Da vom frühen Morgen an ein sonniger Tag war, wurden die Möbel und die gesamte Aussteuer mit Licht überflutet und alles war wunderschön und farbenprächtig. Die Nähmaschine und das Bügelbrett mit Bügeleisen waren mit Blumen geschmückt, denn alle sollten wissen, was Bilija als Mitgift erhielt. Ihr Hochzeitskleid hatte Bilija selbst genäht. Nun war sie gerade 16 Jahre alt. Der Bräutigam war auch in ihrem Alter. Duka entstammte der Familie Karane. Er kam mit seiner Familie und seinen Bekannten, das heißt, mit den Menschen aus dem ganzen Dorf, begleitet von Musikern, um seine Braut nach Hause zu holen. Vor dem Grundstück der Brauteltern mussten sie am Tor anhalten, denn der Bräutigam durfte das Grundstück nicht betreten, ehe er nicht mit einem Gewehr den Apfel abgeschossen hatte, der an einer zehn Meter hohen Stange über dem Grundstückstor hing. Über dem Tor erhob sich auch im Halbrund ein üppiger Blumenkranz. Dort sollten die Gäste des Bräutigams hindurchgehen, wenn sie zur Abholung der Braut vor die Haustür traten. Alle Fenster und Türen waren mit Blumenkränzen geschmückt. Nachdem er den Apfel abgeschossen hatte, trat der Bräutigam vor zur Haustür und wartete dort. Seine

Kameraden aber gingen ins Haus und brachten der Braut die Kleidung. Bilija zog sich an und stellte sich vor der Haustür auf. In der linken Hand hielt sie Apfelzweige von etwa einem Meter Länge, über die ein Kinderkleidungsstück und ein Handtuch gehängt waren – als Geschenk für das Kind aus dem Dorf, das neben ihr stand und die Zweige mit festhielt. Vorne in den Zweigen steckte ein glitzerndes Wassergefäß, in dem ein frisches Basilikumsträußchen schwamm. Das Kind trat zuerst vor die Haustür, dann folgte die Braut. So trugen sie gemeinsam die Zweige.

Vor der Tür bekreuzigte sich die Braut und besprengte den Bräutigam und seine Gäste mit dem Wasser. Als sie fertig war, trat der Bräutigam vor, küsste die Braut, schenkte ihr Schmuck und Ringe, nahm sie an der Hand und ging mit ihr zum Tor. Dort stellte ihr Gica auf einem weißen Tuch ein Glas Wein hin und gab ihr ein ganzes Brot. Bilija trat mit dem rechten Fuß gegen das Weinglas und warf das Brot auf dem Elterngrundstück weg, ohne sich dabei umzudrehen. So setzte sie ein Zeichen, dass sie niemals zurückkehren würde, um bei ihren Eltern zu leben. Danach setzte sich der Hochzeitsumzug in Richtung des Bräutigamhauses in Bewegung. An dessen Ende spielten die Musiker laute Hochzeitsmusik. Unterwegs wurde gejubelt und gejohlt. Junge Frauen schrien das berühmte »Juuuuuuuuhuhuuuuuuuuu!«, das so nur auf Hochzeiten ausgerufen wurde. Das machte den Gästen gute Laune.

Am Haus des Bräutigams angekommen, blieben alle stehen. Da gab die Schwiegermutter Bilija ein Stück Brot, nahm Schwiegertochter und den Bräutigam an der Hand und führte beide ins Haus. Damit setzte sie ein Zeichen, dass die Braut mit ihrem Einverständnis in ihrem Haus mit ihrem Sohn leben könne. Die Hochzeitsmusik spielte die ganze Zeit weiter. Bilija musste sich dem Ganzen unterwerfen.

Nach dieser Zeremonie begann das Hochzeitsessen. Für dieses Essen wurden eine Kuh und zehn Schafe geschlachtet, fünfzig Liter Schnaps und dreihundert Liter Wein bereitgestellt. Drei Köche waren damit beschäftigt worden. Drei Tage lang wurde getanzt und gesungen, gegessen und getrunken. Doch Bilija und Duka, diese beiden Kinder, wussten nicht, was das alles sollte, und was sie mit alldem und mit sich selbst anfangen sollten. Bilija sprach immer über Bücher und Duka sprach über Cowboys oder aber er sprach nicht und hörte nur dem zu, was Bilija sagte.

Nach der Hochzeit machte Bilija ihre Näharbeiten weiter und Duka sah zu oder half seinen Eltern auf dem Bauernhof. Sehr oft war er mit seinem Vater am Jasenischen Fluss, denn Baro Karane war bei der Kommunalfirma angestellt und für den Kanal zuständig. Baro hatte ein großes rotes Motorrad von der Marke Jawa. Er musste die Dorfbevölkerung warnen, wenn ein Hochwasser drohte, und sie davor schützen. So ging es, bis der erste Frühling kam. Bilija wusste sich zwar gut aufgehoben, aber sie war nicht glücklich. Denn niemand mochte sie. Nur der Junge. Er war aber noch ein Kind. Die beiden jungen Menschen waren noch Kinder. Sie merkten, dass sie nicht zusammengehörten.

Vor Ostern wurde Bilija von der Schwiegermutter mit ihren Dorfkameradinnen nach Norin geschickt, sie sollten sich alle die gleichen Pullover für den Ostertanz kaufen. Zugleich sagte sie zu Bilija, sie solle kein Geld ausgeben. Also ging Bilija nach Norin, kaufte aber keinen Pullover, denn so war es ihr gesagt worden. Als sie aber nach Hause kam, wurde sie von ihrer Schwiegermutter für verrückt erklärt, denn ihr wurde gesagt: »Du bist die Einzige, die keinen Pullover gekauft hat und damit hast du unsere Familie schlecht gemacht, als arm hingestellt. Sie verlangte von Bilija: »Du sollst allein zu Fuß nach Norin gehen, um den Pullover zu kaufen.«

Bilija beschwerte sich bei ihrem Mann. Duka sagte: »Was soll ich machen? Sie ist meine Mutter. Sie kann machen, was sie will.«

Bilija schwieg und befolgte den Befehl ihrer Schwiegermutter. Sie ging los und kaufte einen solchen Pullover, wie ihre Kameradinnen ihn hatten. Dann kamen die Vorbereitungen für Ostern. Am Karfreitag färbte Bilija mit Dukas Großmutter Mara 100 rote Eier. Mit Muster, ohne Muster, aber hauptsächlich rot. Am Ostersonntag und am Ostermontag war Ostertanz und die Menschen versammelten sich in der Mitte des Dorfes zum Tanzen. Auch Bilija nahm mit anderen frisch verheirateten Kameradinnen teil. Nach zwei schönen Tanzabenden spürte sie die Abneigung der Schwiegermutter gegen sich. Borka, so war ihr Name, unterhielt sich mit Verwandten von Lara Mariljni, dem schönsten Mädchen im Dorf, denn sie wünschte sich dieses Mädchen als Frau für ihren Sohn. Lara sprach Bilija darauf an: »Ich werde dir deinen Mann nicht nehmen, denn ich liebe Milan Bika und ich werde ihn heiraten.«

Sie erzählte das Bilija im Geheimen, denn die beiden waren gute Kameradinnen. Die anderen Mitglieder der Familie Karane mischten sich nicht ein. Dukas Großmutter Mara und sein Großvater Maron respektierten Bilija, denn sie war Schneiderin und half der Familie mit selbst verdientem Geld. Alles, was sie verdiente, übergab sie dem Großschwiegervater Maron, der für die Familienkasse zuständig war.

Am Osterdienstag wurde auf dem Berg im Freien vor der Kirche getanzt. Dort wurde Bilija zu ihrer Mutter gebracht mit den Worten: »Du bleibst jetzt bei deiner Mutter. Sie ist auch zum Ostertanz gekommen.« Sie tat, wie man ihr gesagt hatte, und verbrachte den Tanznachmittag mit ihrer Mutter. Nach dem Tanz kehrte sie nach Hause zur Familie Karane zurück. Man saß schon beim Abendessen. Bilija kam rein. Nur Großschwiegervater Maron beachtete sie und sagte: »Bilija, komm. Nimm einen Teller und iss mit uns.« Sie machte es so und setzte sich neben Duka. Er ignorierte sie und aß schweigend.

Am Mittwoch nach Ostern ging Duka mit seinem Vater Baro sehr früh aus dem Haus zur Arbeit auf dem Kanal. Großschwiegermutter und Großschwiegervater verschwanden auch irgendwo. Bilija stand ebenfalls früh auf und machte sich für den täglichen Ablauf bereit, bevor sie zum Schneidern und Nähen in ihre Schneiderei ging. Sie fegte und putzte im Haus, stellte Blumen auf den Tisch und kehrte vor der Haustür. Als alles fertig war, wurde es schon 11 Uhr. Bilija fragte ihre Schwiegermutter, ob sie zusammen frühstücken könnten. Borka lehnte das ab. Bilija aber hatte Hunger, ging in die Küche, nahm ein gekochtes Ei und pellte es. In dem Moment, wo sie hineinbeißen wollte, kam die Schwiegermutter wütend herein, riss ihr das Ei aus der Hand und rief: »Du wirst niemals mehr in meinem Haus essen!« Bilija senkte ihren Kopf und um ihre Tränen zu verbergen, kniete sie sich vor den Ofen, nahm einige Holzzweige und wollte sie in den Ofen werfen. Da kam Borka, hielt Bilija an den Schultern fest und zog sie weg, mit den Worten »Du wirst auch kein Holz mehr in den Ofen geben!«

Bilija stand auf. Durch den Kopf raste ihr Protest: »Den ganzen Winter Arbeit und das Geld, das ich in diese Familie gebracht habe, das war nicht genug, um ein Ei zu essen?«

Wie versteinert ging sie in den Flur, ergriff die drei Töpfe mit den Blumen, die sie in diesem Haus im Frühling gepflanzt hatte, und pfefferte sie auf den Boden, sodass sie zerbrachen. Dann ging sie in ihr Schlafzimmer und packte die nötigste Kleidung in eine Tasche. In diesem Moment kam ihre Schwiegermutter, entriss ihr die Tasche und schleuderte sie in den Schrank zurück. Bilija sah Borka nur an, drehte sich um und verließ das Haus. Sie ging aus dem Haus raus, dann rechts die Straßen entlang, an einigen Häusern, zwei Brunnen und an weiteren Häusern vorbei, bis raus zu ihren Eltern. Als sie ankam, erzählte sie, was passiert war. Gischa und Gica hatten so etwas schon erwartet, denn sie hatten schon Gerüchte gehört, was geschehen würde.

Nach zwei Tagen kamen Borka und Baro aus der Familie Karane, um Bilija zurückzuholen. Bilija wollte aber nichts mehr davon hören.

Und so endete die Ehe dieser beiden Kinder.

Bilija wurde zugetragen, dass Duka sehr viel weine und seiner Mutter nicht verzeihen könne. Sie dachte aber bei sich, dass Gottes Wege unergründlich seien, und nahm sich vor, wieder weiter zur Schule zu gehen. Damit schloss sie dieses Kapitel ihres Lebens für sich ab und sprach niemals mehr davon. Wenn ihre Freundinnen sie darauf ansprachen oder über die Familie Karane reden wollten, brach sie das ab und meinte nur: »Das interessiert mich nicht ... Kennst du vielleicht dieses oder jenes Rezept?«

DIE WIRTSCHAFTSSCHULE

Nach einer Woche des Weinens hatte Bilija sich entschlossen, weiter die Schule zu besuchen. Es war noch nicht zu spät für sie. Sie sprach mit ihrer Mutter darüber. Das kam aber nicht in Frage. Gica suchte für Bilija einen anderen Mann zum Heiraten. Bilija begriff, dass ihren Eltern das, was sie fühlte, egal war. Für Gica und Gischa war nur wichtig, dass Bilija verheiratet war. Sie suchte Rettung bei ihrem Bruder und sprach mit ihm. Ljubce wusste Bescheid, was die Eltern mit Bilija vorhatten, und sprach heimlich mit der Urgroßmutter Lilica. Sie sagte nur: »Ich gebe euch Geld. Zeugnisse und Geburtsurkunde deiner Schwester sind bei mir im Schrank. Am Montag geht die Familie auf den Weinberg hinter Norin arbeiten. Um drei Uhr fahren sie weg. Ich werde sagen, dass ich euch zwei hier im Haus brauche und für die Mithilfe im Garten. Sie werden erst um 9 Uhr abends zurückkommen. Du hast Zeit, mit Bilija nach Caroli zu gehen. Dort kann sie sich in der Schule anmelden und ihr seid rechtzeitig zurück. Sprecht kein Wort darüber. Wenn sie aufgenommen ist, werden wir es euren Eltern sagen. Wenn nicht, werden sie nie etwas davon erfahren.«

Heimlich teilte Ljubce seiner Schwester den Inhalt des Gespräches mit. Am frühen Morgen fuhren beide Geschwister mit dem Zug von Stavinica nach Caroli und Bilija meldete sich auf der Schule an. (Bis heute weiß sie nicht, woher ihre Urgroßmutter das nötige Geld hatte, aber bis zum Lebensende wird sie ihr dankbar sein.) Zwei Wochen später erhielt Bilija den Bescheid, dass sie einen Platz an der Handelsschule bekommen hatte. Als sie ihren Eltern das sagte, sahen Gica und Gischa einander irritiert in die Augen. Großmutter Lena verließ wortlos den Raum. Und die Lilica putzte ihre gelben Bohnen, die für den Winter vorgesehen waren, als ob sie nichts von allem wüsste, aber auch nicht daran interessiert sei. Sie sagte leise und wohl nur zu sich selbst: »Bilija ist nicht zur Bäuerin geboren. Sehen Sie sich ihre langen, dünnen Finger an. Sie wird nie eine gute Bäuerin sein.« Eine Antwort erwartete sie aber von niemandem. Unbemerkt zwinkerte sie Bilija zu und putzte ihre Bohnen unbeirrt weiter.

Nachdem Bilija für den Herbst 1970 an der Wirtschaftsschule angenommen worden war, beschloss sie, einen Schlussstrich unter ihr bisheriges Leben zu ziehen. Es war Sommer, sie war guten Mutes und glücklich. Sie freute sich auf den Herbst. Das Vieh ihrer Eltern musste sie nicht mehr auf die Weiden treiben, denn: »Bilija ist eine Schneiderin und verdient gutes Geld. Und sie ist Wirtschaftsschülerin geworden. Das Vieh gehört nicht mehr dazu.« So lautete es von ihren Eltern. Bilija ging trotzdem manchmal mit den Ochsen auf die Weide, wenn sie Ablenkung von der Nähmaschine brauchte oder über ihre Ideen nachdenken musste. Sie dachte über wunderschöne Webereien nach und sah die Farben vor sich, die ihre Mutter für selbstgewebte Textilien und Wolldecken verwendete. Im Geiste erfand sie neue Kombinationen und machte den Frauen in der Nachbarschaft Vorschläge, die auch gern angenommen wurden. Sie beobachtete Gica genau, wenn sie ihre Wolle oder ihre Fäden selbst einfärbte und die Farbzusammensetzungen machte. Bilija probierte es selbst aus und mischte ihre Farben so lange, bis sie die Farbnuancen hatte, die sie wollte. Am schönsten fand es Bilija, wenn Gica ihre Wolle mit frischen Walnussblättern färbte. Sie kochte sie in einem großen Kupfergefäß über einem offenen Feuer im Freien, gab Essig dazu und warf ihre Wollfäden in die Brühe. Je nachdem, welche Nuance sie erzielen wollte, umso länger blieb die Wolle in der Brühe. Dann zog Gica die Fäden heraus, hängte sie auf eine Stange und hakte diese an zwei Ästen des Birnbaums fest, der im Garten der Familie Fari stand und diese mit Birnen versorgte. Am Ende des Winters entstanden so wunderschöne Kleidungsstücke oder mit buntem Blumenmuster gewebte Bettdecken.

Bilija wollte oft allein sein, um nachzudenken. Sie trieb ihre Ochsen in die Akazienwälder, wo das Gras frisch und unberührt war, und ließ die Tiere freilaufen. Alles war still und ruhig. Die Ochsen rupften entspannt und zufrieden die jungen Grashalme aus dem Boden. Bilija hörte nur das monotone »rapp-rapp« der Halme beim Ausreißen. Das junge Mädchen achtete darauf, dass die Ochsen nichts in fremden Maisfeldern beschädigten oder fraßen, ansonsten hörte sie dem Vogelgezwitscher zu und beobachtete kleine Wildtiere im Gras. Meistens gingen die Ochsen ruhig daran vorbei, aber manchmal erwischte ein Ochse solch ein Tierchen beim Schlafen, dann schob er es mit seiner breiten roten Schnauze zur Seite und fraß weiter. Die Mäuse und Maulwürfe schauten überrascht zu den Ochsen auf und verzogen sich woanders hin, um weiterzuschlafen. Die dichten Zweige und Blätter der großen Akazienbäume spendeten reichlich Schatten. Das war sehr angenehm und kühl. Die Akazien standen in voller Blüte. Die wunderschönen großen, weißen Blütenstände verbreiteten einen verführerischen Duft. Ein leichter Wind bewegte die schwer beladenen Zweige. Bilija saß im Gras und hörte nichts als das Grasrupfen und Kauen der Ochsen und dazu das Vogelgezwitscher, was zusammen eine einmalige Musik bildete, die kein Komponist hätte erschaffen können. Es war wie im Paradies.

   Immer, wenn Bilija Ruhe brauchte, trieb sie ihre Ochsen in den Wald und genoss die Schönheit der Natur. Viele Gedanken sammelten sich in ihrem Kopf. Auch die verführerischen Pfiffe ihres Schulfreundes Marin hörte sie gerne. Seine Eltern hatten ein Wassermelonenfeld auf der anderen Seite des Waldes und er war dort, um die Melonen zu bewachen, damit sie nicht gestohlen wurden. Bilijas Ochsen spürten, dass jemand Fremdes in der Nähe war, und meldeten sich mit einem »Muuuh.« Das hörte Marin und er wusste, dass Bilija mit ihren Ochsen in der Nähe war, denn ihre Eltern besaßen auch ein Wassermelonenfeld neben dem Wald. An manchen solcher Tage bewachte Bilija auch dieses Feld, hütete dabei die Ochsen und sammelte Ideen. Marins Pfeifen hörte sie sehr gerne und freute sich sehr. Sie pfiff zurück. Auf diese Weise entstand eine Art Fernpfeifenliebesspiel. Marin pfiff »Fjuuufjufjufjuuu«, sie antwortete »Fjufjufju«, so ging es hin und her, immer wieder. Ihr machte es Freude. Ob es ihm genauso ging, erfuhr sie aber nie. Am Mittag trieb sie ihre Ochsen nach Hause und Marin blieb bei seinem Feld. Er pfiff noch zweimal. Diesmal antwortete sie nicht, denn sie war erfüllt von der Schönheit der Umgebung, dem Strahlen der Sonne und dem Einklang von Mensch, Tier und Natur. Ja, sie mochte Marin Bonru, diesen Jungen. Und er wusste das wohl, das machte ihn eingebildet. Im Herbst würde er die vier Jahre jüngere Vana Zlotu aus Eischenor heiraten. Bilija aber widmete sich ihren Ideen und der Schneiderei. Sie verdiente damit genug Geld, um eine Bleibe in Caroli mieten zu können und Bücher zu kaufen. Über die Verwendung des Taschengeldes diskutierte sie mit ihrer Mutter. Sie versprach ihr, die 110 Dinar für die Reise nach Caroli und zurück auszugeben.

Ende August 1970 reiste Gica mit Ljubce nach Caroli und sie mieteten dort für Bilija im Internat ein Zimmer an. Das Internat war am Rande der Stadt unterhalb des Berges Kraljevica gelegen. Mutter und Bruder kamen am Abend nach Hause und sagten knapp: »Wir haben für dich eine Unterkunft im Internat gemietet. Dort bist du gut aufgehoben, denn der Tagesablauf ist streng geregelt. Mit noch vier Mädchen wirst du im Zimmer wohnen. Du musst aber sehr viel lernen, Bilija. Wir können es uns nicht leisten, dass du die Klassen wiederholst.«

»Ich werde lernen«, antwortete Bilija.

Drei Tage lang bereitete sich Bilija auf ihren Besuch der Handelsschule vor. Sie kaufte sich neue Turnschuhe und nähte sich zwei einfache blaue Uniformen. Die Röcke reichten bis unter das Knie. Vorne am Blazer war eine lange Reihe aus Knöpfen von oben bis unten. Zwei große Taschen waren an der Vorderseite aufgenäht. Die Art des Kragens war nicht streng vorgeschrieben. Bilijas Uniformen hatten beide runde Kragen. Ohne eine solche Uniform durfte keine Schülerin den Unterricht besuchen. Die Jungen mussten aber nur ein Jackett tragen.

Am 5. September 1970 war es soweit. Morgens stand Bilija sehr früh auf. Gica bereitete für ihre vor kurzem 17 gewordene Tochter das Essen zu, das für eine ganze Woche reichte. Bilija selbst hatte Unterwäsche für eine Woche, Strümpfe und Hygieneartikel eingepackt und im Dorfladen noch zwei Hefte gekauft. Der Verkäufer, Jova Stratiki, fragte sie gleich aus, denn im Dorf hatte sich die schöne Neuigkeit, dass Bilija zur Handelsschule gehen würde, schon herumgesprochen.

»Na Bilija, du gehst ab morgen in die Wirtschaftsschule?«

»Ja. – Geben Sie mir noch einen Bleistift, ein Radiergummi und einen Kugelschreiber. Was macht das mit den Heften zusammen?«

»Das alles macht 30 Dinar.«

Sie bezahlte und ging. Auf Wiedersehen, Oce Jova.

Oce[11] sagten jüngere Menschen zu älteren Männern, um ihren Respekt auszudrücken.

»Auf Wiedersehen, Bilija. Und viel Erfolg.«

Zuhause packte das junge Mädchen seine Kleider in einen Koffer. In einen anderen tat Gica das Essen, das für eine ganze Woche reichte, denn sie wusste nicht, wie das Essen im Internat schmeckte. Um drei Uhr am Nachmittag kam Gischa von seiner Arbeit und sagte: »Bilija, bist du bereit, ich fahre dich mit dem Fahrrad nach Norin. Dein Zug fährt um 16 Uhr und wir müssen um 15:30 Uhr am Bahnhof von Norin sein.«

»Ja, Papa.«

Sie zog sich schön an, denn es war keine Kleinigkeit, in die Schule nach Caroli zu gehen. Als sie fertig war, drückte ihr Gica ein wenig Geld in die Hand und sagte: »Für dein Frühstück und dass du am Freitag nach Hause kommen kannst.«

Die Mutter hielt eine kleine Wasserkanne in der Hand. Mit Tränen in den Augen sagte sie: »Viel Erfolg, mein Kind.«

Bilija ging. Gica versprengte das Wasser hinter ihrem Rücken auf dem Boden und sagte: »Alles, was du beginnst, soll wie das Wasser erfolgreich fließen.«

Gischa packte die zwei Koffer auf den Gepäckträger des Fahrrades und Bilija setzte sich vorn auf den Rah-

---

[11] Papa

men. Dann fuhren sie bis nach Norin. Dort warteten sie, bis der Zug kam. Bilija stieg ein und sah sich zu ihrem Vater um. Er sah sehr traurig aus und hatte Tränen in den Augen. Der Zug fuhr an. Gischa winkte Bilija hinterher und blieb stehen, bis der Zug aus seinem Blickfeld verschwunden war.

Um 18 Uhr kam Bilija in Caroli an. Sie fragte eine Frau, wie sie zum Internat käme. »Warte, es ist nicht weit«, erwiderte diese. »Folge mir, ich bringe dich hin.«

Eine Weile begleitete sie Bilija und als sie das langgezogene, vierstöckige ockergelbe Gebäude sah, sagte sie: »Hier ist es. Du musst aber klingeln, denn nach 18 Uhr ist dort alles zu. Wenn du aber dort zum Wohnen aufgenommen bist, lassen sie dich rein und zeigen dir dein Zimmer. Das Abendessen hast du aber verpasst.«

Bilija sah die Frau neugierig an und sagte: »Vielen Dank. Sie haben mir sehr geholfen.«

Sie lächelte Bilija an und erwiderte: »Kein Problem. Und viel Erfolg.«

Fünf Minuten später erreichte Bilija das Internat und schellte. Der Portier öffnete die Tür, sah Bilija streng an und brummte: »Sind Sie eine neue Schülerin?«

»Ja,« sagte Bilija.

»Ihr Name bitte«

»Okuza Bilija«

»Warte hier, ich hole den Erzieher.«

Der Portier ging weg. Nach kurzer Zeit kam der Erzieher und sagte: »Folge mir.« Sie tat, wie ihr gesagt wurde. Er führte sie in einen schönen großen Raum. Der Erzieher fragte sie nach ihren persönlichen Daten und sagte dann: »So so, Bilija, jetzt folgen Sie mir.«

Sie gingen zwei Stockwerke die Treppen hinauf, dann wandten sie sich zwei Meter nach links. Der Erzieher schloss eine schwere Glastür auf, betrat mit Bilija einen langen, breiten Flur, drehte sich um und schloss die Tür wieder zu. »Hier entlang«, sagte er. Nachdem sie an zwanzig weißen Türen vorbeigegangen waren, meinte er: »Hier ist dein Zimmer. Da wirst du mit noch fünf anderen Mädchen wohnen. Niemals sind alle zugleich da, denn der Stundenplan ist so gemacht, dass drei Mädchen im Raum sind. Die Medizinschülerinnen gehen in der Nacht zum Praktikum. Du teilst dir das Zimmer mit drei Medizinschülerinnen, zwei Wirtschaftsschülerinnen und einer Technikschülerin.«

Dann zeigte er Bilija, wo die Waschräume, der Bügelraum und ein extra Lehrraum waren. Dieser war dafür da, dass sich jemand, der mehr lernen musste und sich von den Kameradinnen gestört fühlte, zum Lernen zurückziehen konnte. Jungen durften aber auf das ganze Stockwerk der Mädchen nicht eingeladen werden. Sie wohnten im ersten und dritten Stock. Deshalb wurde das Stockwerk der Mädchen immer abgeschlossen. Geschah etwas, musste es sofort gemeldet werden.

Dreimal am Tag gab es Essen. Das Essen durfte nicht auf die Zimmer mitgebracht werden, Getränke mitbringen und Kaffeekochen war aber erlaubt. Obst durfte in kleinen Mengen konsumiert werden. Bilija blieb fast das Herz stehen, als sie das hörte. So viel zu essen hatte Gica ihr eingepackt ... Sie sagte nichts, aber der Erzieher spürte ihre Sorge wohl. Er lächelte Bilija an und fügte hinzu: »In Zukunft.«

»Ich verstehe«, erwiderte sie. Der Mann wusste wohl, dass die Schülerinnen, wenn sie von zu Hause zurückkamen, etwas zum Essen bei sich hatten, denn die Mamas fanden immer einen Weg, ihren Kindern heimlich etwas einzupacken, egal wie streng die Regeln waren.

Die Erläuterungen des Erziehers hörten nicht auf. Um 18 Uhr schloss das Internat. Kam jemand spät am Abend vom Praktikum zurück, musste er sich melden. Wer unangemeldet nach 18 Uhr noch draußen war, kam nicht mehr rein. Nur samstags war bis 23 Uhr geöffnet und man konnte spazieren, zum Tanz oder in die Stadt zum Korso, einer öffentlichen Veranstaltung im Stadtpark, auf der man Leute treffen konnte, gehen.

Das alles und noch mehr erklärte der Erzieher, dann öffnete er die Tür und führte Bilija in ihr Zimmer, wo schon drei Mädchen waren. Er sagte: »Guten Abend. Das ist Bilija, eure neue Mitbewohnerin. – Bilija, das ist Dara, das ist Bozara und das ist Sanja. Die beiden anderen sind im Krankenhaus zum Praktikum.«

Schließlich gab er Bilija drei Schlüssel. Einen für ihr Zimmer, einen für die große Glastür und einen für den Lehrraum. Andere Gemeinschaftsräume standen immer offen. Der Erzieher lächelte Bilija an und sagte: »Willkommen in dem Internat für Mittelschüler in Caroli und viel Erfolg. Gib auf dich Acht, und wenn du mit jemandem Probleme hast, melde dich bitte bei dem diensthabenden Erzieher. – Ach ja, die Mensa öffnet um 6 Uhr. Frühstück ist von sechs bis acht, Mittagessen von 12 bis 15 und Abendessen von 18 bis 21 Uhr.«

Der Mann drehte sich um. Bilija folgte ihm, bis er den Flur verließ, kehrte um und ging in ihr Zimmer. Dort ließ sie sich auf ihr Bett fallen. Sie schaute zur Zimmerdecke und seufzte. Zehn Minuten später räumte sie ihre Sachen in den Schrank und ging wieder ins Bett. Da sagte Bozara: »Bilija. Du bist Bilija?«

»Ja.«

»Wenn du Geld bei dir hast, trage es immer bei dir. Im Zimmer ist es nicht sicher. Hier verschwinden die Sachen ab und zu und keiner weiß, wie.«

Bilija sagte nur »Danke dir« und fügte leise hinzu: »Ich habe Essen mitgebracht, weil ich nicht wusste, dass das nicht erlaubt ist. Was soll ich nur damit machen?«

Bozara winkte ab: »Jeder von uns hat schon mal etwas zu essen mitgebracht. Morgen ist von 14 bis 15 Uhr Mittagsruhe. In dieser Zeit kommt niemand in unser Zimmer. Da können wir zusammen alles aufessen. Und am Abend auch. Um 21 Uhr ist Nachtruhe, da ist das Licht aus, aber von der Beleuchtung draußen ist alles hell. Auch zwei andere Mädchen werden da sein. Übermorgen können wir alles noch einmal genauso machen. Wir müssen alles aufessen oder aber am Mittwoch muss es weggeworfen werden, was ich sehr schade fände ...«

»In Ordnung«, sagte Bilija. Sie war erleichtert.

Dann stand sie auf, ging in den Waschraum, machte sich für die Nacht fertig und ging zurück in ihr Bett. Nach kurzer Zeit schlief sie ein.

Am anderen Morgen stand sie um fünf auf und ging in den Waschraum, wo schon andere Mädchen waren. Eine wusch sich, eine andere putzte die Zähne, die dritte schminkte sich. Jedes Mädchen war mit seinen eigenen Gedanken beschäftigt. Auch Bilija putzte sich die Zähne und wusch ihr Gesicht. Sie kämmte ihr langes Haar und ging ins Zimmer zurück. Angezogen fand sie sich schön, als sie sich im Spiegel betrachtete: Sie sah ein schlankes, ja mageres Mädchen, das stilvoll gekleidet war. Ihr langes, brünettes Haar war zu einem Zopf geflochten. Bilija betrachtete ihr Gesicht, die schön geformten schwarzen Augenbrauen und die langen schwarzen Wimpern, die ihre strahlenden braunen Augen betonten. Ihr Mund war sehr schmal, aber die helle, saubere Gesichtshaut stand in wunderschönem Kontrast zu ihren Augenbrauen und Wimpern.

Sie schminkte ihre Lippen mit einem unauffälligen Rot. Da ihr Haar von Natur aus gelockt war, zog sie ein paar Locken auf die rechte Seite ihrer Stirn. Einen schwarzen Rock und einen weißen Pullover hatte sie angezogen. Nun fehlten nur noch die Schuhe. »Hmm«, dachte sie. »Am ersten Tag muss ich keine Turnschuhe tragen. Auch die Uniform muss ich am ersten Tag nicht anziehen.«

Sie entschied sich für ein paar weiße Sandalen. Sie drehte sich noch einmal vor dem Spiegel und war zufrieden mit ihrem Aussehen. Dann nahm sie Heft und Kugelschreiber und lächelte ihre Zimmergenossinnen an. Diese merkten es nicht, denn sie waren ihrerseits mit den Vorbereitungen für ihren ersten Schultag hier beschäftigt. Bilija verließ das Zimmer. Zuerst ging sie in die Mensa. Die war voll. Bilija wollte nicht warten, bis sie einen Platz bekam, sondern dachte nur: »Das Frühstück werde ich heute überspringen. Heute werden wir nicht sehr lange in der Schule bleiben müssen. Wenn ich hungrig werde, kann ich immer noch essen, wenn ich zurückkomme.« Sie drehte sich um und verließ das Internat. Schon viele Schüler waren zur Schule unterwegs und alle nahmen denselben Weg, denn in Caroli sind alle Fachoberschulen um ein großes Gebäude herum angeordnet, das wie der Buchstabe P im kyrillischen Alphabet aussieht.

Um halb 8 kam der Direktor aller Schulen vor das Hauptgebäude und rief die Namen der Schüler auf. Er teilte ein, welcher Schüler in welchen Unterrichtsraum gehen sollte. Bilija kam in den Raum 33, Klasse 1/4 der Handelsschule. Viele Schüler kamen in das Klassenzimmer. Dann folgte die Klassenlehrerin, Professor[12] Milica Marolic lächelte alle an und nahm ihr

---

[12] In Serbien wurden die Lehrer weiterführender Schulen als Professoren bezeichnet

Devnik, das große Klassenbuch, um die Namen ihrer Schüler daraus vorzulesen. Jeder Schüler, der aufgerufen wurde, musste aufstehen. Die Professorin sah ihn interessiert an, stellte eine kurze Frage, die er knapp beantworten konnte, und ließ ihn hinsetzen. Dann mussten alle aufstehen. Die Lehrerin lachte alle an und sagte dann: »Setzen Sie sich. Nehmen Sie Ihre Hefte und schreiben Sie.«

Dann bombardierte sie Bilija und die anderen mit zahllosen Informationen wie »Eure Professoren sind: für serbische Sprache Dragoslava ..., Mathematik Ducic, Sport ... Für den Sportunterricht benötigen Sie ein schwarzes Trikot und leichte Lederschuhe. Die blauen Uniformen sind Pflicht. Ohne Kleideruniform für Mädchen und Jackenuniform für Jungen ist das Betreten der Schule verboten. Der Unterricht beginnt an jedem Tag um 8 Uhr und dauert bis 14 Uhr. Praktikum? Zwei Vormittage oder zwei Nachmittage in der Woche bei einem der Geschäftsleute in der Stadt. – Nächste Woche bekommen Sie den Praktikumsplan. Ach ja, Pausen. Immer nach 45 Minuten Unterricht haben Sie fünf Minuten Pause. Nach der dritten Unterrichtsstunde kommt eine große Pause von 15 Minuten, die von allen Schülern auf dem Schulhof verbracht werden muss ...«

Das alles und noch viel mehr erklärte die Klassenlehrerin am ersten Tag. Dann hieß es: »Wiedersehen. Wir sehen uns morgen.«

An diesem Tag lernte Bilija auch ihre Schulkameradinnen kennen. Sie freute sich, als sie merkte, dass Mädchen aus ihren Nachbardörfern dabei waren, aus Eischenor, Stavinica, Paslak und Donavica. Auch zwei Jungen aus ihrer Region waren in ihrer Klasse. Sie sprachen Rumänisch miteinander. Bilija freute sich, denn sie sprach diese Sprache auch.

BILIJA BEISST SICH DURCH

Am Dienstag, dem zweiten Tag, begann die Schule so richtig. Nachdem Bilija mit ihrer Morgentoilette fertig war, betrachtete sie sich im Spiegel. Kaufmännisches Wissen zu erlangen, das wird mir bestimmt gefallen und ich werde sehr fleißig sein. Ihr Blick fiel auf den Stundenplan und für jedes Fach steckte sie ein Heft in ihren Rucksack. Dann zog sie ihre blaue Uniform an. »Jetzt muss ich noch meine Turnschuhe anziehen«, sagte sie sich. Sie steckte eine kleine Flasche Wasser ein, schaute noch einmal in den Spiegel und flocht ihr Haar zu einem Zopf. Ein letztes Mal lief sie in den Waschraum, wusch die Hände und trocknete sie ab. Dabei dachte sie darüber nach, wie der Tag ablaufen würde.

Nachdem sie ihre Hände abgetrocknet hatte, griff sie nach ihrem Rucksack und eilte in die Mensa. Zum Glück gab es genügend freie Plätze, denn es war noch sehr früh am Morgen. Es gab Würstchen mit Brot, Margarine mit Marmelade und Käse mit gekochten Eiern. Eine Frau verteilte das Essen gleichmäßig an alle Schüler. Bei den Brötchen konnte man sich selbst bedienen. Zum Trinken gab es Kaffee oder Tee. Bilija nahm sich ein Würstchen mit Brot und eine Tasse Tee. Sie setzte sich an einen freien Platz. Da gesellte sich ihre Klassenkameradin Neda mit ihrem Frühstück dazu und fragte: »Hast du deine Bücher schon?«

»Woher denn?«, fragte Bilija zurück. »Gestern war der erste Tag. Wir erfahren heute, was wir alles kaufen müssen.«

Die Mädchen verspeisten ihr Frühstück und gingen zusammen zur Schule. Die Schule machte einen faszinierenden Eindruck. Das Gebäude hatte drei Stockwerke. Rechts und links ragten zwei gleich aussehende Flügel hervor, die sehr langgezogen waren. Sie rahmten ein breites Gebäude von derselben Höhe ein. Das Ganze sah wirklich so aus wie der Buchstabe P im kyrillischen Alphabet. An jedem Flügel gab es eine breite Haustür und Fenster, die zum Schulhof zeigten. Das mittlere Gebäude besaß zwei breite Haustüren und ebenfalls Fenster zum Hof. Alle Wege führten vom Hof in die Schule und von der Schule wieder zum Hof. Am Straßenrand befand sich ein Kiosk, wo in der großen Pause frische Würstchen verkauft wurden. An der Außenseite des linksstehenden Gebäudes stand ein weiterer Kiosk. Hier gab es Bücher und sonstigen Schulbedarf. Betrat man den Schulhof, hatte man den Eindruck, als würde die Schule einen umarmen. Bilija und Neda kamen an. Der Hof war voll von unbekannten jungen Menschen. Manche hatten Rucksäcke, andere Taschen, wieder andere nur ein Heft. Bilija erkannte, dass sich im rechten Flügel die Technikerschule und das Gymnasium befanden. Im querstehenden Gebäude waren rechts von der Haustür die Medizinschüler und links die Realschüler untergebracht. Im linken Flügel aber befand sich die Wirtschaftsschule: Betriebswirtschaft, Buchhaltung, Allgemeine Wirtschaftslehre und Verkauf.

Um 7:45 Uhr ertönte die Schulklingel. Alle Schüler strömten auf das Schulgebäude zu. Bilija war fasziniert davon, wie ruhig, respektvoll und ohne jegliche Aggression die jungen Leute das Gebäude betraten. Bilija erreichte ihre Klasse und nahm in der ersten Reihe gleich Platz. Neben sie setzte sich ein junger Mann aus Norin. Bilija sah ihn kurz an, dann sagte sie: »Mein Name ist Bilija.« Der junge Mann blickte zu Boden und meinte leise: »Ich bin Mirko.« Was ist er nur für ein schüchternes Wesen!, dachte Bilija. Er sah sehr gut aus, hatte strahlende blaue Augen, schön geformte hellbraune Augenbrauen und dunkelblondes Haar ...

Der Unterricht begann mit dem Fach Serbisch. Frau Professor Dragoslava betrat den Raum. Sie war klein und brünett, mochte zwischen 40 und 50 Jahren alt sein und hatte ein schönes rundes, weibliches Gesicht. Das Leuchten ihrer Augen und ihr anmutiges Lächeln sorgten für Ruhe im Klassenzimmer. Bilija dachte: Zum Glück ist sie nicht streng. Frau Dragoslava begrüßte die Schüler, setzte sich und rief alle beim Namen. Jeder musste aufstehen und »ja« sagen. So lernte die Lehrerin ihre Klasse kennen, denn sie wollte unbedingt wissen, mit wem sie es in den nächsten drei Jahren zu tun haben würde. Frau Dragoslava erhob sich wieder und ging zu der grünen Tafel an der Wand vor der Klasse. Mit den Worten: »Wir werden jetzt lernen, verschiedene Dialekte in der serbischen Sprache ...« hob sie zu sprechen an. Ihr Lächeln verschwand, ihr Gesichtsausdruck wurde streng und sie dozierte und dozierte. Ab und zu sah sie Bilija und die anderen an und sprach weiter. Fünfzehn Minuten, bevor die Stunde enden sollte, hielt sie inne, setze sich ans Pult und bezog die Schüler in die Diskussion ein. Manche Schüler waren mutig und äußerten sich, aber Bilija hörte nur zu und dachte: Wohin bin ich hier geraten? Das ist alles andere als leicht! Ich hoffe nur, dass ich es schaffe, diese Schule zu Ende zu bringen. In diesem Moment nahm sie sich vor, sehr fleißig zu sein. Und die Professorin schien sie zu mögen. Am Ende der Stunde sagte Frau Dragoslava: »In zwei Wochen werden wir eine Klassenarbeit schreiben. Sie wird zwei Stunden dauern. Wer gut abschneidet, kann kostenlose Literaturkurse besuchen.«

Es klingelte und der Serbischunterricht war für heute zu Ende. Die Schüler mussten den Raum wechseln. Es blieb gerade genug Zeit, um zur Toilette zu gehen. Jetzt kam Mathematik. Professor Ducic betrat den Raum. Alle Schüler hatten Angst, denn er galt als sehr streng. Sie flüsterten einander zu: »Wer bei Ducic seine Tests und Prüfungen bestehen will, muss in Mathe ein Genie sein.«

Ducic sagte ohne Lächeln guten Morgen, setzte sich ans Pult, öffnete das Klassenbuch und verlas die Namen. Als er die Klasse kennengelernt hatte, trat er vor die Tafel und sagte langsam: »Wir werden jetzt die Fibonacci-Zahlen erlernen.«

Er griff nach einem Stück Kreide und begann, etwas über den Mathematiker und Forscher Leonardo Fibonacci zu erzählen. Dann kam die Geschichte mit den Hasen. Oho, dachte Bilija bei sich. Bin ich in der ersten Grundschulklasse, dass ich Geschichten über Hasen hören muss? Sie verkniff sich aber eine Bemerkung und hörte aufmerksam zu. In der Klasse war es sehr still, alle lauschten konzentriert. Der Lehrer schrieb mit der Kreide an die Tafel und erklärte: »Ein Hase nahm sich ein Weibchen. Das ist 1+1=2. Nach drei Monaten bekamen sie noch ein kleines Häschen. 1+2=3. Diese drei Häschen bekamen noch zwei Junge. Das sind 2+3=5, ... 3+5=8 ..., 5+8=13, 8+13=21 ... Alles in der Natur ist an den Fibonacci-Zahlen ausgerichtet. – Haben Sie Fragen?« Keiner meldete sich. Alle waren fasziniert von Ducics Mathematik und seiner Art zu unterrichten. Er sagte, dass es eine Hausaufgabe gebe. In diesem Moment schellte es. Die Schüler wollten aufstehen. Professor Ducic hielt sie auf und sagte: »Die Stunde ist noch nicht zu Ende. Setzen Sie sich.« Und er diktierte der Klasse, welche mathematischen Probleme sie lösen sollten. Dann nahm er sein Klassenbuch und verließ den Raum. Die Schüler hatten soeben Zeit, das Klassenzimmer zu wechseln. Im nächsten Raum hatten sie Allgemeine Wirtschaftskunde. Bevor die Schüler mit Handelskunde und einem Praktikum anfangen konnten, mussten sie die Grundlagen der Wirtschaft beherrschen. Nun betrat die Klassenlehrerin Professor Milica Marolic den Raum. Sie war hochgewachsen, ihr Haar war schwarz gefärbt und reichte bis unters Ohr, sie besaß einen schlanken Hals und ging mit hoch erhobenem Haupt. Der Klasse teilte sie mit, dass in jeder Woche ein anderer Schüler die Aufsicht übernehmen sollte. Die Aufgabe dieser »Wache« war es, zu melden, wer nicht zum Unterricht erschienen war, und zu beobachten, wie die anderen sich benahmen und ob es auch keine Hänseleien oder gar Gewaltausbrüche gab. Kurz darauf begann der Unterricht über Wirtschaft und Handel und den Stellenwert, den er für die Gesellschaft hat. Das war die dritte Stunde und die jungen Menschen waren schon müde. Nach dem Klingeln brachten sie ihre Taschen in den Raum für die vierte Stunde, Russisch. Die große Pause begann. Einige Schüler gingen langsam und geduldig, andere, die es sehr eilig hatten, rannten drauflos. Alle Schüler der Schulen von Caroli gelangten in den Hof. Einige trafen ihre Freunde, andere liefen zum Kiosk, um sich Würstchen zu holen, aber es blieb kaum Zeit, sie zu verzehren. Eine dritte Gruppe bildete eine Kette, immer zu zweit nahmen sie sich an der Hand oder unterm Arm und spazierten vom linken Gebäude zum rechten Gebäude, drehten sich im Halbkreis und spazierten zurück, ähnlich wie man es beim Korso machte. So bildete sich ein schlaufenförmiger Reigen aus jungen Menschen, die bei ihrem Spaziergang redeten, sich lächelnd Küsschen zuwarfen oder Schulter an Schulter in die Augen sahen. Vor der Tür des

Hauptgebäudes, das beide Flügel verband, saßen einige Schüler, die lernten oder ihre Hausaufgaben machten. Die Jungen warfen interessierte Blicke auf die Mädchen. Außer den unterschiedlichen Gesichtern und Haaren sah man nur die Uniformen: die blauen der Wirtschaftsschüler, die weißen der Medizinschüler und die schwarzen der Gymnasiasten. Die ganze Zeit lief wunderschöne Musik der Jugendband »Parni Valjak« oder von anderen Musikern wie »Bitlsi« Lepa Lukic, Tozovac und weiteren. Für die Musik waren die Schüler der vierten Klasse der Wirtschaftsschule zuständig. Sie hatten im vierten Stock ihres Gebäudetraktes ein kleines Studio eingerichtet, hatten an der äußeren Seite des Fensters einen Lautsprecher befestigt und machten in den großen Pausen Musik. Die Schüler der unteren Klassen respektierten die der vierten Klassen sehr, waren diese schließlich schon beinahe fertige Kaufleute. Manche würden weiter studieren ...

»Die werden eines Tages Bankiers, Direktoren oder Geschäftsführer sein ...«

Nach der großen Pause war der Russischunterricht dran. Der Professor war ein sehr großer, schlanker Mann. Er war so dünn, dass es aussah, als habe jemand an einem Garderobenständer ein paar elegante Kleidungsstücke aufgehängt, am oberen Ende hatte er ein schmales Gesicht. Er besaß aber wunderschöne blaue Augen. Der Professor begann mit den Fällen in der russischen Sprache. »Die russische Sprache hat sechs Fälle ...« Bilija mochte das Russische, denn sie hatte es bereits in der Grundschule als Fremdsprache gehabt, aber die Fälle hatte sie sich nicht merken können. Dieses Kapitel beherrschte sie einfach nicht. Nun kam es also wieder dran, aber Bilija stellte keine Fragen.

Nach Russisch kam nur noch der Musikunterricht dran. Dazu gingen die Schüler in den Musikraum. Der Lehrer verspätete sich, aber als er eintrat, hob er den Kopf und begann eine Melodie von Mozart zu singen. Er drehte sich um, tanzte noch zwei Schritte vorwärts, warf das Klassenbuch auf den Tisch, nahm ein Stück Kreide und setzte sich auf das Pult.

»Hallo, ich werde euch Musik beibringen. Wer von euch mag Musik? Ich meine nicht, wer mag Musik hören, sondern wer mag Musik komponieren?«

Die Schüler schauten ihn erstaunt an, keiner gab eine Antwort. Er fragte noch mal. Wieder keine Antwort. In der ersten Reihe saß Vleijka, ein sehr hübsches Mädchen. Sie lachte und sah den Lehrer mit ihren wunderschönen schwarzen Augen an. Er fragte: »Du? Möchtest du Musik produzieren?«

»Nee«, erwiderte sie. »Ich möchte Kauffrau werden.«

»Das macht nichts. Ich werde es dir beibringen.«

Er drehte sich um, ging zur Tafel und begann, mit der Kreide Noten zu aufzuschreiben. Er schrieb so lange, bis die Tafel voll war. Dann schrieb er auf der Wand weiter. Als es schellte, kehrte er aus seinem Musikrausch zurück und meinte: »Das ist Musik von Beethoven. Für heute reicht es. Diese Noten stehen in dem Buch, das sie in einer Buchhandlung kaufen können. Besorgen Sie sich das Buch, lesen Sie über Beethoven und lernen Sie seine Musik kennen.«

Er nahm sein Klassenbuch und, so schnell, wie er in die Klasse gekommen war, so schnell war er auch wieder draußen. Der erste fünfstündige Unterrichtstag war vorbei. Bilija war ganz schön müde! Was für ein Tag und was für verschiedene Menschen und alle wollten nur eins: dass die jungen Leute das lernten, was sie ihnen vermitteln wollten ...

Bilija kehrte ins Internat zurück, denn ab heute war es ihr Zuhause. Sie freute sich auf ihr erstes Mittagessen in der Mensa. Das Essen roch schon von weitem lecker. Im Speisesaal saßen nicht allzu viele Leute, es war schon nach 13 Uhr. Bilijas Freundin Neda streifte vorbei und sagte so nebenbei: »Was für ein schwieriger Tag.«

Bilija erwiderte nur. »Stimmt. Aber genau das wollen wir. Deshalb sind wir hier.«

Zum Essen gab es Rindergulasch. Das schmeckte Bilija sehr gut. Nach dem Mittagessen suchte sie ihr Zimmer auf. Dort warteten schon ihre Mitbewohnerinnen darauf, dass es 14 Uhr würde. Denn, so wie es ausgemacht war, würden sie dann die Speisen gemeinsam essen, die sie von ihren Eltern mitgebracht hatten. Bilija warf ihren Rucksack von der Tür aus auf ihr Bett, betrat den Waschraum, reinigte ihre Hände und kehrte in den Schlafraum zurück, lächelte ihre neuen Freundinnen an und sah ständig zur Uhr. Pünktlich um 14 Uhr führte die Erzieherin Emma die Zimmerkontrolle durch und überprüfte, ob alle, die da sein sollten, auch da waren. Als sie fort war, packten die Mädchen ihr Essen von Zuhause aus und verzehrten es zufrieden und mit großem Vergnügen.

Die Tage vergingen. Die Professoren waren sehr streng. Bilija merkte aber, dass sie keine Probleme bekam, wenn sie lernte und den Stoff beherrschte. An jedem Freitag fuhr sie nach Hause, um ihr Taschengeld abzuholen und bei ihrer Familie zu sein. Wenn Hochzeiten waren – denn in Serdar wurde von Samstagabend bis Dienstagnacht gefeiert – ging sie mit ihrer Mutter zum Hochzeitstanz, um zu zeigen, dass sie nicht eingebildet war und dass sie die Dorfbewohner respektierte. Das gehörte sich so. Für Duka hatte seine Mutter eine neue Frau gefunden, aus dem Dorf Palanka. Er hatte an diesen Hochzeitstanzabenden aber nur Augen für Bilija. Sie aber beachtete ihn nicht ...

So verging das Leben, das manchmal monoton und grau war und das nur aus Lernen und den Wochenendbesuchen zu Hause bestand, wo Bilija dann nähte und schneiderte, denn sie musste das Geld für die Schule verdienen. Ihr Bruder Ljubce ging nämlich ebenfalls zur Schule und die Eltern mussten zwei Unterkünfte bezahlen. Ljubce ging auf die Chemietechnikerschule in Norin und ließ sich für die Arbeit in der Chemieindustrie in Donavica, einem großen Konzern, der mit dem Kupferbergwerk in Bor verbunden war, ausbilden. Das Dorf Donavica befand sich am serbischen Donauufer zwischen Rumänien, Bulgarien und Serbien. Ljubce benötigte weniger Geld als Bilija, denn Gica ging an jedem Mittwoch und an jedem Samstag zum Wochenmarkt in Norin und verkaufte ihre Produkte. Sie nutzte diese Gelegenheit, um ihren Sohn zu besuchen. Dann brachte sie ihm Essen oder steckte ihm ein wenig Geld zu. Wenn Ljubce am Wochenende heimkam, spielte er oder erledigte seine Hausaufgaben zusammen mit seinem Kameraden Dragi Ungar. Dieser besuchte das Gymnasium in Norin. Denn sein Vater war der Fahrer des Oberhauptes der Kommunistischen Partei, der auch Bankdirektor in Norin war, und er wusste, dass eine gute Ausbildung sehr wertvoll ist und wollte daher, dass sein Sohn Dragi eine gute Ausbildung bekam. Bilija jedoch spielte nicht und hielt sich gegenüber allen jungen Leuten im Dorf zurück, denn bei ihnen war sie abgestempelt. Junge Männer versuchten sie zu verführen oder einfach zu bekommen. Sie blieb stur und kümmerte sich ausschließlich um ihre Schneiderei und das Geldverdienen. Auch mit ihren Kameradinnen im Dorf wollte sie nicht viel zu tun haben.

Dann kam der erste Frühling im Internat. Inzwischen hatte sich bei den Schülern herumgesprochen, dass Bilija schon verheiratet gewesen war. Deshalb dachten manche Jungen auch hier, sie sei leicht zu haben. Das belastete sie sehr, der Druck war kaum zu ertragen und sie suchte nach einer verwandten Seele, aber sie fand niemanden, mit dem sie sich darüber aussprechen konnte.

Am letzten Wochenende im Mai beschloss sie, mit ihrer Freundin Neda und noch zwei Zimmerkameradinnen zum Korso zu gehen. Die Vergnügungsveranstaltung begann um 18 Uhr. Bilija zog ihr selbstgenähtes rotes Kleid an, das ein unauffälliges Dekolletee hatte. Der Ausschnitt war so klein, dass ihre Brust nur angedeutet wurde. Unterm Busen waren kleine Besätze vernäht, die dicht an ihrer Taille lagen. Der Rock hatte eine Glockenform. Es war das erste Kleid, das Bilijas dünne Knie zeigte. Andere Mädchen hatten noch kürzere Kleider, für Bilija war bis übers Knie aber kurz genug. Für den Abend hatte sie sich schwarze Lackschuhe mit kleinem Absatz gekauft. Wieder betrachtete sie sich im Spiegel. Ihr gefiel, was sie sah. Bei den anderen Mädchen waren die Vorbereitungen für den Abend auch in vollem Gang. Bilija ging ins Bad. Es war voll. Die Mädchen hatten das erste Schuljahr fast hinter sich und alle wollten zum Korso gehen, um sich zu zeigen. Bilija wartete geduldig, bis ein Waschbecken frei war. Dann schminkte sie sich sorgfältig die Wimpern und die Augenbrauen. Ihr Mund bekam eine frische rosarote Farbe. Sie kämmte ihr Haar und ließ es zum ersten Mal offen über ihre Schultern fallen. Die Haare reichten bis zum unteren Rücken. Bilijas Gesicht wurde von Locken umspielt. Sie sprühte Haarlack auf, dann kam ein Tröpfchen Parfüm hinter jedes Ohr. Fertig! Zurück im Zimmer, nahm sie ihre elegante kleine Handtasche über die Schulter und sah die anderen Mädchen an. Die waren auch zum Ausgehen bereit. Eine nach der anderen warf noch einen letzten Blick in den Spiegel. Glück, Zufriedenheit und Erleichterung all dieser Mädchen waren mehr als deutlich spürbar. In zwei Wochen war das Schuljahr zu Ende. Sie mussten nicht mehr so viel lernen. Alle hatten gute Noten und mussten keine Prüfungen mehr ablegen. Nur die schlechten Schüler wurden in dieser Zeit noch geprüft.

Die Mädchen verließen das Haus und warteten vor dem Internat. Bilijas Freundin Neda aber ließ sich noch nicht blicken. Sie warteten. Dann kam Neda. Sie trug eine weiße Bluse und eine hellblaue Hose. Ihre langen Haare waren lockig und fielen sehr schön. Bilija musterte ihre Freundinnen. Bozara trug einen kurzen schwarzen Rock und eine rote Bluse mit »russischem Kragen.« So nannte man ein zwei Zentimeter breites Stehbündchen mit gleichfarbiger Fortführung entlang der Knopfleiste. Ihr schwarzes Haar hatte Bozara zu einem Pferdeschwanz oben auf dem Kopf gebunden, es fiel wie ein kleiner Wasserfall über Bozaras Kopf und ihre Schultern. Sie hatte Locken und einige fielen ihr in die Stirn. Bozara hatte immer und für jeden ein Lächeln übrig. Weil sie sehr groß war, dachte Bilija, dass sie wohl jeden beschützen wollte. Auch Dara war groß, aber blond. Ihr Haar war glatt und fiel über den halben Rücken. Sie hatte für diesen Abend eine lange schwarze Hose und eine unauffällige dunkelblaue Bluse gewählt, sodass ihr zartes Gesicht im Kontrast dazu dem Betrachter sehr ins Auge fiel.

Der Platz, wo der Korso stattfand, befand sich im Zentrum des Ortes Caroli inmitten der Hauptstraße. An der rechten Seite befanden sich das Warenhaus *Beograd*, das Warenhaus *Zvezda*[13] und das Warenhaus *Varteks*. Links lagen die Cafeteria *Korso*, ein Park und ein freier Platz. Dazwischen führte die größte Straße von Caroli hindurch, die an diesem Tag von 18 bis 21 Uhr gesperrt war. So entstand eine Fläche, auf der sie an diesem Samstagabend spazieren konnten. Immer zwei und zwei Personen bildeten eine Kette und liefen die Straße rauf und runter. Am rechten und linken Straßenrand standen junge Männer und sahen zu. Ab und zu riefen sie etwas, um mit den jungen Mädchen zu flirten, die sie mochten. Ein Mädchen, das auf diese Weise Aufmerksamkeit erhielt, konnte den jeweiligen jungen Mann dann anlächeln. Dann fragte der, ob er mit ihr spazieren gehen dürfe. Sie sagte ja, und also gingen sie zu zweit. So bewegte sich diese wunderschöne, zufriedene im Kommunismus lebende Menschenkette ...!

Der Spaziergang begann vor dem Schuhgeschäft *22. Dezember*. Zuerst liefen die jungen Leute auf dem Gehweg an der rechten Straßenseite bis zum Ende der Straße. Dort war eine Kreuzung mit der Straße, die nach Norin führt. Die Kette wendete, überquerte die gesperrte Hauptstraße noch einmal und der Spaziergang wurde auf der anderen Straßenseite fortgesetzt. Vor dem Warenhaus *Varteks* wurde noch einmal kehrtgemacht, dann ging es die Hauptstraße, die von Zuschauern überfüllt war, noch einmal zurück bis zum Schuhgeschäft *22. Dezember*. Und wieder wurde gewendet! So lange, wie sie Lust hatten, konnten die jungen Leute in der Kette bleiben. Die Menschen

---

[13] Stern

verschmolzen zu einem einzigen Körper, der sich durch das Spalier der Zuschauer bewegte. An den Rändern und in der Mitte aber standen die Leute, die nicht mitmachen wollten. Sie waren da, um sich mit Freunden zu treffen, Geschäfte abzuschließen, etwas zu besprechen oder um einfach nur zuzuschauen.

Nach zwanzig Uhr löste sich der Korso allmählich auf. In Gruppen, zu zweit oder auch allein, gingen alle nach Hause. Auch Bilija und ihre Freundinnen machten sich auf den Heimweg. Unterwegs sprachen sie über ihre Erlebnisse. Dara war mit ihrem Freund Dragan aus Norin im Korso gegangen, Bozara mit Boban aus Donavica. An Bilija hatte sich ein Junge, der wegen seiner blonden Haare »Amerikaner« genannt wurde und aus Pozarevac kam, angeschlossen und Neda war immer an der Seite von Mica aus Marinovac spaziert, obwohl sie immer nur über ihren Freund aus Eischenor redete. Die Jungen, die auch im Internat wohnten, begleiteten die Mädchen bis zur großen Glastür. Dort verabschiedeten sie sich voneinander und jeder ging in sein Stockwerk.

Abgesehen von diesem markanten Ereignis verliefen die letzten beiden Schulwochen ruhig. Bilija war mit ihren Erfolgen zufrieden und erwartete das Schuljahrsende. In der Schule und auf dem Hof herrschte eine sehr gute Stimmung. Nur die Schüler, die nicht rechtzeitig gelernt hatten, waren nun in Schwierigkeiten. Schwungvolle Musik in der großen Pause verbreitete zudem eine fröhliche Atmosphäre auf dem Hof dieses großartigen, schönen und würdevollen Gebäudes und alle Schüler gingen gern nach der dritten Unterrichtsstunde nach draußen.

Am 20. Juni 1971 endete für Bilija das erste Schuljahr an der Wirtschaftsschule mit der Note »sehr gut«.

Sie fuhr nach Serdar, um eine Woche später noch einmal zur Urkundenverleihung zurückzukehren – festlich gekleidet. Die Klasse traf sich und man unterhielt sich. Nachdem die Urkunden verteilt waren, gingen alle Schüler aus Norin, die in Caroli in der Schule waren, zum Bahnhof und fuhren mit demselben Zug dorthin. Den ganzen Weg von Norin bis Serdar lief Bilija zu Fuß. Sie war glücklich und froh. Es war ein wunderschöner sonniger Tag und sie lief begeistert durch den Akazienwald, der in voller Blüte stand, an gelben Sonnenblumenfeldern und Maisfeldern vorbei. Sie streifte Gärten und Getreidefelder. Der Wind, der die Halme bewegte, klang für sie wie Musik. Zuhause wurde Bilija von ihrer Familie erwartet.

»Und?«, fragte Gica.

»Ja! Ich habe die erste Klasse mit sehr gut bestanden!«

Die Mutter gratulierte ihrem Kind und servierte ein festliches Essen. Gischa und Gica waren beide stolz, dass ihre beiden Kinder erfolgreich die erste Klasse der Fachoberschule bestanden hatten. Urgroßmutter Lilica aber sagte: »Darauf muss ich einen Schnaps trinken. Den habe ich mir verdient.«

DIE GASTFAMILIE IN CAROLI

Nach den Sommerferien merkte Bilija, dass es für ihre Eltern zu teuer wurde, wenn sie weiter im Internat wohnte. Ihr Vater musste für drei Monate als Gastarbeiter nach Deutschland gehen, um seine Kinder unterhalten zu können. Also suchte Bilija eine neue Unterkunft und fand ein Zimmer bei einer Familie, die nicht sehr weit von der Schule entfernt wohnte. Der Weg zur Schule betrug nur fünf Minuten. Bilija beschloss, das Zimmer mit ihrer Klassenkameradin Adana zu teilen, die im ersten Schuljahr ebenfalls im Internat gewohnt hatte. So konnten sie beide Mietkosten sparen. Die Vermieter hießen Rada und Velja. Rada war Hausfrau und kontrollierte die Haushaltskasse, Velja arbeitete als Kontrolleur bei den Serbischen Verkehrsbetrieben. Sie hatten zwei Töchter, Milena und Mira, die fünfzehn und sechzehn Jahre alt waren.

Bilija und Adana fühlten sich in ihrem neuen Zuhause sehr wohl. Rada kochte für die Mädchen mit, wenn sie für ihre Familie das Essen machte. Wenn es die Gelegenheit dazu gab, aßen alle gemeinsam. Dann fühlten sich die Mädchen wie bei ihren eigenen Familien. Rada richtete die Planung ihrer Mahlzeiten nach den Arbeitszeiten ihres Mannes aus. In dieser Zeit waren Bilija und Adana in der Schule. Kamen sie nach Hause, fanden sie immer etwas zu essen vor.

Samstags abends ging Adana mit den Töchtern der Gasteltern zum Korso. Milena und Mira hielten nicht so viel von der Schule und hatten in Adana eine Gleichgesinnte gefunden. Schon am Donnerstag freuten sie sich auf den Korso am Samstag. Bilija aber wollte nicht zum Korso gehen. Sie wollte zu Hause bleiben und lernen. Sie wusste, was sie ihren Eltern versprochen hatte, und ein Versprechen muss man halten. Waren die anderen Mädchen aus dem Haus, blieb Bilija bei ihren Vermietern zu Hause und sah mit ihnen zusammen fern. Zu ihnen kamen sehr häufig zwei junge Männer zu Besuch. Der eine wohnte auf der gegenüberliegenden Straßenseite. Sein Name war Dragan. Er war ein angenehmer, sehr gut erzogener Junge, dessen Zensuren sehr gut waren und der eine Freundin hatte, die nicht nur die hübscheste Schülerin war, sondern auch die besten Noten hatte. Beide waren in der vierten Klasse und entsprechend stolz.

Mit Velja sprach Dragan oft über das Wirtschaftsstudium und über seinen drei Jahre jüngeren, taubstummen, Bruder. Dieser besuchte eine Schule für Sprachbehinderte in Nazih und machte dort sehr große Fortschritte in seiner Entwicklung.

Der andere Junge, der samstagabends bei Velja zu Besuch kam, hieß Sarko. Er wurde aber von allen Marinovac genannt, weil er aus dem Dorf Marinovac in der Nähe von Wacikan stammte. Velja ging in seiner Freizeit häufig zum Fischen und Marinovac kam gerne mit, denn er ging auch gern zum Angeln, wenn er nicht in der Schule war. Er besuchte die Realschule mit Fachrichtung Metallbau. Beide Jungen blieben oft bis 21 Uhr und diskutierten über Fischerei, Politik und Wirtschaft, dazu tranken sie ein Glas Wein. Bilija blieb nur kurz dabei und ging dann in ihr Zimmer, um zu schlafen oder noch zu lernen. Rada aber blieb im Wohnzimmer, hörte den Männern zu, während sie unaufhörlich für ihre Töchter etwas strickte.

An einem Abend, als Bilija schon in ihrem Zimmer war, spürte sie eine seltsame Anspannung, denn unten wurde wohl ein Gespräch geführt, das sie nicht mitbekommen sollte. Also fragte sie nicht. Als sie ihre Tür zuzog, hörte sie die Worte »Militär«, »Übungen«, »Krieg«, »Mobilisierung«, »Übungen zur Volksverteidigung«, »Schulen« etc. ... Da bekam Bilija Angst und wollte erfahren, worum es ging. Sie zog sich in ihr Bett zurück, blieb aber lange wach. Sie dachte nur: »Wenn jetzt ein Krieg kommt, wo soll ich dann hingehen? Zurück nach Serdar kann ich nicht, denn dort reden böse Zungen über mich. Und wie kann ich dann die Schule fertig machen!?«

Bilija wusste von den Unruhen in Ungarn 1956, vor allem aber erinnerte sie sich an den Angriff der Länder des Warschauer Paktes 1968 auf die Tschechoslowakei und 1969 auf Polen. Vom Prager Frühling hatte sie gehört. Auch wusste sie, dass Rumänien sein kommunistisches Land in die Unabhängigkeit von der Sowjetunion führen wollte. Vor allem aber war ihr klar, dass das sozialistische Land Jugoslawien unter seinem Präsidenten Josip Broz Tito und der führenden Kommunistischen Partei von der UdSSR unabhängig war und auch bleiben wollte. Tito ließ sich nicht unter Druck setzen und proklamierte: »Das Land gehört dem jugoslawischen Volk und das möchte frei sein.« Wegen seiner selbstbewussten Haltung wurde Tito von den Ländern des Warschauer Paktes mit Kälte und Ablehnung behandelt. Die westlichen Länder und die USA schätzten ihn jedoch. In Jugoslawien war er bei der Mehrheit sehr anerkannt. Viele schworen auf ihn und sangen auf sein Wohl. Die Sowjetunion übte Druck auf Jugoslawien aus. Das hatten auch Bilijas Eltern gewusst und daher auf die rasche Heirat ihrer Tochter gedrängt. Gischa und Gica hatten Angst, dass die Jungen in den Krieg ziehen und die Mädchen unverheiratet und unzufrieden zurückblieben. Was die Kinder wollten, hatte keiner gefragt. Bilija aber hatte ihren Kampf gewonnen und konnte weiter zur Schule gehen. Und sie tat alles dafür, die Schule erfolgreich abzuschließen.

An diesem Abend um 21 Uhr verabschiedeten sich Dragan und Sarko von Velja und Rada. Kurz darauf kamen Milena, Mira und Adana vom Korso nach Hause und aßen ihr Abendbrot. Sie waren noch ganz erfüllt von ihrem abendlichen Ausflug, Bilija hörte sie laut reden und lachen. Schließlich kam Adana, um sich hinzulegen. Bilija tat, als würde sie sie nicht bemerken, drehte sich zur Wand und stellte sich schlafend. Sie wollte ihrer Freundin nichts von dem Gespräch über das Militär erzählen und sie nicht beunruhigen.

Am anderen Morgen in der Schule war die Stimmung mehr als angespannt. Schon zur ersten Unterrichtsstunde betrat ein Soldat in Uniform den Klassenraum und sagte: »Heute wird kein Unterricht stattfinden. Gehen Sie auf den Schulhof und warten Sie dort. Unser Major wird eine Ansprache halten. Danach wird auf dem Übungsplatz am Berg Kraljevica eine Stunde zur Volksverteidigung stattfinden. Ihr Professor für Sport und Volksverteidigung wird Sie auf den Schießplatz führen, um Ihnen beizubringen, wie man mit einem Gewehr umgeht und wie man schießt. Er ist übrigens auch ein Major.«

Folgsam ging Bilija mit den anderen auf den Schulhof, um auf den Major und seine Rede zu warten. Aus dem Lautsprecher tönte statt der gewohnten Musik der beliebten Band nun das Trompetenmilitärorchester. Alle warteten vor der Schule darauf, dass der Major mit seiner Rede begann. Die Professoren waren auch da, denn in Jugoslawien waren die Lehrer immer bei ihren Kindern und versuchten sie zu ermutigen. Die Musik verbreitete eine Kriegsstimmung. Da kam der Major und betrat die Bühne, die so hoch war, dass die Menschen ihm zu Füßen standen. Der Major war gutaussehend und von stattlicher Größe. Er zeigte eine stolze Haltung. Auf dem Kopf trug er eine Generalsmütze mit rotem Stern. Auf beiden Schultern seiner grüngrauen Armeejacke befanden sich Schulterklappen mit je drei roten Sternen. Auf der rechten Seite seines Mantels waren auf Brusthöhe weitere Sterne und Flaggen abgebildet sowie andere Symbole, deren Bedeutung Bilija nicht erkannte. Die Blicke des Majors aus seinen schwarzen, blitzenden und entschlossenen Augen schweiften über die Schüler hinweg und sagte: »Kameraden und Kameradinnen, Leute, Jungs und Mädchen, unser Land ist in Gefahr. Unser Feind im Ostblock, der von Russland kommt, will uns über Bulgarien angreifen, um unseren Kameraden Tito vom Thron zu stürzen. Unsere kommunistische Partei zu vernichten und die sozialistische föderative Republik Jugoslawien zu versklaven. Uns zu versklaven. Wollen wir das erlauben??«

»Neiiiin!« schrien die jungen Leute. Ein schwacher Oktoberregen tropfte vom Himmel, wie er nur Ende Oktober regnen kann. Der Major sprach weiter und die Schüler standen im Regen, stolz, und hörten zu, was der Major mit erhobenem Kopfe und mit blitzenden Augen von sich gab, bereit ihr Land zu verteidigen. Immer weiter setzte er seine Rede fort: »Unsere Panzer sind schon seit einer Woche auf dem Weg an die Grenzen, unser Volksmilitär ist bereit, Jugoslawien zu verteidigen! Sie!! Junge Kommunisten, Ihr, die Jugend!!! Ihr seid die Zukunft unseres Landes ...!!!«

Die Rede war derart gestaltet, dass die jungen Leute sofort in den Krieg gezogen wären, hätte der Major in diesem Moment gesagt: »Nehmt die Waffen – wirrr ziehen in die Schlacht gegen den äußeren und den inneren Feind ...«

Ja, auch innere Feinde gab es unter Tito, das wusste Bilija.

Eine halbe Stunde dauerte die Ansprache, dann hielt der Major seine Faust an die rechte Stirnseite, berührte den Rand seiner Mütze und sagte: »Vorwärts für unser Heimatland mit Tito! Es lebe Genosse Tito!!« Und die Schüler antworteten. »Es lebeee.« Dann war es vorbei. Der Major verließ die Bühne, ging in Begleitung von zwei Militärs zu seinem Auto und verschwand. Die Jugendlichen waren sprachlos und standen einfach da, bereit zu kämpfen. Da sagte der Professor für Volksverteidigung: »Auf, gehen wir jetzt zum Kraljevica zum Üben.«

Das wurde Bilijas erste Schießstunde mit einem Gewehr. Bis 13 Uhr waren die Schüler aus allen Schulen auf dem Schießplatz zusammen. Dann durften sie heimgehen. Auf dem Nachhauseweg redeten sie aufgeregt über den Krieg und waren fest entschlossen, dass sie ihr Land verteidigen wollten.

Die ganze Woche wurden in der Stadt Militärübungen gemacht und der Unterricht fiel aus. Bilija war verwirrt, denn die Angreifer waren Serben, die aber Uniformen des Warschauer Paktes trugen, und die Verteidiger waren ebenfalls Serben, die wie die jugoslawische Armee gekleidet waren. In allen Straßen der Stadt Caroli fanden Kämpfe statt, auch in der Straße, in der Bilija wohnte. Das Haus von Velja und Rada lag an einer Kreuzung. Eine Straße führte zum Berg Kraljevica, dann entlang bis zum Friedhof und dann am Krankenhaus vorbei bis zur bulgarischen Grenze. Die ganze Nacht waren die Motorengeräusche der schweren Panzer zu hören. Sie fuhren zur Grenze und warteten dort. Angst, aber auch Entschlossenheit war bei allen Menschen zu spüren, aber sie blieben trotzdem in ihren Häusern. Am fünften Tag des militärischen Hin und Her war kaum noch zu unterscheiden, wer zu den Angreifern und wer zu den Verteidigern gehörte. Ein Soldat versteckte sich hinter Veljas Zaun am Grundstück, um sein Haus zu verteidigen. Velja hatte keine Angst und versuchte, die weibliche Bewohnerschaft zu beruhigen. Er wollte seiner Frau und den Mädchen vermitteln, dass es kein richtiger Krieg war, scharte sie um sich und sagte: »Seht ihr dort draußen. Dort ist ein Verteidiger. Ich werde ihm Angst machen, damit alle sehen, dass es nur eine Übung ist.«

Er nahm die lange Eisenstange, die Rada immer in ihren Holzofen hielt, um das Feuer zu entfachen. Damit ging er zur äußeren Seite des Zauns. Der Soldat konnte ihn nicht sehen, denn der Zaun war aus dichten Eisenplatten errichtet. Kräftig schlug Velja gegen die Außenwand des Zauns. Der Verteidiger sprang vor Angst hoch, lief durch Veljas Garten, übersprang das Gartentor und rannte davon. Nach etwa 200 Metern drehte er sich um, um zu sehen, was los war. Er sah wohl, dass ihm niemand folgte und dass auch kein Mensch in der Nähe war. Bestimmt war er froh, dass er lebte! Wer ihm die Angst eingejagt hatte, wusste er nicht. Velja aber kam sofort nach der Aktion ins Haus zurück. Alle mussten lachen. Trotzdem spürte Bilija, dass die Kriegsgefahr ernst war, denn sie vernahm die Nachrichten im Fernsehen, im Radio und aus den Zeitungen, wenngleich das, was sie hier erlebte, für die Bewohner Carolis nicht gefährlich war.

Dann war die Übung vorbei. Nach einer Woche begann die Schule wieder. Über die Militärübungen wurde nur am ersten Tag nach der Pause gesprochen, danach nie mehr. Das Alltagsleben nahm von der Schule wieder Besitz: morgens Unterricht, nachmittags lernen oder zum Praktikum gehen, am Wochenende nach Hause fahren. Jeden Freitag bekam Bilija von Rada Anweisungen, was sie für die kommende Woche von zu Hause zum Kochen mitbringen sollte. Und so verging das langweilige Schulleben. Der Kalte Krieg mit dem Ostblock war zunächst vorbei und die Schüler waren erleichtert.

Für Bilija wurde wieder wichtig, was sie lernte. Ihre Serbischlehrerin Professorin Dragoslava fand ihre schriftliche Ausarbeitung beispielhaft und lud sie in ihren Literaturkurs ein, denn ihre Arbeit war die beste der Klasse. Bilija schrieb nun, übergab ihrer Professorin literarische Arbeiten, lehnte aber die Teilnahme an dem Kurs ab. Denn dieser fand samstags statt und da wollte Bilija in Serdar bei ihrer Familie sein. Ihr Vater war schon seit über drei Monaten in Deutschland. Gica bekam aber von ihm kein Geld. Darüber war Bilijas Mutter wütend und traurig, aber sie sagte nichts. Trotz des Winters und des Geldmangels hatte sie immer etwas Geld für Bilija und Ljubce übrig, damit sie die Schule besuchen konnten. Ihrer Tochter gab sie immer etwas mit den Worten: »Für dein Frühstück und damit du am Freitag kommen kannst.« Wo Gica das Geld herzauberte, konnte sich Bilija nicht erklären. Sie fragte aber auch nicht nach, denn in der Familie Fari sprach man niemals über Geld.

Sonntags füllte die Mutter Bilijas Taschen mit Essen, entsprechend den Zetteln, die Rada geschrieben hatte, und sagte: »Pass auf dich auf. Dein Bruder bringt dich zum Bahnhof.« Und jedes Mal goss sie Wasser hinter Bilija her mit den Worten: »Dein Erfolg soll wie fließendes Wasser sein.«

In den Winterferien kam Gischa aus Deutschland zurück. Doch er brachte nicht so viel Geld mit, wie

Gica sich vorgestellt hatte. Da er eine nicht so schwere Arbeit verrichten musste, bekam er auch nur geringen Lohn. Er arbeitete für eine Gräfin, deren Hunde er hütete und pflegte. Er hatte aber edle Geschenke mitbekommen: für Bilija sehr elegante Dessous. Sie bekam ein dunkelblaues und ein gelbes Unterkleid mit breiten Spitzen über dem Dekolleté und am Rocksaum. Für Ljubce gab es einen wunderschönen Herrenanzug in hellgrau. Bilija freute sich, dass der Vater wieder zu Hause war. Aber Gica war enttäuscht, dass er nicht mehr Geld eingenommen hatte. Aber dann war sie doch froh, dass ihr Mann zu Hause war. Am nächsten Morgen war ihre schlechte Stimmung verflogen. Sie lachte wieder und kochte für alle ein festliches Essen.

Am Abend war wieder Tanz. Bilija interessierte sich nicht sehr dafür und wollte nicht jedes Mal, wenn sie zu Hause war, zum Tanzen gehen, aber sie zog sich schön an und machte mit. Ihr Bruder Ljubce zog den neuen Anzug an, den sein Vater ihm aus Deutschland mitgebracht hatte. Er war ihm zwei Nummern zu groß, aber trotzdem sehr kleidsam. Der Tanz fand wie immer in der Dorfmitte statt. Die Menschen tanzten im Freien. Ljubce war mit einem Mal im Kolo nicht zu entdecken. »Wo ist mein Bub denn?«, fragte Gica. »Der ist schon 16 Jahre alt. Der soll tanzen, um gesehen zu werden.«

»Ja, er ist nicht gut erzogen«, setzte Großmutter Lena hinzu. »Bestimmt spielt er mit seinen Kameraden Indianer und Cowboy.« Urgroßmutter Lilica aber meinte: »Ach lass ihn, er ist doch noch ein Kind. Ich hoffe nur nicht, dass er sich seinen schönen Anzug an einem Zaun zerreißt.«

Gica beobachtete die Tanzfläche weiter, konnte ihren Sohn aber nicht entdecken. Als der Kolo vorbei war, kamen einige junge Frauen zu Bilija, um sich über Allgemeines zu unterhalten oder über das Nähen zu sprechen. Sie spazierten langsam heimwärts und trennten sich vor Bilijas Haus. Gica aber drehte sich immer wieder um, denn sie sah Ljubce immer noch nicht. Er war nicht nach Hause gekommen. Zu ihrem Mann sagte sie: »Gischa, bitte geh und schau nach, wo das Kind ist.«

Der machte sich auf den Weg zurück zum Kolo. Plötzlich sah er seinen Sohn und fragte ihn, warum er nicht nach Hause komme. Denn alle seien schon zu Hause und der Kolo sei vorbei. Ljubce erklärte: »Mein Freund Dragi Ungar und ich haben ‚*Taak tak*' gespielt und ich habe mich unter dem Stacheldrahtzaun hindurchgezogen und dabei meine neue Hose zerrissen.« Gischa sah seinen Sohn an und fragte: »Aber du bist nicht verletzt?«

»Nein«, sagte Ljubce.

»Dann ist es gut«, erwiderte Gischa. »Hätte ich das gewusst, dann hätte ich dir vor dem Spielen einen Klaps gegeben und dich ermahnt, dass du auf dich und deine Kleidung achtest. Das ist nicht rückgängig zu machen. Denn egal, wie hart ich dich bestrafen würde, die Hose bleibt zerrissen und wird nie mehr wie neu sein. Gehen wir nach Hause.«

Ljubce folgte seinem Vater und hatte Angst, was seine Mutter sagen würde. Als Vater und Sohn das Haus betraten, war Gica zuerst froh, aber dann sah sie die zerrissene Hose.

»Dragi Ungar und ich haben ‚*Taak-Tak*' gespielt und ich habe mich am Draht festgehängt.«

»Warum, in Gottes Namen, bist du nicht stehen geblieben und hast den Stoff losgemacht?«, fragte Gica fassungslos. Ljubce erwiderte nur: »Ich musste weiter vorstoßen, denn ich war der Cowboy und die Cowboys besiegen die Indianer in jedem Fall.«

Die Mutter schaute ihn überrascht an, drehte sich weg und lächelte so, dass er es nicht merkt. Dann wandte sie sich ihm wieder zu und sagte streng: »Dein Vater hat sehr viel Geld für diesen Anzug ausgegeben. Jetzt haben wir nicht mehr genug Geld und du hast keine neue Kleidung.«

Ljubce sah seine Mutter traurig an. Er war aber mehr als erleichtert, als sie sagte: »Zieh dich aus und leg den Anzug in den Schrank. Wir nähen ihn morgen« und hinzufügte: »Ich werde dich nicht bestrafen, denn es ist zu spät. Was geschehen ist, ist geschehen.«

Urgroßmutter Lilica hatte von ihrem Bett hinterm Ofen aus zugehört. Sie saß nur ruhig und mit gebeugtem Kopf da, aufmerksam und zum Sprung bereit wie eine Katze, die ihr Junges vor einer Gefahr beschützen will. Über ihr Gesicht huschte ein Ausdruck der Erleichterung, als sie merkte, dass Gica ihr Kind nicht wegen der zerrissenen Hose bestrafen würde. Großmutter Lena aber sagte spitz: »Du begnadigst ihn? So erzieht man keine Kinder!« Niemand hörte ihr zu.

Bilija war froh, dass ihr Bruder wegen des Anzuges nicht bestraft wurde. Denn Kleidung kann man nachkaufen, aber eine ungerechtfertigte Strafe hinterlässt tiefe Wunden in der Seele eines Kindes.

Die zweiten Winterschulferien waren vorbei. Anfang 1972 kehrte Bilija wieder zu ihrer Gastfamilie in Caroli zurück. Die zweite Klasse der Wirtschaftsschule war viel schwerer zu beherrschen, als sie dachte. Der Lernstoff war anspruchsvoller, der Umfang der Unterrichtsstunden war höher und die Praktikumszeiten waren länger. Sogar mehr Sport wurde getrieben. Die Turnhalle war zehn Minuten Laufweite entfernt.

An einem Morgen stand Bilija besonders früh auf, packte ihre Bücher zusammen und schaute durchs

Fenster. Es war ein schöner, sonniger Tag. Bilija freute sich und dachte: »Ich habe heute acht Stunden Schule. In der Pause werde ich mir ein Würstchen im Brötchen mit Senf gönnen.« Darauf freute sie sich, denn anderswo bekam sie dieses kleine Gericht nie. Nach der ersten Doppelstunde Wirtschaft und einer weiteren Stunde Verkauf rannte sie zum Kiosk, um ihre kleine Mahlzeit zu erstehen. Da merkte sie, dass es auf dem Schulhof auf einmal sehr still geworden war. Bilija schaute zum Eingang der Wirtschaftsschule. Dort standen lauter Schüler, die traurige Gesichter machten. Dragana, die Freundin von Dragan, der gegenüber von Bilijas Gastfamilie wohnte, schrie plötzlich auf und fiel zu Boden. Einige ihrer Freundinnen halfen ihr wieder auf die Beine. Bilija griff nach ihrem Würstchen und ging zu der Gruppe. Alle weinten. Bilija wollte wissen, was los war. Aber niemand antwortete ihr. Sie dachte: In Ordnung. Es muss etwas Schreckliches passiert sein. Da ertönte noch mal ein Schrei: »Draganeee! Neee!« Bilija wartete auf das Klingeln der Schulglocke, dann ging sie in ihr Klassenzimmer. Stille. Alle schwiegen. Da fragte Bilija ihre Freundin Neda: »Was ist los? Ich habe die Mädchen aus der vierten Klasse weinen gesehen und Dragana hat geschrien.«

»Dragan hat im Sportunterricht einen Unfall gehabt.«

»Dragan? Mein Nachbar? Wie denn?«

»Ja, ich weiß nicht, wie.«

Bilija schwieg still und die ganze Handelsklasse blieb still. Da betrat Frau Professor Milica Marolic den Raum und sagte: »Heute wird in der ganzen Wirtschaftsschule der Unterricht ausgesetzt, und auch in den nächsten zwei Tagen. Dragan aus der vierten Klasse hat beim Bockspringen einen schweren Unfall erlitten. Er ist nach Nis ins Krankenhaus gebracht worden. Aber er hat den Transport nicht überlebt. Die Beerdigung ist am Freitag um 13 Uhr.«

Dragans Leichnam wurde von seinem Haus bis zur Schule, dann durch die Hauptstraße bis zum Friedhof getragen. Die Beerdigung wurde von seiner Mutter und der Schule organisiert. Treffpunkt war der Schulhof. Die engsten Freunde durften in Dragans Haus zusammenkommen. Seine Mutter war alleinerziehend und arbeitete in der Fleischfabrik *Tomik*. Sie war sehr fleißig und sparsam und hatte in Caroli in der Zwetozar-Markovic-Straße ein dreistöckiges Haus erbaut. Bilija bewunderte und respektierte sie dafür sehr. Für jeden Sohn hatte Dragans Mutter ein Stockwerk vorgesehen, sie selbst wollte im ersten Stock wohnen.

Nun wurde ihr Sohn begraben. In jeder Klasse wurde eine Spendenbüchse aufgestellt für alle, die für die Beerdigung etwas spenden wollten. Der Schüler, der die Klassenaufsicht hatte, kümmerte sich darum. Alle auf dem Schulhof legten eine Schweigeminute ein, dann waren sie für diesen Tag entlassen. Zum Abschied sagten sie: »Gott segne ihn.« Die Mädchen sahen sich gegenseitig traurig an. In ihren Augen waren die Fragen zu lesen, die sie nicht stellen konnten. Warum? Wer ist schuld? Ihre Augen standen voller Tränen. Sie packten ihre Hefte in die Tasche und verließen das Schulgelände. Die Jungen gingen alle mit gesenkten Köpfen, sodass man sie auf keinen Fall weinen sah. Einer nach dem anderen nahm schweigend seinen Weg nach Hause. Als Bilija und Adana das Haus ihrer Gasteltern betraten, war alles sehr still. Man spürte das Unglück in der ganzen Nachbarschaft. Ab und zu hörte man Dragans Mutter von gegenüber, wie sie laut schrie: »Draganeee!!!« Als ob sie ihren

Sohn rufen würde, dass er nach Hause käme. Er wurde aber am Donnerstagnachmittag in einem Sarg gebracht. Seine Mutter öffnete den Sarg und lief blass und wie versteinert um ihn herum. Seine Freundin Dragana setzte sich neben den Sarg und ging nicht fort, bis ihre zwei besten Freundinnen kamen und sie vom Sarg wegrissen. Dragans Bruder schrie auf. Er brüllte wie ein verletztes Tier, das großen Schmerz erlebt. Nun kam die Mutter und zog ihn zur Seite. Auch Bilija ging zum Sarg, zusammen mit Adana und mit ihrer Gastfamilie. Sie zündete eine Kerze an und steckte sie in ein Gefäß, das neben dem Leichnam stand. Hier brannten schon zahlreiche Lichter, um dem Verstorbenen den Weg in die Ewigkeit zu erleuchten. Die Professoren kamen auch. Nur der Professor für Sport durfte nicht erscheinen. Er war von der Polizei schon verhört worden und Dragans Mutter erlaubte nicht, dass er kam und ihren Sohn auf seinem letzten Weg begleitete, denn nach ihrer Meinung war er schuld an Dragans Tod. Beim Abendessen diskutierte Bilija mit ihrer Gastfamilie über die tragische Situation auf der anderen Straßenseite im Haus von Dragans Mutter. Ab und zu ertönte von dort ein trauriger Aufschrei. An Veljas und Radas Abendbrottisch war es still. Wortlos warteten alle, bis der Schrei verklungen war. Sie saßen noch eine Weile zusammen, dann ging jeder mit seinen eigenen Gedanken zu Bett.

Am Freitagvormittag nahm die Familie mit ihren Gastkindern und mit allen Nachbarn, die Dragan gemocht hatten, Abschied am Sarg. Danach kamen sechs Schüler und trugen den Sarg bis zum Schulhof in Caroli. Der Trauerzug wurde von Dragans Familie und von Freunden, die mit der Wirtschaftsschule nichts zu tun hatten, begleitet. Den Abschluss der Kolonne bildete ein kleines Auto, das Kerzenhalter mit Kerzen und weiteren Gerätschaften für die Beerdigung transportierte. Der Sarg wurde auf den Schulhof getragen. Hier war der Treffpunkt für alle, die Dragan auf seinem letzten Weg begleiten wollten. Alle Schüler der Wirtschaftsschule und anderer Schulen waren eingetroffen, denn Dragan war sehr beliebt gewesen. Bilija musste weinen. Zwar verband sie nicht viel mit dem Menschen, der leblos im Sarg lag, doch trauerte sie, weil er viel zu früh aus dem Leben gerissen worden war und weil sein Tod einen sehr großen Verlust für alle bedeutete. Auf dem Schulhof gruppierten sich alle für den Trauerzug. Dragans bester Schulfreund führte den Zug an und trug das Kreuz. Hinter ihm ging Dragans Freundin. Sie trug einen Getreidekuchen, den ein Kreuz aus roten und blauen Bonbons schmückte. Er war auf einem silbernen Tablett angerichtet. Neben dem Bonbonkreuz steckte eine Gabel.

Hinter Dragana schritt ein Schüler, der einen entwurzelten Baum hinter sich herzog. Seine Zweige waren mit Dragans Kleidung, Handtüchern und Schuhen behängt. Dahinter folgte eine Kolonne von immer zwei und zwei Schülern, die jeweils einen Plastikblumenkranz von der Größe eines Autoreifens trugen. Zwanzig Kränze dieser Art wurden hintereinander getragen. Dragans Mitschüler hatten sie gekauft, um sie ihm für seine letzte Reise zu schenken, damit sein Weg in Blumen gebettet war.

Auf diese Gruppe folgte eine Schulkameradin mit einem großen Kranz aus frischen Blumen. Dann erst kam der Sarg, der von sechs Schülern getragen wurde. Dahinter versammelten sich Dragans Mutter, sein Bruder und die Cousinen. Die Professoren waren auch da, sie bildeten eine eigene Gruppe. Der Sportlehrer ging zwischen zwei Polizeibeamten. Er war für einen Tag aus der Haft entlassen worden, damit er seinen

Schüler begleiten konnte. Dragans Tod war ein schlimmer Unfall, aber der Professor musste bis zum Ende des Prozesses in Haft bleiben. Das Ende des Trauerzuges bildeten die Musiker der Schulband. Alle positionierten sich auf dem Schulhof. Dragans Klassenlehrerin hielt eine kurze, aber traurige Rede, und fand gesetzte Worte dafür, dass Dragan viel zu früh aus dem Leben gerissen worden war. Alle Anwesenden weinten oder schwiegen zumindest. Es wurde nur kurz gesprochen, rasche Blicke wurden gewechselt. Dann gab der Direktor ein Zeichen, dass der Trauerzug aufbrechen durfte. Er bewegte sich nur sehr langsam durch die Straßen. Wo er vorbeikam, traten die Menschen vor ihre Häuser. Einige folgten dem Zug, um ihn ein Stück zu begleiten. Zunächst führte er durch die Hauptstraße, dem täglichen Schulweg der meisten, dann bog er rechts in die breite Straße ein, die nach Wacikan führte, und erreichte schließlich den Friedhof. Die Menschen, die sich unterwegs angeschlossen hatten, verließen den Trauerzug wieder. Bis zum Schluss blieben nur die Mitschüler, Dragana und die engsten Familienmitglieder und Freunde. Die Schüler, die die Kränze getragen hatten, waren auch da. Ein Pfarrer erwartete sie. Im Kommunismus waren Geistliche auf der Beerdigung verboten. Aber Dragans Mutter hatte sich konsequent dafür eingesetzt, dass der Pfarrer für ihren ältesten Sohn eine Predigt halten durfte. Das geschah auch. Zum Schluss spielten die Musiker ein trauriges Lied, aber dann erklang ein Tanzmusikstück. Mit einem letzten Kuss nahmen die Mutter, der Bruder und die Freundin Abschied von Dragan. Sie zogen den Sarg kurz an sich heran mit den Worten: »Ich ziehe dich, damit du mich nicht ziehst.« Das machten auch die anderen, die dageblieben waren. Dann wurde der Sarg ins Grab gesenkt. Alle

Anwesenden warfen eine Handvoll Erde hinein, dann wurde das Grab verschlossen. Nun bat Dragana, dass man von dem Getreidekuchen kosten möge. Jeder, der vom Grab wegging, versinnbildlichte mit drei Fingern ein Kreuz, nahm von dem Kuchen mit den Worten »Bog da prosti.«

Dragans Mutter hatte einen schönen Grabstein errichtet. Sie hatte schnell gehandelt. Das Grab war eigentlich für sie selbst gedacht gewesen, aber das Schicksal hatte etwas anderes vorgesehen und so schenkte die Mutter ihrem Sohn ihr Grab. Den Grabstein hatte sie unter der Bedingung gekauft, dass er bis zum Vortag der Beerdigung errichtet wäre. Das hatte sie gleich organisiert, als sie vom Tod ihres Sohnes erfahren hatte. Am Grab befand sich auch ein Gestell, an dem die Blumenkränze befestigt werden konnten. Die Mädchen, die die Kränze getragen hatten, banden sie jetzt an den dafür vorgesehenen Holzleisten fest. Sie bekreuzigten sich, kosteten von dem Getreidekuchen und sprachen die Worte: »Er soll das bekommen.« Dann gingen sie nach Hause.

Auf diesen Freitag folgte ein stilles und bedrücktes Wochenende. Die traurigen Aufschreie von Dragans Mutter und anderen Trauernden waren immer noch zu hören. Bilija war zum ersten Mal nicht nach Serdar gefahren. Es war das erste Wochenende, an dem sie nicht nach Hause gefahren war. Am Montag, als die Schule wieder begann, trugen alle Schüler schmale schwarze Bänder an den Uniformjacken. Dragans Freundin Dragana war komplett in Schwarz gekleidet und das stand ihr auch zu, denn sie trauerte um ihre große Liebe. Bilija aber trug eine große schwarze Schleife auf ihrem Kopf.

ZWEI FRAUEN AM BRUNNEN

Nach einigen Tagen normalisierte sich das Leben in der Schule und die jungen Leute vergaßen einer nach dem anderen Dragans Schicksal. Auf dem Schulhof wurde wieder gelacht und in den großen Pausen war Musik zu hören. Bilija fuhr am darauffolgenden Wochenende wieder zu ihren Eltern. Im Dorf wurde sie gefragt, warum sie eine schwarze Schleife trage. Da erzählte sie, was passiert war. Manche verstanden sie, aber andere fanden, Bilija sei ein wenig »daneben«: »Man trägt kein Schwarz und trauert nicht um jemanden, der nicht mit einem verwandt ist.«

So vergingen der April und der Mai 1972.

In diesem Frühling lernte Bilija Marinovac näher kennen, den Jungen, der zusammen mit Dragan oft zu Velja gekommen war und über die Fischerei gesprochen hatte. Er fand Bilija sympathisch und lud sie zum Spazierengehen ein. Zuerst wehrte sie ab, aber dann unternahmen sie Spaziergänge an den Stadtrand in die Natur. Ab und zu küssten sie sich. Bilija spürte aber, dass ihr heimlicher Fluch »Sie war schon verheiratet« wieder in der Luft lag und dass Marinovac sie nur ausnutzen wollte. Da wies sie ihn zurück, auch weil sie merkte, dass er eigentlich ihre Freundin Neda mochte und mit Bilija nur ausging, um in die Nähe von Neda zu kommen. Die Freundin wohnte in der Nachbarschaft und Bilija sah sie mit Marinovac oft Hand in Hand gehen. Sofort brach sie die Verbindung zu ihm ab. Das tat ihr weh, aber sie wollte wegen ihm ihre Freundin nicht verlieren. Sie sagte sich nur: »Irgendwann werde ich einen seelenverwandten Menschen finden, der zu mir steht.«

Alle anderen waren nicht wichtig. Im Grunde genommen war sie erleichtert, nicht auf eine unglückliche Liebe hereingefallen zu sein.

An den Wochenenden fuhr Bilija weiterhin nach Serdar und tankte Ruhe und Liebe bei ihrer Urgroßmutter Lilica und bei ihrer ganzen Familie. Schließlich packte sie das Essen ein, das Rada bei Gica bestellt hatte und kehrte nach Caroli zurück. In der Schule war alles in Ordnung und Bilija hatte gute Noten. Neda aber verlobte sich mit Marinovac und zog mit ihm zusammen. Bei Rada verlief das Leben in gewohnten Bahnen, aber Rada begann, nicht nur das Essen, das beide Mieterinnen von zu Hause mitbrachten, zu verwenden, sondern sie fuhr nun an jedem Dienstag und an jedem Donnerstag zum Einkaufen in den Lebensmittelladen. Sie kaufte jeweils 30 Eier, zwei Kilo Fleisch, eine große Menge Konserven, Obst und Gemüse. Bilija sah sich das bis zum Jahresende an, ohne etwas dazu zu sagen. Sie spürte, dass Rada die Mädchen ausnahm und musste zusehen, wie ihr Geld von Zuhause für das Essen verschwendet wurde. Was machte Rada mit den vielen Lebensmitteln? Was wollte sie mit 60 Eiern in einer Woche?

Bilija schwieg weiterhin, aber für die dritte Klasse suchte sie sich eine neue Unterkunft. Sie fand ein Zimmer in der Wohnsiedlung Kotlujewac in Caroli. Adana aber wollte bei Rada nicht ausziehen. Da sprach Bilija mit ihrer Schulfreundin Daria. Sie besuchten die gleiche Klasse. Daria stammte aus Eischenor und ihr Bruder war mit Bilija in die Grundschule in Stavinica gegangen. Daria wollte auch bei ihren Gasteltern ausziehen, denn der Sohn der Vermieter, der drei Jahre älter als sie war, belästigte sie sehr oft. Weil das unerträglich für sie war, wollte sie raus.

Bilija teilte Rada mit, dass sie im nächsten Schuljahr nicht mehr bei ihr wohnen würde. Die Gastmutter reagierte enttäuscht und versuchte Bilija zum Bleiben zu überreden: »Wir können doch noch mal über alles reden. Vielleicht finden wir eine gemeinsame Lösung.«

Für Bilija aber gab es kein Zurück mehr. Ihre Entscheidung stand fest. Sie packte ihre Sachen. Von Adana, die sie vertraulich »Ada« nannte, nahm sie Abschied, aber meinte: »Ada, wir sehen uns in der dritten Klasse oder irgendwann wieder in Norin.« Bilija verließ Radas Haus für immer und ging zum Bahnhof.

Als sie im Zug war, sagte sie: »Tschüss, Caroli. Wir sehen uns wieder, wenn ich mein Zeugnis abholen werde.«

Und sie freute sich auf die freie Zeit in der Sommerpause in Serdar.

Während der Sommerferien konnte es Bilija wiederum gar nicht erwarten, dass die dritte Klasse begann und sie wieder lernen konnte. Für die Frauen und Mädchen im Dorf nähte sie Kleider, die für Tanzpartys oder Hochzeiten bestimmt waren. Bilija absolvierte im Textilwarengeschäft in Norin ein Praktikum von einem Monat Dauer. Der Ort war das größte und modernste Geschäft dieser Art in der Umgebung. Ihr Praktikumsgeber war der etwa 50jährige Perisa, der als umsatzstärkster Händler anerkannt war. Er entstammte einer Kaufmannsfamilie, die vor dem Krieg die meisten Textilgeschäfte in der Region besessen hatte. Als im Jugoslawien unter Tito viele Reiche und Großbesitzer enteignet wurden, durfte Perisa, dem als Händler eine große Expertise zugeschrieben wurde und der politisch an der Seite der Kommunisten stand, seine fünf Hektar Weinberge und Felder sowie Haus und Garten behalten. Als der Zweite Weltkrieg zu Ende war und amerikanische und russische Soldaten Jugoslawien durchquerten, war Perisa ein junger Kommunist und zudem frisch verheiratet mit einer hübschen, blonden Frau namens Petra, sie hatten einen Sohn und eine Tochter. Petra aber hatte sehr große Angst vor der Roten Armee, denn sie wusste aus der Zeitung, dass die Russen kommen und die ganze Region »befreien« würden. Als sie einen amerikanischen Soldaten kennenlernte, verließ sie Perisa und ihre beiden Kinder, heiratete den Soldaten und ging mit ihm in die USA. Später holte sie ihre Kinder nach, denn als Kinder eines Vorkriegsgroßbesitzers hatten sie es in Norin nicht leicht. Perisa blieb allein zurück und widmete sein weiteres Leben seinem Kaufmannsberuf. Für Bilija war es ein großes Glück, dass sie diesen weisen und erfahrenen Lehrer bekam und sie lernte viel über Handel und Textilien. Dieses Wissen verknüpfte sie mit ihren Kenntnissen im Schneidern. All das machte sie stolz und selbstbewusst, sie fühlte sich gut. Sie spürte, dass die Dorfbewohner in Serdar sie bewunderten, denn immer mehr Kundinnen wollten etwas geschneidert bekommen. Für die jungen Männer im Dorf war Bilija jedoch nicht mehr interessant. Sie wurde aber respektiert. Die bösen Gedanken »Sie war verheiratet« – gehörten der Vergangenheit an.

An einem Tag traf sie ihre Ex-Schwiegermutter Borka und ihren Ex-Mann Duka auf dem Weg, als sie mit dem Fahrrad vom Praktikum nach Hause kam. Die beiden hielten an und fragten Bilija, ob sie zu ihnen zurückkehren werde, denn sie hätten seine zweite Frau mit dem einjährigen Sohn davongejagt, um Bilija zurückzubekommen. Überrascht und traurig sah Bilija die beiden an und sagte: »Nein, gehen Sie bitte. Holen Sie die Frau Duka und das Kind zurück, denn dein Sohn braucht einen Vater. Ich werde nicht zu euch zurückkommen.« Borka sagte: »Wir geben dir Geld. 50 große Dukaten bekommst du als Garantie dafür, dass wir es ernst meinen. Wir werden dir ein Auto kaufen, nur damit du wieder unsere Schwiegertochter und Dukas Frau wirst.«

»Nein, das brauche ich nicht«, erwiderte Bilija und wandte sich an Duka: »Meinst du wirklich, dass du dir mit Geld alles kaufen kannst? Ich bin auf dein Geld nicht angewiesen. Dein Sohn und deine Frau brauchen dich. Ich will euch beide nicht mehr in meiner Nähe sehen. Also lasst mich in Ruhe.«

Nach diesem Gespräch ließen die beiden sich tatsächlich nicht mehr in Bilijas Nähe blicken. Sie bekam aber mit, dass Duka eine Woche danach seine Frau und sein Kind zurückgeholt hat.

Bilijas Familie war stolz auf ihre Tochter. Gischa war inzwischen in die Schweiz gegangen, um dort Geld zu verdienen, wieder war er für drei Monate als Gastarbeiter angestellt. Diesmal arbeitete er in einem Baumarkt und verdiente viel mehr als zwei Jahre zuvor in Deutschland. Als die Schulferien begonnen hatten, war er nach Hause gekommen. Von dem verdienten Geld kauften Bilijas Eltern einen Traktor, IMT 539, Ferguson. Der war der ganze Stolz der Familie. Bilija, neugierig, wie sie nun einmal war, lernte diesen Traktor zu fahren. Sobald sie mit dem Fahrzeug umgehen konnte, fuhr sie nicht mehr mit dem Fahrrad zum Praktikum nach Norin, sondern mit dem Traktor. Oft wurde sie von ihrer Mutter begleitet, wenn Gica etwas zum Verkaufen hatte. Bilija ging zum Textilgeschäft, Gica verkaufte ihre Produkte: Obst, Gemüse, Käse und Eier, dann fuhren sie zusammen nach Serdar zurück.

An einem Tag bemerkte Bilija zwei in Schwarz gekleidete Frauen mit einem Eimer und einer Kanne am kleinen Brunnen von Serdar. Der Rand des Eimers war mit Blumen geschmückt, in den Henkeln steckten große Hefekuchen. Die erste, eine sehr schlanke Frau, nahm aus dem Eimer mit einem Gefäß etwas Wasser, reichte es der anderen Frau, die etwas wie »*Bog da Prosti*«[14] sagte. Bilija hörte diese Worte, wusste aber nicht, wie sie sich verhalten sollte. Dreimal innerhalb von drei Wochen begegnete Bilija diesen Frauen, jedes Mal an einem anderen Brunnen. Beim dritten Mal fragte sie ihre Mutter, wer diese Frauen seien.

»Das ist Dora alu Boci aus Eischenor mit ihrer Schwester Djada alu Romani«, erwiderte Gica knapp und traurig. Boci, so wurde die Familie Badaik aus Eischenor genannt.

»Doras Mann ist in diesem Frühling umgekommen. Es war ein Unfall.«

»Wie, Mama? Der Vater meines Grundschulkameraden? Was ist passiert?«

»Er hat bei Katikan gearbeitet. Mit noch vier Männern hat er Sand in einen Lastwagen gefüllt, da ist der Berg erodiert und das Geröll hat ihn unter sich begraben. Sein Sohn Simon ging in Bor zur Schule und Kristan Badaik brauchte Geld, um die Kosten für seinen Schulbesuch zahlen zu können. Die anderen Männer konnten entkommen. Für ihn war es zu spät. Es hat ihn erwischt.«

»Aber warum geht Dora jede Woche zu einem anderen Brunnen, Mama?«

»Dora hatte drei Tote innerhalb von drei Jahren zu beklagen. Sie hat drei Menschen aus ihrer Familie verloren. Vor drei Jahren starb ihre Schwiegermutter am

---

[14] Gott, vergib!

Asthma, dann starb ihr Mann durch diesen Unfall und sechs Monate danach erhängte sich ihr Schwiegervater Tika, denn er konnte den Tod seines Sohnes nicht ertragen. Deshalb gibt sie allen drei Verstorbenen Wasser, damit sie in der anderen Welt genug zum Trinken haben.«

Bilija fragte nicht weiter. Sie war voller Mitleid und dachte an ihren Schulkameraden Simon, den sie doch damals eigentlich sehr gern gehabt hatte und fragte sich, was wohl aus ihm geworden war und wie er trotz so viel Unglück zurechtkam. Dann schob sie diese Gedanken zur Seite und fuhr ihren Traktor nach Hause. Das gute Essen, das die Urgroßmutter Lilica gekocht hatte, steigerte ihre Laune und sie dachte nicht mehr an die Frauen in Schwarz. Am Abend aber, als sie am nachbarschaftlichen Treffen auf der Straße teilnahm, begegnete sie Guca Krisu, die im Haus gegenüber der Familie Fari wohnte. Guca war eine sehr ruhige, in die Jahre gekommene Frau. Sie fing ein Gespräch über die Familie Badaik an. Bilija hörte aufmerksam zu. Ein wenig war Guca damit schon vertraut, denn Tika Boci war Gucas Cousin gewesen.

»Die arme Frau erlebt ein sehr trauriges Schicksal. Ihr Sohn Simon ist auch nicht da. Er ist beim Militär in Nazih. Er hat eine recht angenehme Stelle bekommen, bei der Militärpolizei. Und Nazih ist auch nicht so weit entfernt, sodass er bei Gelegenheit seine Mutter besuchen kann.«

Die Nachbarn hörten schweigend zu, tranken selbstgemachte Limonade und gingen dann nach Hause. Bilija dachte nur kurz an ihren Schulkameraden, vergaß die Geschichte mit den drei Brunnen und freute sich auf den kommenden September, wenn sie nach Caroli zurückkehren und mit der dritten Klasse beginnen würde.

Am 6. September 1972 stieg sie am Bahnhof von Stavinica in den Zug nach Caroli. Bilijas Kameradin Daria wohnte in Eischenor. Dieses Dorf war mit Stavinica verbunden und nur durch einen Weg getrennt. Da die Freundinnen zusammenwohnen würden, wollten sie auch zusammen nach Caroli fahren, denn auf dem Weg konnten sie sich über den Lernstoff unterhalten. Am Nachmittag kamen sie in Caroli an, dann nahmen sie den Weg geradeaus bis zur Hauptstraße, dann rechts und wieder geradeaus durch das Industriegebiet. Sie überquerten die Bahngleise der Linie nach Nis, gingen an großen Silos vorbei, folgten ihrem Weg über die Brücke, die über den Fluss Tomik führte und hielten sich dann links. Die zweite Querstraße jetzt war die Vardarstraße. Am Ende dieser Straße wohnten die neuen Gasteltern Jemir und Magrita. Beide arbeiteten in der Fleischindustrie und hatten eine Tochter, die Marala hieß, und einen Sohn namens Maro. Marala war in der fünften und Maro in der dritten Klasse der Grundschule. Er lernte gerade, Harmonika zu spielen und machte sofort mit seiner Musik auf sich aufmerksam. Darüber freuten die Mädchen sich. Die Unterbringung war mehr als angenehm. Sie bekamen zusammen ein großes Zimmer, das so ausgerichtet war, dass es den ganzen Tag mit Licht durchflutet war. Ihr Essen sollten sich Bilija und Daria selbst zubereiten, denn sie hatten einen dicht gedrängten Stundenplan und würden immer sehr lange in der Schule bleiben. Auch viele praktische Lerneinheiten waren vorgesehen, sodass sie sich den ganzen Tag in der Schule aufhalten würden.

Bilija fuhr nicht mehr an jedem Wochenende nach Hause, dazu musste sie viel zu viel lernen. In Kotlujewac, dem Stadtteil von Caroli, wo sie bei ihren Gasteltern wohnten, lernten die Mädchen auch neue Leute kennen. Im Frühjahr 1973 begegnete Bilija einem blonden, wohlerzogenen Jungen, der Zaro hieß. Bilija war jetzt neunzehn Jahre alt. Sie war sich nicht sicher, ob sich aus dieser Begegnung etwas entwickeln würde. Sie nahm sich vor, mit ihrer Urgroßmutter darüber zu sprechen, wenn sie das nächste Mal nach Hause fuhr, denn Lilica hatte immer einen guten Rat für sie. Trotz ihrer Zweifel ging sie mit Zaro aus. Er nahm ihre Hand, sie ließen ihre Gefühle spielen, sie redeten über den Mond und über die Sterne. Zaro nannte Bilija »die schönste Blume.« Bilija war sehr verliebt, aber sie blieb misstrauisch, denn Zaros Eltern waren die reichsten Menschen in der Umgebung und sie würden niemals erlauben, dass die beiden heiraten. Dann war da noch etwas: Bilija begann oft an ihren Kameraden Simon Badaik und an sein Schicksal zu denken. Immer mal wieder fragte sie sich, was er machte und wie es ihm beim Militär erging. Seit sechs Jahren hatte sie ihn nicht mehr gesehen.

So verging das erste Schulhalbjahr der dritten Klasse. In den Winterferien fuhr Bilija wie immer nach Hause, aber zum Weihnachtstanz wollte sie nicht mehr gehen. Alle ihre Kameradinnen waren schon verheiratet und hatten bereits Kinder. Bilija hielt sich da heraus. Sie schneiderte und beriet die jungen Frauen in Modefragen. Am 14. Januar war serbischer Silvester. Zu diesem Anlass wurde jedes Jahr ein Ball organisiert. Da wollte Bilija gerne mitmachen, denn nach einem kurzen Koloreigen wurden Walzer, Tango und Polka getanzt. Jedoch fehlte ihr ein Tanzpartner. Ihr Bruder Ljubce beherrschte diese Tänze noch nicht und irgendjemanden Fremdes wollte sie nicht. So bat sie ihren Cousin Bora, ihr Tanzpartner zu werden. Und er sagte zu. Bilija trug ein langes, dunkelblaues Samtkleid und hochhackige, ebenfalls dunkelblaue Schuhe. Ihr Haar war akkurat geschnitten bis unters Ohr. Da Bilijas Haare von Natur aus lockig waren, zeigte ihre Frisur die gerundete Form, die in dieser Zeit Mode war. Bilijas Mund war dezent geschminkt, ihre Augenbrauen hatte sie unauffällig nachgezeichnet. Das runde Dekolleté ihres Kleides brachte ihr ausdrucksvolles Gesicht vorteilhaft zum Ausdruck: Sie war die junge Dame in Perfektion. Glücklich tanzte sie mit ihrem Cousin und war an diesem Abend sehr dankbar, für ihre Eltern, vor allem für ihren Bruder Ljubce und die Urgroßmutter Lilica, die den Mut gehabt hatten, Bilija gegen den Willen ihrer Eltern an der Schule anzumelden. Dankbar war sie auch für ihre Kenntnisse in der Schneiderei und dafür, dass die jungen Frauen bei ihr Kleider nach Maß bestellten.

Nach dem rauschenden Tanzfest wurde der Abend mit einem gemeinsamen Essen fortgesetzt. Jede Familie steuerte Speisen bei, die sie zu Hause vorbereitet hatte. Dann saßen alle im Saal um einen zwanzig Meter langen Tisch und aßen zusammen. Nach Mitternacht gingen die Männer nach draußen und schossen in die Luft. So kündigten sie das neue Jahr nach dem Julianischen Kalender an. Bilija war sich bewusst, wie glücklich sie war, denn nur Gott wusste, wann sie noch einmal so etwas Schönes erleben konnte. Aber am anderen Morgen war ihr klar, dass das wohl vorerst ihr letztes Silvesterfest in Serdar gewesen war.

URGROSSMUTTER LILICA

Die Winterferien waren schnell vorbei. In der Wirtschaftsschule wurde der Unterricht immer anspruchsvoller. Die beiden Freundinnen Bilija und Daria brachen morgens gemeinsam zur Schule auf, aber zurück kamen sie nicht immer zusammen, denn sie hatten unterschiedliche Stundenpläne. Über zwei Monate lang konnte Bilija nicht nach Hause fahren. Ihr Taschengeld und etwas zum Essen bekam sie von ihrer Mutter zugesandt: Leute, die aus Serdar nach Caroli kamen, um Geschäfte zu tätigen, fungierten als Boten. Dann begannen schon die Vorbereitungen auf die Abschlussprüfung. Diese waren sehr intensiv. Die Professoren betrachteten die Schüler nicht mehr als Kinder, sondern als erwachsene Menschen und kannten keine Gnade, was den Lernstoff betraf. Die Praktikumsgeber wiederum erwarteten von den Schülern, dass sie sich wie professionelle Verkäufer verhielten und entsprechend erfolgreich verkauften. Erst Ende April konnte Bilija wieder nach Hause fahren, um sich für zwei Tage von der ganzen Lernerei zu erholen.

Es war ein ruhiger Freitagnachmittag. Bilija wollte von Norin nach Serdar zu Fuß gehen, denn der Weg war kürzer als von Stavinica aus. Sie genoss den Frühlingsduft des frischen Grases und der frisch umgegrabenen Felder mit der neuen Saat. Hier und da war das junge Getreide schon fünfzehn Zentimeter hoch. Als Bilija Serdar erreichte, betrachtete sie die schön angestrichenen Häuser mit Wohlgefallen und genoss die Ruhe, die das Dorf ausstrahlte. Ab und zu traf sie den einen oder anderen Bewohner, der in seinen Garten ging, um dort zu arbeiten oder die Pflanzen zu gießen.

Sie begrüßte ihn mit »Guten Tag, Vater« (es folgte der Vorname) oder »Guten Tag, Großvater (dann folgte der Nachname) – Wohin gehen Sie?« Der Angesprochene antwortete kurz mit »Guten Tag, Bilija« und er sagte, wohin er ging. Das war die gewöhnliche Begrüßung und so zollte man einander Respekt. Ab und zu bellte ein Hund. Manche Hunde kamen zum Zaun und begrüßten Bilija mit einem Schwanzwedeln, denn sie kannten die junge Frau. Als sie ihr Grundstückstor erreicht hatte, sah sie ihre Urgroßmutter Lilica auf der Treppe vor dem Nebengebäude der Familie Fari sitzen. Das Nebengebäude war ein recht stattliches Haus, in dem sich ein großer Keller, die Speisekammer und ein großer Raum befanden, in dem die Menschen tagsüber wohnten, bevor sie am Abend ins Haupthaus zum Schlafen gingen. Lilica war wackelig auf den Beinen. Sie versuchte aufzustehen. Aber es gelang nicht und sie sank zurück auf die Stufen. Da erkannte sie Bilija, die von der Schule nach Hause gekommen war, und sich ihr näherte - voller Freude strahlend, die Urgroßmutter zu sehen. »*Majke!*«[15] , rief sie so, wie sie ihre Urgroßmutter oftmals liebevoll ansprach.

»Bilija« sagte Lilica, »ich bin asooooluut nicht bbetrunnnkenn. Absoluuuutt nichht.« Bilija wusste aber, dass Lilica betrunken war, denn sie war zur Alkoholikerin geworden. Sie lächelte die alte Frau an und schaute sich um, wo sich die anderen Hausbewohner befanden. Da sah sie ihren Bruder Ljubce, wie er durch ein Fenster aus dem Vorratskeller hervorkam, mit einer Schüssel in der Hand. Er erschrak, als er seine Schwester sah. Bilija fragte ihn sofort: »Was hast du da?«

»Schnaps«, sagte Ljubce.

---

[15] Mütterchen

»Schnaps?«, fragte sie. »Warum in der Schüssel und nicht in der Flasche? Und warum in Gottes Namen durch das Fenster und nicht durch die Tür?«

»Mama hat die Tür vom *Pivnica* zugeschlossen, damit Majka nicht mehr trinkt. Sie hat mich aber um Schnaps gebeten.«

»Ja, aber warum? Mama legt ihr jeden Tag eine Viertelliterflasche mit dem Schnaps auf den Tisch, bevor sie auf die Felder geht.«

»Das will Majka aber nicht trinken, denn dann werden alle wissen, dass sie trinkt. Und gestern hat Mama entdeckt, dass sie die Flasche mit Wasser füllt, und hat gesagt, dass wir alle wissen, dass Majka trinkt und dass sie es nicht verbergen muss. Sie will aber nicht aus der Flasche trinken.«

»Und wie bist du durch das Fenster gekommen, das war doch verschlossen?«

»Nee, es war nicht zu. Majka hat rechtzeitig die Klemme geöffnet und sie so justiert, dass keiner merkte, dass es offen war.«

Bilija sagte nichts mehr. Sie lächelte beide freundlich an. Lilica, betrunken wie sie war, wiederholte nur: »Ich bin absollut nicht betrunken.« Sie setzte hinzu: »Und, du Ljubce, sollst in deinem Leben auf einer goldenen Straße schreiten, denn du hast ein goldenes Herz.«

Sie gab Bilija ein Zeichen, dass sie Hilfe brauchte, um in ihr Zimmer zu kommen. Bilija brachte sie ins Bett. Ljubce kam mit. Auf dem Bett sitzend sagte Lilica zu ihrem Urenkel: »Komm, gib mir diesen Schnaps. Ich habe Beinschmerzen und will mich einreiben.«

Ljubce brachte einen Stuhl zu ihr ans Bett und stellte die Schüssel mit dem Schnaps darauf. Die Urgroßmutter nahm die Schüssel mit beiden Händen und trank. Dann sagte sie zu den jungen Leuten, dass diese ins

Haus zurückkehren sollten, denn die Eltern würden bald von den Feldern zurückkommen. Sollten Gischa und Gica nach ihr fragen, so sollten die Kinder sagen, dass Lilica krank sei und schlafen müsse. Das Essen habe sie aber vorbereitet, es stehe auf dem Herd in der Sommerküche.

Bilija wusste, dass ihre Urgroßmutter immer das Essen vorbereitete, bevor sie sich betrank. So hatte sie ihre Ruhe und niemand konnte ihr vorwerfen, sie hätte ihre Aufgaben für die Familie nicht erledigt. Lilica war auch eine Meisterin der Handarbeit. Für das Weben, Sticken und Stricken war sie eine Expertin. Viele junge Frauen kamen zu ihr, um die Handarbeit zu erlernen. In solchen Situationen trank sie nie. Sie vermochte es gut zu steuern, wann sie trank und wann nicht.

Sie trank auch nicht, wenn Menschen zu ihr kamen, die Bauchschmerzen hatten. Dann nahm Lilica ein kleines Messer, bewegte dieses vor dem Bauch des Patienten hin und her und flüsterte etwas Unverständliches dreimal fünf Minuten lang. Das funktionierte. Die Bauchschmerzen waren weg. Ob das ein Wunder, der Wille Gottes oder menschliche Psychologie war, das wusste keiner. Bilija aber hatte das oftmals erlebt: Hatte sie starke Bauchschmerzen, zog die Urgroßmutter sie nah an sich heran, bewegte das kleine Messer, das sie nur für diese Gelegenheit aufbewahrte, über ihrem Bauch. Der Schmerz war fort.

Am anderen Morgen war Lilica wieder wach und mit den Essensvorbereitungen beschäftigt, als Bilija in das Nebengebäude kam. Sie trug ein weißes Band um ihre Stirn und verkündete, dass sie große Kopfschmerzen habe. Das hieß, sie wünschte in Ruhe gelassen zu werden. Sie meinte, wenn sie mit dem Essenmachen fertig sei, würde sie in den Garten gehen. Das bedeutete, sie wollte allein sein. Immer, wenn sie in einer solch schlechten Gemütsverfassung war, ging sie in den Garten, um ihre Ruhe zu haben. Das machte Bilija traurig, denn sie konnte ihrer Urgroßmutter die Fragen, die sie auf dem Herzen hatte, nicht stellen. Enttäuscht und um Lilica besorgt, fuhr sie am Sonntagnachmittag nach Caroli zurück, ohne mit ihrer Urgroßmutter über ihre Gefühle zu Zaro gesprochen zu haben.

Drei Tage später, am Mittwoch, erhielt Bilija einen Anruf von ihrer Mutter. Ihre Urgroßmutter sei für immer friedlich eingeschlafen und Bilija solle sofort nach Hause kommen. Sie erfuhr, dass Lilica bei Gicas Schwägerin Lina Schnaps getrunken hätte. Lina hatte zwar gemahnt, dass sie nicht trinken solle, aber Lilica hörte nicht auf sie. Da gab ihr Lina ein 200ml-Glas. Lilica trank zwei Gläser, dann sank sie leblos in sich zusammen. Lina rief Gica an. Diese kam sofort, brachte ihre Großschwiegermutter nach Hause, badete sie und zog sie für die Beisetzung passend an. Dann rief Gica ihre Kinder in der Schule an, sie sollen sofort nach Hause kommen, denn Lilica ist gestorben. Als Bilija nach Hause kam, lag ihre Großmutter im Sarg, festlich angezogen. Die Verstorbene trug einen selbstgewebten weiten Baumwollrock mit weißen Streifen, darüber eine schwarze Samtschürze, an deren Saum sich eine selbstgehäkelte schwarze Spitze befand. Die Schürze war zehn Zentimeter kürzer als der Rock, so dass man dessen Schönheit und Qualität erkennen konnte. Lilica trug schwarze, leichte Lederschuhe und schwarze selbstgehäkelte Strümpfe mit Zopfmuster. Dazu hatte Gica ihr eine weiße Baumwollbluse mit selbstgestickten roten Rosenblüten angezogen, darüber einen leichten Sommerpullover und eine Strickjacke. Ihren Kopf schmückte ein dunkelblaues Tuch, das unterm Kinn gebündelt war. In die Hand hatte sie ihr eine selbstgenähte, aus handgewebtem Stoff gefertigte Tasche mit roten Blumen, die *Sekuj,* gelegt und ihr einen Kamm, einen Spiegel, Seife, Gesichtscreme und etwas Geld für die »Reise« beigegeben.

Nach dem Telefonat mit ihrer Mutter rief Bilija ihre Professorin Milica Marolic an, erbat Unterrichtsbefreiung für den Donnerstag und den Freitag und fuhr nach Hause, um ihrer geliebten Urgroßmutter das letzte Geleit zu geben.

Als sie zurück nach Caroli kam, lag eine langweilige Lernphase und sehr viel Praktikumszeit vor ihr. Nach dem Tod von Lilica wollte Bilija mit Zaro nicht mehr ausgehen. Er konnte den Grund nicht verstehen, sie eigentlich auch nicht, aber es war so. Im Herbst nach der dritten Klasse würde er zum Militär gehen. Zu diesem Anlass gab er ein Fest in seinem Haus, zu dem alle seine Schulkameraden und Freunde eingeladen waren. Auch Bilija war unter den Gästen. An diesem Abend aber tanzte Zaro nur mit seiner Nachbarin Nadin. Bilija beobachtete das mit innerer Kälte und verließ die Feier frühzeitig. Sie hatte gespürt, dass Nadin Angst hatte, Zaro zu verlieren. Darüber wollte Bilija aber keine Diskussionen und fand es vernünftiger, sich zurückzuziehen. Zaro wünschte sie alles Gute und er möge auf sich aufpassen.

Bilija dachte nur an die Schule und an ihre Fächer. Sie freute sich aber auch auf den Abschlussball, das große Ereignis zum Schuljahrsende. Bilija bestand alle Prüfungen mit guten Noten, eine nach der anderen. In ihrer knappen Freizeit nähte sie sich ein Ballkleid. Das Material kaufte sie von dem Geld, dass sie sich in Serdar mit dem Nähen verdient hatte. Für Schuhe, Haarschnitt, eine Tasche und den Eintritt bekam sie Geld von ihrer Mutter. Schon am Morgen begannen die Vorbereitungen für diesen großen Tag. Zuerst gingen Bilija und Daria zum Friseur. Beide wünschten sich eine Turmfrisur. Am frühen Nachmittag duschten sie sich und begannen mit dem Ankleiden: erst mal neue Unterwäsche, dann das selbstgenähte hellbraune Kleid, das oben dicht am Körper anlag. Der untere Teil, mit sechs Abnähern an der Taille, mündete in eine Glockenform, die sich immer weiter ausbreitete. Der Rocksaum berührte die Spitzen von Bilijas schwarzen hochhackigen Schuhen. Bilija schminkte sich sehr dezent, nur ihre Wimpern färbte sie so stark, dass ihre braunen Augen gut zur Geltung kamen. Die junge Frau strahlte. Jetzt noch roten Lippenstift, eine kleine Kette um den Hals und sie war bereit! Einen letzten Blick warf sie in den Spiegel. Kaum zu glauben, dass sie das war – solch eine wunderschöne junge Dame! Bilija schaute Daria an, die auch mit ihren Vorbereitungen beschäftigt war. Die Freundin trug ein ebenfalls langes, aber enges schwarzes Kleid und hochhackige schwarze Schuhe. Das Kleid stand Daria sehr gut und bildete einen Kontrast zu ihrem blonden Haar. Die Gasteltern Jemir und Mirjana begutachten die jungen Frauen mit anerkennenden Blicken. Sie waren stolz auf ihre hübschen Mieterinnen.

Treffpunkt für den Abschlussball war vor der Schule. Bilija sah viele bekannte Gesichter. Aber jetzt sahen alle ganz anders aus. Diese jungen Leute, die sonst nur ans Lernen dachten und Jeanshosen und Rucksäcke trugen, zeigten sich nun in schicken Anzügen beziehungsweise in langen Ballkleidern. Sie traten erwachsen auf, gaben sich ernsthaft und pflegten einen respektvollen Umgang miteinander. Sie stellten sich in Zweierreihen auf, immer ein Mädchen und ein

Junge. Bilija ging neben Mirko. Die Jungen schenkten den Mädchen eine Rose.

Der Festzug schritt von der Schule durch die Hauptstraße, machte vor dem Hotel *Srbija* Halt, und dann betrat einer nach dem anderen den großen Saal, der für Bankette und Bälle vorgesehen war. Als die Schüler und ihre Lehrer Platz genommen hatten, trat der Direktor der Wirtschaftsschule vor die Versammelten und hielt eine Rede. Er lobte die Professoren für ihren Unterricht und die Schüler dafür, dass sie vernünftig gewesen waren und die Schule abgeschlossen hatten. Für seine Ansprache bekam er großen Applaus. Als dieser abebbte, erklärte der Direktor den Ball für eröffnet und er ging zu seinem Stuhl. Alle Augen folgten ihm, bis er Platz genommen hatte. Da begannen die Musiker leise Tanzmusik zu spielen. Einige Schüler betraten die Tanzfläche. Bilija beobachtete sie. Sie war noch nicht in der richtigen Stimmung. Doch je weiter der Abend fortschritt, umso einladender wurde die Musik und verlockte zum Tanzen. So tanzte Bilija mit ihren Kameraden, mit einem nach dem anderen. Um Mitternacht, bevor das Abendessen serviert wurde, spielten die Musiker zu einer Polka auf. Da sprangen alle auf, um bei diesem Gruppentanz dabei zu sein.

Danach wurde das Essen serviert. Bilija sah die runden, schön gedeckten Tische. Es war das erste Mal, dass sie in einem Ballsaal mit einem Restaurant war. Die Tische waren rund und mit weißen Tischdecken versehen, die fast bis zum Boden reichten. An jedem Tisch saßen fünf Personen. Das Essen begann mit einer kalten Platte als Vorspeise. Die Platten wurden gebracht, kurz nachdem die Schüler Platz genommen hatten. Wurst und Käse in verschiedenen Sorten waren appetitlich angerichtet, zusätzlich verziert mit kleinen Tomaten, Oliven und Petersilienblättern. Bilija schaute sich um, ob sich schon jemand etwas nahm. Zugleich hörte sie auf die Musik und betrachtete das üppige Gedeck auf dem Tisch: drei Gabeln auf der linken Seite des Tellers und drei Messer auf der rechten. Oberhalb des Tellers befanden sich ein Suppen- und ein Teelöffel. Dann waren da zwei Gläser, eins mit Stiel und ein Wasserglas, in dem eine Papierserviette steckte. Bilija wusste nicht, wie sie damit umgehen sollte. So wartete sie ab und beobachtete, was die anderen machten. Sie tat ihnen nach. Zum Essen kam zuerst Suppe im Suppenteller, der nach dem ersten Gang abgetragen wurde. Darauf folgte *Sarma,* denn ohne die fein gewickelten Kohlrouladen konnte man damals kein Fest feiern. Ihren Geschmack kannte Bilija von zu Hause. Diese schmeckten aber noch besser und waren noch zierlicher gewickelt. Danach gab es eine große Platte mit verschiedenen Fleischgerichten. Da waren Cevapcici, Schnitzel, ganz feine Würstchen ... Alles war auf dem Grill gebraten und warm auf den Tisch gebracht. Alle Messer und Gabeln hatte Bilija inzwischen eingesetzt. Fehlte noch der Teelöffel: Zum Nachtisch wurde Torte serviert. Das Essen machte großen Spaß und verursachte bei allen gute Laune. Auch Bilija bekam danach Lust zu tanzen. Es wurde ein festlicher Tanzabend. Nach und nach wurden einige müde. Sie gingen einer nach dem anderen nach Hause. Bilija, Daria, Neda und noch einige Jungen aus ihrer Gruppe sowie einige Professoren blieben bis sechs Uhr morgens. Vor dem Hotel tanzten sie einen traditionellen Abschiedstanz und trennten sich mit den Worten: »Viel Erfolg im weiteren Leben und Beruf.« Ein kurzes Händeschütteln, ein »Alles Gute und auf Wiedersehen« – und jeder nahm seinen Weg nach Hause, um zu schlafen. Am anderen Morgen packten alle ihre Sachen und fuhren in ihre Heimat.

Der Zug war voll mit Schülern aus dem Kreis Norin, die die Schule in Caroli besucht hatten. Bilija traf Adana, die das Gasteltempaar Velja und Rada verlassen hatte, in der Bahn und sie wechselten einige Worte. Daria stieg in Stavinica aus, um nach Eischenor zu marschieren. Bilija fuhr bis Norin und wanderte von dort nach Serdar. Neda blieb bei Marinovac, denn er war gerade vom Militär zurückgekommen. Und so trennten sich ihre Wege.

Bei der Austeilung der Diplome sahen sie sich noch einmal. Bilija erfuhr, dass Neda und Daria Arbeit in Handelsgeschäften in Caroli bekommen hatten und Adana eine Stelle in Norin gefunden hatte. Die Mitschüler Mirko und Pasata hatten sich zum Studium angemeldet. Studieren – das wollte Bilija auch. Sie strebte ein Wirtschaftsstudium in Belgrad an, bekam aber eine Absage, weil es keine freien Plätze gab. Gemeinsam mit Adana reiste sie nach Nis. Dort wurde den beiden zur Universität von Pareli geraten, denn die Hochschule in Nazih hatte auch keine freien Plätze mehr. Adana hatte genug und kehrte nach Hause zurück. Bilija reiste aber weiter nach Pareli, meldete sich an der dortigen Universität und bekam tatsächlich einen Studienplatz, allerdings nur für das Fernstudium.

Bilija war jetzt eine Frau, die sich durch Lernen und Fleiß behauptet hatte, und so meldete sich der ein oder andere Heiratskandidat. Aber Bilija empfand die Komplimente und Anfragen als Belästigung. Sie wollte den Richtigen finden, aber der war noch nicht aufgetaucht. Deshalb stürzte sie sich weiter auf ihre Arbeit und lernte. Ihre Mitmenschen fanden sie manchmal etwas seltsam. Was paukte sie wie eine Besessene? Bilija aber ließ nicht an sich heran, was die anderen dachten, sie folgte ihrem Weg. Ab und zu dachte sie an Simon Badaik und fragte sich, was aus ihm geworden war.

    Viele Verwandte in Bilijas Umfeld schlossen den Bund fürs Leben, so auch ihr jüngerer Bruder Ljubce. So war es dazu gekommen: Bilijas Cousin Truce, der Sohn von Gicas Bruder Vann und seiner Frau Lina, war mit siebzehn Jahren entschlossen zu heiraten. Er fragte, wenn er mit seinen landwirtschaftlichen Erzeugnissen auf den Markt von Norin ging, um zu verkaufen, herum, ob irgendjemand ein Mädchen kenne, das heiraten wolle. Jemand aus dem Dorf Polnica erzählte ihm, dass es im Gebirge Miroc ein prachtvolles und fleißiges Mädchen gebe. Truce gab diesem Mann ein Foto von sich und bat ihn, es den Eltern des Mädchens zu zeigen. Nach einer Woche verabredete er sich mit ihm wieder auf dem Markt. Der Mann sollte das Mädchen fragen, ob es ihn, Truce, heiraten wolle und ob es einverstanden wäre, dass er ihren Vater um ihre Hand bitten würde. Zwei Monate ging das so hin und her. An einem Samstag im Mai sollte Truce das Mädchen zu sich nach Hause holen. Sein Vater Vann, Bilijas Onkel, kam zu diesem Anlass extra aus Frankreich nach Hause. Denn sein Sohn Truce brachte nicht jeden Tag ein Mädchen nach Hause. Sie schlachteten und brieten zwei Schweine, nahmen fünfzig Liter Wein und zwanzig Liter Schnaps, luden die Verwandten ein und bezahlten für jedes engere Familienmitglied die Fahrkarten bis Polnica. Zu den Eingeladenen gehörten neben Truce und seinen Eltern, seine Schwester Deruca, natürlich Bilija mit ihren Eltern und ihrem Bruder Ljubce und die Familie Goge. Alle fuhren am Nachmittag zusammen mit dem Bus und kamen nach drei Stunden in Polnica an. Dort war keine Haltestelle.

Der Bus hielt am Wegesrand zwischen hohen Bäumen und dem Gebirge, ließ die Reisenden aussteigen und fuhr weiter. Am Halteplatz wartete Binas Cousin, um die Gäste bis zu Binas Haus zu führen. Bilija schaute sich um. Da war kein Sonnenlicht zu sehen, nur das große Gebirge und ein schmaler Fußweg, der bis oben zur Spitze des Berges führte. Rundum war dichter Wald. Die Männer hatten die in Folie gewickelten gebratenen Schweine und die Getränke auf den Rücken genommen. Einer nach dem anderen gingen sie in einer Kette den schmalen Weg hinauf. Zwei kleine Bäche mussten sie überspringen, dann einem weiteren Bach folgen, dann wieder eine Abkürzung nehmen und wieder den Bach entlang gehen. Bilija schaute sich um. Es war schon tiefe Nacht. Es war kein Stern und kein Mond zu sehen. Nur dunkle, hohe Gebirge. Gegen neun Uhr abends erreichten sie den Gipfel. Der fahle Schein einer Lampe zeigte ihnen, dass sie angekommen waren. Das Fest war schon vorbereitet. Die Familie von Bina – so hieß das Mädchen – brachte Speisen und Erfrischungsgetränke auf den Tisch. Bilija schaute sich um. Die Umgebung war ganz dunkel und sie konnte nicht viel erkennen, aber es duftete nach Pflaumen- und nach Pfirsichblüten. Nach dem Abendessen wurde ein wenig getanzt, dann gingen alle zu Bett. Alle Mädchen, die da waren, mussten mit Bina in einem Raum schlafen, denn das war die letzte Nacht, die sie ohne Mann verbringen würde. Den Abschied von ihrer Jungfräulichkeit sollte Bina mit ihren Freundinnen vorbereiten.

Am anderen Morgen wachte Bilija früh auf. Sie wusch sich das Gesicht und trat vors Haus. Die Musiker waren schon da und spielten leise, angenehme Musik. Bilija schaute rundherum. Die Frauen, die für das festliche Essen zuständig waren, bewegten sich sehr emsig. Die Männer, die helfen mussten, rückten die Tische und Bänke zurecht und sorgten für die Getränke. Bilija entfernte sich von dem Vorbereitungstrubel und betrachtete die Landschaft. Die Sonne über dem Gipfel des Berges Miroc war wärmer, als Bilija es gewohnt war, aber die Luft war sehr erfrischend. Die Pflaumenbäume standen in voller Blüte und verbreiteten einen angenehmen Duft. In weiterer Entfernung blühten Aprikosen- und Apfelbäume. Unter den Obstbäumen erstreckte sich eine frische, grüne Wiese, durchsetzt mit zahlreichen Frühlingsblumen. Helle Flecken aus Sonnenlicht leuchteten auf der Erde, wo die Sonnenstrahlen die Äste der Bäume durchdrangen. Vogelgezwitscher und das Summen der Bienen, die von Blüte zu Blüte flogen, verhießen einen wunderschönen Frühling und eine gute Ernte. »Welch bezaubernde Landschaft!«, dachte Bilija nur. Aus ihrer Trance weckte sie die Stimme ihres Bruders. »*Dado*, komm, wir müssen jetzt tanzen! Danach gibt es Essen und dann gehen wir zurück nach Serdar. Die Braut des Cousins Truce verbringt die Nacht in seinem Haus und wir müssen vor Sonnenuntergang in Serdar sein.« Bilija drehte sich um, ging zur Gruppe der Gäste und machte mit, was die anderen Gäste machten.

Im November 1973 aber wurde in Truces Haus eine große Hochzeit gefeiert. Dazu war auch Violetas Familie eingeladen, denn ihre Eltern Ljubomir und Ljubomirka waren Cousins von Binas Eltern. Die Übernachtung für diese Familie organisierte die Familie Fari. Die fünfzehnjährige Violeta hatte einen dreizehnjährigen Bruder, Branimir. Ljubce war jetzt 18 Jahre alt. Als er Violeta sah, verliebte er sich sofort. Am Abend, beim Hochzeitstanz, tanzte Violeta zuerst mit Bilija im Kolo. Ljubce kam dazwischen. Nach einer

Tanzrunde sagte er zu Bilija: »*Dado*, mir gefällt dieses Mädchen. Bitte frag sie, ob sie mich heiraten möchte.«
»Sie ist doch noch viel zu jung!«
»Ja, ich weiß, aber sie hat schöne Formen.«
Bilija sah ihn an und verstand nicht, was er damit ausdrücken wollte. Er wiederholte aber: »*Dado*, bitte. Frage sie trotzdem.«
»Na gut«, sagte Bilija.
Am zweiten Tag der Hochzeitsfeierlichkeiten fragte sie Violeta, ob sie sich vorstellen könnte, Ljubce zu heiraten. Das Mädchen entgegnete: »Ihr Bruder muss meine Eltern fragen.«
Fast ein Jahr später, Ende Oktober 1974, bat Ljubce Violetas Eltern um die Hand ihrer Tochter und sie verlobten sich. Im April des darauffolgenden Jahres feierten Ljubce und Violeta ihre Hochzeit und so kam das Mädchen in die Familie Fari.

EHRGEIZIGE VORHABEN

Im Sommer 1973, nach zwei Wochen Erholung von der Schule, hatte Bilija einen Brief vom Direktor des Unternehmens »*In-Interi*« in Norin erhalten. Bilija wurde ein Arbeitsplatz in einem kleinen Laden angeboten, allerdings war es nicht in der Textilbranche. Sie war etwas enttäuscht, aber nach dem ersten Schrecken dachte sie: besser diese Stelle als keine. In Caroli hatte sie keinen Arbeitsplatz bekommen, weil ihre Mutter kein Geld hatte, um sich bei Bilijas Vorgesetzter einzukaufen. Die Leiterin des Textilgeschäfts hatte von Gica für den Ersten Mai ein Lamm zum Schlachten verlangt. Dafür würde sie in der Handelsgeschäftszentrale »Roter Stern« ein gutes Wort für Bilija einlegen. Das hatte Bilija ihrer Mutter nicht übermittelt, denn sie fand es nicht fair und konnte das Verhalten der Vorgesetzten auch nicht verstehen. Sie begegnete auf diese Weise zum ersten Mal dem Problem der Korruption in Serbien und konnte das nicht gutheißen. Bilija war auch klar, dass der Direktor der Firma das niemals erfahren würde, denn niemand, der auf diese Weise an einen Job gekommen war, würde den Mut haben, etwas zu sagen. Bis zu diesem Zeitpunkt hatte Bilija nicht gewusst und auch nicht den Gerüchten geglaubt, dass es so etwas gibt und dass man so an einen Arbeitsplatz gelangen kann.

In Norin kannten Bilijas Eltern jemanden, für den Gischa Häuser gebaut hatte. Er hatte eine hohe Position und sagte zu Gischa, dass Bilija sich bewerben solle. Gica versprach ihm sofort ein Lamm, aber zur Übergabe kam es nicht, denn der Mann winkte ab, sie solle das Lamm verkaufen und ihrer Tochter das Geld geben, damit sie in eine Wohnung in Norin ziehen konnte, denn sie würde nicht jeden Tag von Serdar nach Norin laufen können, wenn sie den Job bekäme.

Und so nahm Bilija den Job im Lebensmittelgeschäft an, obwohl sie von Lebensmitteln nicht viel Ahnung hatte. Beherzt, wie sie war, nahm sie sich vor: »Gut, ich muss das jetzt lernen. Ich werde hier bei den älteren und erfahreneren Kaufleuten Erfahrungen sammeln, dieses Jahr jedenfalls. Nächstes Jahr bekomme ich einen festen Studienplatz in Pareli und ich werde nicht mehr hier sein.«

Das Geschäft wurde von zwei älteren Menschen, Frau Kosana und Herrn Jova, geführt. Sie leiteten den Laden gemeinsam. »Das ist schon schön, zwei Chefs und ein Mitarbeiter! Wo ist da die Logik?«, dachte Bilija, aber sagte es natürlich nicht. Die beiden waren nämlich sehr nett und brachten Bilija vieles über Lebensmittel und den Lebensmittelhandel bei. Bilija hatte eine rasche Auffassungsgabe und verstand sich mit ihren Vorgesetzten gut.

In der Firma *In-Interi* war indes Bewegung. Der Verkaufsleiter Tanca ging in Rente und wurde durch zwei junge Ökonomen aus der Chemieindustrie in Donavica ersetzt. Slavko wurde Generaldirektor und Antoni Verkaufsleiter. Slavko war groß, hatte dunkelbraune Haare, ein sympathisches Gesicht, das seine Entschlossenheit, das Unternehmen weiterzuentwickeln, zu erkennen gab. Er hatte eine Frau und sie erwarteten ihr erstes Kind. Antoni war mittelgroß, hatte blondes, lockiges Haar, ein eher rundes, aber schön geformtes Gesicht, und blaue Augen.

Ihre Posten verdankten sie der Kommunistischen Partei, denn bei »*Interi*« lief es nicht mehr so gut. Die alten Direktoren hatten zum Schluss nicht mehr genügend frischen Wind in das Unternehmen gebracht. Die beiden jungen Direktoren riefen zu einer Versammlung der Kommunistischen Partei auf. Bilija war Mitglied, denn sie war in der dritten Klasse der Wirtschaftsschule im Rahmen eines Festaktes mit noch drei Schulkameraden, die gute Noten hatten, aufgenommen worden. Bei der Parteiversammlung jetzt schlugen die beiden jungen Direktoren Veränderungen in der Unternehmensorganisation vor, die sie danach auch umsetzten: nie mehr Ausgaben als Einnahmen, Geld wird am teuersten, wenn man es ruhen lässt, und wenn man mehr Waren im Lager hat, als man umsetzt, kann das einem Unternehmen das Genick brechen. Mit diesen innovativen Ideen wurden die »verschlafenen« Mitarbeiter wach und bemühten sich, so viel wie möglich zu verkaufen. Mit dem Unternehmen *In-Interi* ging es zügig aufwärts, es begann eine Zeit der Blüte. Für die Geschäftspolitik ergab sich, dass die Leiter der einzelnen Läden autonome Entscheidungen treffen konnten, wenn diese für das Unternehmen Erfolg brachten und sie gute Einnahmen erzielten. Die Geschäftsführer der Läden konnten den Mitarbeitern auch Kredite geben und sich um deren Wohl kümmern. Denn die Regierung im Unternehmen wurde durch die Mitarbeiter und die Mitarbeiterversammlung gebildet. Alle Vorschläge der Direktoren wurden der Mitarbeiterversammlung vorgelegt, dann erst konnten sie in Kraft treten und die Projekte konnten durchgeführt werden. Mit Slavko und Antoni an der Spitze und dem alten Direktor Bosko als Berater florierte das Unternehmen. In kurzer Zeit wurden drei große Geschäfte in Norin gebaut: der Supermarket, der Lebensmittelladen *Bukla* und der Lebensmittelladen *Interi*. Alle waren aufs Modernste ausgestattet und zum ersten Mal wurde Selbstbedienung eingeführt. Verkaufsleiter Antoni leitete dieses Projekt mit großem Erfolg, Generaldirektor Slavko führte das Unternehmen. Als die drei Supermärkte den Betrieb aufgenommen hatten, rekrutierten die beiden findigen Ökonomen junge Verkäufer aus anderen, kleineren Läden, die nicht so eine hohe Bedeutung für das Unternehmen hatten, sondern nur dafür da waren, die Bevölkerung zu versorgen. Slavko und Antoni wollten die Konkurrenz aus dem Weg schaffen und verteilten diese jungen Mitarbeiter auf ihre neueröffneten Läden. Auf diese Weise bekam Bilija eine Stelle in dem vornehmen Lebensmittelladen *Bukla*. Sie freute sich sehr auf die neue Arbeitsstelle, wo sie Gerichte aus dem Kühlschrank an der Kühltheke verkaufen durfte. Sie bekam als Arbeitskittel ein weißes Kleid, das bis an die Knie reichte und zwei Taschen am Rock und eine kleinere Tasche am Brustkorb für den Kugelschreiber hatte. Als Arbeitsschuhe trug sie *Borosane*, das waren Schutzschuhe aus blauem Textil. Vorne an den Zehen und hinten an der Ferse waren sie offen. Der Mittelfuß war orthopädisch korrekt fixiert, die Sohle war einteilig und der Absatz war unter dem ganzen Fuß fünf Zentimeter hoch. Diese Schuhe lagen so bequem an den Füßen, dass man auch nach langem Stehen keine Müdigkeit verspürte. Alle Verkäuferinnen und Verkäufer zogen ihre neue Arbeitskleidung an und stellten sich in einer Reihe auf, dreizehn Leute. In der Mitte standen die beiden Filialleiter des Ladens *Bukla*, Parin und Danibar. Parin war um die fünfzig, mit kurzgeschnittenem grauem Haar, schmalen Lippen und einer gutgeformten Nase und mit geschwungenen Augenbrauen, die Bilija schön fand. Parins grüne Augen blitzten und erfassten alles, auch das, was andere nicht wahrnahmen. Danibar hingegen war klein und hatte für einen Mann ein zartes Gesicht. Zur Neueröffnung erhielten die Mitarbeiter vom Unternehmen zwei Arbeitskittel und zwei Paar *Borosane*. Bilija kaufte sich eine neue Spange dazu, mit zwei kleinen violetten Blumen auf je einem grünen Blatt. Bilijas Haar hatte nämlich wieder an Länge zugenommen und sie band es zu einem Pferdeschwanz zusammen. Schnell ging sie in den Waschraum, um zu prüfen, ob alles in Ordnung war. Im Spiegel erblickte sie eine strenge und ernste junge Frau, die sauber und gut aussah.

»So«, sagte sie zu sich selbst. »Alles wird in Ordnung gehen.«

Als alle in der Reihe standen, kamen die Direktoren und begrüßten den Chef Parin, den alle Pani nannten, dann Danibar. Die Führungskräfte schüttelten den Mitarbeitern die Hand und sprachen kurz mit ihnen. Danach hielt Generaldirektor Slavko eine Ansprache. Als diese zu Ende war, kam der Chef Parin zu Bilija und sagte: »Bitte bereite etwas zum Verzehr vor und bringe es in den Speiseraum.« Bilija richtete einen Teller mit verschiedenen Wurstsorten und Käse an, und zwar so, dass der Teller wie eine Blume geschmückt war, in deren Mitte das Wort »INTERI« auf einer roten Wurstscheibe zu lesen war. Zum Trinken servierte sie Orangensaft und Wasser. Auf diesem kurzen Treffen lernten die neuen Mitarbeiter die Führungskräfte des Unternehmens kennen. Alle kosteten von Bilijas kalter Platte und sie führten angenehme, lockere Gespräche. Ganz unbemerkt entstand ein Gefühl der Verbundenheit und für einen Moment kamen sich die Mitarbeiter so vor, als gehörten sie zu der großen Familie des Unternehmens *Interi*.

Die darauffolgenden Tage wurden für Bilija sehr anstrengend, denn das Geschäft lief gut und viele Kunden kamen in den großen Laden, um einzukaufen. Bilija hatte für jeden ein herzliches Lächeln übrig. Denn das erste, was sie vor über drei Jahren in der Wirtschaftsschule gesagt bekommen hatte, war: »Wenn ein Kunde das Geschäft betritt, empfangen Sie ihn mit einem Lächeln und sagen: ‚Guten Tag, bitteschön'. Wenn er es verlässt, egal ob er gekauft hat oder nicht, verabschieden Sie ihn mit ‚Dankeschön, auf Wiedersehen' und schenken ihm wieder ein Lächeln.«

Genauso hatte es ihre Professorin für Verkaufsstrategie immer gesagt.

Bilija beherrschte die Verkaufsstrategie an der Kühltheke sehr schnell. Eine Rechenmaschine hatte sie nicht zur Verfügung. So entwickelte sie ihre eigene Mathematik, um langwierige Rechenmanöver zu vermeiden. Die Preise hatte sie auswendig im Kopf gespeichert und wenn ein Kunde 250 Gramm verlangte, rechnete sie: »Ein Kilo beträgt 300 Dinar, 100 Gramm 30 Dinar, 200 Gramm betragen dann 60 Dinar und noch 50 Gramm dazu machen 15 Dinar, das sind zusammen 75 Dinar.« Waren noch zehn Gramm mehr auf der Waage, und der Kunde war einverstanden, dann machten diese 10 Gramm noch einmal 3 Dinar, und ein Gramm 0,3 Dinar ... Bilijas Kollegen verstanden am Anfang ihre Mathematik nicht und überprüften sie oft. Dem Filialleiter Parin fiel auf, dass Bilija keinen Rechner benutzte und dass sie, wenn sie die Ware gewogen hatte, sofort den Preis auf das Produkt schrieb. Ihm war nicht klar, wie sie das errechnete. Manche Kunden hatten auch ihre Zweifel. Sie kamen zurück, um die Waren zu überprüfen, konnten aber keinen Fehler finden. Bilija gewöhnte sich an die Arbeit hinter der Theke und war auch nicht mehr traurig darüber, dass sie keinen Arbeitsplatz in der Textilbranche bekommen hatte.

Ab und zu kamen Kameradinnen oder Kameraden aus der Grundschulzeit in ihren Laden und wollten sich mit Bilija unterhalten. Diese begrüßte die früheren Mitschüler kurz, schenkte ihnen ein Lächeln und setzte ihre Arbeit fort. Eines Tages kam ihr ehemaliger Schulkamerad Tika aus Eischenor mit seiner Frau Ira, um Würstchen und Käse zu kaufen. An der Theke, wo Bilija die Wurstwaren zuschnitt und den Preis notierte, konnte man ein paar Äußerungen fallen lassen. So fragte Tika: »Ich sehe, du hast ein Geschäft, so wie du es wolltest.«

»Ja«, sagte Bilija. »Da bin ich auch sehr froh darüber.«

»Bist du alleine oder hast du einen Freund?«, fragte Tika weiter. Bilija sah ihn überrascht und verärgert an und entgegnete: »Was für eine Frage? Das geht dich nichts an.«

Seine Frau Ira spürte die Spannung, die entstanden war. Auch sie kannte Bilija, sie waren alle in der Grundschule in einer Klasse gewesen.

»Eh, Bilija«, lenkte sie ein, »Tika fragt deshalb, weil unser Klassenkamerad Simon die Armee beendet hat, und er will wissen, ob du ihn gesehen hast.«

Ira war eine ruhige junge Frau mit einer sehr ausgleichenden Stimme. Damit löste sie die Spannung in Luft auf.

»Ira, ich habe diesen Menschen sieben Jahre lang nicht mehr gesehen. Wie geht es ihm? Ich habe gehört, dass seine Familie durch ein sehr schweres Schicksal getroffen wurde und dass er allein mit der Mutter lebt.«

»Ja«, sagte Ira. »Jetzt müssen wir aber los, Tika. Gehen wir. Tschüs.«

»Tschüs«, sagte Bilija und machte ihre Arbeit weiter. Sie liebte ihre Tätigkeiten!

Im Oktober 1973 würde die Universität beginnen. Bilija meldete sich zu vier Prüfungen an, besorgte sich die Bücher und lernte von Zuhause. Den Kontakt zur Universität in Pareli hielt sie über Briefwechsel. In der Zwischenzeit mietete sie eine Wohnung in der Hajduk Veljko-Straße. Dazu nahm sie das Geld, das ihre Mutter für das Lamm bekommen hatte, das sie für Bilijas erste Arbeitsstelle an Gischas Kunden verkauft hatte, nahm zudem einen kleinen Kredit auf und kaufte sich Möbel. Bilija besorgte sich einen Ölofen, ein Bett, eine Vitrine und Gardinen. Einen Tisch und einen Stuhl bekam sie von ihrer Mutter. Ihr Lohn als Verkäuferin war nicht sehr hoch, reichte aber für die Miete und die Raten für den Kredit. Außerdem sparte Bilija für die Fahrt nach Pareli, wenn die Prüfungszeit kommen sollte. Zum Essen blieb ihr wenig. Bilija teilte ihr Geld so ein, dass sie 125 Gramm Brot und 50 Gramm Pastete zum Frühstück hatte. Am Wochenende, wenn sie nicht zur Arbeit ging, aß sie eine Schnitte Brot, bestrichen mit Senf. Abends aß sie eine Scheibe Käse. Das war alles, was sie sich leisten konnte.

An einem sonnigen Nachmittag im September um 13 Uhr hatte Bilijas Nachmittagsschicht begonnen. Sie stand hinter der Theke. Es war nicht viel los, denn um diese Zeit kamen die Menschen noch nicht von der Arbeit nach Hause. Plötzlich kam Simon Badaik in das Geschäft. Die Sonne schien durch die Tür und ihr Licht fiel golden in den halben Laden. Badaik, mittelgroß, gut gebaut, elegant gekleidet, bewegte sich langsam. Er trug klassische schwarze Hosen, akkurat gebügelt, so dass die Falte scharf wie ein Messer war. Durch das weiße Hemd mit den dezenten roten und grünen Streifen kam sein sonnengebräuntes Gesicht gut zur Geltung. Die schwarzen Schuhe glänzten. Simons schwarzes, glattes, sehr volles Haar war zur rechten Seite gekämmt. Seine ebenfalls schwarzen Augenbrauen waren dicht und eher gerade und nur am äußeren Rand leicht gekrümmt. Seine großen, grünen Augen bekamen einen lebhaften Glanz, als er Bilija sah. Badaik drehte den Kopf zu ihr hin, schaute sie an und sagte kurz »Hallo Bilija.« Sie schaute zurück und erwiderte: »Hallo Badaik.« Da ging er an ihr vorbei zum Regal, wo der Tee stand. Er nahm ein Päckchen, ging zur Kasse, um zu zahlen, ging wieder an der Kühltheke vorbei, sagte »Wiedersehen, Bilija« und verließ den Laden. Bilija dachte nicht weiter an ihn, denn jetzt drängten viele junge Leute in das Geschäft, um etwas zu kaufen. Bilija lächelte alle an, denn auch das Lächeln war ein Teil ihres Berufes. Es ging immer darum, mit einem Lächeln und mit Freude Waren zu verkaufen.

Einmal die Woche besuchte der Verkaufsleiter Antoni jedes Geschäft des Unternehmens. Als er im Laden *Badjnevo* war, fragte er Bilija, warum sie sich für ein Fernstudium und keinen festen Studienplatz entschieden habe. Aus der Ferne zu studieren sei doch sehr schwer. Bilija erklärte: »Ich habe an der Universität keinen Platz bekommen. Nur fürs Fernstudium waren freie Plätze da.« Da meinte Antoni, sie solle sich zum zweiten Studienjahr für ein richtiges Studium bewerben und dafür ein Stipendium beantragen. »Ich werde darüber nachdenken«, sagte sie nur. Bilija mochte und bewunderte Antoni wegen seiner Ruhe und seiner höflichen, doch auch direkten Art der Kommunikation. Indes kam Simon Badaik anfangs einmal pro Woche in den Laden und kaufte Tee. Dann kam er an jedem zweiten Tag. Bilija sah sich das eine Weile lang an. Eines Tages, nachdem er mittlerweile etwa zwanzig Mal Tee gekauft hatte, sprach Bilija ihn an. Als er vor dem Teeregal stand, fragte sie ihn: »Hallo

Badaik, schön, dass du wieder da bist und Tee kaufst, aber ich hätte gern gewusst, was du mit so viel Tee machst, dass du an jedem zweiten Tag Tee kaufst.«

Er entgegnete: »Hallo Bilija, jaa, ich freue mich auch, dass ich hier bin. In der Abteilung, die ich in Donavica leite, gibt es viele weibliche Mitarbeiterinnen und die trinken sehr viel Tee.« Bilija schaute ihn überrascht an und fragte: »So viel, dass du jeden zweiten Tag neuen kaufen musst?«

»Jaa«, sagte er kurz.

»Na gut«, sagte Bilija und ging zu ihrer Theke zurück.

Anfang Dezember 1973 bekam Bilija einen Brief von der Universität in Pareli, sie solle zu ihrem Prüfungstermin erscheinen. An vier Prüfungen musste sie teilnehmen, denn zu diesen hatte sie sich für das erste Semester angemeldet. Das erste Prüfungsfach war Marxismus. Bilija lernte fleißig. Badaik war nach dem Gespräch mit Bilija über den Tee nicht mehr so oft in den Laden gekommen. Er ging aber ab und zu vorbei und grüßte sie. Bilija musste so viel lernen, dass sie kaum darüber nachdenken konnte. Auch zum Schneidern hatte sie keine Zeit mehr. Das stimmte sie aber nicht traurig, so sehr konzentrierte sie sich auf ihren Lernstoff.

Ende Dezember fuhr sie mit dem Zug nach Pareli, um ihre Prüfungen abzulegen. Für diesen Anlass kaufte sie sich neue, kniehohe braune Lederstiefel mit flachem Absatz und eine Hose sowie einen Wintermantel. Bilija hatte vor, vier Tage in Pareli zu bleiben, bis die Prüfungen vorbei waren. Eine Bleibe hatte sie noch nicht. Drei Nächte im Hotel schlafen wollte sie nicht unbedingt. Am besten war es, wenn sie ein Zimmer im Studentenheim bekam. Genug Geld hatte sie bei sich, auch ihren Ausweis. Sie trug ihr Geld in einem Hüftgürtel am Körper. Ihre Bücher hatte sie in die Handtasche gepackt. Unterwegs wollte Bilija noch mal darin lesen und das Gelernte wiederholen. Die Reise war aber anstrengend und langwierig mit zweimal Umsteigen in Nazih und Kurschumlija. Gegen 7 Uhr morgens traf der Zug in Pareli ein. Bilijas erster Eindruck von der Stadt war, dass sie sauber und modern war. Die Universität war nicht weit vom Bahnhof entfernt und zu Fuß gut erreichbar. Trotzdem war Bilija ängstlich und angespannt. Die Menschen, die sie unterwegs traf, sprachen zum Teil Albanisch. Bilija hörte diese Sprache zum ersten Mal. Sie bekam Angst, aber unterdrückte diese Gefühle. Sie wurde auch von den anderen als Fremde wahrgenommen. Sie sagte sich: »Es wird mir schon nichts passieren. Ich bin nicht die einzige aus einem anderen Teil Jugoslawiens, die hier studiert.«

Als sie den Flur der Universität erreicht hatte, war er gefüllt mit jungen Leuten, die Wirtschaft studierten. Bilija sah auf dem Plan, in welchem Raum und zu welcher Zeit ihre Prüfung vorgesehen war: 11 Uhr am Vormittag. Sie hatte somit Zeit, in die Stadt zu gehen, um sich nach einer Unterkunft umzuschauen. Zuerst suchte sie ein Hotel auf. Der Portier musterte Bilija von oben bis unten und sagte: »Das Zimmer kostet 700 Dinar und wir haben keine freien Zimmer.« Bilija wandte sich ab und ging zu dem nächsten Hotel. Hier sollten die Zimmer sogar 800 Dinar kosten und es war auch kein Zimmer für sie frei. Jetzt hatte Bilija keine Zeit mehr, noch weiter zu suchen. Sie musste zurück zur Prüfung. Rechtzeitig erreichte sie das Universitätsgebäude.

Eine Gruppe von vier jungen Studenten sprach sie in gebrochener serbischer Sprache an.

»Du bist nicht aus dem Kosovo?«
»Nein«, sagte Bilija.
»Aus welchem Teil Jugoslawiens kommst du?«
»Aus Norin.«
»Und wie lange bleibst du? Denn du bist wohl Fernstudentin, jedenfalls haben wir dich hier noch nicht gesehen.«
»Vier Tage soll ich planmäßig bleiben«; antwortete Bilija. »Ich habe mich für vier Prüfungen angemeldet.«
»Warst du im Hotel, um nach Unterkunft zu fragen?«
»Ja, aber es gibt keine freien Zimmer.«
»Was hast du jetzt vor?«
»Ich werde im Studentenwohnheim nachfragen, vielleicht gibt es dort Zimmer zum Übernachten.«
Einer der jungen Männer sagte: »Wir wohnen im Heim und es gibt dort Zimmer. Eine Übernachtung kostet 400 Dinar. Wir warten auf dich, bis deine Prüfung vorbei ist.«
»Gut«, sagte Bilija und ging in den Prüfungsraum. Als sie ihn betrat, dachte sie: »Wie gut, dass Jugoslawien so gut aufgestellt ist, dass wir überall gleich angesehen sind und Kameraden finden.«
Die Prüfungen begannen pünktlich. Der Professor kam aus Albanien und unterrichtete in Pareli. Bilija war die siebte, die gefragt wurde. Vor ihr waren nur Studierende aus dem Kosovo dran gewesen. Das Prüfungsfach war Marxismus. Bilija zog ihre Fragen auf Karteikarten aus einem Stapel und beantwortete sie. Nach der Befragung fragte der Professor: »Haben Sie Ludwig Feuerbach gelesen?«
»Nein«, erwiderte Bilija. »Im Lehrplan stand nicht, dass das gelesen werden sollte.«
»Und woher kommen Sie?«

Diese Frage überraschte Bilija. Der Professor hatte ihr Studienbuch. Er konnte nachsehen, woher sie kam. So antwortete sie nur: »aus Norin.«
»Ihre Antworten waren gut. Wenn Sie aus Pareli wären und in einer Woche Ludwig Feuerbach läsen und dann wiederkämen und zu seinem Werk Fragen beantworten würden, bekämen sie von mir eine 6. Da Sie aber nicht von hier sind, gebe ich Ihnen eine 5[16]. Sie sind durchgefallen.«
Bilija war fassungslos. Sie konnte nicht glauben, dass mit solchen Argumenten Studenten durchfallen konnten. Sie nahm ihr Studienbuch und verließ den Raum. Sie fühlte sich wie in einem Albtraum, wie erschlagen, ängstlich und benommen. Ihm Flur traf sie die freundlichen jungen Männer.
»Na, wie war's?«
»Durchgefallen wegen Ludwig Feuerbach.«
»Tja, bei diesem Thema fallen viele durch. Das Buch ist so dünn, dass man es nicht beachtet und im Lehrplan steht nicht, dass man es lesen muss, aber sollte.«
»Und jetzt?«
»Drei Prüfungen habe ich noch vor mir, dann werde ich nach Norin zurückkehren. Jetzt gehe ich zum Studentenheim.«
Während des Gespräches hatte sich ein Junge nach dem anderen unauffällig zurückgezogen. Einer war geblieben. Der sagte: »Komm ich zeige dir, wo das Studentenwohnheim ist. Aber zuerst sollst du mir etwas zum Essen kaufen. Am Bahnhof gibt es ein Restaurant, das ist nicht weit. Ich habe Hunger, aber habe kein Geld. Bilija war auch hungrig und dachte, na gut, ich kaufe ihm das auch, was ich für mich zum Essen kaufe.

---

[16] In der Schule war die schlechteste Note eine 1 und die beste eine 5; im Studium war die schlechteste Note eine 5 und die beste eine 10.

Gesagt, getan. Er führte sie in das Restaurant, sie aßen und Bilija zahlte. Dann bot er ihr an, ihr das Heim zu zeigen. Er sei mit dem Heimleiter befreundet und der werde Bilija ein Zimmer geben. Bilija glaubte ihm und folgte ihm. Der junge Mann sprach mit dem Heimleiter albanisch. Der gab ihm einen Schlüssel und der Junge führte Bilija in ein Zimmer. Sie war froh, in der ihr fremden Welt eine Unterkunft gefunden zu haben. Das Zimmer war ungefähr 15 Quadratmeter groß und hatte große Fenster, durch die das Licht hereinflutete. Es gab einen kleinen, zweitürigen Schrank, einen Tisch mit Stuhl, ein normalgroßes Bett, eine kleine Kochnische und eine Tür, hinter der sich wohl die Dusche und die Toilette befanden. Bilija merkte aber, dass auf dem Tisch Papiere und Bücher lagen. Im Zimmer hing der Geruch von Kaffee und männlichem Schweiß. Bilija dachte: »Vielleicht hat hier jemand gewohnt und die hatten keine Zeit, das Zimmer zu streichen. Na gut, ich bin nur für drei Tage hier. Hauptsache, ich habe eine Unterkunft.« Die Bettwäsche, dachte sie, würde die Heimleitung stellen. Bilija wollte endlich ihren Koffer, den sie ständig bei sich trug, auspacken und sich duschen. Der Junge verließ das Zimmer aber nicht. Bilija drückte ihm die 400 Dinar, die er verlangt hatte, in die Hand und gab ihm zu verstehen, dass sie allein sein wollte, denn sie wollte für die morgige Prüfung noch lernen. Er aber sagte: »Nee, ich bleibe hier. Das ist mein Zimmer. Du wirst hier mit mir sein in diesen drei Tagen.«

Bilija war erschrocken und sagte: »Nein, so haben wir das nicht besprochen.«

Sie sah ihm in die Augen. Darin las sie Hass und Bosheit. Sie ahnte sein Vorhaben. Da kam er ihr gewaltsam näher, schnappte sie und warf sie aufs Bett. Sie fing an zu schreien. Er sagte nur: »Du kannst drei

Tage lang schreien. Das ist Pareli. Keiner wird dich hören.«

Bilija dachte nur: Oh nein, das kannst du nicht machen! Sie rief ihre inneren Kräfte zu Hilfe, griff mit Macht nach seinen Händen. Ihre langen, dünnen Beine bog sie mit Wucht nach oben, drückte das Monster von sich weg, sprang auf und rief: »Wenn du mich nicht sofort rauslässt, springe ich durch das Fenster!«

Er sah sie überrascht an und hielt seinen Bauch, denn Bilija hatte ihm Schmerzen zugefügt. In diesem Moment klopfte es an der Tür. Die Heimwache kam rein und fragte: »Ich habe Schreie gehört? Kamen die von hier?«

Bilija schnappte ihre Koffer, sagte nur:

»Nein, aber danke, dass Sie gekommen sind. Bitte lassen Sie mich raus.«

Die Wache trat zur Seite und Bilija verschwand, so schnell sie konnte, aus diesem Studentenwohnheim. Sie kam an ein paar Hochhäusern vorbei, sah sich nach einer Unterkunft um, wo sie übernachten konnte, und fragte ab und zu, ob es ein Zimmer gäbe. Aber es war nichts zu machen. Bilija wurde müde und setzte sich am Rand eines Zaunes, der eins dieser Hochhäuser umgab, auf eine Treppe. Verzweifelt überlegte sie weiter, was sie jetzt tun könnte. Ohne die Prüfungen abzulegen wollte sie eigentlich nicht nach Hause zurückkehren. Aber was blieb ihr übrig? So in Gedanken versunken, sah sie plötzlich eine große blonde, gut gekleidete Frau im Alter zwischen 30 und 40 Jahren auf sich zukommen. Die Frau fragte sie, warum sie auf der Treppe sitze. »Weißt du nicht, dass wir in Pareli sind und dass das sehr gefährlich ist?«

»Nein, das wusste ich nicht«, erwiderte Bilija und erzählte der Frau ihre Geschichte. »Ich hatte keine Ahnung, dass es hier gefährlich ist, denn da wo ich herkomme, werden Brüderlichkeit und Einigkeit propagiert.«

Nein, mit Betrügern und Gewalttätern hatte Bilija in ihrem bisherigen Leben noch nichts zu tun gehabt.

»Und wo möchtest du übernachten?«, fragte die Frau, die Bilija in diesem Augenblick wie ein rettender Engel vorkam.

»Ich weiß es nicht, ich denke, dass ich zum Bahnhof gehe und im Warteraum übernachte.«

»Das ist gefährlich für dich. Wir sind hier nicht in Serbien und Belgrad, sondern in Kosovo und Pareli. Ich habe eine Bekannte, die Zimmer an Studenten vermietet. Sie nimmt 400 Dinar pro Nacht. Wenn du kein Geld hast, wird sie dir das Zimmer umsonst geben und du gibst ihr das Geld beim nächsten Mal.«

Bilija sah die Frau mit tränenverhangenen Augen an, es waren Glückstränen, denn sie konnte nicht glauben, was sie hörte. »Ich kann das Zimmer bezahlen. Ich danke Ihnen sehr. Sie sind meine Rettung.«

Die Frau nahm Bilijas Koffer, half ihr aufzustehen und führte sie in das Hochhaus, vor dem Bilija stand. Sie klingelte bei Bogocic. Die Tür öffnete sich und sie traten ein. Die Frau, die Bilija als ihren Schutzengel ansah, sprach mit Frau Bogocic und beschrieb, wie sie Bilija auf der Treppe aufgelesen hatte. Sie bat um eine Übernachtungsmöglichkeit. Es war deutlich zu merken, dass die beiden Frauen sich kannten. Frau Bogocic kochte Kaffee. Nachdem die drei Frauen sich gestärkt hatten, fragte Bilija, ob sie unter die Dusche dürfe. Sie durfte. Nach dem Duschen ging sie in ihr Zimmer und schlief tief ein.

Am anderen Morgen ging sie zur Universität. Dort erfuhr sie, dass die Prüfungen verlegt worden waren, denn der Professor, der die Prüfungen abhalten sollte, war krank geworden. Bilija kehrte zu Frau Bogocic zurück. Von Zuhause gewohnt, dass die Schuhe draußen vor der Tür bleiben, zog sie ihre Stiefel vor Bogocics Wohnungstür aus. Als sie eintrat, fragte Frau Bogocic sofort: »Wo sind Ihre Stiefel?«

»Draußen vor der Tür«, erwiderte Bilija.

»Holst du sofort deine Stiefel in die Wohnung, denn vor der Tür wird sie dir jemand klauen!«

Sofort ging Bilija los, um ihre Stiefel zu holen. Sie waren weg. Geklaut.

Bilija weinte und wusste nicht mehr, was sie an ihre Füße ziehen sollte. Und es war kalt. Frau Bogocic brachte ihr ein Paar ihrer alten Stiefel. Bilija weinte noch mehr. Sie hatte genug von Pareli, der Universität und von gefährlichen Situationen. Sie sah nach dem Geld in ihrer Manteltasche, damit sie sich eine Fahrkarte nach Hause kaufen konnte, aber das Geld war auch weg. Da fragte Frau Bogocic, was eine Fahrkarte nach Norin kostete. Bilija nannte den Preis. Frau Bogocic gab ihr den Betrag und sagte: »Geh schnell nach Hause, denn für ein so zartes Mädchen wie dich ist diese Stadt nicht geeignet. Wenn du trotzdem noch mal wiederkommen möchtest, schreibe mir eine Woche vorher und du kannst immer hier übernachten. – Übrigens, ich denke, dein Geld hat mein Sohn gestohlen, denn der hat Kleptomanie. Ich weiß nicht, wie viel Geld du hattest, aber wenn du mehr hattest, als du mir jetzt schuldest, kann ich es dir nicht wiedergeben, denn er hat es bestimmt schon verbraucht.«

Mit einer Umarmung und guten Wünschen verließ Bilija Pareli und die Universität und war heilfroh, als sie im Zug nach Hause saß. Bilija wollte diese Stadt niemals wiedersehen und immer, wenn sie daran dachte, wurde ihr übel. Jedoch überlegte sie, im kommenden Jahr zu versuchen, einen festen Studienplatz in einer anderen Stadt zu bekommen.

Doch jetzt war sie erst mal froh, wieder in Norin zu sein und ihrer Beschäftigung nachzugehen. Ihre Arbeit liebte sie jetzt mehr als je zuvor. Sie freute sich auf ihre Kühltheke.

Bilija lernte, als Fleischverkäuferin an der Fleischtheke zu arbeiten und die Kasse zu führen. Heiratswünsche, auch heimliche, waren erst mal zurückgestellt. Denn nach den Geschehnissen in Pareli waren ihr alle männlichen Wesen zutiefst unangenehm. Bilija sprach mit Männern, vermochte sie auch zu betören, aber mehr gab es nicht. An einem Tag im Frühjahr 1974 kam aber Simon Badaik zufällig an ihrer Wohnung vorbei, als sie zur Arbeit aufbrach, und begleitete sie bis zum Geschäft. Vor dem Laden begann er ein Gespräch, das Bilija interessant fand und gerne hörte. Badaik sprach über das Militär, über seine traurige Mutter und über alles Mögliche andere. Er hatte auch immer eine vernünftige Antwort parat, wenn sie ihn etwas fragte. Seine Mutter Dora und seine Tante Djada kamen auch oft in den Laden und begannen ein Gespräch mit Bilija. Eines Tages fragte Djada sie, ob sie heiraten wolle. Bilija antwortete: »Nein, ich möchte weiter studieren. Und wen auch sollte ich heiraten?«

»Deinen Grundschulkameraden Simon Badaik«, sagte Djada.

Bilija sah sie überrascht an, dann sagte sie »Hmmm. Vielleicht.«

Solche Gespräche gingen nun öfter hin und her über die Ladentheke. Im Frühjahr 1975 war Bilija noch 21 Jahre alt, denn ihr Geburtstag war erst im August. Badaik traf sie rein zufällig an, als sie gerade Feierabend machte. Sie spazierten zusammen und sprachen über unwichtige Themen. Er flirtete nicht mit ihr und zeigte ihr auch sonst in keiner Weise, dass er sie mochte. Sie gingen einfach spazieren und redeten miteinander. Am nächsten Tag aber, dem 8. März, genau um 13 Uhr, als Bilijas Schicht fertig war und sie gerade auf dem Weg nach Hause war, denn am Abend wurde im *Bukla* der Frauentag groß gefeiert, stand Badaik mit einem großen Blumenstrauß vor dem Geschäft. Er hielt auch noch zwei Pakete unterm Arm.

»Hallo Badaik, was machst du denn hier? Heute ist der Internationale Frauentag. Du sollst in deinem Kollektiv oder mit deiner Mutter feiern.«

»Nee«, entgegnete er. »Ich habe dir ein Geschenk gekauft und möchte mit dir feiern.«

Bilija sah ihn an und sagte: »Wenn du es für mich gekauft hast, dann kannst du es mir hier und jetzt geben.«

»Nein, nein. Ich gehe damit zu dir nach Hause und werde dir alle Geschenke dort geben.«

»Erstens. Ich kann dich nicht mit zu mir nach Hause nehmen. Es ist verboten. Zweitens. Ich bin heute Morgen sehr früh aus dem Haus gegangen. Wenn du unbedingt in meine Wohnung kommen möchtest, musst du draußen auf der Straße warten, bis ich die Wohnung aufgeräumt habe.«

»Na gut, dann gehen wir.«

Als sie bei Bilija ankamen, wartete Simon Badaik tatsächlich, bis Bilija ihre Wohnung in Ordnung gebracht hatte. Da kam ihre Vermieterin Oma Lena Steinic vorbei und fragte neugierig: »Bilija, warum steht dieser junge Mann mit den vielen Geschenken auf der Straße vor unserem Tor?«

»Er will zu mir. Ich lasse ihn aber nicht herein, weil meine Wohnung nicht aufgeräumt ist. Wenn ich damit fertig bin und den Boden geputzt habe, darf er reinkommen.«

Die Vermieterin brummte missbilligend und sagte dann: »Ausnahmsweise. Weil heute Frauentag ist.«

2. Teil

Aufstieg und Fall

DER INTERNATIONALE FRAUENTAG

Als die Wohnung blitzblank war, durfte Simon Badaik eintreten. Etwas unsicher setzte er sich auf einen Stuhl. Der Kaffee war schon fertig, Bilija goss ihn in die Tassen. Verlegen stand Badaik auf und überreichte Bilija den großen Blumenstrauß, eine Packung Pralinen und eine Kristallvase. So gratulierte er ihr zum Internationalen Frauentag, dem 8. März.

»Vielen herzlichen Dank«, sagte Bilija, lächelte und setzte hinzu: »Es ist doch nicht nötig, dass du Geld für mich ausgibst.«

Er sagte nur »bitteschön« und setzte sich wieder. Bilija lieh sich einen Stuhl von ihrer Vermieterin, denn in ihrer Wohnung hatte sie nur den einen. Sie fühlte sich glasklar, obwohl sie nicht genau wusste, was Badaik von ihr wollte, denn so teure Geschenke macht man nicht einfach so. So saßen die beiden da. Badaik hielt seine Kaffeetasse in der Hand und sah Bilija mit seinen großen, grünen Augen über den Tisch hinweg an. Der Kaffee duftete. Mehr hatte Bilija nicht anzubieten, denn sie sparte ihr Geld für ihr Studium. Badaik senkte den Kopf, blickte in seinen Kaffee und meinte: »Ich möchte dich etwas fragen.«

»Dann frag schon.«

Und er fragte, als ob dies die selbstverständlichste Frage der Welt wäre: »Willst du mich heiraten?«

Überrascht sah Bilija ihn an und schwieg für einen Augenblick. Dann sagte sie: »Ehrlich gesagt, ich weiß es nicht.«

Das schien nun ihn zu überraschen. Auch er war kurz sprachlos, dann stieß er hervor: »Was willst du wissen? Gefalle ich dir, dann willst du mich heiraten, gefalle ich dir nicht – dann eben nicht.«

Das Wetter war angenehm, der Tag war ruhig. Die Blumen, die Badaik mitgebracht hatte, verbreiteten einen schönen Duft. Die Pralinen standen ausgepackt auf dem Tisch, aber keiner nahm davon. Bilija wusste, mit einem einzigen Wort würde sie jetzt über ihre Zukunft entscheiden. Da sagte sie leise: »Ich möchte weiter studieren.«

»Aber ja«, erwiderte er. »Wir werden zusammen weiter studieren.«

Aufmerksam sah sie ihn an. In ihren Ohren hallten seine Worte wider: *Gefalle ich dir, dann willst du mich heiraten.* Ja! Er gefiel ihr! Am besten gefielen ihr seine großen, grünen Augen.

»Na gut«, sagte sie. »Dann will ich.«

Er gab ihr einen Kuss und Bilija war wie in Trance. Badaik holte sie in die Realität zurück. Er sagte: »Gut, dann gehen wir jetzt nach Eischenor, um dich bei meiner Mutter einzuführen.«

Bilija spülte noch die Tassen ab. Dann fuhren sie mit dem Bus von Norin, wo Bilija wohnte, nach Eischenor, wo Simon Badaik mit seiner Mutter Dora lebte. Es war ein sonniger Nachmittag, sehr warm für Anfang März. Bilija fuhr zum ersten Mal mit dem Bus nach Eischenor, sonst war sie immer gelaufen. An der Schule stiegen sie aus, gingen zunächst geradeaus und schlugen dann den Weg nach rechts ein. Bilija musterte die Häuser. Manche waren groß und schön und hatten prachtvolle Gärten mit frisch erblühten Maiglöckchen, Stiefmütterchen und anderen Frühlingsblumen. Die Obstbäume standen schon in der Blüte. Andere Häuser waren kleiner und hatten bescheidenere Gärten. Der Unterschied zwischen den wohlhabenderen und den ärmeren Familien war leicht zu erkennen. Bilija war das gleichgültig.

Der Weg führte geradeaus zu einem grünen, vier Meter breiten Tor. Auf dem dazugehörigen Grundstück standen ein großes, aber altmodisches Wohnhaus und linkerhand ein kleineres Gebäude. Rechts vom Wohnhaus war ein Lager für Mais und Getreide, das sich über zehn Meter hinzog und zum Teil aus Holzleisten gebaut worden war. Durch diese Latten konnte Bilija sehr viele Maiskolben erkennen. Hinter dem Wohnhaus befand sich ein noch wesentlich größeres Gebäude, das *Schupa* genannt wurde. Sein oberes Stockwerk diente als Vorratskammer für das Vieh. Im Erdgeschoss war das Vieh untergebracht. Außerdem waren hier eine Speisekammer für die Familie, ein Winterfutterlager für die Tiere und ein kleines Hilfszimmer. Bilija bemerkte oben am linken kleineren Haus eine große, runde Emailschüssel. Sie diente eigentlich dazu, sich das Gesicht zu waschen. Denn ein Bad im Haus hatte in dieser Zeit niemand. Doch die Schüssel war an einer langen Stange befestigt und in ihren Boden war ein dreieckiges Loch geschnitten. Die Stange war drei Meter hoch. Bilija betrachtete die Konstruktion mit Verwunderung und sagte zu Badaik: »Schau, ein Dummkopf hat die Emailschüssel auf dem Dach festgebunden.«

Er lächelte nur und meinte: »Ja.« Und auf direktem Weg führte er Bilija zu genau diesem Grundstück. Sie wurde kleinlaut. Und als sie den Garten betreten hatten, kam seine Mutter Dora herausgeschossen und schrie: »Simon, warum hast du nicht gesagt, dass du heute das Mädchen mitbringst? So überraschend bringt man kein Mädchen nach Hause. Ich habe nicht gekocht. Was soll ich euch zum Essen geben?«

Badaik sagte gelassen: »Mach uns Spiegeleier.«

»Ja«, sagte Dora. »Ich geh nur schnell, *Baba*[17] Rosa einzuladen, denn sie muss dein Mädchen auch sehen.«

---

[17] Oma

Gesagt, getan. Dora Badaik ging und brachte ihre Mutter, Oma Rosa, mit. Danach machte sie Spiegeleier und deckte den Tisch. Während des Essens musterte Baba Rosa Bilija und sagte: »Du bist schön, aber zu dünn. Dein Gesicht ist zu schmal und deine Beine sind zu dünn. Wie zwei Streichhölzer.«

Bilija war perplex, dass die Oma sie so direkt ansprach, sagte aber nichts dazu. Simon aber wandte sich an seine Mutter und bat sie, am morgigen Sonntag zu Bilijas Eltern in Serdar zu gehen und um Bilijas Hand zu bitten. Dora erwiderte: »Ja, aber ich gehe nicht alleine. Ich nehme die Mitra Sosa mit.« »Nimm mit, wen du möchtest«, sagte Simon, »Hauptsache, du hältst um Bilijas Hand an.«

Nach diesem Kennenlernessen gingen Bilija und Simon nach Norin zurück, denn in Bilijas Geschäft *Bukla* wurde der Internationale Frauentag groß gefeiert. Die Kollegen wollten ihren Kolleginnen anlässlich dieses Festes ihre Aufmerksamkeit zeigen, ihnen Geschenke überreichen und ihnen zeigen, dass sie als Frauen gleichberechtigt und akzeptiert waren. Wieder betraten Simon und Bilija Bilijas Wohnblock. Bilija zog sich schön an und Simon wartete diskret im Flur, denn er war ja bereits festlich angezogen. Bilija hatte nur dieses eine Zimmer. Deshalb musste Simon vor der Tür bleiben. Sofort wurde er von der Vermieterin Lena Steinic ausgefragt. Er erklärte, dass er Bilija einen Heiratsantrag gemacht und sie ihn angenommen habe und dass sie jetzt gemeinsam den 8. März feiern wollten und er hier warte, bis sie sich zurechtgemacht habe. Die Vermieterin glaubte ihm wohl kein Wort. Mit einem kurzen »Meinetwegen« trollte sie sich aber.

Nach einer halben Stunde kam Bilija aus ihrem Zimmer und die beiden gingen zu dem Fest. Nach zehn

Minuten Fußweg erreichten sie das Kaufhaus *Bukla*. Bilija betrat das Geschäft und sah, dass alles festlich mit Blumen auf den Tischen und im Nebenraum geschmückt war und dass die Frauen selbst feine Speisen mitgebracht hatten. In einer großen Vase standen die Blumen, die Parin als der ältere der beiden Filialleiter seinen Mitarbeiterinnen später überreichen würde. Sein Kollege Danibar war auch da. Alle waren da, die Atmosphäre war entspannt und freundlich. Aber als Bilija hereinkam, schauten viele überrascht in ihre Richtung. Denn sie kannten Badaik als guten Kunden, der bevorzugt Tee kaufte. Aber niemand wusste, was er mit Bilija zu tun hatte. Bilija sagte »guten Abend« und alle antworteten mit denselben Worten und erwarteten von Bilija eine Erklärung. Bilija sagte vernehmlich: »Das ist mein Mann und er heißt Simon.« Plötzlich fingen alle zu lachen an. Bilija hörte nur ein dröhnendes Hahaha. Verwirrt stand sie vor Simon, den sie vor Unannehmlichkeiten schützen wollte. Eine ältere Kollegin, die von allen »Tetka Nana« genannt wurde, war ebenso überrascht von dem schlechten Benehmen der Belegschaft gegenüber Bilija und sagte ruhig: »Also, warum lachen Sie denn? Das Mädchen hat geheiratet. Was gibt es da zu lachen? Wir sollten ihr gratulieren.«

Da schwiegen alle. Die Kolleginnen und Kollegen waren eingeschüchtert. Nach und nach kamen sie an, entschuldigten sich und gratulierten. Die Stimmung lockerte sich, auch für Bilija. Nach einem oder zwei Gläsern Wein fühlte sie sich richtig wohl. Flotte Musik brachte die Stimmung zusätzlich in Schwung. Alle sprachen miteinander, lachten und tanzten bis nach Mitternacht. Bilija merkte, dass Simon nicht nach Hause wollte, und sagte so nebenbei: »Der letzte Zug nach Stavinica geht in zwanzig Minuten. Du solltest nach Hause fahren.«

»Warum?«, fragte er.
»Du hast nichts, wo du schlafen kannst«, erklärte sie.
»Ja, bei dir«, entgegnete er.
»Bei mir kannst du nicht schlafen.«
»Warum nicht? Ich habe dir einen Heiratsantrag gemacht und du hast ‚ja' gesagt. Ich weiß nicht, wie du mich heiraten willst, wenn ich nicht in deinem Bett schlafen kann. Ich frage dich noch mal: Willst du mich heiraten oder nicht?« Er hob seine dichten schwarzen Augenbrauen und sah Bilija intensiv mit seinen großen, grünen Augen an. Sie hielt seinem Blick stand, verstand die Sprache seiner Augen, die da sagte, dass er sich niemals mehr von ihr vertreiben lassen würde, und schwieg. Simon Badaik begriff, dass er bleiben durfte und Bilija wusste, dass er nicht mehr von ihr fortgehen würde, und so blieb Simon in dieser Nacht bei Bilija. Keiner in beiden Familien wusste etwas davon, denn Bilijas Eltern hatten noch keine Ahnung, dass sie heiraten würde.

EIN NEUES ZUHAUSE

Am anderen Morgen musste Simon sehr früh zu seiner Schicht in die Chemiefabrik. Als er ging, sagte er zu Bilija, sie solle sich nachmittags bereithalten, denn nach seiner Arbeit würden sie zu Bilijas Eltern gehen, um ihre Hand zu erbitten. Dann brach er auf. Um drei Uhr kam er zurück und sie aßen gemeinsam die Würstchen, die Bilija gebraten hatte. Dann gingen sie zu Fuß nach Serdar. Doch kaum, nachdem sie Norin verlassen hatten, kam ihnen Bilijas Vater Gischa auf seinem Traktor entgegen. Er forderte beide auf, aufzusteigen, und fuhr sie nach Hause nach Serdar. Dort war Simons Mutter schon angekommen, um zusammen mit ihrer Cousine Mitra Sosa um Bilijas Hand anzuhalten. Geschenke hatte sie auch dabei. Die Unterhaltung begann mit lobenden Worten. Jede Seite lobte ihre eigene Familie und stellte sie als reich und wohlhabend dar. Bilija aber wusste, dass keine der beiden Familien so reich war, wie sie sich ausgab. Natürlich sagte sie nichts, denn die Stimmung war außerordentlich positiv. Die Seite Badaik war froh, ein intelligentes und fleißiges Mädchen zu bekommen, und Bilijas Familie war überglücklich, dass Bilija endlich heiraten wollte, denn bisher hatte keiner sie dazu überreden können, noch einmal zu heiraten. Dann redeten sie aber auch über die Mitgift. Am Ende dieser langweiligen Gespräche, die Bilija bereits kannte, fragte Gica Simon: »Na, Simon, was möchtest du als Mitgift von Bilija denn haben? Geld haben wir nicht, denn wir haben ihre Schulbildung finanziert, aber wir haben Felder und können ihr ein möbliertes Zimmer geben.« Simon Badaik erwiderte: »Ich brauche nichts. Nur das Mädchen. Felder möchte ich auch keine, denn ich weiß nicht, was ich damit anfangen soll.«

»Nee nee, so geht das aber nicht!«, warf Gischa ein. »Wir geben ihr zehn Dukaten, ein möbliertes Zimmer und ein Stück Feld.« Dann wandte er sich an Bilija und sagte: »Und werdet ihr beide euch verloben?« Bilija dachte an den ganzen Stress mit ihrer ersten Hochzeit. So etwas wollte sie nicht noch einmal erleben! Im Stillen fügte sie hinzu: Wir haben miteinander die Nacht verbracht, wozu dann noch eine Verlobung? Traurig sah sie ihren Vater an und sagte: »Nein danke, ich möchte keine Verlobung. Ich gehe zu ihm nach Hause.«

Das also war geregelt. Simons Mutter und Bilijas Eltern sprachen trotzdem über die Hochzeit. Bilija wusste, dass Simon keinen Vater hatte, der das Geld für die Hochzeit aufbringen konnte. Dora hatte auch kein Geld. Bilija wollte die Stimmung nicht verderben und sagte nichts mehr zu diesem Thema. Simon aber hatte gemerkt, dass die Gespräche in eine Sackgasse geführt hatten und sagte gelassen: »In Ordnung, wir bringen das Mädchen jetzt nach Hause. Ich lade Sie ein, dass Sie auch mitkommen, um das Haus, wo ihre Tochter den Rest ihres Lebens verbringen wird, zu sehen.«

Da fuhr Gischa seinen Traktor aus der Garage und alle Beteiligten dieses Verhandlungstags stiegen auf den Anhänger. Sie fuhren nach Eischenor, und zwar genau auf dem gleichen Weg, den Bilija immer als Schulweg genommen hatte, von der fünften bis zur achten Klasse. Als sie bei Badaiks Haus angekommen waren, zeigte Dora Bilijas Eltern das Haus und das Grundstück. Gica war die Enttäuschung anzumerken, denn Dora Badaik und ihr Sohn waren nicht so reich, wie sie es sich vorgestellt hatte. Sie nahm ihre Tochter beiseite und fragte heimlich: »Bilija, willst du wirklich hier einheiraten?« Auch ihr Vater sah Bilija sehr traurig an. Sie konnte in den Augen ihrer Eltern lesen, was diese meinten. Sie aber sagte nur: »Ja.« Dabei dachte sie, Badaik war der erste Junge, der sie bis jetzt ernst genommen hatte und sie ohne langweilige, leere Anmachversuche heiraten wollte. Alle Männer, die sie bis heute kennengelernt habe, hätten nur ein Stück Fleisch in ihr gesehen, das man vernaschen kann. Die hatten sich aber getäuscht, denn Bilija war ein widerstandsfähiges und bodenständiges Mädchen, das genau wusste, was es wollte. Ihre Eltern lasen ihre Gedanken und sagten nichts mehr.

Als sie alles angeschaut hatten, was sie sehen wollten, tranken sie noch einen Kaffee in Badaiks Haus, dann gingen Gischa und Gica nach Hause. Bilija aber blieb bei Simon. Nach einem Monat räumte sie ihre Wohnung in Norin und lebte fortan in Simons Haus bei ihm und seiner Mutter. Zu ihrer Arbeit fuhr sie mit dem Bus von Eischenor nach Norin. Simon fuhr mit demselben Bus bis Norin und danach mit dem Zug nach Donavica, wo er arbeitete. Im April heirateten Simon Badaik und Bilija Fari standesamtlich. Bevor sie zum Standesamt gingen, sagte Simon zu Bilija: »Ich werde dich heiraten und ich verspreche dir ein angenehmes Leben. Alles, was ich habe, wirst du auch haben. Ich habe aber auch eine Mutter, die ich sehr schätze. Ich werde sie bis ans Ende ihres Lebens pflegen. Denn sie hat mich nicht im Stich gelassen, als mein Vater und meine anderen Vorfahren gestorben waren. Wenn du das nicht akzeptieren kannst und damit ein Problem hast, kannst du gleich gehen, denn ich werde sie niemals allein lassen. Aber du musst wissen, egal, wie wütend du bist und was in der Familie los ist, mein Grundstück ist sehr groß und du hast bis zum oberen Grundstückstor Zeit nachzudenken. Wenn du es durchschreitest mit dem Vorhaben, uns zu verlassen, solltest du wissen, dass ich nicht mehr erlauben werde, dass du zurückkommst. Ich werde dich niemals mehr zurücknehmen.«

So stellte Simon Badaik am Anfang des gemeinsamen Lebens mit Bilija die Gesetze für sie und für seine Familie fest. Bilija entgegnete ihm aber: »Ja, ich habe verstanden. Aber ich muss dir auch meine Gesetze sagen. Du weißt, dass ich verheiratet war. Wenn du mir deswegen Vorwürfe machst, werde ich dich verlassen und du wirst mich niemals zurückgewinnen.« Nachdenklich sah er sie an und sagte: »Ja, ich weiß. Jungfrauen kann man heutzutage nur noch im Kindergarten finden.«

Bilija wollte kein großes Hochzeitsfest, denn sie merkte, dass Simons Mutter dafür kein Geld leihen wollte. Bilija sagte nur knapp zu ihr: »Nein, wir werden keine Hochzeit feiern. Mit diesem Geld und dem, das wir noch sparen werden, werden wir uns ein Haus bauen.«

So alltäglich begann das Leben der frischgebackenen Eheleute Badaik: An jedem Morgen mussten Bilija und Simon zur Arbeit gehen – jeder in sein Unternehmen. Bilija stand immer um vier Uhr auf, machte sich frisch, kochte Kaffee und Pudding - und putzte Simons Schuhe. Denn in Serbien war die Frau für das Erscheinungsbild ihres Mannes zuständig. Die Sauberkeit im Haus und auf dem Grundstück war auch Frauensache. Das wusste Bilija, ohne dass es ihr jemand sagen musste. Auch Simon stand früh auf, wusch sich und verzehrte sein Frühstück, das Bilija für ihn zubereitet hatte. Sein gestreiftes Hemd, das sie am Vorabend für ihn gebügelt hatte, strahlte und roch frisch und sauber. Dann zog Simon seine schwarz glänzenden Schuhe an, ging zur Tür und drehte sich noch einmal zu Bilija um. Er lächelte sie an, sagte »Tschüs« und ging aus dem Haus. So war es immer, wenn er in der Vormittagsschicht arbeitete. Essen musste sie ihm nicht mitgeben, denn die Mitarbeiter bekamen im Betrieb eine warme Mahlzeit. »Tschüs« erwiderte auch Bilija, stolz darauf, wie schön gepflegt ihr Mann aussah, denn er war Schichtleiter in der Chemiefabrik in der Abteilung ALF3. Solch eine Position hatte nicht jeder.

Wenn er fort war, bereitete auch Bilija sich auf ihre Arbeit vor. Sie kleidete sich immer zwischen klassisch und modern. Ihre Schwiegermutter betrachtete das alles mit Wohlwollen. Sie war zufrieden und glücklich. Als die standesamtliche Trauung hinter ihnen lag und sie schon einen Monat lang in Simons Haus lebten, da erhielten sie beide ihren ersten Lohn. Für beide zusammen war das nicht wenig. Simon übergab sein Sparbuch an seine Frau und sagte: »Bitte kümmere du dich um die finanziellen Angelegenheiten der Familie, aber achte bitte darauf, dass wir beide und meine Mutter genug zum Leben haben. Was du sparen kannst, das spare bitte.«

Nach einigen Monaten der Begeisterung über eine Schwiegertochter im Haus, die auf jeden Groschen achtete, wo er ausgegeben wurde, verkehrten sich Doras Empfindungen gegenüber Bilija jedoch ins Gegenteil und Bilija fühlte sich abgelehnt und in Frage gestellt. Simon postulierte auch hier seine Gesetze und sagte zu seiner Mutter: »Bitte sag es mir, wenn dir etwas nicht passt und ich regle es so, dass es für alle gut wird.«

»Jaa, aber ...«, rückte Dora heraus. »Sie ist schon sechs Monate bei uns und sie ist noch nicht schwanger geworden.«

»Na und?«, erwiderte Simon. »Was geht es dich an?«

»Es lohnt sich nicht für dich, wenn sie zwar ein guter Mensch ist und gut verdient, du aber keine Kinder hast!

»Wenn es mein Schicksal ist, dass ich keine Kinder bekomme, dann soll es halt so sein.«

Dora wurde wütend und rief: »Nein. Wenn deine Schwester aus Wien in ihrem Urlaub zu uns kommt, dann werden wir Bilija vertreiben!«

Simon sah seine Mutter an, als ob sie eine Fremde, ja seine Feindin wäre, und entgegnete sehr langsam, ruhig und entschlossen: »Mama, Bilija ist meine Frau und nur sie und ich entscheiden, ob wir uns trennen. Ich werde sie mitnehmen und mit ihr von dir wegziehen, nach Norin. Du aber sei achtsam, denn ich bin in diesem Haus und auf diesem Grundstück geboren, und nicht du. Hilfe zum Lebensunterhalt würdest du von uns auch nicht mehr bekommen. Du müsstest sehen, wie du zurechtkommst.«

Bilija hörte das alles aus einer versteckten Nische, mischte sich aber nicht ein. Nach dieser Aussprache war sie sich sicher, dass Badaik nie mit ihr gespielt hatte, sondern dass sie tatsächlich seine Frau fürs Leben war. Sie brauchte nicht zu fürchten, dass sie aus dem Haus gejagt werden würde, denn Simon hatte sich deutlich auf ihre Seite gestellt.

SCHMERZLICHE ERINNERUNGEN

Im September wurde Bilija schwanger. Sofort teilte sie es Simon mit, der sich sehr freute. Auch Dora beruhigte sich und war erleichtert, dass in ihrer Familie Nachwuchs kommen würde. Da sagte Simon zu seiner Mutter, dass es Zeit werde, nach Norin zu ziehen, denn es würde für Bilija zu anstrengend, jeden Morgen mit dem Bus zur Arbeit zu fahren. Dora könnte mit ihnen umziehen. Das wollte sie aber nicht. Es wurde festgesetzt, dass sie monatlich einen finanziellen Beitrag zum Lebensunterhalt bekommen würde. Simon fand eine Zwei-Zimmer-Wohnung mit einem schönen Garten und einer großzügigen Terrasse. An den Wochenenden mussten sie aber heim nach Eischenor. Denn Dora konnte es nicht verkraften, wenn sie an den ruhigen Tagen allein war. Bilija begann sich mehr für die Familie Badaik zu interessieren. Sie fragte ihren Mann, doch aus ihm war nicht viel herauszukriegen. Also wandte sie sich an ihre Schwiegermutter. Und Dora erzählte. Sie wusste, dass der Urgroßschwiegervater Kole Badaik Bürgermeister in Eischenor gewesen war. Der war ein strenger, aber gerechter Mensch gewesen. Er liebte seine Familie, aber er unterstützte auch andere Frauen und half ihnen, mit dem Leben zurechtzukommen. Seine Frau war Mara, die alle Baba Mara nannten. Weil Eischenor an der Mündung des Flusses Tomik in die Donau liegt, wurden die Felder unterhalb des Dorfes damals überflutet. Oma Mara besaß ein kleines Boot und sie verbrachte viel Zeit auf dem Wasser mit Angeln. Kole Badaik hatte vier Brüder und alle besaßen Grundstücke und Häuser. Sein Sohn Tika blieb und heiratete Mana aus der Familie Kikan. Zusammen bekamen sie einen Sohn, den sie Kristan nannten. Felder, Wälder, Weinberge und Wiesen gehörten den Familien. Die Grundstücke reichten auf der einen Seite bis zu der Straße, die aus dem Dorf herausführte, und auf der anderen bis zum Dorfzentrum mit dem Bürgerhaus. Außerdem besaß die Familie zwei edle Pferde, dazu Schweine, Hühner, Gänse und Enten und alles, was zu einem Bauernhof dazugehörte. Eischenor lag auf einem Berg, der sich stolz über den Feldern erhob.

Als Kristan, der Sohn von Tika und Mana, erwachsen war, heiratete er die grünäugige Dora aus der Familie Samarit. Diese war bereits mit Mitru aus der Familie Bobank verheiratet gewesen, hatte sich aber nach kurzer Zeit von ihm getrennt und Kristan alu Badaik zum Mann genommen und war zu ihm in das Haus der Schwiegereltern Tika und Mana gezogen. Dora brachte fruchtbare Felder, zwanzig Dukaten und ein möbliertes Zimmer in die Familie ein. Nicht weit vom Wohnhaus, am Rande des Dorfes, gab es einen schönen und großen Garten.

Nach vier Jahren des Zusammenlebens kam das erste Kind von Dora und Kristan zur Welt. Es war eine Tochter, die sie Branka nannten. Nach drei weiteren Jahren wurde ein Sohn geboren, der zuerst Jovan heißen sollte. Sein Pate aber hieß Simon Bakan und nach ihm wurde das Kind letztendlich Simon genannt.

Die Familie war wohlhabend. Den großen Weinbergen war es zu verdanken, dass sie viel Wein verkauften und gutes Geld damit verdienten. Dora war aber sehr zart besaitet und oftmals krank. Das führte dann zu Missstimmungen in der Familie. Die beiden Kinder aber liebten ihre Mutter. Dora spielte oft mit ihnen, widmete sich ihrer Erziehung und hatte Freude daran.

Obwohl im Kommunismus vielen Bauern ihre Felder weggenommen wurden, konnten einige ihr Land gegen die Zahlung von hohen Steuern behalten. Diese Steuer war so hoch, dass nur reiche Bauern sie bezahlen konnten. Simon galt als Erbnachfolger der Familie und wurde auch von klein auf so erzogen. Er wurde von seinen Eltern und Großeltern sehr geliebt. Seine Schwester Branka heiratete mit 16 Jahren Perika Manjani, der vier Jahre älter war und nicht weit entfernt von Brankas Elternhaus wohnte. Es wurde eine große Hochzeit gefeiert und Branka konnte in die Familie Manjani zwei Hektar Land, zwanzig Dukaten und alles an Aussteuer, was sich für ein wohlhabendes Mädchen bei der Heirat gehört, einbringen. Nach einem Jahr bekamen sie einen Sohn und nannten ihn Grigon.

Simon blieb zu Hause bei seiner Familie und lernte in der Schule. Er war ein sehr guter Schüler, ordentlich und fleißig. Er bereitete sich auf die Fachoberschule für Chemietechnik vor. Als er in der 8. Klasse und seine Schwester bereits verheiratet war, starb seine Großmutter Mana. Ein Jahr später, als Simon bereits auf der Fachoberschule für Chemietechnik war, arbeitete sein Vater Kristan bei der Lastwagenfirma der Familie *Katikan*. Dort kam es zu dem schrecklichen Ereignis, von dem Bilija schon wusste: Kristan hatte für *Katikan* Sand in einen Lastwagen gefüllt, denn die Firma verkaufte Sand an eine Baufirma. Da war der Abhang, an dem er stand, erodiert und das Geröll hatte ihn unter sich begraben.

Als Dora Bilija das erzählte, senkte sie den Kopf und wischte sich die Tränen ab. Damals war Dora außer sich gewesen, als sie das erfahren hatte. Völlig außer sich hatte sie über das ganze Grundstück hinweg geschrien. Was sollte nur aus ihrem Sohn werden, wenn der Vater tot war? Wie sollte Simon weiter lernen?

Doras Schwester Djada versuchte sie am Telefon zu beruhigen, dann rief sie Simon an und sagte ihm, dass er dringend für eine Woche nach Hause kommen müsse, und zwar sofort. Simon merkte gleich, dass etwas nicht in Ordnung war, und sagte in der Schule Bescheid, dass er aus noch ungeklärtem Grund für eine Woche nicht kommen könne. Warum, würde er dann am kommenden Montag erklären. Als er am Bahnhof in Stavinica ankam, wartete seine Tante Djada auf ihn. Auch sie sagte ihm nicht, was los war. Er fragte auch nicht nach, spürte aber, dass etwas Schlimmes passiert sein musste. Als sie in der Nähe des Hauses waren, sagte seine Tante es ihm. Der Junge wurde blass und ohnmächtig. Djada musste ihn für einen Moment lang tragen. Als er wieder zu sich gekommen war, hatten sie das Haus schon erreicht.

Nach einer Woche war Simon Badaik wieder zur Schule gegangen. Er gewöhnte sich wieder an seinen Alltag. Als ein weiteres Jahr vergangen war, wurde bei seinem Cousin Rosko Simon die Taufe des Sohnes Dragan gefeiert und es gab ein großes Fest. Badaiks Mutter Dora und er tanzten nicht, denn sie waren noch in Trauer, aber zu dem Fest mussten sie gehen. Die Großfamilie versammelte sich in Rosko Simons Haus. Simon Badaik ging noch einmal zurück, um seinen Großvater zu holen. Laut rief er nach ihm: »Tikaaa!«, doch er erhielt keine Antwort. Unter dem großen Walnussbaum entdeckte er einen Sack mit gesammelten Nüssen. Wieder rief er laut nach seinem Großvater. Er ging in das Nebengebäude, das »Küche« genannt wurde und wo die Familie tagsüber ihre Zeit verbrachte. Da sah er seinen Großvater. Er hatte sich am Elektrokabel der Lichtbirne aufgehängt. Auf dem Tisch lag ein knapp gehaltener Brief. Darin stand, dass Tika sein Vermögen seiner Schwiegertochter Dora vermache und dass sie gut für Simon sorgen solle. Auch

Simon waren ein paar Zeilen gewidmet: Er solle sich um seine Mutter kümmern, wenn diese dazu nicht mehr in der Lage sei.

Da schrie Simon auf und fing an zu weinen. Kurz darauf fasste er sich, kehrte zum Fest zurück, ging auf seine Mutter zu und sagte knapp: »Mama, komm nach Hause. Tika hat sich aufgehängt.«

Dora wurde blass, teilte die schreckliche Nachricht ihren Eltern mit und ging nach Hause. Das Fest wurde abgebrochen.

Am nächsten Tag musste Simon Badaik zusehen, wie die letzte männliche Bezugsperson, die er in der Familie hatte, beerdigt wurde. Er weinte nicht, denn er hatte keine Tränen mehr.

Um zu vermeiden, dass seine Mutter als Aushilfe in fremden Haushalten oder auf den Feldern anderer Landwirte arbeiten musste, verkaufte Simon die Felder seines Vaters, eins nach dem anderen. Dann führte er die Chemieschule trotz dieses Schicksalsschlags zu Ende, absolvierte den Militärdienst und bekam schließlich in Donavica eine Arbeitsstelle als Schichtleiter, denn er war jetzt gelernter Chemietechniker. Sein Job war sehr gut bezahlt, denn fähige Chemietechniker waren gefragt.

Dora und Bilija weinten beide, als Dora diese Geschichte erzählt hatte. »Jetzt weißt du alles«, sagte die Schwiegermutter zu ihr. Bilija wischte sich die Tränen aus den Augen und erwiderte leise »Danke, Mama«, denn in Serbien wurden die Schwiegereltern »Mama« und »Papa« genannt. »Für heute reicht es, Bilija«, meinte Dora. »Ich hole eine Wassermelone zum Nachtisch. Simon wird bald kommen.«

Sie wandte sich noch einmal ihrer Schwiegertochter zu: »Wenn wir das nächste Mal Zeit haben, musst du mir erzählen, wie dein Bruder Ljubce seine Frau Violeta kennengelernt hat und dein Cousin Truce seine Frau Bina. Und wie deine Cousine Ruca nach Paslak geheiratet hat.«

»Ja, Mama, gern«, sagte Bilija und begann, den Tisch zu decken, denn Simon würde bald da sein. In diesem Moment meldete sich das Baby in ihrem Bauch mit zarten Tritten. Bilija streichelte die Stelle, wo sie ihr Kind spürte. Sie war sehr nachdenklich. Nach dem Mittagessen und einem kurzen Schlaf verstand Bilija, warum Simon niemals über seine verstorbenen Familienmitglieder sprach. Er fühlte sich insgeheim von Gott verraten.

DER KLEINE DORIEL

Dora kam weiterhin oft zu Besuch. Bilija glaubte, dass sie die Frage nach Bilijas Familie vergessen hatte. Aber nach einem Monat wollte Dora eine Antwort haben. Als Bilija von der Arbeit nach Hause kam, erwartete sie eine angenehme Überraschung: Dora hatte gekocht und den Tisch gedeckt. Bilija bedankte sich. Dora setzte hinzu: »Ich habe zu Hause auch Waffeln gemacht und mitgebracht. Die essen wir zum Nachtisch. Bitte erzähle mir jetzt von deiner Familie. Also: Wie hat dein Bruder Ljubce deine Schwägerin Violeta kennengelernt? Wir haben jetzt Zeit.«

Bilija konnte nicht nein sagen, denn sie war froh, dass sie jetzt nicht kochen musste. Neben ihrer Schwiegermutter nahm sie Platz, schaute in die Ferne und begann mit einem freundlichen Lächeln zu erzählen ...

»Und deine Cousine Deruca?«

Bilija wusste nur, dass Truces Schwester in Eischenor verlobt gewesen war, aber diese Verlobung plötzlich beendet und sie Ika Repu aus Paslak geheiratet hatte.

Sie schwieg, schaute durchs Fenster und meinte: »Bald wird der Winter kommen. Wir müssen Holz zum Heizen und Kohle kaufen.«

Dora stand auf und blickte ebenso hinaus. Lächelnd fiel ihr Blick auf Bilija. Dann sagte sie: »Es ist schön, wie das Schicksal die Menschen zusammenbringt.«

In diesem Augenblick betrat Simon das Grundstück. Beide Frauen sagten gleichzeitig: »Simon kommt.« Sie wandten sich ihm zu, um ihn zu erwarten. Seit diesem Gespräch hatte sich zwischen den beiden Frauen ein herzlicher und respektvoller Umgang entwickelt.

Davon konnte Simon nur profitieren, denn es ging immer um sein Wohlergehen.

Ende November kaufte die Familie Holz und Kohlen. Der Winter stand vor der Tür. Bilija und Simon gingen weiter ihrer Arbeit nach. Dora kam jetzt seltener zu Besuch, denn die Wege waren mit Schnee bedeckt. Auch wollte sie nicht in der Kälte an der Bushaltestelle stehen. Auch Bilijas Eltern kamen während des Winters nur zweimal zu Besuch, um zu schauen, ob alles in Ordnung war. Mehr wollten sie nicht wissen. Zu Weihnachten aber fuhr das junge Paar nach Eischenor, um in Simons Elternhaus im engen Familienkreis zu feiern. Bilijas Bauch nahm zu und sie dachte bereits an den Frühling und den Sommer, dann nämlich würde sie ihr erstes Kind bekommen. Sie nähte sich weite Kleider und kaufte Schuhe ohne Absätze. Die Stoffe bekam sie von Simons Schwester Branka, denn Branka war stolz darauf, ihre Schwägerin beschenken zu können, die nicht nur eine gebildete Frau mit Schulabschluss, sondern darüber hinaus eine geschickte Schneiderin war. Bilija bekam einen schönen, hellbraunen Seidenjersey mit kleinen gelben und grünen Blümchen und Blättern, aus dem sie sich ein knielanges Kleid nähte. Oberhalb der Brust lag es mit kleinen Fältchen leicht an. Unterhalb des Dekolletés öffneten sich die Falten und fielen frei nach unten. Damit wurde das Kleid weit und fiel so, dass es ihren Bauch locker überdeckte.

Im April wurde es endlich wärmer und das Wetter war wieder schön. Bilija zeigte sich voller Stolz in ihrem Kleid und ging weiter zur Arbeit. Sie war stolz und glücklich, wenn ihr Kind sich bewegte und streichelte die Stelle, wo sie es fühlte. In einem Monat würde sie in den Mutterschutz gehen. Der Entbindungstermin war für Ende Juni berechnet. Ostern lag in diesem Jahr spät. Bilija hatte frei und wollte nach Eischenor gehen. Sie beendete ihre Schicht, verließ das Geschäft, schaute in den Himmel und erfreute sich an dem schönen Wetter. Dann fuhr sie mit dem Bus. Simon war schon vorgefahren, nachdem er seine Nachtschicht in Donavica beendet hatte. Er fuhr öfter, wenn er Nachtschicht hatte, nach Eischenor zum Schlafen, weil er dort gut zur Ruhe kam.

Als der Bus die Haltestelle von Eischenor erreicht hatte, stieg Bilija aus. Sie hatte aber nicht gemerkt, dass die Treppe vom Bus höher war, als sie gedacht hatte. Glücklich, wie sie war, sprang sie schnell heraus. Da spürte sie einen kurzen, stechenden Schmerz in ihrem Rücken. Bilija überspielte den Schmerz, erreichte Simons Elternhaus und begrüßte ihre Schwiegermutter. Simon schlief noch. Die beiden Frauen aßen miteinander und beschlossen, rote Eier für Ostern zu kochen. Bilija war aber jetzt doch müde von der Arbeit. »Leg dich hin und schlaf ein bisschen«, sagte Dora zu ihr. Da ging sie zu Simon ins Schlafzimmer. Bilija hatte das Gefühl, dass ihr Bauch ungewöhnlich schwer geworden war, aber sie dachte, das sei normal. Als sie ankam, war Simon wach und lag auf dem Bett. Er lächelte sie an und sagte: »Komm, küss mich.« Bilija küsste ihn. Lächelnd sagte er: »Weißt du, dass du mein Leben bist?« Sie lächelte zurück und schwieg. Dann streichelte er ihren Bauch, ihre Arme und ihr Gesicht. Er liebte sie, zart und behutsam. Bilija wusste nicht, ob das in ihrem Zustand so in Ordnung war, fühlte sich aber sehr glücklich und schlief gleich danach ein. Nach zwei Stunden Mittagsruhe und Schlaf rief die Schwiegermutter, dass die Eier vor Sonnenuntergang gefärbt werden müssten. Bilija zog ihr Hauskleid an. Simon sah ihr entspannt zu, lächelte sie an und sagte: »Geh nur. Ich werde da nicht gebraucht.« Simon war nie sofort aufgesprungen, wenn seine Mutter ihn rief. Er hatte immer nach dem Motto gehandelt: »Immer mit der Ruhe. Es wird schon.«

Bilija ging die Treppe nach unten und spürte mit einem Mal einen stechenden Schmerz in Bauch und Rücken. Sie schrie auf und hielt ihren Bauch fest. Simon hörte ihre Schreie, sprang sofort aus dem Bett, eilte die Treppe nach unten und rief: »Du musst ins Krankenhaus!«

»Nein, nein!«, erwiderte Bilija sofort. »Gleich ist es vorbei.«

Doch schon kam die zweite Schmerzwelle. Sofort rief Simon einen Cousin, der ein Auto hatte, an. Ohne sie groß zu fragen, wurde Bilija ins Krankenhaus von Norin gebracht. Sie war jetzt in der 30. Woche. Der Gynäkologe Andra empfing sie. Er sagte: »Es sieht nicht gut aus. Dein Kind wird zu früh kommen. Ich kann nicht dafür bürgen, dass alles gut wird, denn du bist erst im 8. Monat schwanger.« Dann sagte er etwas zur Krankenschwester und verließ den Raum. Die Schwester gab Bilija eine Injektion und brachte sie in ein Krankenzimmer. Am nächsten Morgen kam der Arzt wieder, machte noch eine Untersuchung und sagte: »Dein Baby will sich nicht umdrehen. Das wird eine schwierige Entbindung. Wir bringen dich heute Nachmittag auf die Entbindungsstation. Du musst üben und pressen. Du musst dich öffnen. Dein Körper muss sich weit genug öffnen, damit du dieses Kind auf die Welt bringen kannst.«

Am Nachmittag wurde Bilija tatsächlich von Schwester Manka zur Entbindungsstation gefahren. Ihr wurde gesagt: »Schau bitte auf die Uhr. Wenn alle fünf Minuten ein Schmerz kommt, sollst du uns rufen. Dann bringen wir dich in den Kreißsaal.«

Bilija machte es genauso, wie ihr gesagt worden war. Sie legte sich hin und übte. Ab und zu stand sie auf, um sich zu orientieren. Da waren noch einige Frauen, die auf ihre Entbindung warteten. Sie spazierten auf dem Flur hin und her. Bilija hörte Schreie und die strenge Stimme der Krankenschwester: »Pressen! Pressen ... Pressen!!!« Dann war der weinende Aufschrei eines Babys zu hören. Krankenschwestern mit kleinen Babys in den Armen gingen vorbei und lächelten glücklich. Bilija dachte bei sich: Die drei haben es geschafft. Nein, ich werde nicht schreien, weil das nichts nützt. Denn für dieses Personal ist das ein Job wie jeder andere. Die Hebammen und Schwestern sind aber glücklich, wenn Frau und Kind alles überstehen, denn dann ist wieder ein neuer Mensch auf die Welt gekommen. Bilija schwor sich, das Personal mit ihrem Geschrei nicht zu belasten.

Nach drei Stunden kam Schwester Manka zu Bilija und fragte, wie oft die Wehen kämen. »Nicht so oft«, musste Bilija zugeben.

»Sie sind schon zwei Tage und zwei Nächte bei uns auf Station«, bemerkte die Schwester. Am Morgen des ersten Mai kam Bilija in den Kreißsaal und brachte dort ihr Kind zur Welt. Die Hebamme war streng und fordernd. Sie schrie Bilija an und beschimpfte sie. Doch als das Kind kam, verwandelte sie sich in einen Engel und sagte: »Sie haben einen Sohn bekommen.« Schwester Manka legte das blutbeschmierte Baby auf Bilijas Bauch und sagte noch einmal: »Das ist dein Sohn.« Dann nahm sie das Baby auf, wickelte es und wartete auf den Arzt.

»Du hattest eine schwere Entbindung«, sagte der Arzt zu Bilija. »Die Nabelschnur war um den Hals gewickelt. Wir haben den Kinderarzt angerufen, der wird gleich kommen, um das Kind zu sehen.« Schwester

Manka gab Bilija eine Spritze und schob ihre Arme und Beine zusammen.

»Was soll das?« Die Hebamme sagte nur: »... damit Sie nicht so sehr bluten ...« Bilija beruhigte sich ein wenig, fragte sich aber, was es bedeuten sollte *die Nabelschnur hatte sich um seinen Hals gewickelt ...*

Nach zehn Minuten kam der Kinderarzt und sah sich Bilijas Baby an. Dann trat er zu ihr ans Bett und sagte: »Dein Sohn ist zu früh entbunden worden. Seine Lunge ist noch nicht entwickelt und er hat einen Herzfehler. Wenn er 24 Stunden übersteht, wird er eine Woche überleben. Schafft er eine Woche, wird er sechs Wochen leben. Und wenn er sechs Wochen überlebt, dann wird er weiterleben. Wir haben zwei Möglichkeiten: Entweder wir behalten ihn hier und versuchen ihn am Leben zu erhalten oder wir müssen ihn mit dem Hubschrauber nach Belgrad schicken. Den Transport müssen aber Sie bezahlen.«

Noch ganz benommen und betäubt von der Entbindung, entschied Bilija, ihr Kind bei sich zu behalten und zu versorgen. Simon war in diesem Moment nicht da, und ihre Eltern auch nicht, die sie um Rat hätte fragen können. Sie spürte nur, dass sie ihr Baby nicht hergeben wollte. »Ich bleibe hier«, flüsterte sie matt und schlief ein. Und so blieb sie im Krankenhaus in Norin. Aber sie bekam ihr Kind nicht so häufig auf den Arm gelegt wie andere Mütter. Ihre Muttermilch wurde abgepumpt und der Schwester übergeben, die das Kind damit ernährte. Bilija aber trat den ganzen Abend lang immer wieder vor die Babyboxen und sah ihrem kleinen Sohn beim Schlafen zu.

Am anderen Morgen kamen Simon und seine Mutter Dora. Simon sagte nur: »Wir wissen Bescheid. Der Arzt hat uns alles gesagt. Das Schicksal unseres Kindes liegt in Gottes Hand.«

Erst nach drei Tagen bekam Bilija ihren Sohn zum Halten. Sie gab ihm die Brust und er trank. Dabei schaute er seiner Mutter in die Augen. Bilija schaute zurück und spürte eine abgöttische Liebe zu ihrem Kind. Nachdem der kleine Doriel getrunken hatte, schlief er ein und auch Bilija schloss die Augen. Nach einiger Zeit wurde er von Schwester Dora wieder mitgenommen. So vergingen fünf Tage. Am sechsten bekam Bilija ihr Kind nicht gebracht und sie wartete unruhig. Als sie ihren Sohn um drei Uhr immer noch nicht gesehen hatte, redete sie sich ein, dass er von den Krankenschwestern mit der Flasche gefüttert worden war. Sie fragte aber nicht. Um 18 Uhr war immer noch niemand da. Jetzt wollte Bilija wissen, warum Doriel ihr nicht gebracht wurde. Die Schwester sagte nur knapp: »Wir haben ihn gefüttert.« Bilija war etwas beruhigt und wartete bis 21 Uhr. Doch auch der Abend verstrich. Sie sank in einen Zustand zwischen Schlaf und Wachsein und träumte. Sie sah einen alten Mann mit langem weißem Bart, weißen Haaren und weißen Augenbrauen auf sich zukommen. Er erinnerte sie sehr an ihren Urgroßvater Adam Fari. Der alte Mann berührte sie zart an der Schulter, schüttelte sie sacht und sagte: »Mein Kind, steh auf, dein Baby ist blau geworden!« Bilija schrak auf. Sie zitterte am ganzen Körper und tappte zum Schwesternzimmer. Dort wurde sie kalt und unfreundlich empfangen. Eine Schwester fragte streng: »Was ist?«

»Ich habe geträumt, dass mein Kind blau geworden ist«, erwiderte Bilija mit zittriger Stimme. Die Krankenschwester erschrak und sagte dann beruhigend: »Ich glaube nicht an Träume, aber kommen Sie, ich zeige Ihnen Ihr Baby.« Sie ging als erste zu den Kinderboxen und Bilija folgte ihr. Die Schwester war schneller beim Kind, wandte sich um und sagte zu Bilija: »Geh in dein Zimmer. Ich zeige dir das Kind später.«

Bilija verstand nicht, warum, aber sie hörte auf die Worte der Schwester. Nach zehn Minuten kam die Schwester mit zwei Spritzen, die Bilija injiziert wurden. Dann wurden Bilijas Brüste, die voll mit Milch waren, fest eingewickelt, denn sie brannten, weil ihr Kind ja den ganzen Tag nicht getrunken hatte. Bilija wusste nicht, was los war. Aber die Spritzen wirkten und nach kurzer Zeit war Bilija alles egal. Sie wunderte sich nur über all die Tücher um ihre Brust herum. Aber sie fragte nicht nach dem Sinn all dieser Maßnahmen, denn die Schwestern wissen wohl genau, was sie ihren Patientinnen verordnen. Über diesen Gedanken schlief sie ein. Nachts um zwei kam die Krankenschwester wieder und sagte: »Wach bitte auf und komm mit.« Bilija tat, wie ihr gesagt wurde. Sie wurde durch einen langen Gang geführt. An dessen Ende war ein Zimmer. Bevor sie eintraten, wandte sich die Schwester Bilija zu und sagte traurig: »Dein Sohn ist heute Nacht um ein Uhr gestorben. Der Arzt war da und hat seinen Tod bestätigt. Er ist gestorben, weil er einen Herzfehler hatte, weil seine Lunge unterentwickelt war und er zwei Monate zu früh entbunden war. Es tut mir sehr leid.«

Bilija sah die Schwester wie in Trance. Sie empfand kaum etwas, denn sie hatte bestimmt Betäubungsmittel gespritzt bekommen, aber sie wollte das, was sie hörte, nicht glauben. Das merkte die Schwester und sagte: »Komm rein, ich zeige dir deinen Sohn.« Da sah Bilija ihn. Er war klein wie eine Puppe und lag ruhig da, als ob er schliefe. Aber sein Gesicht war blau und es fehlte jegliche Atemregung. Bilija berührte ihn und flüsterte: »Doriel, wach auf«, aber das Baby lag einfach da, eingewickelt in weiße Leintücher. Die Farbe seines Gesichts nahm den Ton einer Leichenfarbe an. Bilija weinte nicht, aber sie wollte zurück in ihr Zimmer. Sie hatte einfach keine Tränen, verstand aber nun den Zweck des Brustverbindens durch die Schwester.

Am Morgen kam Simon an ihr Bett. Bilija merkte, dass er wohl etwas gespürt hatte. Ohne Tränen in den Augen unterbreitete sie ihm die traurige Nachricht. Er beugte den Kopf und wirkte dadurch kleiner. Er war blass und fragte nur: »Warum?« Bilija hatte keine Kraft, von der schrecklichen Nacht zu erzählen. Sie wollte ihr Kind nach Hause holen, aber die Krankenschwester sagte: »Es ist für alle besser, wenn er dableibt und von Seiten des Krankenhauses beerdigt wird.« Bilija, die noch völlig benommen war, und Simon, der unter Schock stand, willigten ein. Dann wurde Bilija ohne ihr Kind aus dem Krankenhaus entlassen. Simon stützte sie und brachte sie in die gemeinsame Wohnung. Bilijas Eltern hatten die traurige Nachricht auch schon vernommen, aber Bilija wollte niemanden sehen. Mit Simon stand sie in der Mitte des Wohnzimmers und sie nahmen sich in die Arme. Lange blieben sie so stehen. Sie aßen nichts an diesem Tag. Auch am nächsten Morgen war Bilija noch wie betäubt und spürte nichts. Am dritten Tag war ihr bewusst, was geschehen war und dass sie ihren kleinen Doriel niemals mehr sehen würde. Sie begann zu weinen. Gegen Mittag fuhr sie zum Krankenhaus. Sie begehrte, ihren Sohn zu sehen, und wollte ihn mit nach Hause nehmen. Am Empfang der Entbindungsstation sagte der Pförtner zu ihr: »Dir ist doch klar, dass dein Sohn gestorben ist.«

»Ich weiß, aber ich will ihn mit nach Hause nehmen, um ihn zu beerdigen.«

»Er ist gestern vom Krankenhaus zum Friedhof gebracht worden. Du kannst hingehen und dir vom

Friedhofsmitarbeiter zeigen lassen, wo dein Kind beerdigt ist.«

Bilija spürte, dass sie nichts weiter tun konnte. Weinend kehrte sie in ihre Wohnung in Norin zurück. Dora war aus Eischenor gekommen. Sie war auch traurig, sagte aber nur: »Nehmt euch zusammen. Ihr seid jung und werdet weitere Kinder bekommen.« Darüber war Bilija so wütend, dass sie sich auf Doras Fahrrad schwang und schluchzend zum Friedhof radelte. Dort zeigte ihr ein Friedhofswärter in professioneller und ruhiger Art das kleine Grab mit dem zierlichen Kreuz. Bilija las: »Doriel Badaik, 1. Mai – 6. Mai 1976.« Der Friedhofswärter sagte: »Normalerweise kennzeichnen wir Gräber von Frühgeborenen nicht, aber Drage, der für das Krankenhaus arbeitet und sich um die Verstorbenen kümmert, hat mir mitgeteilt, dass es Ihnen sehr viel bedeutet, dass das Grab Ihres Sohnes gekennzeichnet ist.« Bilija wischte sich die Tränen ab und sagte: »Ja, das ist richtig. Können wir einen Grabstein kaufen und hierherbringen?«

»Ja, das gestatten wir Ihnen. Wir werden ihn für Sie aufstellen. Sie tragen nur die Kosten für den Grabstein.«

Simon ging am anderen Morgen zur Arbeit. Er sprach kaum und funktionierte nur wie ein Automat. Nach einer Woche wurde der Grabstein errichtet. An jedem zweiten Tag gingen Bilija und Simon zum Grab ihres kleinen Sohnes. Nach einer Woche kehrte auch Bilija an ihren Arbeitsplatz im Lebensmittelladen *Bukla* zurück. Aber sie lachte nicht mehr. Ihre Arbeit erledigte sie so gut, wie sie konnte. Um ihr Studium bemühte sie sich nicht mehr. Am liebsten wäre sie gestorben.

BEWÄLTIGUNGSSTRATEGIEN

Ein Jahr lang musste Bilija fast ununterbrochen weinen. Sie weinte, wenn sie unterwegs junge Mütter mit ihren Babys sah. Sie weinte, wenn sie andere Frauen traf, die zeitgleich mit ihr niedergekommen waren, verglich deren Kinder mit ihrem Sohn und stellte sich vor, wie groß er jetzt wäre. In dieser Zeit bekam auch Ljubces Frau Violeta ihr erstes Kind, eine Tochter, die Danika genannt wurde. Natürlich freute sich Bilija für ihre Schwägerin, doch musste sie auch in ihrer Gegenwart oft weinen, wenn sie sah, wie Violeta ihr Kind in den Armen hielt, und ihres aber war beerdigt worden.

Auch Simon trauerte, aber im Stillen. Er hatte nur einmal geweint, als Bilija ohne ihr Kind aus dem Krankenhaus nach Hause gekommen war. Doch sprach er monatelang nur wenig und aß ohne Appetit. Nach einigen Monaten begann Dora, als ob Bilija nicht schon genug Kummer hätte, erneut, sich ein Enkelkind zu wünschen. Sie ließ Vorwürfe verlauten, dass Bilija nicht in der Lage sei, ein gesundes Kind zur Welt zu bringen. Auch deswegen weinte Bilija. Simon beruhigte sie und meinte: »Lass sie reden. Hör einfach nicht hin. Und streite nicht, denn Zank nützt nichts. Er wird die Wut nur vertiefen. Eines sollst du wissen: Ich werde mich niemals von dir trennen. Du bist meine Frau .« Bilija vernahm diese Worte, aber sie halfen ihr nicht. Immer noch kamen ihr ständig die Tränen. Aber nach einem Jahr des Weinens und der Vorwürfe von ihrer Schwiegermutter dachte Bilija. »So, jetzt reicht es. Du wirst unsere Ehe nicht zerstören.« Und sie entschied, für sich und ihre kleine Familie zu kämpfen.

Im Frühjahr reifte in Bilija ein Plan. Der Frühling ist nämlich die perfekte Zeit, um Felder zu bewirtschaften. Und das hatte Bilija vor, obwohl sie beide bei ihren Unternehmen fest angestellt waren. Die besten Felder seiner Familie hatte Simon Badaik nämlich nicht verkauft, sondern nur die, die sie verkaufen mussten. Die verbliebenen Felder waren seit dem Tod seines Großvaters Tika nicht mehr bewirtschaftet worden. Verwildert lagen sie da und riefen wie eine Frau, die sich nach Liebe sehnt: »Kümmere dich um mich! Lass mich nicht brachliegen!«

Bilija ging nach Eischenor und betrachtete die Felder ihres Mannes. Sie sah auch seinen Garten an und verspürte einerseits eine starke Beziehung, andererseits aber auch Traurigkeit. Sie kam zu dem Schluss: »Warum soll Familie Badaik auf dem Markt Obst und Gemüse kaufen, die mit wer weiß was behandelt worden sind, wenn sie es doch auch selbst anbauen kann? Denn ein großer Garten und Felder – alles ist da. Es wird auch Geld bringen. Vielleicht nicht im ersten Jahr, aber wenn wir Geduld haben, wird es sich lohnen.« Abends kehrte sie nach Hause zurück und sprach mit ihrem Mann. Simon hatte nichts dagegen und stimmte zu. Kurz darauf bat Bilija ihren Vater Gischa, mit seinem Traktor den Garten und die Felder umzugraben. Das machte er auch. Bilija war der Meinung, dass die Felder etwas Geld bringen sollten, denn die Familie hatte für ihr Land an den Staat Steuern zu entrichten. Als Simon Bilija sein Sparbuch gegeben hatte, hatte sie von Dora auch das Steuerbuch bekommen. Das war ein kleines Buch mit einer Übersichtstabelle, wann und wie viel Steuern bezahlt werden mussten. Bilija hatte sofort erfasst, was das bedeutete, und nichts gesagt. So beschäftigten sich die jungen Eheleute Badaik neben ihrer Berufstätigkeit auch noch mit Landwirtschaft. Schwiegermutter Dora wurde in die Überlegungen mit einbezogen, aber sie hatte kein Interesse daran, sich nochmal mit dem Ackerbau auseinanderzusetzen. Bilija ließ das unkommentiert, dachte aber bei sich: »Wenn wir damit Erfolg haben, wird sich Dora schon an der Arbeit beteiligen.«

Im ersten Jahr brachten die Felder tatsächlich kaum Einkommen, aber sie mussten ihr Obst und Gemüse jedenfalls nicht auf dem Markt kaufen, und Bilija konnte sicher sein, dass ihre Nahrung frisch, gesund und frei von Pflanzengiften war. Sie nahmen einen Kredit auf und kauften einen Traktor sowie alle Landmaschinen, die man brauchte. Auf dem Grundstück zäunten sie einen Teil ein und kauften Hühner und Schweine, denn auch der Stall für die Tiere stand leer. Gleichzeitig waren sie auf ihren Arbeitsstellen sehr erfolgreich: Simon wurde befördert und für einen Monat zur Weiterbildung nach Schweden geschickt, um die Abteilung AFL3[18] im dortigen Chemiebetrieb zu leiten. Bilija bekam eine besser bezahlte Stelle in einem großen, neu eröffneten Markt, der auch dem Unternehmen *In-Interi* gehörte.

Der Familie ging es finanziell immer besser. Das merkte auch Dora und sie begann nun mitzuarbeiten, denn sie war stolz auf die neu gekauften Maschinen und den mehr als vorzeigbar bewirtschafteten Garten. Am meisten stolz darauf war sie aber, dass ihr Sohn jetzt ein Chef war. Doch ihr unausgesprochener Vorwurf »Bilija wird nicht schwanger« hing noch immer in der Luft. Ein Jahr nach Doriels Beerdigung ging Bilija wieder zu Dr. Andra. Er untersuchte sie und konnte nichts Besorgniserregendes feststellen: »Irgendwann

---

[18] Abkürzung für Aluminiumdreiflorid

werden Sie ein Kind bekommen. Wenn Sie aber keine Geduld haben, empfehle ich Ihnen eine Heilpraktikerin, die sehr korrekt ist und in der Stadt Wacikan lebt.«

Bilija wartete, aber sie wurde von allein nicht schwanger. Den Druck durch die Schwiegermutter empfand sie aber als unerträglich. Da fiel ihr wieder ein, was der Arzt gesagt hatte und sie bat Simon, mit ihr zur Heilpraktikerin zu gehen. Im Sommer kauften sie vom Erlös der Getreideernte und von ihrem Ersparten ein Auto, einen weißen Zastava 101. In diesem fuhr Simon im Herbst mit Bilija nach Wacikan. Dort sahen sie ein schönes großes Haus. Auf ihr Klingeln öffnete eine etwa 50jährige Frau. Bilija erläuterte kurz ihr Anliegen. »Ja, das ist wahr«, sagte die Frau. »Ich helfe Frauen, deren Ärzte keinen Rat wissen, bei der Erfüllung ihres Kinderwunsches. Ich bin Hebamme, aber ich habe eine Lähmung im rechten Bein und kann meinen Beruf nicht mehr ausüben. Meine Hilfe kostet aber.«

Nachdem alles mit der Bezahlung geklärt war, wurde Bilija in ein helles, fast steriles Zimmer geführt. Dort hörte sie, dass sie einen besonderen Gürtel tragen müsse, weil ihr Uterus zu niedrig liege. Die Frau verkaufte ihr einen festen Baumwollgurt, den sie wie eine Unterhose tragen und der die Unterleibsorgane nach oben drücken sollte. Außerdem unterrichtete sie Bilija in Sexualkunde. Bilija erfuhr vieles, von dem sie keine Ahnung gehabt hatte, war sie bisher doch einfach nur ihren natürlichen Empfindungen gefolgt. Als der Unterricht nach zwei Stunden beendet war, fasste Bilija Hoffnung. Alles Weitere liegt in Gottes Hand, dachte sie.

Schon am darauffolgenden Samstag wollte Bilija die Empfehlungen, die sie von der Frau erhalten hatte, in die Tat umsetzen. Es war kalt und hatte geschneit. Bilija sagte zu Simon, dass sie in Eischenor schlafen würde. Er hatte nichts dagegen, denn er würde auch dorthin kommen. Der Abend war ruhig. Draußen lag der Schnee schon dreißig Zentimeter hoch. Die Nacht war hell. Dora schlief in ihrem Wohnbereich. Bilija sollte um Mitternacht im Garten unterm Apfelbaum eine halbe Stunde nackt baden und dann kaltes Wasser über sich gießen. So machte sie es. Sie schleppte einen Zehn-Liter-Emailtopf voll kaltem Wasser und Basilikum zum Apfelbaum und zog ihre Kleider aus. Genau in dem Moment, als sie sich mit dem Wasser übergießen wollte, kam Simon nach Hause. Auf dem Weg zum Haus musste er an dem Apfelbaum vorbeigehen. Er sah Bilija, wie sie um Mitternacht in der Kälte nackt dastand und eine Kanne Wasser aus dem Topf schöpfen wollte. Da ging er hin, schaute in den großen Topf und merkte, dass das Wasser kalt war, denn es gab keinen Dampf. Er sah auch die Basilikumzweige schwimmen und fragte erstaunt: »Was zum Teufel machst du da?«

»Ich verfolge den Rat der Heilpraktikerin.«

»Was für einen Rat? Bist du wahnsinnig geworden?«

Bilija wand sich. »Jaaa«, sagte sie. »Aber deine Mutter ...«

»Was, meine Mutter? Sie soll ihr Leben leben und nicht deins und meins. Mit ihr rede ich morgen. Und du gehst sofort ins Haus zum Herd, um dich aufzuwärmen. Ich will nicht, dass du wegen einem dummen Aberglauben dein Leben lang krank wirst. Die Kinder werden schon kommen, denn der Arzt hat gesagt, dass wir gesund sind und locker bleiben sollen.«

Simon packte seine Frau an der Hand und zog sie schnell ins Haus. Er umhüllte sie mit einer Decke und führte sie zum Holzofen. Dann kochte er ihr einen Tee, setzte sich neben sie und sagte: »Hör zu, ich will kein Wort mehr über das, was diese Frau dir gesagt hat, hören. Mit meiner Mutter rede ich morgen. Und jetzt wärm dich auf und komm zur Ruhe.«

Was Simon mit seiner Mutter gesprochen hatte, davon erfuhr Bilija nichts. Nach zwei Wochen allerdings bekam Dora Lust, ihre Tochter Branka in Wien zu besuchen. Sie und ihr Mann lebten dort schon seit einigen Jahren als Gastarbeiter für die Kellerei Winn. Branka war froh, ihre Mutter bei sich zu haben.

Das junge Paar blieb allein. Bilija vermisste die helfenden Hände ihrer Schwiegermutter. Auf der anderen Seite war sie froh, dass kein Druck mehr auf sie ausgeübt wurde. Zwischen ihr und Simon herrschten Ruhe, Geborgenheit und Liebe. Die Feldarbeiten waren beendet, die Äcker für das Frühjahr vorbereitet. Die Eheleute gingen weiter ihrer Arbeit in den Unternehmen nach.

Am 29. November wurde das Große Nationalfest gefeiert. Das war der Gründungstag der Föderativen Volksrepublik Jugoslawien. 1945, vom 21. bis 29. November, hatte die Zweite AVNOJ-Versammlung mit 142 Delegierten nach der Befreiung von Hitler in Jajce den Grundstein für ein neues Jugoslawien gelegt, in dem Muslime, Kroaten, Mazedonier, Montenegriner, Serben und Slowenen gleichberechtigt in Teilrepubliken leben konnten. Die jugoslawischen Familien begingen diesen Feiertag im großen Stil mit viel Alkohol, Spanferkeln und viel selbstgebackenen Kuchen und Torten. In Bilijas Lebensmittelladen war der Betrieb in vollem Gange. Bilija verkaufte frisch geschlachtete und tiefgefrorene Ferkel und anderes Fleisch. Mitten in der Arbeit spürte sie einen starken Schmerz in Unterleib und Rücken. Erst maß sie dem keine Bedeutung bei, doch nach einer halben Stunde schmerzte alles wieder. Da legte sie ihre Arbeit nieder, ging zu ihrem Vorgesetzten und sagte, dass sie zum Arzt müsse. Der Chef schnauzte sie an: »Das geht nicht. Sie sehen doch, was hier los ist!« Bilija sah ihn wortlos an, zog ihren Arbeitskittel aus und ging ohne weitere Erklärung nach Hause. Simon war da, und er war wach. Nach der Spätschicht hatte er geschlafen, als sie aus dem Haus gegangen war.

»Was ist los?«, fragte er überrascht.

»Ich habe Unterleibsschmerzen und meine Periode ist nicht gekommen. Bitte fahr mich ins Krankenhaus.«

SIMON FÄHRT WIE EIN HENKER

Die Klinik erreichten sie schnell. Bilija wurde sofort aufgenommen und von Dr. Andra untersucht. »Du bist schwanger, aber der Fötus ist tot. Wir müssen eine Abtreibung vornehmen. Leider muss ich jetzt fort. In einer halben Stunde bin ich wieder da. Bleib auf dem Behandlungstisch liegen.« Bilija fühlte sich wie ein Stück Dreck behandelt. Sie schwieg, wie sie es oft tat, und wartete, bis Dr. Andra und seine Krankenschwester aus dem Raum gegangen waren, sprang dann vom Behandlungstisch, rannte durch den Flur und nahm die Treppen vom zweiten Stock nach unten. Als sie draußen war, rief die Krankenschwester durchs Fenster: »Bilija, komm her, der Doktor ist da!« Bilija drehte sich kurz um und rief »Nein!«

»Du wirst sterben!«, rief die Schwester.

»Egal, ich gehe nach Korid!«, schrie Bilija und rannte weiter, bis zu Simon im Auto. Der war verwirrt und wusste nicht, was los war.

»Fahr mich nach Korid!«

»Warum?«

»Dr. Andra sagt, ich bin schwanger, aber der Fötus ist tot und er möchte eine Abtreibung vornehmen!«

»Was sollen wir in Korid, wenn der Fötus tot ist?«, fragte Simon.

»Ich will die Meinung von Dr. Milan hören«, sagte Bilija ernst. »Wenn es tot ist, kann ich dort immer noch abtreiben. Wir müssen kurz nach Hause, damit ich die Kleider wechseln kann. Sie sind blutig.«

Simon tat, wie sie gesagt hatte, und fuhr sie dann mit Höchstgeschwindigkeit den sechzig Kilometer weiten Weg nach Korid. Nach etwa 45 Minuten hatten sie das Krankenhaus erreicht. Dieses war für die Zeit sehr modern und genoss einen guten Ruf wegen seiner hohen Arbeitsdisziplin. Bilija wurde von Schwester Marita empfangen, die sofort ihren blutigen Rock sah und Dr. Milan gleich anrief. »Sie müssen im Krankenhaus bleiben«, sagte sie knapp. »Dr. Milan kommt in einer Stunde.« Schwester Nadalin brachte Bilija dann in die Gynäkologie und bugsierte sie sanft ins Bett. Zwischen die Beine schob sie ihr eine dicke Einlage, kreuzte ihre Beine dann und gab Bilija etwas zu trinken. »Du darfst nicht aufstehen. Du musst so bleiben, wie ich dich gepackt habe, bis der Doktor kommt. Dein Mann soll unten am Empfang warten.«

Bilija wartete so ruhig, wie sie konnte. Nach einer Stunde wurde sie ins Untersuchungszimmer gebracht. Dr. Milan war schon da. Während der Untersuchung fragte er sie, was geschehen sei. Bilija erzählte alles, vom Tod ihres ersten Kindes, von der Heilpraktikerin und von den Worten Dr. Andras aus Norin. »Bei Ihnen ist alles in Ordnung«, sagte der Arzt, als er sie gründlich untersucht hatte. Er gab Bilija ein Thermometer und verordnete ihr, an jedem Morgen bevor sie aufstand, die Temperatur zu messen und den Wert aufzuschreiben. Das machte Bilija bereits, ihre Liste hatte sie dabei. In der Mitte ihrer Periodenpause hatte sie an zwei Tagen erhöhte Temperatur gehabt. Dr. Milan meinte: »Frau Badaik, Sie müssen im Krankenhaus bleiben. Ihrer Liste zufolge besteht der Verdacht, dass Sie schwanger sind.«

»Und? Ist mein Baby tot? Der Arzt in Norin sagte, es sei tot.«

Dr. Milan streichelte über Bilijas Schulter und meinte: »Der Keim ist noch so klein, dass es nicht erkennbar ist. Aber wir haben hier einen Spezialisten. Er wird heute Abend kommen, Ihnen Blut und Urin abnehmen und es untersuchen. Wenn das Baby lebt, müssen Sie hierbleiben, denn für Ihre Frucht besteht Gefahr, wenn Sie nach Hause gehen. Ich komme morgen Abend und schaue nach Ihnen. Der Laborant wird um 18 Uhr bei Ihnen sein.«

Bereits gegen 19 Uhr wurde Bilija bestätigt, dass sie schwanger war und dass ihr Baby lebte. Die Krankenschwester Nadalin überbrachte Simon die Nachricht. Kurz darauf kam er ins Krankenzimmer, um sich von Bilija zu verabschieden, dann übernachtete er im Auto, weil er nicht mehr genug Sprit im Tank hatte, um an diesem Abend noch nach Hause zu fahren.

Am anderen Morgen trat Dr. Milan zu Bilija ans Bett und sagte: »Wenn Sie Ihr Kind erfolgreich austragen wollen, müssen Sie dauerhaft mit gekreuzten Beinen auf dem Rücken liegen bleiben. Laufen dürfen Sie nur bis zur Toilette und zurück.«

Also blieb Bilija im Krankenhaus. Das Essen wurde ihr ans Bett gebracht. Bis zur 28. Schwangerschaftswoche dauerte ihr Aufenthalt. In dieser Zeit nahm ihr Bauchumfang sichtbar zu. Simon besuchte sie zweimal die Woche. Um die Langeweile zu verringern, bat sie ihn um Handarbeitssachen. Bilija stickte gerne. Da sie ständig liegen musste, lernte sie im Liegen zu sticken. In diesem Zustand fertigte Bilija einen großformatigen Gobelin an, den sie »Zigeunerin« nannte. Er zeigte das Porträt eines schönen Mädchens mit großen, dunklen Augen und einem roten Tuch, unter dem die schwarzen Haare hervorlugten. Die weiße Bluse des Mädchens war tief ausgeschnitten.

Trotz der erfolgreichen Fortschritte dieser passablen Arbeit zog sich die Zeit für Bilija wie Kaugummi. Die einzige Freude verspürte sie, wenn ihr Baby sich bewegte, und wenn Doktor und Krankenschwester morgens und abends zur Visite kamen. Sie bat Dr. Milan um die Entlassung. Da erklärte er ihr, wie sie sich zu verhalten hatte und gab ihr einen Entlassungsbescheid. Sobald sie aber einen Schmerz verspüre und sollte er noch so gering sein, sollte sie sofort ins Krankenhaus zurückkommen.

Zuerst ging sie nach Norin, aber schon nach wenigen Tagen bat sie Simon, mit ihr nach Eischenor zu ziehen, denn in Norin war es ihr langweilig. In Simons Elternhaus wollten sie bis zum Entbindungstermin wohnen. Die erste Woche verbrachte Bilija nur liegend, denn Simon verbot ihr, etwas zu tun. Aber schon in der zweiten Woche stand sie auf und begann, sich um Haus und Garten zu kümmern. Sie meinte, es liege vielleicht in der Natur der Frauen, immer das Bedürfnis zu haben, für das Essen und die Sauberkeit zu sorgen. Es war wieder Frühling und draußen blühte alles. Bilija war glücklich.

An einem Sonntagabend um 23 Uhr kam Simon von der Spätschicht nach Hause. Sie aßen miteinander und gingen dann in getrennte Betten. Jeder schlief in einem anderen Zimmer, denn der Doktor hatte bis zur Niederkunft den Körperkontakt streng verboten. Dann war Mitternacht. Wieder spürte Bilija einen starken Schmerz im Unterleib und im Rücken. Sie schrie auf. Simon hörte sie und geriet in Panik. Er brachte Bilija zu seinem Auto und fuhr mit ihr nach Korid. Es war Punkt Null Uhr. Die Kraftstoffanzeige stand schon auf Reserve und in Bilijas Kopf kreiste der Gedanke: Was, wenn uns auf halbem Wege das Benzin ausgeht? Immer wieder versuchte sie, den Gedanken wegzuschieben. In weniger als 45 Minuten erlebte Bilija die rasanteste Fahrt ihres Lebens. Unterwegs wurde kein Wort gesprochen. Bilija hielt ihren Bauch mit beiden Händen und Simon lehnte weit vorgebeugt über dem

Lenkrad, als ob er den Wagen damit noch mehr beschleunigen könnte. Um 1 Uhr in der Nacht kamen sie vor dem Krankenhaus zum Stehen. Das Auto hielt mit einem schnarrenden Geräusch – der Sprit war aufgebraucht. Bilija hielt noch immer ihren Bauch, als sie ausstieg. Am Empfang war wieder die Krankenschwester Marita. Sie begrüßte Bilija mit den Worten: »Du kommst in die Gynäkologie. Der Doktor wird gleich da sein.« Dr. Milan ließ nicht lange auf sich warten. Er untersuchte Bilija und sagte mit ernster Stimme: »Dein Baby will kommen. Dein Muttermund hat sich geöffnet. Wir werden versuchen, das aufzuhalten, bis deine Zeit kommt, denn es ist zu früh. Allerdings musst du die kommenden acht Wochen auf dem Rücken liegend verbringen.« Er lächelte Bilija an und fügte hinzu: »Ich habe gewusst, dass du wiederkommen würdest. Jetzt bist du hier und ich werde alles dafür tun, dass die Sache gut ausgeht.«

Bilija war erleichtert, dass sie in dieses Krankenhaus aufgenommen wurde, denn sie vertraute ihrem Arzt. Dann bekam sie Vitamine und Essen ans Bett gebracht. Als sie den 9. Schwangerschaftsmonat erreicht hatte, wollte sie aber wieder entlassen werden, denn jetzt könnte ja nichts Schlimmes mehr geschehen. Dr. Milan sagte aber »nein«, in aller Ruhe: »Du hast mich in diesen neun Monaten so oft mitten in der Nacht geweckt, sodass ich dich vor deiner Entbindung nicht entlassen werde. Du kommst hier nur raus, nachdem dein Baby das Licht der Welt erblickt hat und wenn du es in deinen Armen hältst.«

Es war Mitte Juli und Bilija spürte ihr Baby nur sehr selten. Ein- bis zweimal am Tag kam Dr. Milan, um nach ihr zu schauen.

»Spürst du dein Baby?«, fragte er.
»Nur selten«, entgegnete Bilija.

»Morgen früh wirst du entbinden«, sagte der Arzt unvermittelt. Überrascht sah Bilija ihn an, dachte: »Du bist kein Gott, der alles weiß«, und schwieg. Dr. Milan sagte: »Wenn du Schmerzen bekommst, sollst du auf dem Rücken liegen bleiben, denn dein Muttermund ist schon seit zwei Monaten offen. Deine Fruchtblase darf aber nicht platzen, bis du auf dem Entbindungstisch liegst. Es wird eine schwierige Geburt, denn das Baby kommt umgekehrt, mit den Füßchen nach vorne.« Bilija wusste nicht, was das bedeuten sollte, wollte aber befolgen, was der Doktor sagte. Der verließ das Krankenzimmer und Bilija schlief ein. Um drei Uhr morgens verspürte sie einen scharfen Schmerz. Sie klingelte nach der Schwester, die auch gleich kam. Bilija sprach von ihren Schmerzen. Die Schwester untersuchte Bilija kurz und sagte dann: »Ich bringe dich zur Entbindungsstation.«

Die Entbindungsstation war auf der anderen Seite und von der Gynäkologie durch einen langen Flur und einen Warteraum getrennt. Hier erwartete Bilija dasselbe Bild wie in Norin, als sie Doriel entbunden hatte. Der einzige Unterschied war die Professionalität, mit der gearbeitet wurde. Die Hebammen und Krankenschwestern waren besser gestimmt und behandelten die werdenden Mütter mit mehr Menschlichkeit und größerer Herzlichkeit. Bilija wurde ein Bett zugewiesen und die Hebamme Marina sagte: »Du musst liegen. Du darfst nicht aufstehen oder gar herumspazieren, bis wir dich in den Kreißsaal bringen. Wenn du Schmerzen bekommst, kannst du schreien, so laut du willst. Es wird dir besser gehen, wenn du schreist.«

Dann wurde Bilija in den Kreißsaal gefahren. Schwester Nadalin und die Hebamme Marina waren da. Dr. Milan zerstach mit einem Gerät Bilijas Fruchtblase und die Entbindung begann. Das Baby kam wirklich mit den Füßen voran. Marina hielt die Schere am Zeigefinger, ließ sie wackeln und wiederholte lächelnd: »Du musst pressen und es genauso machen, wie wir es dir sagen. Wenn du es nicht machst, werde ich dich schneiden.« Und sie machte mit der Schere eine schnippende Bewegung. Bilija presste, wenn die Wehen kamen, und Hebamme und Schwester reizten sie mit ihren Schreien »Pressen! Pressen!« Der halbe Körper des Babys kam heraus und Bilija merkte, dass sie keine Kraft mehr hatte. Schultern und Kopf blieben in ihrem Körper. Da beugte sich Dr. Milan über Bilijas Gesicht und sagte entschlossen: »Bilija, jetzt kommt der entscheidende Moment. Ich werde gegen deinen Bauch drücken. Wenn ich sage ‚pressen', dann musst du mit der vollsten Kraft, die du jemals hattest, pressen. Das Kind muss auf einmal rauskommen. Der Kopf darf nicht drinbleiben, während du noch mal Kraft tankst, dann wird dein Baby ersticken. Ernsthaft sah er ihr in die Augen und sie erwiderte seinen Blick, nahm ihn als ihren Arzt, aber auch als einen Freund, einen Mann, ja einen Gott wahr, als sie versuchte, in seinem Gesicht zu lesen. Er schien das zu spüren und merkte vor allem, dass die Wehen kamen. Als diese am stärksten waren, drückte er mit ganzer Kraft auf Bilijas Bauch und forderte im Befehlston: »Jetzt, Bilija, jetzt! Mit voller Kraft!« Bilija presste mit einer noch nie dagewesenen Energie. Ihr Oberkörper wurde angehoben, sie griff nach der Hand des Doktors und biss mit Wucht hinein. Das Baby rutschte in die Hände der Hebamme. Marina ergriff es an den Füßchen, klatschte ihm leicht aufs Hinterteil und das Kind begann kräftig zu schreien.

Der Doktor sagte nur: »Geschafft. Ich gratuliere dir.«

»Danke, Doktor. Entschuldigen Sie, dass ich Sie gebissen habe.«

Er berührte Bilija an der Schulter und sagte: »Macht nichts. Ich habe in diesem Saal schon Schlimmeres erlebt.« Kurz darauf verschwand er. Jetzt kümmerten sich Nadalin und Marina um Bilija und ihr Baby. Nachdem die Nabelschnur durchtrennt war, sagte Nadalin: »Meine Gratulation. Du hast eine Tochter zur Welt gebracht.«

Dann wurde das Baby gemessen und gewogen. »Dein Kind ist 3.250 Gramm schwer und 53 Zentimeter lang. Jetzt bringen wir dich auf Station. Dein Baby muss 24 Stunden schlafen. Dann bekommst du es zum Stillen. Wenn du Schmerzen in den Brüsten hast, dann musst du abpumpen«, sagte die Schwester.

DIE BEIDEN KINDER

Am zweiten Tag kam Simon zu Besuch. Bilija gab ihm das Baby. Er war so verwirrt, dass er sein Kind nur eine Minute lang auf dem Arm hielt und es Bilija gleich zurückgab, sich die Tränen aus den Augen wischte und wieder fortging. Bilija begriff nicht, was los war. Am folgenden Tag kam Simon aber wieder und erklärte ihr, dass er in seinem Leben schon so viel Unglück erlebt habe, dass er Angst gehabt hätte, das Kind anzufassen, in der Sorge, dem Baby könne etwas zustoßen. Bilija sagte nichts, doch konnte sie ihren Mann verstehen. Wer viel Leid erlebt hat, erwartet an jeder Wegbiegung, dass das nächste Unglück zuschlägt.

Nach einer Woche holte Simon Bilija und das Baby mit dem Auto ab. Er hatte auch einen Namen vorgeschlagen: »Sie soll Corina heißen, das wünsche ich mir.«

Dr. Milan aber schenkte er zum Dank eine goldene Uhr und ein Markenfeuerzeug.

Die kleine Corina entwickelte sich, trotz der Komplikationen um ihre Geburt, zu einem überaus netten und ganz normalen Baby, das nur dann schrie, wenn es etwas wollte, und auch sonst keine ungewöhnlichen Verhaltensweisen zeigte. Das Leben in der Familie ging weiter und Dora kam aus Österreich zurück, denn sie wollte das Aufwachsen ihres Enkelkindes miterleben. Bilija, die an ihrem Arbeitsplatz für ein Jahr Mutterschutz genoss, war davon nicht sehr begeistert. Aber sie konnte nichts dagegen tun, dass ihre Schwiegermutter vorbeikam, denn Simon hatte von Anfang an klare Regeln aufgestellt, die ihre Ehe und die Rechte seiner Mutter betrafen. Das Zusammenleben funktionierte recht und schlecht: Dora machte Bilija keine Vorwürfe mehr und die kleine Corina verzauberte alle mit ihrem strahlenden Lächeln aus ihrem runden Babygesicht und mit ihren grünen Augen. Wenn das Kind lächelte, waren alle Konflikte in der Familie wie weggeblasen. Simon ging glücklich seiner Arbeit nach. Das Haus und der Garten in Eischenor dienten zur Versorgung mit frischem Obst und Gemüse, auch mit Blumen, und er war ein Rückzugsort im Grünen, wenn in der Stadt Norin Hitze oder Kälte unerträglich wurden und die Familie vor den Launen der Jahreszeiten Schutz suchte.

Nach einem Jahr des Mutterschutzes kehrte Bilija an ihren Arbeitsplatz zurück. Musste sie vormittags arbeiten, übernahm Dora Corinas Betreuung. Die Schwiegermutter wollte aber nicht bis zum Nachmittag bleiben, sondern in ihr Haus nach Eischenor zurückkehren. An solchen Nachmittagen, wenn Dora gegangen war, saß Bilija in der Wohnung in Norin und blickte mit besonderem Ernst auf ihr bisheriges Leben zurück. Welche Schicksalsschläge hatte sie schon als junge Frau erleben müssen? Trug sie die Schuld daran? Jetzt hatte sie endlich ein großes Glück erfahren, denn ihre Tochter bedeutete für sie ihr Leben. Bilija schob die düsteren Gedanken beiseite, freute sich an ihrem Kind und an ihrem Dasein als junge Mutter. So war es auch an einem Morgen im Jahr 1979, als Simon auf der Arbeit war. Er hatte Nachmittagsschicht. Corina meldete sich mit einem Weinen und signalisierte damit, dass sie schlafen wollte. Bilija überlegte. Sie musste auch das Abendessen für ihre kleine Familie kochen. Da blieb wirklich keine Zeit, um in der Vergangenheit zu forschen! Sie nahm ihr Kind in die Arme und sang ihm ein Lied aus längst vergangenen Zeiten vor, das Gica gern gesungen hatte, wenn sie im Winter beim Handarbeiten auf dem Bett gesessen hatte. Darüber schlief Corina tief und fest ein. Bilija trug sie in ihr Kinderbett und schaute nach, welche Zutaten sie für das Abendessen benötigte. Es fehlte Fleisch. Die Metzgerei war zehn Minuten von der Wohnung entfernt. Ich muss schnell losgehen, dachte Bilija, überzeugte sich davon, dass das Kindchen im Bett fest schlief und rannte schnell zur Metzgerei. Doch gerade, als sie die Straße überqueren wollte, sah sie Zaro, mit dem sie in Caroli, als sie zur Wirtschaftsschule ging, öfter ausgegangen war. Sechs Jahre hatte sie ihn nicht gesehen. Sein Militärfest hatte er mit Bilijas Klassenkameradin Neda gefeiert, aber nach fünf Monaten Militärzeit hatte er begonnen, an Bilija Briefe zu schreiben. Das waren richtige Liebesbriefe gewesen! Bilija hatte ja auch keine Ahnung gehabt, dass sie Simon Badaik heiraten würde. Also hatte sie Zaro zurückgeschrieben, ohne jeden Hintergedanken. Jede Woche hatte sie einen Brief von ihm erhalten. Von gemeinsamem Leben und allem Möglichen war darin die Rede. Für Bilija hatte das alles wie Süßholzraspeln geklungen und trotzdem hatte sie ihm geantwortet. Eine Woche, bevor Zaro aus dem Militärdienst entlassen werden sollte und sie auf seinen letzten Brief antworten sollte, hatte Bilija Simon aus Eischenor, der ihr schließlich am Weltfrauentag, dem 8. März, einen Antrag gemacht hatte, geheiratet. Als Zaro nach Caroli zurückgekehrt war, hatte er durch Freunde von Bilijas Verheiratung erfahren. Er nahm dann eine Nada zur Frau, aber die Ehe zerbrach nach nur sechs Monaten und sie trennten sich wieder. Zaro heiratete dann eine Frau aus Trebinje, wo er seine Militärzeit verbracht hatte, und bekam mit ihr sein erstes Kind. Das hatte wiederum Bilija von ihren ehemaligen Schulkameradinnen erfahren, die in Caroli geblieben waren. Ja, sie hatte ab und zu an ihn gedacht, aber eigentlich wollte sie nichts mehr von ihm wissen, denn sie war jetzt eine verheiratete Frau. Und an diesem schönen Vormittag im Spätsommer stand er nun vor ihr, schön, gut gebaut und sehr gepflegt.

»Hallo Bilija«, sagte er.

»Hallo Zaro. Was machst du hier?«

»Ich arbeite hier in der Gegend beim Straßenbau. Ich habe gerade Zeit und wollte dich sehen. Wir können zusammen Kaffee trinken. Ich lade dich ein.«

Bilija las die Bitte in seinen Augen. Sie wusste genau, dass das nicht in Ordnung war und wo das hinführen würde. So nahm sie ihre ganze Kraft zusammen: »Vielen Dank, Zaro. Ich bin jetzt eine verheiratete Frau und habe ein kleines Kind, das ich allein in der Wohnung zurückgelassen habe. Ich muss sofort nach Hause, denn meinem Kind kann weiß Gott was passieren.« Traurig sah er sie an und sagte: »Ich weiß. Ich bin auch verheiratet. Und habe auch ein Kind. Das ist aber in Caroli zu Hause bei seiner Mutter. Ich denke, wir sollten reden.«

Bilija erwiderte ernst und entschlossen: »Nein, Zaro, glaube mir, es gibt nichts mehr zu reden. Mach es mir bitte nicht zu schwer.« Sie sahen einander in die Augen und wussten beide, dass dies das letzte Mal war, dass sie sich sahen. Bilija senkte den Blick und sagte knapp: »Ich muss nach Hause. Tschüss.« Und hastig ging sie zur Metzgerei, kaufte ihr Fleisch und kehrte nach Hause zu ihrem Kind zurück. Zum Glück war alles in Ordnung. Corina war inzwischen aufgewacht und strahlte ihre Mutter aus ihren grünen Augen an.

Abends kam Simon von seiner Schicht nach Hause. Das Paar saß zusammen, sie sprachen über Praktisches. Er spürte aber, dass etwas geschehen sein musste und fragte, was los sei. Bilija nahm ihn in die Arme und sagte: »Nichts ist los. Ich bin nur froh, dass du hier bist und unser kleines Familienleben mit mir genießen kannst.«

Zaro aber traf sie seit dieser Begegnung nie wieder. Später erfuhr sie, dass er seine Arbeit in der Region Norin abgebrochen und wieder in die Gegend von Caroli zurückgekehrt war. Sie wollte nicht mehr an diese Angelegenheit denken.

Nach einem Monat intensiver Ausbildung zum Technischen Leiter in Schweden kam Simon Badaik wieder nach Hause. Einige Tage nach seiner Rückkehr verspürte Bilija Übelkeit und sie fühlte sich nicht wohl. Sie führte das auf Überarbeitung und Schlafmangel zurück, aber das Unwohlsein hörte nicht auf. Schwanger? Das schloss sie aus, hatte sie doch gerade erst ihre Regel gehabt. Weiter ging sie ihrer Arbeit nach. Aber sie merkte, dass sie nicht mal den Kaffeegeruch ertragen konnte. Einen Monat lang wartete sie. Als ihre Regel ausblieb, wandte sie sich an einen Arzt. Im Krankenhaus von Norin bestand sie darauf, von Frau Dr. Gradica behandelt zu werden. Sie wollte auf keinen Fall noch mal zu Dr. Andra.

Dr. Gradica hatte gerade ihren Facharzt in Gynäkologie gemacht und wirkte auf Bilija sehr nett und ehrlich. Sie war froh, in Norin eine gute Behandlung zu erwarten und nicht noch mal nach Korid zu müssen. Sie hatte Dr. Milan zwar in sehr guter Erinnerung, doch der Anfahrtsweg war sehr weit und anstrengend gewesen. Dr. Gradica empfing Bilija und untersuchte sie. Als sie fertig war, warf sie ihre Handschuhe in den Korb, blieb neben dem Behandlungstisch stehen und wartete, bis Bilija sich aufgesetzt hatte. Dann sagte sie: »Sie sind seit zweieinhalb Monaten schwanger. Aber

Ihr Uterus ist sehr tief gelegen und Ihr Kind hat sich genau dort eingenistet, genau dort, wo die Gebärmutter beginnt. Ohne Eingriff können Sie Ihr Kind nicht austragen. Wenn Sie es haben wollen, dann müssen wir Ihr Uterusrohr zunähen. Wenn sie im neunten Monat sind, dann schneiden wir die Fäden und Sie werden normal entbinden.«

Bilija sah ihre Ärztin überrascht an. Natürlich wollte sie das Kind! Sie fragte, ob das alles sofort gemacht werden könne. Dr. Gradica sagte: »Nein, ich gebe Ihnen einen Termin, der Eingriff muss im OP unter Narkose erfolgen. Sie dürfen nicht mehr schwer tragen, keinen Körperkontakt mit Ihrem Mann haben und nicht mehr in der Firma arbeiten. Verbringen Sie Ihre Zeit meistens liegend.« Das kam Bilija bekannt vor. Sie wusste, wie schwer das war, aber sie wollte ihr Kind unbedingt haben.

Zuhause erzählte sie Simon alles. Auch er wollte das Kind, hatte aber Angst um Bilija. Er machte keine großen Worte, küsste sie, drehte sich um und ging in den Garten. Dort blickte er in die Ferne. Dora aber sagte: »Nein, ich will keine Enkelkinder mehr.« Bilija wandte sich von ihrer Schwiegermutter ab und sagte unhörbar: »Du bestimmst nicht, ob ich noch ein Kind bekommen soll.« Um nicht vor Ärger zu explodieren, ging sie in einen anderen Raum.

Drei Tage später wurde Bilijas Operation erfolgreich durchgeführt. Als Bilija aus der Narkose erwachte, trat Dr. Gradica an ihr Bett und sagte: »Wir haben alles getan, was gemacht werden musste. Jetzt müssen Sie sich so verhalten, wie wir es Ihnen gesagt haben, damit Sie Ihre Schwangerschaft schützen.«

Nach ihrer Entlassung aus dem Krankenhaus meldete sie sich zuerst bei ihrem Arbeitgeber. Ihre Vorgesetzten waren nicht begeistert, als sie von Bilijas Zustand erfuhren. Sie ließ den Druck an sich abprallen und ließ sich krankschreiben. Diesmal schonte sie sich wirklich und ihre Schwangerschaft verlief erfolgreich. Auf Doras Vorwürfe achtete sie nicht. Die inzwischen dreijährige Corina aber freute sich auf ihr Geschwisterchen und umarmte, so oft sie konnte, Mutters Bauch und küsste ihn. Auch Simon freute sich, aber zeigte es, so wie es seine Art war, nur wenig.

Zwei Wochen, bevor sie den siebten Schwangerschaftsmonat erreicht hatte, bekam Bilija Schmerzen. Sie hatte sofort Angst um ihr Kind und ließ sich von Frau Dr. Gradica untersuchen. Die Ärztin kontrollierte auch Bilijas Mutterpass und sagte dann, dass das Kind schon kommen wolle: »Wir werden dich nach Caroli bringen lassen, denn dort gibt es einen Brutkasten für frühgeborene Kinder. Das ist vernünftiger, als dich hier zu behalten. Wir können aber nicht dafür haften, dass dein Kind den Transport überlebt.«

Trotz aller Risiken wurde der Transport vorgenommen. Im Krankenhaus von Caroli wurde Bilija sofort aufgenommen. Sie sollte möglichst viele Tage liegen und ihr Kind im Mutterleib behalten. Je mehr es im Innern des mütterlichen Körpers blieb, desto besser konnte es an Gewicht zunehmen und wachsen. Die Fäden an Bilijas Uterus wurden entfernt, das war ein kurzer und schmerzloser Eingriff. Danach kehrte sie in den Entbindungswarteraum zurück. Als sie saß, bekam sie Wehen und musste laut schreien. Eine Hebamme, die Nada hieß, kam und sagte streng: »Du sollst nicht schreien. Der Doktor ist müde.« Bilija begann auf dem Krankenhausflur auf und ab zu spazieren. Die Hebamme kam wieder und forderte sie auf, ins Bett zu gehen. »Und seien Sie still. Der Doktor Boban schläft.« Bilija tat, wie ihr gesagt worden war.

Wieder kamen die Wehen. Bilija ertrug es schweigend. Aber dann spürte sie, dass ihr Kind kommen wollte. »Schwester, mein Baby kommt!« rief sie laut. Die Hebamme geriet in Panik, kam herbeigerannt und schrie: »Du Dummerchen, willst du ein Baby im Bett entbinden? Willst du, dass ich wegen dir meinen Job verliere? Sofort gehen wir zum Behandlungstisch.« Sie hakte Bilija unter, führte sie in den Kreißsaal und forderte sie auf, sich auf den Behandlungstisch zu legen. Dort sagte sie streng: »Pressen! Pressen!« Beim dritten Mal rutschte das Kind in die Arme der erleichterten Hebamme. Aber Bilija war traurig. »Schwester, mein Kind weint ja gar nicht.«

Die Geburt ihres ersten Kindes stand ihr erschreckend vor Augen. Alles war wie bei dem kleinen Doriel! Da fasste Neda das Baby an den Beinen und gab ihm einen Klaps auf den Po. Es fing an zu schreien. »Sie haben einen kleinen Sohn geboren«, sagte die Hebamme und Bilija war sehr glücklich. Dann kam Dr. Selena, um das Kind zu untersuchen. Die Ärztin sagte zu Bilija: »Ihr Kind ist zu früh geboren. Es muss in den Brutkasten, bis es sein normales Gewicht erreicht hat. Jetzt ist Ihr Sohn nur 2250 Gramm schwer und nur 47 Zentimeter groß. Wir stellen ihn an Ihr Fenster, damit Sie ihn sehen können. Die Brust können Sie ihm nicht geben, aber Sie sollten regelmäßig abpumpen und wir werden ihn mit der Pipette künstlich ernähren.«

Als Bilija stehen konnte, fragte sie die Stationsschwester Mira sofort, ob sie ihr Kind sehen könne. »Ja«, erhielt sie zur Antwort. »Aber wir können Sie nur in die Box schauen lassen, wegen der Hygienevorschriften. Danach können Sie ihn durch eine Glaswand sehen.« Bilija folgte der Schwester Mira und schaute in den Brutkasten. Da sah sie ihren Sohn: ein kleines Wesen mit Nadeln am Kopf, in den Füßchen und den

Händchen. Nadeln, die seiner Ernährung dienten. Er schlief. Bilija war glücklich, weil er lebte, aber auch traurig, weil er an diese Nadeln gefesselt war und so sein Leben beginnen musste. Da musste sie weinen. Die Schwester sah sie mitleidig an, sagte aber nichts.

Am Nachmittag kam Simon mit Corina und Dora zu Besuch. Bilija erklärte ihm, dass er sein Kind nur durch ein Fenster sehen könne. Sie wollte ihrem Sohn den Namen Milan geben, in Erinnerung an den guten Arzt, der ihre Tochter entbunden hatte. Juliana jauchzte: »Ja, Mama. Ich will auch, dass er Milan heißt!« Und so bekam Bilija und Simon Badaiks Sohn den Namen Milan.

MUTTERINSTINKT UND MUTTERGLÜCK

Nach zwei Stunden verabschiedete sich die Familie und Bilija blieb im Krankenhaus. Jeden Morgen und jeden Nachmittag bekam sie Nachrichten über ihren Sohn. Tagsüber pumpte sie Milch ab und gab sie der Krankenschwester, damit sie dem kleinen Milan die Milch mit der Pipette in den Mund tropfen konnte. Die meiste Zeit aber verbrachte Bilija vor der Box, in der Milan in Windeln eingewickelt lag. Stundenlang betrachtete sie das Baby und weinte immer wieder. Sie ging nur weg, wenn sie es musste. Bilija hatte Angst. Sie wollte nicht riskieren, dass die Sache so ausging wie mit Doriel. Ärzten und Krankenschwestern vertraute sie nicht mehr. Milan wurde jetzt von der Kinderärztin Dr. Selena behandelt, die zweimal am Tag zur Visite kam und auch mit den Müttern sprach. Sie sagte zu Bilija: »Mit deinem Kind sieht es nicht gut aus. Wenn Milan nicht in zwei Tagen an Gewicht zunimmt, wird er sterben. Wenn er 50 Gramm oder mehr zunimmt, hat er aber eine gute Überlebenschance. Er wird zwar oft krank werden, weil er zu früh auf die Welt gekommen und zu klein ist, aber das ist nicht lebensbedrohlich.«

Da wurde der Mutterinstinkt in Bilija wach und sie beschloss, ihr Kind zu retten. »Frau Dr. Selena«, fragte sie, »kann ich mein Kind bei mir haben? Nehmen Sie es weg von den Apparaten!« Die Ärztin war einverstanden. Sie sagte aber: »Sie müssen die Milch aus Ihrer Brust in seinen Mund tropfen, und ihm die Brust immer wieder geben. Vielleicht wird er selber versuchen zu trinken.«

Dr. Selena forderte eine Krankenschwester mit Namen Rada auf, Bilija ihr Kind zu bringen und ordnete an, dass Milan bei seiner Mutter übernachten würde. Zehn Minuten später hielt Bilija ihren Sohn im Arm. Sie musste sehr vorsichtig sein, denn er war so klein. Bilija tupfte ihre Brustwarze gegen Milans Mündchen und beim dritten Versuch schaffte es der Kleine, seinen Mund um die Warze zu schließen und mit seiner schwachen Kraft zu saugen. Zuerst schwach, aber dann mit seiner vollen Kraft. Bilija verspürte ein starkes Glücksgefühl und Milan war zufrieden. Als er satt war und aufgehört hatte zu saugen, öffnete er zum ersten Mal seine schönen grünen Augen und sah seine Mutter an. Bilija wusste zwar nicht, ob er sie wirklich erkannt hatte, denn man sagt, die ganz kleinen Babys können nichts sehen, aber er lächelte mit einem Mundwinkel und schlief in Bilijas Händen ein. In dieser Nacht ließ sie ihn trinken, wann immer er wollte, und am kommenden Tag auch. Am Abend kam Dr. Selena und sagte zur Schwester, sie solle Milan wiegen. Am Vorabend hatte er 2200 Gramm gewogen. Jetzt waren es 2250 Gramm, also 50 Gramm mehr! Bilija war überglücklich. Auch Dr. Selena war erleichtert. Denn sie hatte dieses Kind am Leben erhalten und wollte auch für sein weiteres Leben Sorge tragen. Sie sagte zu Bilija: »Ihr Kind ist gerettet. Morgen werden wir Sie beide aus dem Krankenhaus entlassen.« Dann erklärte sie ihr noch einmal, wie man mit einem so kleinen Kind umgeht, aber Bilija wusste das alles längst.

Am anderen Morgen kamen Simon, Dora und Corina, um Bilija und Milan abzuholen. Als Dora den Kleinen sah, vergaß sie, dass sie nicht noch ein Enkelkind haben wollte. Sie schaute lächelnd auf das schlafende Baby und sagte: »Er ist ehrlich wie sein Vater.«

Bilija streifte ihre Schwiegermutter schweigend mit einem Seitenblick.

Mit Milan, Corina, Simon, Bilija und Dora war die Familie Badaik komplett. Dass es weitere Kinder nicht geben würde, war klar, auch wenn nicht darüber gesprochen wurde. Zu kompliziert waren die Geburten gewesen. Milan war ein sehr ruhiges Baby. Er weinte nur, wenn er Hunger hatte oder nass war. Corina zeigte ihre kindliche Eifersucht, indem sie, immer, wenn Milan an der Brust seiner Mutter lag, zu den beiden hinlief und eine Tasse Milch trank. So hatte Bilija oft beide Kinder zugleich in ihren Armen. Simon war überglücklich und versuchte, der beste aller Ehemänner und Väter zu sein. Er kämpfte für seine Familie und setzte bei seinem Unternehmen durch, dass er in Norin eine größere Wohnung für sich und seine Familie bekam. Bilija freute sich sehr. Doch nach einigen Monaten kam Simon wutentbrannt nach Hause: Er erzählte, dass er übers Ohr gehauen worden und die Wohnung einem anderen zugeteilt worden sei. Nach einer Woche Niedergeschlagenheit war auch Bilijas Mutterschutzfrist vorbei und sie musste wieder auf der Arbeit erscheinen. Das war im Frühjahr 1982. Simon aber bekam nur eine Zweizimmerwohnung von seinem Arbeitgeber zur Verfügung gestellt.

»Sei nicht traurig«, sagte Bilija zu ihm. »Das ist besser als nichts.« Aber im Innern war sie immer noch enttäuscht und verärgert.

Als Corina vier Jahre alt war, wurde sie von ihren Eltern im Kindergarten angemeldet. Der einjährige Milan kam in die Krippe. Bilija empfand große Dankbarkeit für ihre Kinder und betete zu Gott, dass diese gesund heranwachsen würden.

Die stille Corina passte sich im Kindergarten schnell an. Sie spielte mit Puppen und liebte Bücher. Aber sie wollte nicht tanzen und mit ihren Kameradinnen spielte sie kaum. War sie nicht ähnlich, wie Bilija selbst als kleines Kind gewesen war? Nur dass Bilija damals auf dem Land gelebt hatte, zwischen Feldern und Schafen, und dass der Urgroßvater Adam für sie gesorgt hatte?

Für den Weltfrauentag, den 8. März 1983, wurde im Kindergarten ein Tanz vorbereitet. Die Kinder sollten ein musikalisches Programm für ihre Eltern aufführen. Dafür übten sie einen Volkstanz ein. Corina aber wollte das gar nicht erst versuchen.

»Komm tanzen, du bist doch nicht aus Paris, sondern aus Eischenor«, sagte die Erzieherin mit halbem Lächeln. Aber das Kind entgegnete ernst: »NEIN. Ich will nicht tanzen.« Bilija beobachtete das alles und versuchte, zwischen dem Kind und der Erzieherin Zarka zu vermitteln.

»Wenn Corina nun nicht tanzen will ...«

»Dann hat sie aber gar keine Rolle für diesen Festabend ...«

Bilija dachte einige Sekunden nach. Dann schaute sie Zarka in die Augen und sagte: »Geben Sie ihr ein Gedicht auf der Bühne zum Vortragen. Zum Beispiel für ihre Mutter. Denn das Fest ist ein Frauen- und Müttertag.«

Zarka war etwas verblüfft, sagte dann aber: »In Ordnung. Es ist allerdings nur noch wenig Zeit bis zur Veranstaltung, um das Gedicht auswendig zu lernen, aber Ihre Tochter saugt ja wie ein Schwamm sofort alles auf. Sie mag Gedichte.«

Und so bekam die Vierjährige ein Gedicht zum Vortragen. Am Festabend trug Corina einen weißen Rock mit besticktem Saum und eine Bluse mit Stehkragen und zwei Volants rechts und links neben der Knopfleiste. Sie hielt frische rote Nelken in der Hand, passend zum Anlass. Das war Corinas erster Auftritt.

Verängstigt huschten ihre Blicke über das Publikum hinweg, suchten nach der Mutter. Als sie Bilija in der ersten Reihe sitzen sah, lächelte sie unauffällig. Ihre wunderschönen grünen Augen leuchteten vor Freude. Zwei Zöpfe mit roten Schleifen fielen über ihre Brust. Das Mädchen richtete seine Blicke direkt auf die Mutter und begann das Gedicht eines unbekannten serbischen Autors zu rezitieren:

An diesem Tag klopft mein Herz aufgeregt
Viele Wünsche für meine Mutter sind darin verborgen
Aber welche soll ich zuerst nennen?
Soll ich ihr sagen, dass ich ihr Glück wünsche?
Ich weiß aber, dass sie das nicht glücklich machen wird.
Deshalb werde ich leise zu ihr gehen,
sie mit meinen zwei Händchen umarmen
und ihr sagen: ICH LIEBE DICH, MAMA.

Corina verbeugte sich. Dann schaute sie noch einmal mit fragendem Blick in Bilijas Augen. Diese nickte und senkte den Kopf, um ihre Tränen zu verstecken. Der Saal bebte vom trommelnden Applaus. Das kleine Mädchen verschwand hinter dem Vorhang. Kurz darauf war die Veranstaltung zu Ende. Bilija nahm ihr Kind an die Hand, verabschiedete sich von der Erzieherin und ging nach Hause. Dort wartete der Rest der Familie. Alle hörten aufmerksam zu, wie alles verlaufen war. Corina erzählte mit ihrer kindlichen Stimme, was sie erlebt hatte und wie glücklich sie wegen dem erfolgreichen Abend war.

Erst Monate später fragte Bilija sie: »Corina, warum wolltest du nicht mit deinen Kameradinnen gemeinsam tanzen?«

»Weil ich es nicht mag, Mama. Als der Tanz anfing, haben sie gestritten, wer neben wem tanzen soll. Ich konnte mich nicht entscheiden und auch zur Musik herumspringen, das mag ich nicht. Ich will das nicht.« Bilija sah ihr Kind besorgt an und sagte zu sich selbst: »Mensch, sie ist vier Jahre alt. Was soll später nur aus ihr werden, wenn sie jetzt schon so genau weiß, was sie will. Bilija, du musst sehr viel Mut, Verstand und Geduld aufbringen, um dieses Kind erfolgreich großzuziehen!«

Ab und zu dachte Bilija an ihr eigenes Fortkommen. Doch die Familie mit ihrem Mann, zwei kleinen Kindern und einer Schwiegermutter, die auch nach Aufmerksamkeit verlangte, war ihr wichtiger. Das hätte Bilija in früheren Jahren auch nicht von sich selbst gedacht, dass ihr mal etwas anderes wichtiger sein könnte als das Lernen. So schob sie die Gedanken an ihre Weiterbildung zunächst beiseite. Irgendwann würde ihre Chance kommen und dann würde sie sie ergreifen! Von ihrem Vorgesetzten schaute sie sich ab, welches Verhalten für einen erfolgreichen Kaufmann wichtig war. Sie beobachtete, wie er mit seinen Kunden, anderen Menschen, Kindern und seinen eigenen Vorgesetzten umging. Direktor Antoni kam nämlich sehr oft in das Geschäft, in dem Bilija arbeitete, zu Besuch zum Geschäftsführer Slavko und führte ausgiebige Gespräche mit ihm. Er wollte alles erfahren, was in seinem Unternehmen los war. Ein paar Worte wechselte er auch stets mit Bilija. Diese antwortete höflich, blieb aber immer auf Distanz. Denn das erste, was sie in ihrer Ausbildung von ihrer Professorin Milanka gelernt hatte, war der strenge Satz: »Lassen Sie sich niemals von Ihrem Vorgesetzten verführen.« Und so blieb das Verhältnis zwischen Antoni und Bilija immer professionell, bei voller Sympathie und mit immer lächelnder Begrüßung. Antoni heiratete schließlich eine junge Frau namens Gabriela, sie war die Tochter eines älteren Geschäftsmannes, und sie bekamen einen Sohn. Gabriela erhielt eine Stelle im Textilwarenhaus Beograd in Norin. Das hätte Bilija auch gefallen, die ja so gern mit Stoffen umging und ihren Eltern einst die Ausbildung zur Schneiderin abgetrotzt hatte! Mehr wollte Bilija gar nicht über Gabriela erfahren. Sie akzeptierte und respektierte Antoni Devic als Direktor der Firma *In-Interi* Norin, die erfolgreich von ihm geführt wurde. Auch wenn sie ihn manchmal heimlich sehr attraktiv fand.

Während Corina in den Kindergarten ging, hatte Milan mit einem Jahr einen Platz in der Krippe bekommen. Er war noch sehr zart, nach all den Kinderkrankheiten, die er in seinem ersten Lebensjahr ertragen musste und nach all den Tränen, die seine Eltern darüber vergossen hatten. An den ersten drei Tagen war Bilija bei ihm geblieben, damit er sich eingewöhnte. Alles schien in Ordnung. Nach einer Woche aber, als sie ihn holen wollte, waren seine Augen rot vom Weinen. So ging das in den folgenden Tagen weiter. Seine Windel war nicht gewechselt und seine Augen waren ständig gerötet. Da wollte Bilija der Sache auf den Grund gehen. An einem Morgen ging sie sehr früh in die Krippe, um zu beobachten, wie Milan sich benahm. Als sie den Raum betrat, saßen und knieten die kleinen Kinder rund um einen niedrigen Tisch und aßen Pfannkuchen. Milan saß auch dort, aber er aß nicht. Er hielt seinen Pfannkuchen vor den Mund und weinte. Seine Tränen flossen ununterbrochen. Bilija begriff sofort, dass ihr Kind hier vollkommen fehl am Platze war. Er würde umkommen, wenn sie ihn weiter in die Krippe brachte! Der Erzieherin sagte sie, dass sie ihren Sohn nicht mehr bringen würde. Diese beschwerte sich: »Ja, da wird aber der Platz einfach unbesetzt sein. Für diesen Monat haben wir kein anderes Kind!«

»Das ist nicht mein Problem!«, entgegnete Bilija mit wütenden Blicken. »Mein Kind kommt seit über einem Monat her. Es ist ständig am Weinen und hat die Hose voll.« Die Erzieherin setzte noch einmal zu einer Antwort an. Bilija unterbrach sie, bevor sie reden konnte: »Sie hatten genug Zeit, den Kleinen in der Krippe einzugewöhnen. Sie haben schlichtweg versagt!« Abrupt drehte sie sich um und verließ den Raum, schlug die Tür hinter sich zu und ging zur anderen Seite des Gebäudes, begrüßte die Erzieherin Zarka und nahm Corina mit nach Hause. Dort erklärte sie ihrer Schwiegermutter, dass sie ab sofort Kinderbetreuung für Milan benötige, und bat sie, das zu übernehmen. Erst als Simon nach Hause kam, erzählte sie alles. Er sagte nur: »Das hast du gut gemacht. Ich habe gemerkt, dass Milan dort nicht gut aufgehoben ist, aber ich wollte mich nicht einmischen. Und was jetzt?«

»Ich habe mit Mama gesprochen. Sie soll Milan tagsüber betreuen. Die Arbeiten auf den Feldern sind bald zu Ende und wir müssen nicht mehr andauernd nach Eischenor. Wir werden auch unsere Schichten so anpassen, dass immer einer für die Kinder frei ist.«

Alles lief besser als erwartet. Die Familie gab alles, damit die Kinder bestmöglich betreut waren. Kummer bereitete ihnen nur, dass Milan ständig krank wurde. Weil er im Alter von 3 ½ Monaten schon mal eine schwere Bronchitis gehabt hatte und deswegen ohne sichtliche Besserung für sechs Wochen im Krankenhaus gelegen hatte, unternahmen Bilija und Simon alles, damit er gesund blieb. Sein Kinderarzt empfahl ihnen, mit ihrem kleinen Sohn für zwei Wochen zur Kur nach Banjo Sona zu gehen, um die salzhaltige Luft zum Inhalieren zu bekommen. Und so fuhr Bilija mit Milan in das Heilbad im Bezirk Banjo Sona. Schon nach drei Tagen bekam er hohes Fieber, über 40 Grad. Die Ärztin in dem Heilbad schickte Bilija sofort wieder nach Hause: »Der Aufenthalt hier wird ihm nicht helfen.« Nach einer Woche wurde Milan gesund und erkrankte dann aber wieder. So wechselte das jede zweite oder dritte Woche. Corina war ein gesundes Kind. Sie war nur traurig, weil sie mit ihrem Bruder nicht so oft spielen konnte, wie sie wollte. So ging das über zwei Jahre. In seinem dritten Lebensjahr, als er viele Penizillinspritzen bekommen hatte, bekam er wieder Fieber. Mitten in der Nacht ging Bilija mit ihrem Kind zum Arzt. Seine derzeitige Kinderärztin hatte gerade Nachtdienst in der Notaufnahme. Sie sagte, dass er wieder seine chronische Bronchitis bekommen habe und sofort Penizillin brauche. Eine Injektion bekam er sofort. Am anderen Morgen solle Bilija mit Milan zur regulären Untersuchung kommen, dann bekäme er eine weitere Spritze. Die Ärztin verabschiedete Mutter und Kind – Bilija hatte Milan noch gewickelt – da merkte sie auf halbem Weg im Flur, dass mit ihm etwas nicht in Ordnung war. Milan wurde blau und er rang nach Luft. Sofort rannte Bilija zu der Ärztin zurück. Die reagierte sofort, und sagte, dass das Kind einen Penizillinallergieschock habe.

»Milan ist auf Penizillin allergisch geworden. Er darf das sein ganzes Leben lang nicht mehr bekommen.« Die Ärztin Lana spritzte ihm ein Gegenmittel und Milan bekam allmählich seine gewohnte Farbe zurück. Er begann normal zu atmen. Bilija blieb mit ihm noch zwanzig Minuten auf der Aufnahmestation, dann sagte die Ärztin, sie solle nach Hause gehen, denn die Gefahr sei vorbei.

Bilija beschloss, die Kinderärztin zu wechseln. Denn schon nach drei Wochen wurde Milan wieder krank. Bilija ging zu einem älteren Arzt mit Namen Niko, der vor seiner Pensionierung stand. Sie war der Meinung, er habe Erfahrung. Die Assistenzärztin war sicher gut, aber doch noch sehr jung und kannte sich mit Fällen wie Milan nicht so gut aus. Der Doktor untersuchte den Jungen und seufzte. Dann fragte er ruhig: »Frau Badaik, wo wohnen Sie mit Ihrer Familie?«

»In Norin.«

»Aha. Und woher kommen Sie und Ihr Mann?«

»Ich komme aus Serdar und mein Mann aus Eischenor.«

»Sehen Sie, sie sollten ihre Familie nehmen und nach Eischenor ziehen, um nach Möglichkeit dort zu leben. Ihr Sohn hat chronische Bronchitis und es besteht die Gefahr, dass sich diese in Asthma verwandelt. Das ist eine sehr schwere Atemwegserkrankung. Norin befindet sich unterhalb des Meeresspiegels und deshalb macht das Wohnen in Norin diesen Patienten Probleme. Eischenor hingegen liegt über dem Meeresspiegel. Es wird Ihrem Sohn dort viel besser gehen. Wo machen Sie Urlaub?«

»Ich weiß nicht«, sagte Bilija. »Eigentlich können wir uns das nicht leisten.« Der Arzt sah sie besorgt an.

»Sie sollten aber wegen des Kindes jedes Jahr für zwei Wochen ans Meer fahren, bis Ihr Sohn sieben Jahre alt ist. Wenn Sie dort sind, spazieren Sie mit Ihrem Kind zwischen vier und sieben Uhr morgens am Meeresufer entlang, damit er diese Luft einatmet. Das wird ihm helfen, die Winter in unserem Klima zu überstehen.« Bilija war verblüfft. Der Doktor sprach kaum über Medikamente und auch nicht viel über Krankheiten. Er sprach über das Leben und über das Verhältnis von Mensch und Natur. Abschließend meinte er: »Milan braucht jetzt nur Hustensaft. Legen Sie ihm warme Tücher auf die Brust und massieren Sie ihn mit Gänsefett.«

DER BAUMARKT IN EISCHENOR

Zuhause erzählte sie Simon von alledem. Corina hörte heimlich mit und war sofort begeistert, denn in Eischenor gab es einen herrlich großen Garten zum Spielen. Simon wandte ein: »Was ist mit deinem Job? Du kannst nicht andauernd so weit pendeln!«

Bilija dachte nach. »Es gibt in Eischenor einen Baumarkt«, sagte sie schließlich. »Den kennst du doch. Eigentlich ist es ein Baugeschäft, aber da es in der Nähe von unserem Garten gelegen ist, könnten wir diesen als Lager verwenden und mit dem Baumarkt verbinden. Antoni, der Direktor von *In Interi* wird, denke ich, nichts dagegen haben, denn er wird dafür keine Miete zahlen und wir werden durch die Steigerung meines Gehaltes verdienen.«

»Wie das?«, fragte Simon.

»Ich werde nach Umsatz bezahlt«, entgegnete Bilija. »Je mehr Umsatz ich mache, desto mehr werde ich verdienen.«

Simon machte große Augen. Sie dachte, davon versteht er nichts. Hoffentlich gibt er mir sein Einverständnis. Simon aber meinte: »Du hast keine Ahnung davon, einen Baumarkt zu führen. Da arbeiten Leute. Und wie willst du die Stelle bekommen?« Wieder schwieg Bilija eine Weile. Geduldig wartete Simon auf ihre Antwort. Schließlich stand Bilija auf, erhob den Kopf und sagte: »Der alte Chef geht in zwei Monaten in Rente. Der junge Chef ist Alkoholiker und nicht imstande, die Geschäfte zu führen. *In Interi* suchen eine Leitung für genau diesen Baumarkt.«

»Und du willst dich bewerben?« Simon wusste offensichtlich nicht, ob er seine Frau bewundern oder auslachen sollte.

»Ich werde in meiner Freizeit, so oft ich kann, zu Milomir in den Baumarkt gehen und zuschauen, wie er vorgeht. Milomir leitet den großen Baumarkt und hat Erfahrung. Dann gehe ich zu dem alten Chef, Vanje. Der leitet das große Baulager. Ich werde ihn ansprechen und ihn bitten, mir seine Tricks zu verraten und mir Tipps zu geben.«

»Und die Kinder?«

»Die Kinder sind in Eischenor gut aufgehoben. Corina kann schon lesen. Das habe ich gemerkt, als ich mit meinen Bekannten und ihren Kindern nach Caroli gefahren bin, um Kleidung für das Osterfest zu kaufen. Da las sie die Namen aller Haltestellen laut vor. Zuerst dachte ich, sie spielt, aber bei der dritten Haltestelle merkte ich, dass mein Kind die Namen wirklich vorlas. Ich fragte meine Tochter: ‚Corina, was sagst du`? Sie sagte: ‚Na da. Dort steht Brusnik geschrieben`. Und sie zeigte mir mit ihrem Finger die Haltestelle. Da war mir klar, dass sie mit vier Jahren lesen kann. Wann sie das gelernt hat, weiß ich nicht. Ich werde die Schulleitung bitten, dass sie ab und zu in der Vorklasse mitlaufen kann, um sich die Zeit bis zum Schulbeginn zu vertreiben.«

»Aber Milan ...«

»Den müssen wir selbst mit Hilfe deiner Mutter betreuen. Vielleicht finde ich eine geeignete Frau gegen Bezahlung für seine Betreuung. Wenn nicht – deine und meine Familie ist groß, wir werden immer jemanden finden, der auf ihn aufpasst, bis er in die Schule kommt.«

Simon sah Bilija lange an. Sehr lange. Sie stand ihm gegenüber und wartete ruhig auf seine Antwort. Mehr hatte sie nicht zu sagen. Sie sah, wie er nachdachte. Ja, alles war gut geplant. Nur die Sache mit dem Job im Baumarkt gefiel ihm sichtlich nicht. Er hatte aber wohl keine Wahl.

»Lass uns eine Nacht darüber schlafen. Morgen erfährst du meine Entscheidung.«

Am anderen Tag, beim Morgenkaffee, sprachen sie darüber. Simon sagte: »Bilija, wenn du meinst, dass es Milan in Eischenor besser gehen wird als hier in Norin, dann machen wir es. Die Wohnung hier werden wir aber behalten, denn wir brauchen hier ein zweites Standbein. Wir sind oft wegen der Arbeit hier in Norin.«

Dagegen hatte Bilija nichts. Schon eine Woche später zog die Familie nach Eischenor. Auf die Arbeit im Baumarkt musste Bilija noch einige Wochen warten. Doch nach einem Monat übernahm sie im Sommer 1983 das Geschäft im Baumarkt nach einer Inventur und der Übergabe durch den vorherigen Leiter. Direktor Antoni unterschrieb es. An ihrem ersten Tag musste Bilija vieles neu lernen. Bei einigen Waren hatte sie keine Ahnung, wozu sie dienten. Sie nahm die Etiketten und las die technischen Anleitungen für die Produkte. Fachbegriffe und Technikkenntnisse hatte sie beim Lagerleiter Vanje gelernt. Und was man Kunden verkaufen kann, das lernte sie von den Kunden. Über alles führte sie Buch. Ihrem ersten Kunden schenkte sie eine Blume.

Im Dorf sprach man darüber, dass eine Frau das Geschäft mit Baumaterial in Eischenor übernommen hatte. Dass sie zudem eine Ehefrau und auch eine Mutter war, das war besonders ungewöhnlich. Viele kamen in das Geschäft, nur um zu sehen, wer diese Frau war. Bilija behielt ihr Geschäft und ihre Ware im Auge. Fast jeder, der das Geschäft betrat, hatte einen guten Ratschlag, wie und was Bilija verkaufen sollte, um noch mehr Umsatz zu erzielen. Sie hörte allen zu, aber nahm nur das ernst, was sie selbst für glaubwürdig hielt.

Es handelte sich um ein mittelgroßes Baugeschäft mit Lager. Bei Vanje, dem Leiter des Zentrallagers in Norin, erkundigte sie sich, wann und zu welchen Konditionen sie für den Baumarkt in Eischenor Waren bestellen könne. »Am Dienstag und Donnerstag von 8-17 Uhr. Sie können alles bestellen, wovon Sie der Meinung sind, dass Sie es verkaufen können. Achten Sie aber immer auf die Kosten der bestellten Ware. Denn das Verkaufsrad muss sich schnell drehen, denn nur so erzielen Sie gute Gewinne, und das ist gut für das Unternehmen und Sie werden nach Umsatz bezahlt werden.«

Davor hatte Bilija keine Angst. Die Buchhaltung hatte sie im Griff. Am folgenden Dienstag ging sie wieder zum Zentrallager in Norin. Sie spazierte die Regale entlang, las die Namen, begutachtete die Ware und bestellte alles, was sie für ein Geschäft wie ihres geeignet hielt. Sogar kleine Landwirtschaftsmaschinen orderte sie. Und sie hatte Glück. Die Leute kamen aus Neugier oder um zu kaufen. Ihr war es egal. Jeder kaufte etwas. Doch dann fragte sie ein Kunde, ob sie ihm Beton besorgen könne. Ohh, dachte sie, da muss ich erst mit der Unternehmensleitung sprechen. Wenn die nichts dagegen hatte, würde sie dem Mann den gewünschten Beton besorgen. Zu ihm sagte sie nur, dass er in zwei Tagen wiederkommen solle. Tatsächlich durfte sie mit dem Betonproduzenten sprechen und Beton anfordern.

Schon nach kurzer Zeit hatte sich herumgesprochen, dass man nicht mehr nach Norin fahren musste, wenn man Baumaterial brauchte. Man konnte es bei Bilija bestellen und nach zwei Wochen wurde es dem Kunden nach Hause geliefert – sogar mit Arbeitskräften, die es ausluden. Der Kunde musste nur den Platz zeigen, wohin die Ware kam, und er musste zahlen. Alles andere erledigte Bilija mit ihrem Unternehmen.

In den Wintermonaten stellte Bilija, wie sie es mit Simon besprochen hatte, ihren Garten als Lager zur Verfügung. So konnte sie ihre Ware im Herbst zu einem günstigen Preis erwerben und im Frühjahr teuer weiterverkaufen. Alles lief reibungslos. Ans Unternehmen meldete Bilija die Ware, die sie erhalten hatte und die, die sie verkauft hatte und zahlte die Einnahmen auf ein Konto des Unternehmens. Das Geschäft begann zu florieren. Dora kümmerte sich um die Kinder, vor allem um Milan. Er hustete immer weniger und seine Haut sah rosig und gesund aus. Beide Kinder strahlten, denn sie konnten den ganzen Tag lang in dem herrlichen Garten spielen. Sie beobachteten die Hühner und Enten in ihrem Teil des Grundstücks und bekamen zum Frühstück die frischen Eier, die am Vortag gelegt worden waren.

Corina hatte zu ihrem fünften Geburtstag von ihrer Großmutter Gica ein Lamm bekommen, das jetzt für den Tag des Heiligen Georg, einen kirchlichen Feiertag, geschlachtet werden sollte. Zu diesem Zweck holte Simon einen Metzger ins Haus. Als Corina begriff, was geschehen sollte, schrie und weinte sie so laut, dass Bilija Angst um das Kind bekam und ihrem Mann und dem Metzger verbot, das Lamm zu schlachten. Corina küsste ihren Vater und ihre Mutter. Dann sprang sie in den Arm des Metzgers und küsste ihn auch. »Danke! Danke!«, rief sie immer wieder, umarmte ihr Lamm und verharrte lange in dieser Umarmung. Das Lamm war zuerst starr vor Schreck. Es wusste ja nicht, dass sein Leben gerade gerettet worden war. Laut schrie es »Meee!«, befreite sich aus Corinas Armen und lief davon. Das Mädchen lief ihm nach und scheuchte es in den Garten, wo es frisches Gras fressen sollte. Dort waren aber die Gemüsebeete. Bilija, Simon und der Metzger wechselten Blicke und lächelten. Der Metzger spottete: »Wenn ihr das Lamm nicht essen könnt, dann frisst es stattdessen euer Gemüse!«

Er lachte noch einmal freundlich und belustigt, dann ging er nach Hause. Milan lachte ihm hinterher, obwohl er nicht wusste, was das Lachen der Erwachsenen zu bedeuten hatte. Corina ging nach diesem Ereignis gleich nach dem Aufstehen in den Stall, um nachzusehen, ob ihr Lamm noch da war. Eine Woche lang schaute sie jeden Morgen nach und bedankte sich dann bei ihren Eltern für das Leben ihres Lämmchens. Mit der Zeit rückte diese Angelegenheit etwas in den Hintergrund, aber Lammfleisch hatte Corina seit diesem Tag nicht mehr gegessen.

Das Lamm wuchs und aus ihm wurde ein Schaf. Dieses Schaf wurde der Schafherde von Bilijas Großmutter Lena zugeführt. Im Winter 1983 brachte es ein Lamm zur Welt. Damit hatte Corina schon zwei Schafe. Auch dieses kam im darauffolgenden Herbst wieder in Lenas Herde. Im Frühjahr wurden von beiden neue Lämmer geboren. Bilija fütterte sie mit frischem Gras und die ausgewachsenen Schafe brachten frische Milch für die Kinder. Das Baugeschäft *In-Interi* in Eischenor florierte unter Bilijas Leitung – und damit stieg auch ihr Gehalt. Der ganzen Familie ging es sehr gut. Im Sommer nahm Bilija zwei Wochen Urlaub und fuhr mit ihrer Familie ans Meer. Mit Milan spazierte sie von vier Uhr bis sieben Uhr morgens am Strand entlang – genauso wie der alte Kinderarzt es ihr empfohlen hatte. Die Luft war frisch und klar und sie duftete herb nach Meer. Um sieben Uhr kam Simon mit Corina zum Meeresufer. Gemeinsam blieb die Familie dort und badete bis etwa 11 Uhr. Wegen der steigenden Sonne und der großen Hitze im weiteren Verlauf des Tages kehrten sie dann in die Ferienwohnung zurück, die sie gemietet hatten. Um fünf Uhr am Nachmittag war noch einmal Zeit, an den Strand zu gehen. Dort spielten und badeten sie bis zum Abend gegen 20 Uhr. Zum Abendessen kehrten sie in einem Hotel ein und danach spazierten sie noch auf der Strandpromenade. Bilija traute sich kaum, daran zu denken, wie glücklich sie war, und dass dies vielleicht die schönste Zeit ihres Lebens war.

Nach diesem Urlaub war Milan kerngesund und tobte im Garten herum. Corina beschäftigte sich viel mit Büchern und spielte Ärztin. Sie maß ihren Puppen Fieber und den Blutdruck. Bilija und Simon ließen den Kindern ihre freie Entwicklung, jedes sollte seinen Neigungen nachgehen. Die Eltern wachten nur darüber, dass nichts in die falsche Richtung lief. Eines Tages spazierte Bilija in ihrer Freizeit mit ihren beiden Kindern die Hauptstraße von Eischenor entlang. Eischenor war ein reiches Dorf mit stattlichen, modernen Häusern, von denen viele Balkons hatten. Auf Simons Haus traf dies allerdings nicht zu. Es war alt und besaß nur einen kleinen bedeckten Balkon, wie er Anfang des 20. Jahrhunderts üblich gewesen war.

Corina schaute während des Spaziergangs mit ihren großen, grünen Augen zu ihrer Mutter auf und fragte: »Mama?«

»Was ist, mein Schatz?« Bilija spürte den Ernst in den Augen ihrer Tochter. Auch Milan lauschte, was seine Schwester zu sagen hatte.

»Warum haben wir nicht auch ein Haus mit Balkon? Balkons sind sehr schön. Und die Häuser sind auch sehr schön. Und groß. Nur unseres nicht. Unser Haus hat keinen Balkon und man kann keine Blumen am Balkon aufhängen. Ich will das auch haben.«

Milan, der mit großen Augen zugehört hatte, wiederholte: »Iss will da` auk.«

Bilija lächelte ihre Kinder an und meinte: »Ich weiß es noch nicht, ihr meine zwei Sonnenscheine, aber ich rede mit eurem Vater darüber.«

Zuhause sprach sie aber nicht sofort mit Simon von dem Floh, den ihr ihre Tochter in den Kopf gesetzt hatte. Zuerst wollte sie nachdenken. Ein modernes, großes Haus zu bauen, ist nicht leicht. Zuerst muss man eine Idee haben, wie. Und diese dann Simon und Dora vorstellen und mit ihnen darüber sprechen. Und ein Finanzplan musste da sein. Wenn alle Faktoren stimmten, dann konnte man mit dem Bau anfangen. Die Wünsche der Kinder sind eine Sache, aber deren Realisierung ist eine andere.

DAS EIGENE HAUS

Nach einem Monat des Nachdenkens über das Haus und als Bilija alles im Kopf hatte, was für ein solches Projekt benötigt wurde, bereitete sie sich darauf vor, mit Simon darüber zu sprechen. Mit Dora darüber zu reden, war nicht notwendig, denn Bilija wusste, dass Simon dies tun würde.

An einem strahlenden Sonntagnachmittag nach dem Mittagschlaf, bei frischgebackenem Kuchen und frisch aufgebrühtem Kaffee wandte sich Bilija an ihren Mann: »Deine Tochter und dein Sohn möchten ein modernes großes Haus mit Balkon haben, wo sie Blumen anbringen können.«

Simon, der gerade dabei war, die Gabel an den Mund zu führen, hielt in der Bewegung an und legte die Gabel am Tellerrand ab. In kindlicher Weise sagte er: »Jaa. Ich will auch.« Da lachten alle. Dora rief von der anderen Seite des Tisches freundlich herüber: »Ich auch.«

Sie war beim Nachmittagskaffee dabei, weil keine Mahlzeit ohne sie stattfand. Denn sie war die Mutter und Großmutter. Bilija sagte: »Ja, ich auch.« Nachdem das Lachen verklungen war, sagte Bilija ernst: »Wir sollten ein Haus bauen.«

Simon schaute prüfend in ihr Gesicht. Er sah, dass sie das wirklich ernst meinte.

»Wie stellst du dir das vor?«

»Ich meine, wir sollten ein Haus bauen«, wiederholte Bilija.

»Und mit welchem Geld bitteschön?«

Da rückte Bilija mit ihrem Finanzierungsplan heraus: »Ich habe etwas Geld von meinen Eltern bekommen«, sagte sie. »Als Mitgift sozusagen. Das weißt du schon. Wir haben auch etwas gespart. Und wir erwarten die Ernte von den Feldern. Ab dem nächsten Jahr bewirtschaften wir auch gepachtete Felder. Bei der Bekleidung werden wir sparen, denn ich kann leicht Kleidung für die Kinder selbst nähen. Alles, was wir zusammenbekommen, werden wir zusammenhalten und in den Kredit für das Haus investieren. Die Frage ist: Wo bauen wir? In Eischenor oder in Norin?«

Simon entgegnete: »Ich glaube nicht, dass wir das schaffen.«

»Oh doch, das schaffen wir. Wir werden das Fundament des Hauses selbst legen. Du rufst deine Bekannten und Familienangehörigen an und wer dir helfen will, soll sich an der Arbeit beteiligen und du wirst dich mit deiner Arbeitskraft revanchieren, wenn sie ein Bauvorhaben planen.«

Simon nickte nachdenklich mit dem Kopf. Er spürte wohl, wie sehr Bilija sich das wünschte und wie ernst es ihr damit war. Da sagte er: »In Ordnung. Wenn du das kannst, dann bring die Sache ins Laufen, aber mit dem Beantragen der Bauerlaubnis und all den administrativen Sachen will ich nichts zu tun haben.« Er fügte hinzu: »Ich helfe dir, wo ich kann, und kümmere mich ansonsten um meine Arbeit und um die Felder.«

Dora bekam jetzt Angst vor der vielen Arbeit und den Umständen, die mit dem Hausbau verbunden sein würden und meinte: »Ich werde nach Wien zu Branka gehen. Dort werde ich arbeiten und den Hausbau finanziell unterstützen.«

Bilija dachte bei sich: Es wird schwierig, aber das Puzzle wird sich schon zusammenfügen.

Am anderen Morgen fuhr Bilija nach Norin zum Grundstücksamt und fragte nach einem Bauplatz. Es waren aber nur Grundstücke für Reihenhäuser frei.

Das wollte Bilija nicht. Sie wusste, dass Simon und die Kinder ihre Freiheit liebten. Wieder zu Hause sprach sie mit Simon und sie entschieden sich für den Hausbau in Eischenor auf dem Grundstück von Simons Vater, das der Familie gehörte.

Kurz darauf machte sich Bilija daran, das Projekt zu verwirklichen. Zunächst ging sie zum Grundstücksamt und bekam einen Schein, der bestätigte, dass das Grundstück, das sie bebauen wollten, der Familie gehörte. Dann benötigte sie einen Architekten. Simon sagte: »Wir fragen Sarko. Der kennt bestimmt jemanden in Norin.«

Sarko war ein Freund der Familie, der früher als Vermessungsingenieur gearbeitet hatte. Er war mit Darija aus der Familie Ruzic verheiratet. Die Familien hatten sich angefreundet, denn sie hatten in näherer Nachbarschaft gelebt. Darija hatte eine jüngere Schwester, die Zaklina hieß. Sie waren die Töchter von Rada Ruzic, die wiederum aus der Familie Vracar stammte und in die Familie von Radu Ruzic eingeheiratet hatte. Beide Mädchen waren sehr intelligent und lernten gerne. Der Vater, Radu Ruzic, wollte den Mädchen aber nicht erlauben, weiter zur Schule zu gehen. Rada, ihre Mutter, entschied sich, als Darija die achte Klasse beendet hatte und als Zaklina in der sechsten Klasse war, Radu zu verlassen, damit die Mädchen weiter die Schule besuchen konnten. Die Familie Badaik war schon immer sozial eingestellt und half diesen drei Frauen in ihrem Unglück. Rada arbeitete auf fremden Feldern und ermöglichte ihrer älteren Tochter Darija die Aufnahme in die Lehrerakademie. Als sie Lehrerin geworden war, bekam sie eine Stelle in einem Dorf in der Nähe der Stadt Bor in Südserbien, wo Kupfer abgebaut wurde. Sie lernte einen Mann kennen und bekam mit ihm einen Sohn, den sie Andreja nannte. Die Beziehung aber scheiterte und Darija wurde zur Alleinverdienerin in ihrer Familie. Sie unterstützte ihre Schwester Zaklina, damit sie das Gymnasium absolvieren und danach ein Hochschulstudium an der Universität für Betriebswirtschaft und Bankgeschäfte in Pareli aufnehmen konnte. Zaklina wiederum meldete ihre Schwester zum Fernstudium für Fremdsprachen mit Schwerpunkt Englisch an und besorgte ihr die Bücher, die sie zum Lernen brauchte. Darija wurde schließlich Professorin für englische Sprache und bekam eine Stelle an der Lehrerakademie und am Gymnasium in Norin. Zaklina wurde Bankerin. Sie arbeitete kurz in der Kommerzbank in Bor und ging danach nach New York. Darija aber heiratete in zweiter Ehe eben jenen Sarko, der einer sehr reichen Winzerfamilie in Rajac entstammte. Er kündigte seinen Job als Vermessungsingenieur und bekam einen guten Posten im Hotel *Inex-Beograd* in Norin als Gastronomischer Leiter, Chefkoch und Controller. Mit dieser Familie waren Simon und Bilija Badaik also nun gut befreundet und sie halfen einander, wo immer sie konnten.

An einem Abend besuchten Bilija und Simon die Freunde und legten ihnen dar, was sie vorhatten. Sarko sagte tatsächlich: »Ja, ich kenne einen guten Architekten. Ich gebe euch die Adresse und werde ihn fragen, ob er für euch einen Grundriss machen kann und ob es etwas kostet.« Schon am nächsten Tag rief Sarko an und sagte, der Architekt sei bereit, einen Plan zu erstellen. Nach zwei weiteren Tagen kamen Konstrukteure zur Vermessung. Schon nach einer Woche war der Plan fertig. Bilija ging damit zum Bauamt, um sicherzugehen, dass alles in Ordnung war. Doch die Angestellte sagte: »Nein. Sie müssen ein Haus aus unseren Katalogen auswählen und bestellen. Den Katalog müssen Sie kaufen. Außerdem müssen Sie einen Finanzierungsplan vorlegen. Wir müssen wissen, wie Sie den Hausbau zu finanzieren gedenken.« Enttäuscht ging Bilija nach Hause. Dort erzählte sie Simon alles, der skeptisch fragte: »Und wie sollen wir das Geld zusammenbringen?« Bilija dachte kurz nach und meinte: »Ich sage es dir morgen.«

Am nächsten Tag rechnete sie ihrem Mann beim Frühstück vor: »Wir haben 2500 DM, die ich von meinen Eltern als Mitgift bekommen habe. Weitere 2000 DM haben wir gespart. Wir erwarten auch Einkünfte von etwa 500 DM durch die Ernte. Ich werde zur Bank gehen und einen Kredit aufnehmen.«

Schlank und von hübschem Aussehen, wie sie war, trug Bilija einen Rock mit sechs Falten, der anmutig über ihre Hüften fiel und bis unters Knie reichte. Ihre Bluse, die mit dünnen Längsstreifen zart gemustert war, hatte Ärmel und war vorne geknöpft. Zwei Knöpfe hatte Bilija unterm Kinn offengelassen, sodass sich ihre gesunde Haut leicht andeutete. Ihr lockiges, hellbraunes Haar fiel bis auf die Schultern. Bilija hatte ihr Haar auf der linken Seite des Kopfes nach oben gekämmt, aber auf der rechten fiel es elegant nach unten und umspielte ihr Gesicht. Ihren Kopf hielt sie aufrecht und leicht nach rechts geneigt. So war ihre Haltung immer, wenn sie Sorgen hatte und etwas mit Entschlossenheit in die Tat umsetzen wollte. Dezent geschminkt und mit hochhackigen Schuhen, die schwarz und blank poliert waren, trug sie ihre Aktentasche mit sich. So betrat sie die Bank. Als sie am Empfang den Grund ihres Kommens erklärt und ihren Ausweis vorgelegt hatte, empfing der Direktor Bilija in seinem Büro. Dort erklärte sie ihm alles und zeigte ihm die nötigen Papiere.

»Wie wollen Sie den Kredit zurückzahlen?« fragte der Bankdirektor.

Bilija zeigte ihm Belege über das Gehalt ihres Mannes, ihr eigenes monatliches Einkommen und Auszüge vom Katasteramt über die Einkünfte aus der Landwirtschaft.

»Bekommen Sie Kindergeld?«

»Nein, das wurde uns abgelehnt, weil wir höhere Einkommen haben und auch Felder und ein Haus besitzen.«

»Verstehe«, sagte der Direktor. »Unter diesen Bedingungen können wir Ihnen einen Kredit gewähren. Für Ihr bei der Bank deponiertes Geld bekommen Sie einen Kredit von 1 : 3. Sagen wir, Sie deponieren 5000 DM. Für diese 5000 DM in Dinar umgerechnet bekommen Sie 15.000 DM Kredit. Das können Sie noch mal mit den 15.000 wiederholen und bekommen dann 45.000. Ihr Mann kann 45.000 anlegen und bekommt dann 135 000 DM, dann haben Sie Ihren Finanzierungsplan für das Haus abgeschlossen. Den Baukredit für junge Paare schließen wir mit einer Laufzeit von 20 Jahren.«

Nach diesem Gespräch ging Bilija zu ihrem Arbeitgeber und besorgte dort die nötigen Dokumente, dann kehrte sie zur Bank zurück und schloss den ersten Teil des Kreditvertrages sofort ab. Wieder zu Hause umarmte sie ihre Kinder und sagte: »Ihr werdet ein modernes Haus mit Balkon haben!« Corina freute sich sehr und Milan lachte, obwohl er nicht wusste, worum es ging. Eine Stunde später kam Simon von der Arbeit. Beim Mittagessen erklärte Bilija ihm ihre Strategie und was sie gemacht hatte. Simon machte ein freundliches Gesicht, denn Bilija erzählte mit mitreißender Begeisterung von ihrem Finanzierungsplan für das Haus. Als sie ihm alles erläutert hatte, sagte er: »Frau, du bist ein Genie. So machen wir es.«

Nach einer Woche wurde der erste Zyklus des Kredites bewilligt und Bilija beantragte sofort den zweiten Kredit. Simon wiederholte das nach der gleichen Art zwei Mal und die Finanzmittel für den Beginn des Hausbaus waren da. Die Unterlagen legte Bilija dem Bauamt vor und sie bekamen die Genehmigung. Dann besorgten sie Baumaterial und lagerten es in einem Teil des Gartens, der nicht mit dem gelagerten Eigentum von *In-Interi* in Verbindung stand. Im August 1984 begannen die Bauarbeiten am Haus der Familie Badaik in Eischenor. Dora aber bekam Panik von der vielen Hektik, die mit dem Baubeginn verbunden war, sie fürchtete die viele Arbeit und die ganzen Umstände. Sie besprach mit Sohn und Schwiegertochter, dass sie wieder zu Branka nach Wien gehen und dort Geld verdienen wollte. Die beiden benötigten doch finanzielle Hilfe, bis das Haus fertig war. Dagegen hatten Bilija und Simon keine Einwände, denn Geld konnten sie immer gebrauchen. Dora nahm den ersten Bus, der samstags morgens nach Wien fuhr. Die Eheleute Badaik aber nahmen bei ihren Arbeitgebern Urlaub, um mit den Arbeiten am Bau beginnen zu können. Das Fundament des Hauses errichteten sie mit Hilfe von Simons Kameraden, Kollegen und von Familienmitgliedern. Bilijas Eltern wollten nicht helfen. Nur ein einziges Mal war ihr Vater Gischa da und erklärte, wie man die Grundierung einlegt. Bilijas Bruder Ljubce und ihre Schwägerin Violeta halfen dagegen mit. Am meisten aber half der Freund Sarko. Er wusste bei allem, wie es geht, denn er hatte bereits mit Simon und anderen Freunden ein Ferienhaus in Badjnevo gebaut. Nach zwei Wochen war das Fundament fertig. Es war nur nötig, dass Bilija und Simon genug Wasser spritzten, damit der Beton nicht trocknete. In dieser Zeit fand Bilija eine Kinderbetreuerin. Baba Kora, wie sie von allen genannt wurde, war eine sehr gepflegte, alleinstehende Frau. Sie kam, als Bilijas und Simons Urlaub zu Ende war. Sie betreute beide Kinder und spielte mit ihnen.

Ende August fand Simon einen Baumeistertrupp und vereinbarte mit ihnen vertraglich, dass sie Anfang September mit dem Bau beginnen würden. Die fünf Arbeiter wohnten bei Familie Badaik. Sie übernachteten im *Pimica,* einem großen Raum, der zum Anbau des alten Haupthauses gehörte. Die Verpflegung übernahm Bilija. Damit sparte sie am Tag die 50 DM, die Vorarbeiter Marin, den alle Majster Marin nannten, verlangte. Bilija rechnete: Wir haben Hühner und Schweine, sodass wir uns um Fleisch nicht sorgen müssen, ferner Obst und Gemüse aus unserem Garten. Milch und Käse wird nicht reichen, aber das können wir kaufen.

Auf dem Fundament, das Simon mit seinen Freunden gegossen hatte, wurde der erste Stock des Hauses errichtet. Doch das Geld für das Material ging sehr schnell aus. Als die erste Platte gegossen war, machten die Bauarbeiter Pause, denn die erste Platte musste trocknen, bevor weitergearbeitet werden konnte. Zwei Wochen lang wurde daher nicht gebaut. Diese Zeit nutzten Simon und Bilija, um fehlendes Material zu besorgen und sich für die Kinder Zeit zu nehmen. Am ersten Wochenende dieser Baupause besuchten sie Bilijas Eltern. Dort spielten die Kinder mit ihren Cousinen Danika und Jesi, denn inzwischen hatte Violeta eine zweite Tochter bekommen. Bilijas Cousin Truce war auch mit seinen beiden Kindern da. Er hatte mit seiner Frau Bina einen Sohn, Nedj, und eine Tochter, die Dana gerufen wurde. Truce und seine Familie waren sehr oft da, wenn Bilija mit ihren Kindern bei den Eltern war. Jetzt, während die Kinder draußen spielten, steuerten die familiären Gespräche auf ihren Höhepunkt zu. Simon berichtete von den Bauarbeiten und schilderte, wie weit sie gekommen waren, erwähnte aber auch, wie teuer alles sei und wie sehr die Familie sparen müsse. Da meldete sich plötzlich Bilijas Großmutter Lena. Bis zu diesem Augenblick hatte sie nur geschwiegen. Hatte sie Angst, dass Bilijas Familie verhungern würde? Jetzt aber sagt sie: »Ihr müsst eine Kuh kaufen. Eine Kuh bringt Wohlstand in die Familie, gibt frische Milch für die Kinder und bringt auch ein Kalb, das man verkaufen kann, und damit hat die Kuh ihre Pflegekosten zurückgezahlt.«

Bilija und Simon wechselten Blicke: »Eine Kuh?«, fragte Bilija erstaunt. »Du weißt aber, dass wir beide angestellt sind, zwei Kinder haben und beim Hausbauen sind?«

Großmutter Lena und Mutter Gica antworteten gleichzeitig: »Ja. Aber wenn man es will, dann schafft man das.«

»Ja«, sagte Truce von der anderen Seite des Tisches. »Meine Bina und ich, wir haben auch zwei Kinder und haben fünf Kühe im Stall.«

Doch er vergaß, dass er noch drei ältere Personen im Haushalt hatte, die ihm halfen.

»Wir werden darüber nachdenken«, sagte Simon ruhig. Lena aber sagte: »Was sollen sie nachdenken? Am 21. September ist die große Herbstkirmes in Norin ‚Tage des Mokranjs' genannt. Es gibt auch einen großen Viehmarkt. Wenn ihr jetzt keine Kuh kauft, werdet ihr im Winter verhungern. Denn wir sind weit weg und können euch keine Milch und keinen Käse bringen.«

Simon und Bilija antworteten nicht. Sie sahen einander an und wechselten unausgesprochene Worte: Wir arbeiten beide und bekommen gutes Gehalt. Warum sollten wir verhungern? Lena meldete sich wieder: »Wenn ihr auf der Kirmes die Kuh kauft, verspreche ich euch, dass ich sie, bis der erste Schnee kommt, mit meiner Kuh und den Ochsen auf die Weide treiben werde. Wenn der Schnee da ist, müsst ihr sie zu euch in den Stall nehmen, denn wir können sie den Winter über nicht füttern.«

»Das ist ein guter Vorschlag«, sagte Truce. »Bis zum Winter haben sie Zeit, für Futter und Stroh zu sorgen.«

Violeta sagte: »Überleg dir das, Bruder. Das ist viel Arbeit.«

Gischa äußerte sich nicht, denn mit dem Vieh der Familie hatte er nicht viel zu tun. Bilija fing an sich aufzuregen, Simon aber sagte begütigend: »Wir werden darüber nachdenken.« Das Gespräch ging in eine andere Richtung. Über den Bau wurde kaum gesprochen, denn es glaubte wohl keiner von den anderen, dass diese beiden jungen Menschen das schaffen würden. Nur kurze Zeit später stand Simon auf und sagte: »Wir müssen gehen.« Keiner von den Versammelten hatte etwas dagegen. Sie riefen ihre Kinder und fuhren nach Eischenor. Corina und Milan waren fröhlich, denn sie hatten mit ihrem Cousin und ihrer Cousine gespielt. Simon war wie immer ruhig. Nur Bilija regte sich auf und hatte Angst. Denn sie kannte ihre Großmutter und ihre Familie. Wenn die sich etwas in den Kopf setzten, fanden sie auch immer einen Weg, Bilija zu beeinflussen und ihre Pläne in die Tat umzusetzen.

DIE SACHE MIT DER KUH

Nach zwei Wochen gingen die Bauarbeiten weiter. Mitten in diesem Stress rief Großmutter Lena bei Bilija an und erinnerte sie daran, dass in zwei Tagen die Kirmes sei: »Wenn du eine Kuh kaufst, dich aber nicht um sie kümmern kannst, dann bring sie zu mir, wie wir es besprochen haben. Wir werden sie mit unserem Vieh auf die Wiesen treiben und sie melken. Die Milch und den Käse bringen wir dir, damit du etwas für die Bauarbeiter hast und für die Kinder.« So sagte sie es, aber eigentlich meinte sie es als Befehl: »Kauf die Kuh und bring sie zu mir!«. Bilija wusste, dass Lena keine Ruhe gab, ehe sie es gemacht hatte.

Am 21. September wurde nicht gearbeitet, da Feiertag war. Bilija brachte die Kinder zu Baba Lana. Baba Lana war die Großmutter von Perika Manjani, Brankas Mann. Baba Lana war eine sehr saubere und fleißige Hausfrau. Sie ging nicht auf den Feldern arbeiten, sondern kümmerte sich nur um ihren Haushalt, das Essen und ihr Vieh. Sie freute sich immer, wenn Simons und Bilijas Kinder zu ihr gebracht wurden. Dann buk sie Waffeln und ließ die Kinder an all ihren Beschäftigungen auf ihrem Hof teilhaben. Die Kinder freuten sich ebenfalls, weil sie mit Baba Lana spielen oder sprechen konnten. Sie behielt die Kinder immer im Auge, damit nichts Unvorhergesehenes geschah.

Nachdem Simon und Bilija also ihre Kinder bei Baba Lana abgegeben hatten, gingen sie zum Viehverkaufsmarkt der Kirmes. Dort fanden sie eine schöne, rotfarbige Kuh. Bilija musterte ihre Hörner und Augen, ihr Euter und ihre Hufe. Alles sah gesund aus. Sie fragte den Verkäufer, was er für die

Kuh verlange. »1300 DM«, sagte der. Bilija fragte, wie viel Milch sie gebe. Er sagte: »Normalerweise sechs Liter am Tag. Wenn sie gut gefüttert ist, dann zehn Liter.« Bilija wusste, dass er log, aber sie wollte keine lange Diskussion. Sie sagte: »Ich gebe dir 1000 DM.« Er sagte: »Tausendeinhundert.« Bilija und Simon waren zufrieden. Sie nahmen die Kuh und zählten das Geld. Simon Badaik, Chemietechniker und Spezialist für ALF3 und Bilija Badaik, Leiterin eines Baumarktes, trieben die Kuh nach Serdar zu Bilijas Eltern. Die Leute, denen sie auf dem Weg begegneten, schauten sie mit irritierten Blicken an, denn sie wussten nicht, worum es ging. Später sprach sich herum, dass Bilija und Simon eine Kuh gekauft hatten. Alle Nachbarn stimmten Lenas Idee mit den Worten zu: »Jetzt ist Simon ein richtiger Hausherr geworden.« Den Bauern war es egal, wie viel Bilija und Simon in den Unternehmen, in denen sie arbeiteten, verdienten. Hauptsache, Simon hatte eine Kuh gekauft.

Die Kuh war ein ruhiges und intelligentes Tier. Ohne Komplikationen konnten sie es zur Großmutter führen. Lena untersuchte Zähne, Beine und Zitzen der Kuh und begutachtete ihre Augen. Am Ende der Kontrolle sagte sie zufrieden: »Ihr habt ein gutes, gesundes Tier gekauft. Hat sie schon ein Kalb bekommen?«

»Ich weiß es nicht, das habe ich nicht gefragt«, gab Bilija zu.

»Na ja egal, das Tier ist jung und gesund. Ihr lasst es jetzt hier, bis der Schnee kommt. So lange kümmere ich mich darum. Ihr besorgt das Futter für den Winter.« Bilija sagte: »Oma, die Kuh heißt Zora. Bitte gebt ihr keinen anderen Namen.«

Bilija und Simon waren zufrieden, aber auch verwirrt und sich nicht im Klaren darüber, wie Lena es schaffen konnte, sie dazu zu bringen, eine Kuh zu kaufen.

Die Bauarbeiten gingen indes weiter wie gewohnt. Frühmorgens vor der Arbeit kochte Bilija Kaffee für alle. Dann ging sie in den Baumarkt, um ihrer Berufstätigkeit nachzugehen. Simon kam aus der Nachtschicht und übernahm Kinderbetreuung und Bauaufsicht. Die Kinder waren vormittags ruhig, nachdem sie ihr Frühstück erhalten hatten. Corina war schon sechs Jahre und durfte die Schule als Gastschülerin besuchen, weil sie ein besonders intelligentes Kind war. Milan war noch keine drei Jahre alt und brauchte seine Eltern. Konnte kein Elternteil bei den Kindern bleiben, kam Baba Kora oder sie wurden für kurze Zeit zu einem Nachbarn oder zu Baba Lana gebracht. Waren die Eltern aber da, spielten die Kinder zufrieden im Sand, der für den Hausbau auf dem Grundstück aufgeschüttet war. Corina achtete darauf, sich nicht zu schmutzig zu machen, aber Milan genoss das Spiel im Sand. Er baute Burgen und manchmal grub er sich bis zu den Schultern ein. Abends holte Bilija beide Kinder, spülte zuerst mit kaltem Wasser aus dem Gartenschlauch den Sand von ihren Körpern und steckte sie dann in die warme Badewanne. Beiden gab sie Abendessen und brachte sie dann ins Bett. Egal, wie müde Bilija oder Simon waren, sie nahmen sich Zeit für ihre Kinder und lasen ihnen zum Einschlafen Märchen vor. Corina hörte aufmerksam zu und zupfte ihre Mutter am Ellbogen, bis sie einschlief. Dann setzte sich Bilija an Milans Bett und las ihm auch etwas vor. Er hatte das gerne, aber er schlief nie beim Lesen ein. Er wollte nur, dass seine Mutter ihn in den Armen hielt und hin und her bewegte. Trotzdem las Bilija ihm immer kurz etwas vor, bevor sie ihn in den

Schlaf wiegte. So verging für sie ein ganzer Monat zwischen den Bauarbeiten und dem Familienleben. Simon kümmerte sich um die Felder und noch zusätzlich darum, Heu für die Schafe und für die Kuh zu besorgen, die mit dem ersten Schnee aus Serdar erwartet wurden. Ende Oktober war auch der zweite Stock des Hauses fertig. Jetzt fehlte nur noch das Dach. Die Baumeister verlangten mehr Geld, denn das Haus wurde größer als geplant und sollte drei Rundbögen aus weißen Silikonziegeln bekommen, das alles nahm mehr Zeit in Anspruch. Bilija und Simon hatten aber kein Geld mehr. Wieder besuchten sie Bilijas Eltern. Bilija war müde und wollte ihre Mutter sehen und mit ihr sprechen. Sie hoffte, bei ihr Unterstützung zu finden. Zuerst redeten sie über dies und das. Dann zeigte Gica Interesse am Fortgang der Bauarbeiten. Bilijas Eltern waren zwischenzeitlich als Gastarbeiter in die Schweiz gegangen. Mit einer dreimonatigen Arbeitserlaubnis konnten sie dort arbeiten, Gischa als Baumeister und Gica als Küchenhilfe. Sie waren jetzt gerade zu Hause in Serdar, um eine neue Arbeitserlaubnis für die Schweiz zu beantragen. Bilija hoffte sehr, dass sie ihr finanzielle Hilfe geben konnten, damit sie das Dach des Hauses fertigbauen konnten.

»Wir müssen aufhören, denn das Geld ist aus.«

Gica entgegnete: »Ihr dürft nicht einfach aufhören, denn dann könnt ihr das Haus nicht mehr unter Dach und Fach bringen.«

»Ja Mama, ich weiß. Wir möchten euch fragen, ob ihr uns 1000 DM leihen könnt, die wir euch im Frühjahr zurückgeben.«

»Nee«, sagten Gica und Gischa wie aus einem Mund. Bilija war geschockt. Sie fragte: »Warum? Ihr seid nicht am Bauen und im Frühling werdet ihr es zurückbekommen.«

Da meldete sich ihr Bruder Ljubce zu Wort: »Mama, *Dada*[19] braucht Hilfe. Sie werden es zurückzahlen.« Gica blieb hartnäckig und sagte »nein.« Sie können es uns nicht mehr zurückgeben. Wie sollen sie 1000 DM bis zum Frühjahr sparen?« Bilija sah, wie Simon, der stumm dabeigesessen hatte, vor ihren Augen immer kleiner wurde. Da stand sie auf und sagte: »Na gut, Mama. Wir werden es schon schaffen, das Geld zu besorgen. Gehen wir, Simon.« Und sie gingen zum Auto.

Bilija konnte nicht begreifen, warum Gica sich so sträubte, ihr zu helfen, aber sie wollte auch nicht darüber nachdenken. Im Auto bekam sie einen Heulkrampf. Sie weinte bitterlich und sagte zu Simon: »Ich habe Mutter seit so langer Zeit um nichts mehr gebeten! Wie kann sie so hartherzig sein?«

»Beruhige dich«, meinte Simon. »Vielleicht haben deine Eltern Probleme. Ich werde Toma fragen. Ich habe ihm beim Bau seines Hauses geholfen. Er wird uns bestimmt etwas leihen. Wenn er nicht genug hat, wird er bestimmt etwas von seinem Vater bekommen. Er und seine Frau, die auch Gica heißt, werden uns helfen.«

Bilija atmete tief durch.

Als Simon beim nächsten Mal gemeinsam Schicht mit Toma hatte, sprach er ihn auf die 1000 DM an. Der Kollege sagte: »Ja, das mache ich, denn du hast mir auch geholfen. Wann brauchst du das Geld?«

»So schnell wie möglich.«

»In Ordnung, ich telefoniere mit meiner Frau und werde ihr sagen, dass sie es von meinem Vater nehmen soll, denn so viel haben wir nicht im Haus. Ich werde ihr sagen, dass sie das Geld zum Bahnhof von

---

[19] Schwester

Norin bringen und dort auf uns warten soll. Wenn wir von Donavica kommen, übergeben wir dir das Geld.«

Simon konnte nicht glauben, was er hörte. Als sie nach Schichtende von Donavica nach Norin kamen, wartete wirklich seine Frau Gica auf die beiden mit dem Geld. Sie sagte nur: »Dein Vater fragte: ‚Warum so eilig?' Ich habe ihm nichts gesagt. Du sollst es ihm sagen.«

»Na, das ist kein Problem«, sagte Toma und übergab Simon das Geld. Der fuhr nach Hause und tat erst so, als sei nichts geschehen. Bilija deckte den Tisch und fragte: »Und? Hast du was erledigt?« Da nahm Simon das Kuvert mit dem Geld und zählte vor Bilijas Augen 1000 DM auf den Tisch. »Ohne Zinsen, Bilija«, sagte er. Sie umarmte und küsste ihn.

Majster Marin arbeitete mit seiner Truppe inzwischen auf einer anderen Baustelle. Er wartete auf Simons Aufforderung, sein Haus fertigzustellen. Simon rief ihn an und Fertigstellung und Übergabe wurden vereinbart.

Ende November war Richtfest. An der Dachkonstruktion hatten die Bauarbeiter eine große Holzleiste, die wie ein kyrillisches P aussah, befestigt. Dort ließen die Eheleute Badaik Geschenke für die Bauarbeiter anhängen: für jeden ein Hemd, ein Handtuch, an dem ein 50 DM-Schein angeheftet war und ein Paar Socken. Für Majster Marin gab es noch eine Hose dazu. Ein leichter Wind wehte an diesem Tag und Bilijas und Simons Geschenke tanzten hoch oben zur Windmusik. Schon am Abend war das Dach gedeckt. Beim festlichen Abendessen wurden die Geschenke und das Geld ausgehändigt: die Geschenke an die Baumeister und das Geld an Majster Marin, der es später an die Arbeiter verteilte.

Dann gingen die Bauarbeiter und Familie Badaik war froh, dass ihr Haus endlich ein Dach hatte. Die beiden wussten, dass es noch viel Arbeit gab. Diese konnte aber nach und nach erledigt werden, denn das Haus war jetzt überdacht. So normalisierte sich ihr Leben erstmal. Im Baumarkt, den Bilija leitete, war sehr viel los, denn die Bauherren hatten es alle eilig, ihre angefangenen Arbeiten fertigzustellen. Die Bezahlung war gut und auch Simon bekam Weihnachtsgeld, Dora sandte Geld, das sie in Wien gespart hatte, sodass Simon seinem Kollegen Toma noch vor Weihnachten das geliehene Geld zurückgeben konnte, was diesen sehr freute. Mit einem Lachen sagte Toma: »Ich habe mein Geld erst im Frühling erwartet und habe unseren Winterurlaub abgesagt. Jetzt können wir auf den Kopaonik reisen.« Der Kopaonik ist ein Wintersportgebiet in Serbien, wo es wegen der großen Höhe über dem Meeresspiegel sehr viel schneit.

Noch vor Weihnachten, nachdem der erste Schnee gefallen war, brachte Gica ihrer Tochter die Kuh und die Schafe und meinte: »Die sind hier zu Hause. Du musst dich jetzt in Zukunft immer um diese Tiere kümmern.« Bilija brachte das Vieh in den Stall und dachte bei sich: Wozu brauche ich noch die Arbeit mit diesen Viechern? Jetzt sind sie da …
Gica und Gischa blieben nicht lange. Sie tranken einen Kaffee und gingen weg. Am Nachmittag kam Simon von der Arbeit nach Hause. Corina sprang in seine Arme, Milan klammerte sich an sein Bein. So sehr freuten sich die Kinder, ihren Vater zu sehen. Corina sagte: »Papa, meine Schafe sind da. Die sind so schön und bekommen alle Babys. Und die Kuh Zora auch. Oma hat zu Mama gesagt, sie soll Zora zum Bullen bringen. Ich will aber nicht, dass du sie bringst. Sie

ist unsere Kuh, sie soll hierbleiben. Was ist ein Bulle, Papa?« Simon sah Bilija an, lächelte Corina an und sagte: »Ich bringe sie zum Bullen, aber der wird sie nicht behalten. Zora kommt wieder zu uns.« Er ließ das Kind auf den Boden herunter, nahm danach Milan in die Arme. »So ist das, Milan. Dir geht es hier wirklich gut.« Milan lachte in den Armen seines Vaters.

Nach dem Mittagessen wandte sich Simon fragend an Bilija: »Was machen wir jetzt? Das alles ist viel zu viel Arbeit. Den Winter über wird es gehen, aber im Frühling? Ich weiß nicht. Ich habe noch Felder gepachtet und das bedeutet zusätzliche Arbeit.« Beim Tischabräumen dachte Bilija nach. Als sie fertig war, setzte sie sich neben ihren Mann und sagte: »Wir verkaufen die Schafe. Ich habe im Baumarkt Kundengespräche gehört. Barza aus Serdar bildet eine Schafsherde und kauft Schafe an. Vielleicht nimmt er auch unsere. Wenn er gut zahlt, bekommen wir genug Geld und mit dem, was von deiner Mutter geblieben ist, haben wir vielleicht genug Geld, um Fenster für unser Haus zu kaufen.«

Simon fuhr am nächsten Morgen nach Serdar. Er traf Barza im Dorfladen beim morgendlichen Biertrinken an und sprach ihn an. »Ja, es stimmt, was die Leute sagen«, meinte der ältere Mann. »Ich komme morgen vorbei und schaue mir die Schafe an. Sind sie trächtig?«

»Ja«, sagte Simon.

»Das ist gut«, meinte Barza. »Wenn wir uns im Preis einig werden, nehme ich sie.«

Als Simon nach Hause kam, sah seine Frau, dass er besorgt war. Er sagte: »Morgen werden wir sie verkaufen. Aber was sagen wir den Kindern?« Bilija rief Corina und Milan herbei und sagte: »Cori, siehst du, wir haben dir ein Haus gebaut, genauso wie du wolltest. Mit drei Balkons und drei weißen Bögen.«

»Ja, Mama, ich liebe dieses Haus. Jetzt müssen wir Fenster kaufen.« Bilija nahm die Kinder in ihre Arme und fuhr fort: »Und wir haben einen netten Mann gefunden, der deine Schafe zu sich nehmen will. Er wird sie pflegen und lieben und er gibt uns Geld dafür, dass wir ihm die Schafe geben. Mit dem Geld kaufen wir Fenster und Türen für das Haus, und wenn die Fenster montiert sind, dann können wir drin spielen. Sollen wir mit dem Mann deine Schafe gegen Geld tauschen?«

»Ja, Mama. Der wird sie lieben und füttern.« Bilija und Simon waren erleichtert darüber, wie das Kind reagierte. Corina wandte sich an ihren Bruder und sagte: »Unser Haus wird schön, Milan. Wir müssen unsere Schafe abgeben. Aber das macht nichts. Wir haben eh nicht viel mit denen gespielt. Ständig sind sie vor uns weggerannt.«

Am nächsten Morgen kam Barza und kaufte die Schafe. Alle vier lud er auf den Anhänger von seinem Traktor, mit dem er gekommen war. Corina lief ihnen nach und mit einem Zweig trieb sie die Schafe auf den Anhänger. Barza kam mit Simon ins Haus der Familie und übergab das Geld. Als er ging, winkte er Corina zu und als er auf seinen Traktor stieg, winkte er noch einmal und fuhr dann mit den geliebten Schafen nach Serdar. Bilija aber beobachtete Corinas Verhalten ganz genau. Beim Kind blieb alles in Ordnung.

Über den Winter wurden Strom- und Wasserleitungen im Neubau verlegt. Dafür wurde wieder Geld ausgegeben. Und es war sehr kalt in diesem Winter. Bilija und Simon gingen ihrer Berufstätigkeit nach. Baba Kora kam weiter, um sich um die Kinder zu kümmern. Bilija war mit ihr nicht ganz zufrieden, aber weil die Kinder satt und sauber waren, schwieg sie und war froh, dass die gepflegt gekleidete Frau weiterhin freiwillig durch den hohen Schnee zu ihnen kam.

Im Frühling 1985 kam Dora wieder aus Wien nach Hause. Sie brachte das Geld mit, das sie den Winter über gespart hatte, aber das war nicht viel, denn, sie hatte ihnen immer regelmäßig ihren Lohn nach Hause geschickt, um den Hausbau finanziell zu unterstützen. Bilija freute sich diesmal über ihre Rückkehr, denn die Feldarbeit hatte begonnen und Dora betreute jetzt die Kinder. Die Kuh Zora gab gute Milch für die Familie. Was übrig blieb, verkauften sie oder machten daraus Käse für den Eigenbedarf. Zora brachte in dieser Zeit zwei Kälber zur Welt, die mit dreieinhalb Monaten an Familien, die Kälber züchteten, verkauft wurden. Bilija erinnerte sich an die Geschichte mit Corina und dem Lamm und wollte die Kälber nicht an einen Schlachter verkaufen. Das Geld wurde zur Seite gelegt und für weitere Arbeiten am Haus gespart.

Jetzt blieben nur noch der Putz innen und außen sowie die Abwasserzisterne in der Erde als ausstehende Arbeiten. Die Zisterne ersetzte die damals noch nicht vorhandenen örtlichen Abwasserkanäle. Um die Kuh kümmerte sich Bilija. Sie stand um vier Uhr auf, gab der Kuh Heu, molk sie und verarbeitete dann die Milch. Sie machte es genauso wie ihre Mutter. Dann nahm sie eine Dusche und zog sich schön für ihre Arbeit im Baumarkt an. Sie warf noch einen Blick darauf, ob bei den Kindern und Dora alles in Ordnung war und verließ das Haus. Ihre Arbeitszeit war am Morgen von 6 bis 10 Uhr und am Abend von 17 bis 21 Uhr. Da sie dazwischen freie Zeit hatte, konnte sie sich um die

Hausarbeit und die Familie kümmern. Für die Felder war Simon verantwortlich. Das Familienleben war sehr harmonisch, abgesehen von kleinen Streitereien, die vorkommen konnten, wenn die Aufgaben nicht rechtzeitig erledigt waren.

In dieser Zeit wurde Bilija in einen großen, neu eröffneten Lebensmittelladen in Norin versetzt, der Supermarket 8 genannt wurde, denn dort waren gute Mitarbeiter gefragt. Simon bekam zur selben Zeit eine große Wohnung in Norin. Bilija nahm die Stelle an, weil sie dachte, dass Corina in Norin zur Schule gehen würde. Doch nach nur einer Woche in Norin wurde Milan wieder krank. Die Familie entschloss sich endgültig, in Eischenor zu leben. Also meldete sich Bilija wieder als Leiterin des Baumarktes und übernahm ihn ein zweites Mal von Marian Gurovic. Im Herbst 1985, im Alter von 7 Jahren, kam Corina in die erste Grundschulklasse. Das Kind beherrschte die serbische Sprache, was viele Kinder in diesem Alter nicht konnten, denn in dieser Region sprachen die Menschen in vielen Dörfern Rumänisch. Das Alphabet beherrschte sie und rechnen konnte sie auch, aber Bilija hatte nicht gewollt, dass ihr Kind zu früh in die Schule ging. Denn sie dachte, sie soll ein Kind sein, solange sie ein Kind ist. Lernen wird sie ihr ganzes Leben lang können. Milan war schon vier und er blieb zu Hause. Dora ging wieder nach Wien. Bilija fand eine nette Frau aus der Nachbarschaft, die Milan für 200 DM im Monat betreute. Weil Milan ein nettes Kind war, kochte sie auch mittags für die Familie. Und so blieb alles im Gleichgewicht.

Die neuen Wände waren immer noch nicht angestrichen. Und Möbel mussten auch gekauft werden. Die Anstreicher kamen immer wieder, um einen Vertrag abzuschließen. Simon und Bilija warteten, bis sie das Geld zusammenhatten. Die Kinder aber wuchsen weiter heran. Das kleine Haus mit den zwei Zimmern, in dem sie wohnten, wurde endgültig zu eng für eine vierköpfige Familie und eine Kinderbetreuerin.

An einem Sonntagnachmittag saßen sie beim Kaffee unterm Balkon des neuen Hauses und sprachen über die Zukunft. Die Kinder spielten im Garten und im Sand. Simon machte sich Sorgen, wie es weitergehen sollte, denn sie brauchten das Haus. Alles Geld, was sie hatten, reichte aber nicht aus, um die Arbeiten zu Ende zu führen. Bilija sah ihn an und sagte: »Es bleibt uns nichts anderes übrig, als Zora zu verkaufen. Es wird uns frische Milch und Käse fehlen, aber ich werde jemanden finden, der uns Milch für die Kinder verkaufen wird.«
Und so wurde es gemacht. Bilija verbreitete auf der Arbeit, dass sie die Kuh Zora verkaufen wollten. Schon nach einer Woche kamen Interessenten, um Zora in Augenschein zu nehmen. Sie fragten, wie viel Liter Milch sie gebe und wie jung sie sei. Nach einer weiteren Woche entschied sich ein Nachbar, der Alu Talan gerufen wurde, Zora für 1300 DM zu kaufen. Er brauchte Milch und wollte, dass Kälber geboren wurden. Damit war das Geld für das Haus zusammengekratzt und die Arbeiten wurden fortgesetzt. Das Geld reichte noch für Fliesen im Bad, die Küche und den Flur. Als alles fertig war, gingen Bilija und Simon mit beiden Kindern in ein Möbelgeschäft und kauften Küchenschränke, Badarmaturen, weitere Schränke und eine Wohnzimmergarnitur für den ersten Stock. Zum Heizen besorgten sie einen Kaminofen, denn Bilija liebte es, sich an Winterabenden vor den Ofen zu stellen, ins Feuer zu blicken und die Wärme zu spüren.

Vor Weihnachten luden sie den Priester Rusan Jolic ein, der das Haus segnen sollte. Der kam nach zwei Tagen und sprach den orthodoxen Segen. Danach beantragten sie bei der Bauinspektion die Genehmigung für den Einzug in das Haus. Die Vertreter kamen nach zwei Tagen und sagten, dass das Haus vorschriftsmäßig erbaut sei und dass sie umziehen könnten. Und so zog die Familie Weihnachten 1985 in ihr neues Haus in Eischenor. Dieses Haus wurde zum Lebensmittelpunkt der Familie Badaik.

DER SCHRITT IN DIE SELBSTSTÄNDIGKEIT

Der Familie Badaik ging es im darauf folgenden Jahr ausgesprochen gut. Alle erfreuten sich an ihrem neuen Haus. Endlich hatten sie genug Platz. Jedes Kind hatte sein eigenes Zimmer. Milan konnte von seinem Zimmer aus direkt auf den Balkon gehen. Dafür bekam Corina das größere Zimmer. Der Raum von Milan war 16 Quadratmeter groß, der von Corina sogar 20 Quadratmeter. Die Zimmer lagen nebeneinander, sodass die Kinder miteinander sprechen konnten. Wenn sie wegen irgendetwas Angst bekamen, konnten sie nach den Eltern rufen. Simon hatte im ersten Stock im Flur ein Telefon montiert, das mit dem elterlichen Apparat im Erdgeschoss verbunden war. So waren die Eltern für die Kinder immer erreichbar. Das funktionierte gut. Der Wohnbereich von Bilija und Simon war unten, hier wohnte auch Dora. Küche und Esszimmer waren so eingerichtet, dass dieser Bereich auch als Wohnzimmer dienen konnte. Er war 28 Quadratmeter groß. Der Hausflur aber war 2,90 Meter breit und 11 Meter lang. Er diente im Sommer als Gästeempfang. An der Wand stand ein großer, weißer Schrank, der für die Aufbewahrung von Mänteln, Schuhen und Regenschirmen diente und stets verschlossen war. Man sah nur die drei großen Schranktüren und die drei kleinen Schränke darüber, die bis zur Decke reichten. In der Mitte des Schrankes war ein großer Spiegel angebracht. Der Flur war so geräumig, dass ein großer Tisch und sechs mit grünem Samt bezogene Stühle Platz fanden, die zum Hinsetzen geradezu einluden. Die Tischdecke war eine stilvolle Stickerei, die Bilija selbst angefertigt hatte. Sie wurde im monatlichen

Wechsel durch eine ebenfalls sehr hübsche Tischdecke ausgetauscht, die von Dora gestickt worden war. Die Mitte des Tisches zierte die schöne Kristallvase, die Simon Bilija geschenkt hatte, als er ihr seinen Heiratsantrag gemacht hatte.

Links und rechts vom Flur gingen insgesamt vier Türen ab. Zwei führten in den Wohnbereich, eine in den Bereich von Esszimmer und Küche und eine ins Badezimmer. Am Ende des Flurs befanden sich zwei Falttüren, die man öffnen konnte, wenn man in den ersten Stock gehen oder den Sanitärbereich betreten wollte. Hinter diesen Türen führte eine mit weißen Marmorfliesen ausgestattete Treppe zum ersten Stockwerk und eine weitere Treppe reichte bis hinauf zum Dachgeschoss. Die Böden von Bad und Küche waren mit Fliesen belegt, im Wohnbereich waren Teppiche ausgebreitet. Das ganze Erdgeschoss wurde mit Holz beheizt, im 1. Stock, wo die Kinderzimmer lagen, gab es auch Elektroöfen. Das Schönste waren die Balkons. Sie waren zwei Meter breit und ganze elf Meter lang und dienten bei sonnigem Wetter der Erholung. Umgeben von den Blumen aus dem Garten und vor der Sonne durch eine Rankenpflanze geschützt, die den ganzen Sommer über blühte, konnte man sich wunderbar entspannen und die Kinder hatten viel Freude. Die Familie fühlte sich pudelwohl in ihrem neuen Haus. Auch der Baumarkt lief gut und die gepachteten Felder warfen genügend Geld ab.

Jedoch kam es 1986 zu einer Wirtschaftskrise. Dadurch gab es einen Mangel an Waschpulver. Basisartikel wie Zucker, Öl, Mehl und Hygieneprodukte standen ebenfalls weniger zur Verfügung, als die Bevölkerung brauchte. Immer mehr Leute baten beim Einkauf darum, anschreiben zu dürfen. Bilijas Lohn wurde gekürzt und sie merkte deutlich, dass sie für die gleiche Arbeit weniger Geld bekam. Wenn einmal im Monat Waschpulver und Toilettenpapier aus dem Lager kamen, dann warteten eine Menge Leute vor der Tür, um ein Paket kaufen zu können. Schnell hatte sich herumgesprochen, dass keine oder nur noch wenige Waren produziert wurden. Da bekamen die Menschen Angst und lagerten viele Basisartikel in ihren Kellern.

Eines Tages bekam Bilija das Waschpulver, das sie für den Laden bestellt hatte, mit dem Befehl, dass sie nur ein Paket pro Familie verkaufen dürfe. Die Lastwagen kamen vormittags und Bilija platzierte die Ware im Lager des Geschäftes. Sie schloss den Laden ab und ging in die Mittagspause. Als sie um 17 Uhr zurückkam, warteten zweihundert Leute vor der Tür des Geschäftes. Bilija wurde durchgelassen. Die Leute schrien durcheinander. Bilija hörte eine Frau rufen: »Bilija, bitte halte für mich einen Sack Waschpulver zurück. Ich habe kleine Kinder!« Bilija sagte nichts und schloss die Tür auf. Sie hatte Angst vor der Menschenmenge und versuchte, es nicht zu zeigen. Dann öffnete sie die Kasse und sagte: »Ihr könnt reinkommen. Es dürfen aber nur drei Leute auf einmal reinkommen.« Die Menge stürmte ins Geschäft. Die Menschen drückten alles weg, was vor ihnen war. Bilija wurde zwischen die Schränke und den Tisch, wo die Kasse war, gepresst. Sie konnte nur die Hände bewegen, um zu kassieren. Nur die ersten fünf Pakete konnte Bilija verkaufen. Die anderen wurden einfach aus den großen Säcken herausgerissen und mitgenommen. Bilija, in die Ecke gedrängt, musste zusehen, wie ihre Ware rausging, ohne bezahlt zu werden. Jemand rief: »Ruf die Polizei!«

»Ich habe hier kein Telefon«, rief Bilija zurück. »Ich muss in den anderen Laden gehen, um telefonieren zu können und ich kann hier nicht mehr raus!«

In dieser gewaltigen Unruhe sprang Pupan Vulinic, ein kräftiger Mann, aus der Menge heraus, drang irgendwie bis zu den Waren vor und brüllte: »Hej!! Was soll das? Möchtet ihr diese Frau hier umbringen? Was ihr jetzt mitnehmt, das müsst ihr morgen an das Unternehmen zahlen. Alle raus hier! Raus! Raus!« Mit voller Kraft schob er die ganze Menschenansammlung aus dem Geschäft heraus. Als alle draußen waren und ihrem Schrecken und auch ihrer Bewunderung laut Ausdruck verliehen, stellten sie gleichzeitig fest, dass das Waschpulver nicht weiter verschwand. Pupan drehte sich zu Bilija um und sagte: »So, jetzt werden wir hier für Ordnung sorgen. Ich werde an der Tür stehen und nur drei Personen reinlassen. Du verkaufst Waschpulver. Ich lasse keinen rein, ehe die, die gekauft haben, nicht raus sind. Und für mich hältst du bitte zwei Pakete zurück, eins für mich und eins für meine Eltern. Ich nehme meins mit, wenn deine Schicht zu Ende ist. Das zweite Paket nehme ich morgen. Pack sie bitte ein, damit keiner sieht, dass ich zwei genommen habe.« Bilija sah den Mann an wie in Trance. Sie wusste nicht, ob sie vor Glück lachen oder weinen sollte. Jeder Familie verkaufte sie ein Paket Waschpulver. Bis zum Ende ihrer Schicht ging das so. Dann nahm Pupan sein Paket und sagte zu Bilija: »Mach dir keine Sorgen. Ich habe mir alle gemerkt, die Waschpulver genommen und nicht bezahlt haben. Ich werde sie persönlich ansprechen, damit sie auch wirklich kommen und dir dein Geld zahlen.« Dann bedankte er sich bei Bilija, die ihrerseits sagte: »Ich danke Ihnen für Ihre Hilfe. Sie haben viel riskiert an diesem Nachmittag.«

Pupan Vulinic meinte: »Deine Tochter ist mit meiner Tochter befreundet. Ist das nicht Grund genug? Es ist normal, dass ich helfe, denn du hast Hilfe gebraucht.« Bilija wusste nichts über Pupan und seine Familie. Sie wusste nur, dass er aus einer Metzgerfamilie stammte und Metzger im Dorf war und dass sein Haus am Ende des Dorfes stand. Sein Grundstück war von Feldern begrenzt und seine Tochter war mit Corina in einer Schulklasse. Bilija war ihm dankbar. Sie schloss den Laden ab und wollte nach Hause gehen. Pupan hielt sie auf und sagte knapp: »Wenn du das nächste Mal Waschpulver bekommst, dann warte nicht, bis das ganze Dorf das erfährt, sondern verkauf es gleich. Andernfalls wirst du wieder Gewalt erleben. Die Menschen verwandeln sich in wilde Tiere, wenn sie Angst haben.«

Bilija sah den Mann an und konnte nicht glauben, dass in diesem Dorf Leute einander schützen konnten. Ein solch kameradschaftlicher Mensch war ihr noch nicht begegnet. Sie bedankte sich noch einmal und ging nach Hause. Am Abend, nachdem sie Simon alles erzählt hatte, entschloss sie sich, das Geschäft im Baumarkt aufzugeben und sich selbstständig zu machen.

Der Sommer verging mit reihenweise wartenden Menschen vor den Geschäften. Teilweise kamen sie um vier Uhr morgens und warteten bis acht Uhr, um ein Brot zu ergattern. Entweder gab es ein halbes Brot pro Person oder ein ganzes für ein Paar oder für eine Mutter mit Kind. Das Brot wurde für Punkte oder Marken verkauft, wovon Bilija allerdings nichts verstand. Zudem nahm die Bautätigkeit in der Umgebung immer mehr ab, wodurch Bilijas Lohn immer niedriger wurde. Sie beschwerte sich beim Direktor des Unternehmens *In-Interi*. Doch Antonis Antwort lautete nur: »Du bist überbezahlt. Du bist fleißig und machst einen guten Umsatz, aber deine Lagerbestände sind zu hoch. Das schmälert dein Gehalt, denn das Verkaufsrad dreht sich nicht wie erwartet und geplant.« Bilija sah ihn traurig an, konnte aber nichts erwidern, denn er hatte Recht. Sie hatte große Mengen Baumaterial bestellt, aber der Verkauf war zurückgegangen. Das ist schlimm für ein Unternehmen. Das war Bilija klar. Und je mehr sie darüber nachdachte, wurde ihr deutlich, dass sie, wenn sie gut verdienen wollte, sich selbstständig machen musste. Die Voraussetzungen hatte sie, denn Badaiks hatten zu Hause viel Platz für ein Lager und die erforderlichen Kenntnisse besaß Bilija auch, die hatte sie im Baumarkt erworben.

Nach weiteren Gesprächen mit Simon und als ihre Entscheidung endgültig feststand, wandte sich Bilija mit ihrem Vorhaben an den Ortsbeirat von Eischenor. Im Vorstand saßen die drei Kommunisten Mereci, Gewer und Cojik. Obwohl Tito längst nicht mehr lebte, hatte er tiefe Spuren im politischen Leben Jugoslawiens hinterlassen. Dazu gehörte auch die sozialistische Ideologie, derzufolge keiner eine private Unternehmung führen durfte. Der Vorstand empfing Bilija in seinem Büro. Bilija erläuterte ihre Pläne und dass sie nicht gegen Gesetze verstoßen würde. Sie benötigte aber die Zustimmung des Vorstandes, ein eigenes Geschäft eröffnen zu dürfen. Sofort erhielt sie eine abschlägige Antwort: »Wir haben die Lebensmittelläden von *In-Interi* und benötigen keine anderen Lebensmittelgeschäfte in unserem Dorf.«

Am nächsten Tag nach dieser Absage fuhr sie nach Norin zum Kreisortsbeirat. Dort fragte sie wieder, ob sie das machen könne oder ob sie mit einer Unternehmensgründung gegen die Gesetze verstoßen würde. Nun erhielt sie die Antwort: »Nach der bestehenden Gesetzeslage können Sie ein eigenes Geschäft eröffnen und benötigen dazu keine Erlaubnis vom Ortsbeirat.

Sie benötigen einen Raum, eine Baugenehmigung und eine Bescheinigung, dass Sie die Voraussetzungen für ein Lebensmittelgeschäft mitbringen. Diese Unterlagen erhalten Sie beim Gesundheitsamt, beim Hygieneamt und beim Bauamt.«

»Gut«, dachte Bilija. »Ich mache mich daran, alles zu realisieren.«

Der erste Schritt war, eine Gaststätte oder ein Haus zu finden, das als Ladenlokal dienen konnte. Als ersten sprach sie Rodko, den Landwirtschaftstechniker des Dorfes, an, der ein kleines Haus am Rand der Hauptstraße besaß. Der sagte aber: »Ich vermiete es nicht.« Bilija fragte andere an und erhielt wieder Absagen, weil niemand etwas mit einem privaten Geschäft zu tun haben wollte. Sie besaßen ihre Felder und von anderen Plänen wollten sie nichts wissen. An einem Abend aber betrat ein großgewachsener, älterer Mann, den Bilija nur als Kunden kannte und der »Opa Sorou« genannt wurde, den Baumarkt und grüßte: »Guten Abend, Bilija.« Er fuhr fort: »Ich habe gehört, du und Simon, ihr sucht eine Räumlichkeit, um einen privaten Lebensmittelladen zu eröffnen?« Bilija bestätigte das. »Ich hätte da mein altes Haus, das am Rand der Hauptstraße liegt. Es ist unbewohnt und ich vermiete es Ihnen gern.« Bilija kannte das Gebäude. Es war nicht riesig, aber für einen kleinen Dorfladen reichte es schon.

»Das Haus ist aber noch nicht in dem Zustand, um dort einen Lebensmittelladen einzurichten«, wandte Bilija ein.

»Darüber können wir sprechen«, sagte Sorou. »Sie renovieren das Haus und verwandeln es in ein Geschäft, dafür können sie es zwei Jahre lang mietfrei nutzen.« Das ist ein guter Vorschlag, dachte Bilija. Der alte Mann hat kein Geld, aber ein Haus, und wir haben Geld, aber kein Ladenlokal. Das könnte klappen.

»Ich muss mit Simon reden. Sie kommen bitte morgen Abend wieder und ich sage Ihnen Bescheid«, sagte Bilija. Und so wurde es gemacht.

Am anderen Morgen, nachdem alles besprochen war, suchten Simon und Opa Sorou, der den Spitznamen Misice trug, alle erforderlichen Ämter auf, um die für den Umbau nötigen Papiere zu besorgen. Dabei zeigte sich, dass die Ämter in der sozialistischen Gesellschaft nicht viel Erfahrung im Umgang mit privaten Firmen besaßen. Dazu noch war Bilija die erste Frau im Ort, die den Mut hatte, ein Jahr nach der Geschäftseröffnung von Marko Kasic, einen privaten Lebensmittelladen zu eröffnen. Bis sie die Bescheinigungen zusammen hatte, würde es aber bis zum kommenden Frühjahr dauern.

BADAIKS FAMILIENFEST

Das Ansehen der Familie in der Dorfbevölkerung wuchs immer mehr. Immer wieder kamen Leute an und fragten Simon oder Bilija nach dem einen oder anderen Rat. Oft aber baten sie auch um Geld. Denn, so hieß es, »diese jungen Leute bauen ihre Familie mit Verstand und Arbeit auf!« Simon sei »ein intelligenter Mann, denn sein Urgroßvater war Bürgermeister.« So redeten die Dorfbewohner, wenn sie etwas von den Badaiks wollten. Waren sie jedoch neidisch oder eifersüchtig, dann hieß es: »Badaiks sind geizige Menschen, die nur an sich denken. Denn Badaiks Urgroßvater ließ als Bürgermeister zum Tode verurteilte Menschen hinrichten.«

Diese Geschichte hörte Bilija im Baumarkt, wenn nicht viel los war. Meistens waren es Männer, die hereinkamen und das erzählten. Bilija bekam alles mit, ließ es aber an sich abgleiten. Sie wollte aber nun allen beweisen, dass sie eine ganz normale Familie mit zwei Kindern und einer Schwiegermutter waren, und beschloss daher, Badaiks Familienfest groß zu feiern. Familienfeste wurden im Herbst gefeiert, wenn die Feldarbeiten abgeschlossen waren. Die Bauern hatten ihre Keller mit Lebensmitteln für den Winter gefüllt und hatten nichts anderes zu tun, als sich um ihr Vieh zu kümmern und gut zu essen und zu trinken, damit sie für den Winter gut gerüstet waren.

Badaiks Familienfest hieß *Petkovica* und wurde in jedem Jahr am 27. Oktober gefeiert. Bislang hatten sie den Festtag nur im engsten Familienkreis begangen, denn sie hatten in ihrem alten Haus keine Gäste empfangen können, da es nur zwei Zimmer hatte. Jetzt,

Ende 1986, hatten sie genug Platz und die besten Möglichkeiten, die ganze Großfamilie und viele Nachbarn einzuladen. Bilija und Simon nahmen sich für das Familienfest frei. Eine Woche vor dem großen Tag kam der Priester, um das Fest zu segnen. Danach begannen die Vorbereitungen. Bilija fing sofort an, Kuchen zu backen. Natürlich konnte man Kuchen auch kaufen, aber bei einem solchen Festmahl wurde auch bewertet, welche hausfraulichen Qualitäten die Gastgeberin besaß. Wie gut kann sie backen und kochen? Wie kleidet sie ihre Kinder? Wie sauber ist ihr Haus?

Nach dem Kuchen kamen die Kohlrouladen dran. Kein Fest in dieser Umgebung verging ohne *Sarma!* Zwei Tage vor dem Fest wurden die Rouladen gewickelt und dann kaltgestellt. Bilija wusste, wie man es macht, denn sie hatte es als Kind von ihrer Mutter Gica gelernt. Trotzdem wurden ihr ab und zu Vorwürfe gemacht, die *Sarma* sei zu groß gewickelt: »Sie soll so klein sein, dass sie mit zwei Bissen verschwindet.« Wurst und andere Spezialitäten hatte Bilija aus ihrer Eigenproduktion, denn zwei Wochen vor dem Fest war ein Schwein geschlachtet worden und die Gerichte vorbereitet. Was zum Trocknen war, wurde getrocknet, was einzufrieren war, wurde in den Gefrierschrank gepackt und einen Tag vor dem Fest aufgetaut.

An diesem Tag wurde auch das Haus gründlich geputzt. Das machte Bilija selbst, denn sie hatte es nicht gerne, wenn zu viele Frauen durch ihr Haus spazierten. Auch Salat und Sauerkraut wurden vorbereitet und im *Pivnica* aufbewahrt. Das Brot bestellte Bilija beim Dorfbäcker Goran Sobolan. Er und seine Frau hatten eine Bäckerei in Stavinica, die man in zehn Minuten mit dem Fahrrad erreichen konnte. Ihr Brot war immer frisch, sehr locker und schmeckte einfach gut.

Am 26. Oktober um 14 Uhr machte Simon mit seinem Fahrrad die Runde zu jedem vorgesehenen Gast und lud ihn persönlich zum *Cina la Praznjek*, dem festlichen Abendessen, ein. Vor dem Grundstückstor machte Simon sich bemerkbar. Wenn der Hausherr kam, sagte Simon: »Ich lade Sie ein zu unserem Familienfest *Petkovica*.« Dann erhielt er zur Antwort: »Ja, wir kommen.« Und Simon ging weiter. Telefonische Einladungen galten nichts in dieser Zeit.

Ab 16 Uhr versammelten sich die Gäste, die von Simon und Bilija empfangen wurden. Die Gastgeber bekamen Glückwünsche und antworteten mit einem kurzen Händeschütteln. Mit den Worten: »Herzlich willkommen« führten Simon und Bilija ihre Gäste ins Haus und zum Tisch. Am Kopf des Tisches saß der älteste Gast, flankiert von den Männern. Am unteren Ende saßen die Frauen mit den Kindern. Der Festabend konnte beginnen! In der Tür stand der Hausherr, festlich gekleidet, und sagte dreimal: »*Se jetrac, se prostit ke aprind lumina pentru svintu praznjek*«[20] Die Gäste erwiderten: »*Cas bun.*«[21] Dann wurde die Kerze angezündet.

Bilija erinnerte sich an die Traditionen in ihrer Kindheit. Damals betrat der Gastgeber mit einer solchen Kerze in der Hand den Raum und kniete hinter der Tür nieder, wo ein Herrenhemd ausgebreitet lag. Dessen oberer Teil war zur Südseite ausgerichtet, der untere zur Westseite. Im Bereich von Brust und Kragen wurde ein in Kreuzform gebackenes Brot niedergelegt, dazu ein Glas Wein und eine Prise Salz. Der Hausherr

---

[20] Ich bitte um Verzeihung. Ich entzünde die Kerze für das heilige Fest.

[21] Auf dein Wohl.

kniete sich hin, küsste das Brot, berührte den Wein und das Salz mit seinen Lippen. Das wiederholte er drei Mal. Danach musste er sich für jeden Gast hinknien und das Ritual wiederholen. Der Hausherr bekreuzigte sich und sprach aus, für wen er kniete, und verneigte sich noch einmal vor dem Hemd mit dem Brot, dem Wein und dem Salz. Der Gast dankte mit den Worten: »*Cas bun.*« Der Älteste aber, der am Kopf des Tisches saß, zählte die Kniebeugen. Manchmal sagte er schon nach zwei Malen »*Cas bun*« und gab das Zeichen, dass der Hausherr das Knien beenden konnte. War der Zähler aber wütend oder hatte der Gast dem Gastgeber während des vergangenen Jahres nichts Gutes getan, dann ließ er den Hausherrn bis zu zwanzigmal hinknien.

In Bilijas Generation wollten die jüngeren Leute nicht mehr hinknien und sie sagten nur: »Ich knie für alle meine Gäste« und damit waren sie fertig.

Damals wurde nach dem Knien das Festmahlbrot gereicht. Das hatte die Gastgeberin gebacken und zum Schneiden geschmückt. Die beiden Männer, die am vorderen Rand des Tisches saßen, nahmen das Brot von beiden Seiten und drehten es drei Mal um. In den unteren Teil des Brotes schnitten sie ein Kreuz, halbierten und küssten es. Alle Gäste nahmen ein wenig von den Getreidekernen, die die Gastgeberin auf das Brot gestreut hatte. Einen davon zerkauten sie und die anderen zwei bis drei Kerne warfen sie hoch bis an die Decke mit den Wünschen, so hoch solle das Getreide des Gastgebers im kommenden Jahr wachsen. Erst nach all diesen Zeremonien hatte früher das Essen begonnen. Viele Sitten waren in der Zeit der 1980er Jahre in immer noch gang und gäbe.

Auf ihrem Fest hatten Badaiks viele Gäste, denn es war ihre erste richtig große Feier und die Verwandten und die eingeladenen Nachbarn waren sehr neugierig darauf, wie das Haus von innen aussah. Von außen wirkten die drei weißen Bögen ungewöhnlich und die Menschen aus der Umgebung kamen herbei, um Badaiks Haus zu sehen.

Bilija bat ihre Schwägerin Violeta, ihr beim Servieren zu helfen. Zuerst kam die Suppe auf den Tisch, dann gekochtes Rindfleisch. Es war mit Möhren, Kartoffeln und Zwiebeln in der Brühe gekocht worden. Zum Fleisch gab es Meerrettich als Beilage. Danach wurden die *Sarma* aufgetischt. Zu den Kohlrouladen gab es ebenfalls Meerrettich oder aber scharfe Paprika. Auf die *Sarma* folgte der Schweinebraten. Dazu wurde geriebener frischer Weißkohl serviert, mit Essig, Öl und Salz. Der war einen Tag vor dem Fest vorbereitet worden, damit er weicher wurde. Nach dem Braten kam der Kuchen. Zuerst trug Bilija einen kleinen Kuchen auf den Tisch, dann aber wurde die Torte gebracht, die Bilija selbst gebacken hatte. Jeder Gast bekam ein Stück. Den Abschluss bildete eine Tasse guter Kaffee. Als Getränke wurden während des Abends angeboten: Rotwein aus Sarkos Kellerei, Bier, Orangensaft, Coca-Cola, Weißwein aus der Kellerei Kraina und stilles sowie sprudelndes Mineralwasser. So wurde gegessen, gelacht und die Neuigkeiten aus dem Dorf wurden ausgetauscht. Auch über Politik wurde gesprochen. Die Männer sprachen über die unruhigen Zeiten und die Versorgungskrise in der Bevölkerung.

Am folgenden Tag, dem 27. Oktober, wurden wieder alle Gäste zum Mittagessen und Abendessen eingeladen. Dieser Tag galt als Schwerpunkt des Familienfestes. Doch auch am 28. Oktober gab es noch einmal Mittag- und Abendessen. Vor dem Mittagessen wurde zuerst der Verstorbenen in der Familie gedacht. Jedes verstorbene Familienmitglied wurde namentlich genannt. Für jeden der Gäste gab es ein Brötchen, das in Form eines Kreuzes gebacken und mit Trauben, Fleisch und Kuchen geschmückt war. So war es auch in Bilijas Kinderzeit Brauch gewesen, auch zu Weihnachten.

Das Abendessen verlief nicht so formell wie in Bilijas Kindertagen. Die Gäste waren sehr zufrieden mit dem, was sie bei Familie Badaik erlebten. Es wurde viel erzählt und gelacht. Die Gäste waren froh, drei Tage lang so üppig bewirtet worden zu sein und Badaiks waren erleichtert, als endlich alles vorbei war und der letzte Gast sich gegen Mitternacht verabschiedet hatte. Simon hatte jeden zum Grundstückstor begleitet. Nach einem Händeschütteln und Auf-Wiedersehen-Sagen waren alle in ihre Autos gestiegen und nach Hause gefahren. Da lagen Dora und die Kinder schon längst in ihren Betten. Bilija und Simon kehrten in den großen Raum zurück, in dem gefeiert worden war und setzten sich. Sie redeten kurz und wusste genau, dass bis zum anderen Morgen alles sauber sein musste, denn jeder musste auf seiner Arbeit erscheinen. Kurz fiel Bilija ein, dass sie ihr Studium einst wegen Simon Badaik aufgegeben hatte, schob den Gedanken aber beiseite. Sie war glücklich, genoss ihr Familienleben und über etwas anderes wollte sie nicht nachdenken. Im Hintergrund dachte sie aber, dass sie sich irgendwann ihren Traum erfüllen würde.

Die Reihe der Feste wurde fortgesetzt. Jede Woche feierte eine andere Familie. Simon und Bilija erschienen nur bei engen Bekannten. Feierten die Verwandten, dann musste Dora mit den Kindern hingehen oder auch allein. Denn das gehörte sich so. Wenn keiner aus Badaiks Familie die Einladung annahm, würde diese Familie im nächsten Jahr auch nicht zu Badaiks Familienfest kommen. Es gab ungeschriebene Gesetze und wenn man sie nicht einhielt, konnte man Schwierigkeiten bekommen.

DER LEBENSMITTELLADEN BUNWENI

Im September 1986 war Corina an der Stanic-Sternmarko-Schule in Stavinica aufgenommen worden. Die ersten vier Jahre war sie auf die Schule in Eischenor gegangen. Von der fünften bis zur achten Klasse würde sie in Stavinica unterrichtet werden. Beide Schulen gehörten zusammen, denn Eischenor und Stavinica waren eigentlich ein Dorf, das nur durch eine Straße getrennt war. Beide Orte hatten aber ihre eigenen Institutionen. Corina hatte auch in der neuen Schule eine sehr rasche Auffassungsgabe. Wie schon Zarka, ihre Erzieherin im Kindergarten gesagt hatte, Corina sei wie ein Schwamm, der alles aufsauge, was man ihr sage, so sagte auch ihr Klassenlehrer Zica: »Frau Badaik, Ihre Tochter ist wie ein Speicher. Sie speichert alles, was ihr beigebracht wird. Und am besten ist, sie kann alles wiederholen.«

»Gut«, dachte Bilija. Sie bedankte sich beim Lehrer und ging zufrieden nach Hause. Dann aber kamen die Feiertage. In der Schule wurde der Volkstanz organisiert. Corinas Mitschülerinnen tanzten alle und wetteiferten, wer neben wem tanzen sollte. Wie schon im Kindergarten, so wollte Corina auch jetzt nicht mittanzen. Den Mädchen wurde von ihren Eltern beigebracht, dass sie unbedingt neben einer wohlhabenden Kameradin oder einer aus einer einflussreichen Familie stammenden Mitschülerin tanzen oder gar Freundschaft schließen sollte. Auch Bilija versuchte vorsichtig, ihre Tochter in diese Richtung zu beeinflussen, aber Corina war es egal, wie reich ihre Freundinnen waren – Hauptsache, sie waren ehrlich und nett. Das fand auch Simon in Ordnung.

Im Dezember feierte die Familie Milans fünften Geburtstag. Er hatte schon einige Freunde gefunden, denn Bilija sorgte dafür, dass er nicht ohne Freunde feiern musste. Milan war ein glückliches Kind. Er hatte sein eigenes Zimmer, war aber am liebsten bei den Eltern. Zu Silvester kam seine Tante Branka aus Österreich und brachte den Kindern sehr viele Geschenke. Die Großeltern Gica und Gischa kamen aus der Schweiz, wo Gischa inzwischen eine feste Arbeitsstelle hatte. An den Weihnachtsfeiertagen, wenn sie zu Besuch kamen, zeigten sie stolz, wie gut sie verdienten. Es gab für jedes Kind eine Tafel Schokolade, eine Banane und eine Orange. Bilija und Simon freuten sich aber, dass Bilijas Eltern gekommen waren und bewirteten sie mit Kaffee und Kuchen. Es gehörte zu Bilijas Zuständigkeiten, dass immer Kuchen im Haus war.

Erst nach den orthodoxen Weihnachten am 6. Januar und Silvester am 14. Januar kehrte in der Familie wieder Ruhe ein. Gischa und Gica fuhren in die Schweiz zurück. Jetzt erfreute Corina ihre Eltern mit guten Noten in der Schule, denn sie hatte Einsen in allen Fächern. Familie Badaik fühlte sich glücklich und erfolgreich – außer, dass sie etwas sparsamer sein musste, damit der Weg in die berufliche Selbstständigkeit gelang.

Im Frühling 1987 bekam Sorou Misice von den Ämtern endlich die Zustimmung, dass er sein altes Haus an der Hauptstraße in ein Ladengeschäft umwandeln durfte. Er kam zu Bilija in den Baumarkt und mit einem verschmitzten Lächeln wedelte er mit einem Blatt Papier vor Bilijas Nase herum. »Guten Abend, Opa Sorou. Sie scheinen sehr guter Laune zu sein. Haben Sie im Lotto gewonnen?«

»Noch besser! Du solltest dich auch freuen, Bilija. Mein Haus wird der erste private Lebensmittelladen in diesen Dörfern und du wirst die erste Frau in unserer Gegend, die den Mut hat, in die Selbstständigkeit zu gehen!« Bilija freute sich so sehr, dass sie herumsprang und den alten Mann umarmte. »*Dede*, jetzt weißt du Bescheid. Wir müssen morgen nach Norin gehen, um einen Vertrag abzuschließen. Wenn wir beide unterschrieben haben, dann können die Arbeiten beginnen.«

Dann ging Opa Sorou nach Hause, um die gute Nachricht auch seiner Frau zu überbringen. Baba Lala war eine ruhige Bäuerin und Hausfrau, die sich an allem freute, was ihr Mann zum Wohle der Familie unternahm. Auch Bilija sprach am Abend mit ihrem Mann. Simon sagte: »Schön. Ich freue mich darauf. Aber du weißt, dass ich vom Handel keine Ahnung habe. Erinnerst du dich, als ich dich einmal im Baumarkt vertreten habe, weil du auf die Kinder aufpassen musstest? Da habe ich doch die Rasierklingen statt für 30 Dinar pro Stück für 30 Dinar pro Fünferpack verkauft! Damals musstest du das fehlende Geld aus deinem eigenen Portemonnaie an *In-Interi* zurückzahlen!«

Bilija wusste das noch ganz genau. Sie sagte zu Simon nur: »Gut, ich werde den Vertrag unterschreiben. Das Geschäft wird dann auf meinen Namen angemeldet werden.«

»Natürlich soll es so sein«, erwiderte Simon. ,,Was soll ich mit meiner Chemie auch mit einem Handelsgeschäft anfangen?«

Nach der Unterzeichnung des Vertrages zwischen Sorou Misice und Bilija Badaik begannen die Bauarbeiten. Die Decke des alten Hauses wurde auf drei

Meter erhöht, aus mehreren Räumen wurde ein großer Verkaufssaal gemacht und die hinteren Räume wurden zum Lager und zum Büro. Auch ein Sanitärbereich wurde eingebaut. Um die Decke des Verkaufssaals zu stützen, wurden drei Säulen im Raum errichtet. In die Außenwand wurde ein großes Schaufenster mit einer Glastür eingelassen. Bilija bestellte beim Künstler Tarko Balabic ihren Firmennamen als Inschrift. Er verwendete blaues Folienpapier, auf dem in großen Lettern stand: LEBENSMITTELLADEN »BUNWENI«; Besitzer BILIJA BADAIK. Das konnte man von weitem sehen. Zwei Treppen, die breiter als die Tür waren, luden großzügig zum Betreten des Ladens ein. Vor dem Geschäft waren rechts und links zwei Bänke aufgestellt, wo die Kunden Platz nehmen und sich mit einem Getränk stärken konnten. Auch führte eine Rampe in den Laden, so dass alles barrierefrei war. Im September 1987 war das Geschäft bereit für die Amtskontrolle.

Für die Einrichtung mussten Simon und Bilija selber sorgen, so war es mit Sorou Misice vereinbart. Bilija bat einen Tischler, den sie von *In-Interi* kannte, die Einrichtung zu erstellen, und er baute die Schränke in Rekordzeit. Gefriergeräte und Kühlschranktheke sowie die Kasse bezog sie von der Firma *Jastreb* in Belgrad. All das kostete viel Geld. Alles, was die Eheleute Badaik in diesem Sommer auf den Feldern erwirtschafteten, und auch beide Gehälter investierten sie in den Lebensmittelladen. Die Vertreter von Bauamt, Gesundheitsamt und Hygieneamt waren sehr angetan von dem, was sie sahen. »Hier ist alles in Ordnung. Sie können ihre Waren schon beim Großhandel bestellen.« Der Inspektor schrieb einige Namen von Großhandelsunternehmen auf und drückte Bilija den Zettel in die Hand. Bilija lächelte ihn an, bedankte sich und lud zu einem kleinen Umtrunk ein.

Am 6. September wurde Milan in der Vorschule aufgenommen. Bilija brachte ihn am ersten Tag hin und wartete auf die Begrüßung und den Beginn der ersten Stunde. Auch am nächsten Morgen brachte Bilija ihn zur Schule. Am dritten Tag ebenso. Nach einer Woche akzeptierte er, dass er allein zur Schule laufen sollte und beschwerte sich nicht, aber der Schulbesuch war für ihn mit ganz dramatischen Gefühlen verbunden: Milan bildete sich nämlich ein, dass seine Eltern ihn jeden Morgen von Zuhause wegschickten, weil sie ihn nicht mehr liebten. Erst nach einiger Zeit merkte er, dass jedes Kind in die Schule ging und dass das ganz normal war. Corina tat das ja auch. So klammerte sich Milan an seine große Schwester und wich auf dem Schulweg kaum von ihrer Seite. Sie kümmerte sich auch gern um ihn.

In dieser Zeit nahm sich Bilija an jedem Nachmittag zwischen 15 und 18 Uhr frei, um mit ihren Kindern Hausaufgaben zu machen oder zu lernen. Rasch fiel ihr auf, dass ihre Kinder eine sehr unterschiedliche Einstellung zur Schule hatten. Also musste Bilija verschieden mit ihnen umgehen: Corina konnte Druck aushalten und lernte ihre Lektionen, um gute Noten zu bekommen. Sie wusste, dass ihre Eltern sie dann in Ruhe lassen würden. Milan aber vertrug keinen Druck und wurde krank, wenn der Stress zu groß wurde. Bilija brauchte eine gewisse Zeit, bis ihr klar wurde, was los war. Denn es hatte sie gewundert, dass ihr Sohn so oft krank wurde, obwohl sie doch jetzt auf dem Land in Eischenor und nicht mehr in der Stadt Norin lebten! Als sie die Ursache seiner Krankheit erkannt hatte, ließ sie ihn in Ruhe und war mit den Noten zufrieden, die er nach Hause brachte. Milan war ein mittelmäßiger Schüler und das war in Ordnung so. Hauptsache, er war gesund! Etwas wird schon aus ihm werden, dachte Bilija. Denn einmal, als sie ihn beim Spielen gefragt hatte: »Was willst du werden, Milan?«, da hatte er seine Mutter ernsthaft angeschaut und gesagt: »Ich will ein Mensch werden.«

Die letzte Woche im September und die erste Woche im Oktober verbrachte Bilija damit, Verträge mit dem Großhandel zu schließen. Überall wurde die Vierunddreißigjährige freundlich empfangen. Doch als die ganzen Lebensmittel zusammen mit den Rechnungen geliefert wurden, bekam Bilija Angst. Sie sah zum Himmel und dachte: »Gott helfe mir.« Die Dorfbewohner beobachteten das alles gleichgültig, manche schüttelten den Kopf. Andere bewunderten sie und dachten: »Was für eine außergewöhnliche Frau hat Simon Badaik da geheiratet!« Aber viele meinten: »Was denkt sie, wer sie ist? Wozu braucht sie ein Geschäft? Kann sie nicht wie jede Frau zu Hause bleiben und ihrer Arbeit nachgehen?« Insgeheim bewunderten aber alle, mit welcher Selbstbehauptung und mit welcher Energie sie sich durchsetzte. Simon aber war es egal, was die anderen dachten. Er kannte seine Frau und ihren Mut. Für ihn zählte nur, dass es seiner Familie gut ging.

Bevor Bilija ihr neues Geschäft übernehmen konnte, musste sie bei *In-Interi* kündigen. Das war nicht so einfach, weil sie die Leiterin des Baumarktes war. Doch es gelang ihr, diese Position an ihren Kollegen Broka zu übergeben, der den Baumarkt in Norin leitete, aber aus Eischenor stammte. Zuletzt unterschrieb Direktor Antoni und sie wurde aus dem

Unternehmen entlassen, für das sie dreizehn Jahre und vier Monate gearbeitet hatte. Bilija stellte zwei Mitarbeiterinnen ein, Nada an der Kühltheke und Gaga, um die Kunden zu beraten und ihnen zu helfen. Bilija selbst übernahm die Kasse. Schon bald bekam das Geschäft den Beinamen »Bei Bilija«, denn viele wollten bei ihr einkaufen. Nur einige waren nicht begeistert, weil sie in Bilijas Geschäft eine Konkurrenz für die große Firma *In-Interi* sahen. Auch Simon blieb etwas skeptisch. Doch Bilija erzielte guten Umsatz. Jeden Abend zählte sie ihr verdientes Geld und prüfte, ob die Kasse stimmte. Die beiden Mitarbeiterinnen hatten keine Geduld und wollten nach Hause, sobald ihre Schicht zu Ende war, Simon aber wartete, bis Bilija fertig war. Dora war wieder einmal nach Österreich zu Branka gereist – wie so oft, wenn es in der Familie viel zu tun gab. Also bat Bilija Simons Großtante Baba Venuca Koschövajnu, sich um die Kinder zu kümmern. Alles lief nach Bilijas Wunsch. Simon wollte von den guten Umsätzen gleich ein neues Auto kaufen, doch Bilija bremste ihn: »Das, was du hier siehst, ist nicht alles unser Geld. Wir werden es morgen auf das Geschäftskonto einzahlen. Am Ende des Monats, wenn wir die Handelswaren an den Großhandel, das Gehalt an unsere Mitarbeiterinnen und die Sozialabgaben bezahlt haben, können wir sehen, was für uns geblieben ist.«

»Aber ...«, sagte Simon.

»Kein Aber, Simon. Das ist nicht unser Geld und es ist der Anfang vom Ende, wenn wir dieses Geld ausgeben. Geh bitte jetzt duschen. Ich komme nach dir. Wir müssen zu Bett gehen.«

Simon senkte den Kopf, denn er wusste, wie hartnäckig seine Frau in Gelddingen war. Im Bett umarmte er sie und darüber schliefen sie ein.

Das Geschäft forderte die gesamten Kräfte. Bilija arbeitete von 5 bis 21 Uhr. Auch am Sonntag wurde gearbeitet, für die Mitarbeiter wurden feste Arbeitszeiten eingerichtet. Nach drei Monaten, in denen Simon um vier Uhr in der Frühe aufgestanden war, um das frische Brot in das Geschäft zu bringen und dann auf seiner Arbeitsstelle zu erscheinen, beschloss er, seine Stelle als Chemietechniker zu kündigen und seiner Frau ganztägig bei ihrem Geschäft zur Seite zu stehen. Dafür bekam sie Probleme mit ihren Mitarbeiterinnen. Cora wollte zu oft zu Hause bei ihrer Familie sein und Gora hielt sich für eine Schönheitskönigin und zeigte zu viel Dekolleté. Als Bilija eine Bemerkung dazu fallen ließ und patzige Widerworte erhielt, musste sie beiden schließlich kündigen. Auch zwei weiteren Mitarbeiterinnen, die sie anstellte, war nicht klar, was sie zu leisten hatten. So liefen die Geschäfte zwar gut und der Laden wurde – nicht zuletzt wegen seiner guten Lage – von vielen Menschen aufgesucht, jedoch fehlten Mitarbeiter. Bilija baute Netzwerke mit Großhändlern in Caroli, Nazih, Wacikan, Belgrad, Urnel und Karigec auf.

Wegen des totalitären Regimes von Ceaucescu in Rumänien flüchteten sehr viele Rumänen über die Grenze nach Jugoslawien.

EINE TATKRÄFTIGE GESCHÄFTSFRAU

Im März 1989 wurde Ante Markovich Präsident der Sozialistischen Föderativen Republik Jugoslawien. Seine Lockerungen der sozialistischen Restriktionen und seine guten Beziehungen zu den Westeuropäischen Ländern führten geradezu zu einem Wirtschaftswunder in Jugoslawien. Der Dinar wurde in kürzester Zeit zur harten Währung. Importe und Exporte nahmen zu. Die Idee einer Europäischen Union lag in der Luft und für Jugoslawien als potenziellem Mitglied standen die Grenzen nach Osten und nach Westen offen. Was Gorbatschow für die Sowjetunion war, das war Ante Markovic für Jugoslawien. Die Bevölkerung nannte ihn den serbischen Gorbatschow. Jugoslawien zahlte seine Staatsschulden, ein Auto konnte man in sechs Kreditraten abbezahlen. Die Wirtschaft boomte und damit auch Bilijas Handelsgeschäft. Die Verkaufsprodukte fanden schnell in Bilijas Regale und noch schneller waren sie wieder verkauft. Doch fehlte noch immer ein geeigneter Mitarbeiter. Denn allen Verkäuferinnen war Bilijas Tempo zu schnell und sie sprangen nach kurzer Zeit wieder ab. Schließlich meldete sich ein Mann namens Darko Most aus Serdar. Er war verheiratet und hatte eine Tochter. Sein Haus lag nicht weit von Bilijas Elternhaus entfernt. Darko Most fragte nicht für sich, sondern für seine Tochter, die ein kleines Kind mit einem Albaner hatte und von diesem im Stich gelassen worden war. Seit drei Jahren suche sie schon nach Arbeit und werde immer abgelehnt. Dunjas einzige Sünde war, dass sie mit einem Albaner ein Kind bekommen hatte, dachte Bilija. So waren aber die Leute in Serdar, dass sie grausam waren gegenüber einem Menschen, der nicht nach ihren Vorstellungen lebte. Dabei hatte Dunja den Mann wahrscheinlich einfach geliebt und Liebe ist keine Sünde. Bilija merkte, dass der Mann es ernst meinte und aus tiefster Seele sprach. Nach längerem Nachdenken sagte sie, dass Dunja am anderen Morgen vorsprechen könne.

Dunja war eine sehr junge Frau, schlank und mit strahlenden, intelligenten braunen Augen. Sie hatte zuvor die Chemieschule absolviert und in einem Chemielabor ihr Praktikum gemacht, aber sie war bereit, die Arbeit im Handel zu erlernen.

Im Gegensatz zu Jugoslawien, wo Wohlstand herrschte, belasteten Rumänien Elend und Armut. Es gab nicht einmal genug zu essen. Die Menschen bauten Obst und Gemüse auf ihren Balkonen, am Straßenrand und in Parks an. Für die Kinder gab es nicht genug Milch. Kranke und Kinder wurden in Psychiatrien verschleppt und dort vernachlässigt und vergessen. Also überquerten die Menschen die Donau. Hochschwangere, die es geschafft hatten und in Jugoslawien ihre Kinder zur Welt brachten, bekamen die jugoslawische Staatsangehörigkeit und das war der Passierschein nach Europa. Einige Rumänen zogen weiter, andere blieben in Serbien und arbeiteten auf den Feldern. Wieder andere waren auf dem Bau oder in der Handwerksbranche tätig.

Bilija aber merkte, je mehr die Menschen haben, umso mehr verlangen sie. Viele wollten ihre Waren auf Pump beziehen. Bilija dachte, dass diese Menschen Nahrung brauchen. So führte sie ein Scheckverfahren ein, demzufolge ein Kunde einen Scheck mit einem von der Bank gedeckten Wert deponieren und davon einen ganzen Monat lang Lebensmittel einkaufen durfte, bis er den Wert des Schecks erreicht hatte. Bei jedem Einkauf erhielt er ein Duplikat der Rechnung über die Höhe seines Einkaufs. Am Monatsende rechnete Bilija alles zusammen und informierte die Bank des Kunden. Die gesammelten Schecks brachte sie zur Bank und der Gegenwert wurde auf ihr Geschäftskonto *Bunweni* eingezahlt. Inzwischen lernte Dunja sehr schnell dazu und nach einem halben Jahr ließ Bilija sich von ihr vertreten, wenn sie zum Großhandel musste oder frei nehmen wollte. In dieser Zeit konnten sich Menschen, die sich früher gewünscht hatten, mal eine Banane zu essen, eine ganze Kiste davon kaufen. Die Gehälter lagen im Schnitt bei 1000 DM. Ein Dinar war etwa 7 DM wert. Doch es gab auch Menschen, die wenig hatten. Ein alter Mann namens Tomislav Macronic verkaufte Bilija sein brachliegendes Feld, damit er umsonst Nahrungsmittel und Getränke von Bilijas Geschäft beziehen konnte. Dunja war immer freundlich zu ihm, obwohl er ein Alkoholiker war. Sie machte sich gut, war folgsam und fleißig. Auch hatte sie ein gutes Händchen beim Umgang mit den Kunden. Die Leute im Dorf liebten sie. Aber irgendwie fehlte der frische Wind und es war für alle zu viel Arbeit. Da stellte sich eines Tages eine junge Frau mit kurzgeschnittenen Haaren und einem üppigen Dekolleté bei Bilija vor: »Guten Tag, ich bin Lili.«

Mit ihren braunen Augen strahlte sie Bilija an und streckte ihr zur Begrüßung die rechte Hand entgegen, die Bilija auch annahm. »Guten Tag, ich bin Bilija. Was darf es bitte für Sie sein?«

»Ich bin nicht zum Einkaufen hergekommen. Ich habe Ihre Anzeige in der Zeitung gelesen, dass Sie eine Mitarbeiterin suchen. Ich möchte mich bewerben, aber ich dachte, es ist besser, wenn ich persönlich vorbeikomme.«

»Das ist wahr«, sagte Bilija. »Ich benötige aber Informationen über Sie, um zu entscheiden.«

»Selbstverständlich« erwiderte Lili und gab Bilija ihre Bewerbungsmappe. Viel konnte man daraus aber nicht ersehen. Lili spürte wohl, dass Bilija mehr Persönliches über sie wissen wollte und begann zu erzählen: »Ich komme aus Ritkovo und habe die Lehrerakademie in Norin besucht.«

Bilija zog die Augenbrauen hoch und fragte: »Was will eine Lehrerin im Handel?«

»Das ist eine gute Frage«, erwiderte Lili. »Ich habe dreieinhalb Jahre als Lehrerin gearbeitet. Dann kam es zu einem Konflikt mit dem Schulleiter. Ich konnte die Ungerechtigkeit in der Schule nicht länger ertragen und habe mich nicht zurückgehalten, dem Direktor das zu sagen. Es kam zum Streit. Ich wollte von meiner Meinung nicht abweichen. Da wurde ich sehr weit weg von meiner Heimat strafversetzt. Da ich aber verheiratet bin und einen Sohn und eine Schwiegermutter habe, konnte ich nicht an jedem Morgen so weit fahren. So habe ich die Arbeit in Stubik nicht angenommen und mir wurde deshalb ohne Entschädigung gekündigt. Ich brauche aber Geld. Mein Mann verdient nicht genug, um uns alle zu ernähren. Deshalb bin ich gezwungen, im Verkauf zu arbeiten und ich verspreche Ihnen, dass ich sehr schnell lernen werde ...«

Bilija war von dieser Geschichte berührt. Sie stellte Lili ein.

Bunweni war nun gut mit Mitarbeitern ausgestattet: Bilija, Simon, Lili und Dunja setzten ihre vollen Kräfte ein. Der Familie ging es gut, wie es einer Familie nur gut gehen kann, in der jeder viel zu viel arbeiten muss. So vergingen die Tage für die Familie Badaik und *Bunweni*.

Das Wirtschaftswunder, das Ante Markovic als Premierminister beschert hatte, brachte dem Land allerdings eine Deflation. In *Bunweni* gingen die Einnahmen zurück, weil die Waren zu billig wurden. Bilija machte sich schon Sorgen, dass sie Insolvenz anmelden müsse. Die tatkräftige Lili erschien ihr wie eine Gabe Gottes zur rechten Zeit. Sie nahm ihre Verkaufstätigkeit sehr ernst und folgte Bilijas Anweisungen und ihrem Verkaufsstil nahezu blind. Trotzdem musste Bilija ein Mitarbeitertreffen einberufen. Sie besprachen die Situation. Dunja und Lili waren verunsichert, weil sie genau wussten, dass sie ein niedriger Lohn erwartete oder dass keine Prämien ausgezahlt werden würden.

»Versucht immer, etwas zu verkaufen!« bläute Bilija den beiden ein. »Kein Kunde darf den Laden verlassen, ohne dass er etwas gekauft hat. Aber bitte nicht mit Druck, sondern mit einem freundlichen Gesicht und mit Entschlossenheit. Die Kunden dürfen das Geschäft nicht unzufrieden verlassen.« So sagte Bilija es und ging ihrer Arbeit nach.

Am anderen Morgen waren ihre beiden Angestellten besonders schön und elegant angezogen. Sie hatten sich schier in ein einziges Lächeln verwandelt, als sie den Laden durchschritten. Lili sprach den Kunden an, überzeugte ihn mit einem Strahlen und legte ihm ein Produkt in die Hand. Freundlich führte sie ihn zur Kasse, wo Dunja ihn empfing, übernahm und nach einem kurzen Gespräch abkassierte. Der Kunde verließ den Laden mit einem Lächeln und wenn er etwas Falsches gekauft hatte, dann hatte er das erst zu Hause gemerkt. Natürlich konnte er die Ware zurückgeben, aber nicht gegen Geld, sondern gegen ein anderes Produkt. So sorgten Lili und Dunja mit ihrem Marktgeschick dafür, dass *Bunweni* weiterhin florierte.

An anderer Stelle jedoch führte die Deflation zum Konkurs. 2435 Betriebe mit 1,3 Millionen Mitarbeitern mussten in dieser Zeit in Jugoslawien schließen. Das steigerte auch die nationalistischen Tendenzen in den Ländern. Ante Markovic versuchte, die reformerischen Kräfte in Jugoslawien zu bündeln und den Staat zu erhalten. Doch die Präsidenten der Republiken torpedierten diese Ideen. 1986 war Slobodan Milosevic Präsident der Republik Serbiens geworden. Später hatte er die Kommunistische Partei Jugoslawiens übernommen. Er hatte die Sozialistische Partei Serbiens gegründet und war ab 1989 deren Vorsitzender und zum Premierminister gewählt worden. Der Einfluss der Kommunistischen Partei Jugoslawiens und die nationalistischen Bestrebungen in den Republiken nahmen immer mehr zu. Am 28. Juni 1989 hielt Milosevic auf der Gedächtnisfeier anlässlich des 600. Jahrestags der Schlacht auf dem Amselfeld eine Rede vor einem Millionenpublikum, in der er die Bedeutung des Kosovo für Serbien hervorhob. Er mobilisierte seine Zuhörer mit dem berühmten Satz: »Euch darf niemand schlagen!« Als die versammelte serbische Bevölkerung ihm zurief: »Slobo, wir lieben dich!«, gab er zurück: »Ich liebe euch auch.«

Trotz der zunehmend angespannten Lage in Jugoslawien ging es *Bunweni* gut. Bilija und ihre Mitarbeiterinnen hatten sich der Situation angepasst, aus Erfahrung und früheren Fehlern gelernt und schließlich so viel verdient, dass sie ein größeres Unternehmen gründen konnte. Der Ortsbeirat von Eischenor hatte begonnen, in der Mitte des Dorfes eine große Halle zu bauen. Dann aber startete Milosevic im Fernsehen einen Aufruf, »Anleihen für die Entwicklung Serbiens« zu tätigen, was bedeutete, dass die Menschen auf ein bestimmtes Konto Geld einzahlten, das Serbien zu Gute kommen sollte. Auch Bilija verlieh Geld aus dem Guthaben ihres Unternehmens.

Das fehlende Kapital brachte den Bau der Veranstaltungshalle in Eischenor zum Stocken. Da berief der Ortsbeiratsvorsitzende von Eischenor, Cojik, in der Schule eine Elternversammlung ein. Den Eltern wurde vermittelt, wie wichtig der Dorfsaalbau für die Entwicklung von Eischenor sei und dass zur Fertigstellung eine große Summe benötigt werde. Alle Familien, die an der Schule Kinder hatten, sollten spenden. Bilija hörte Cojiks Vortrag und dachte nach. Mit den zu erwartenden kleinen Beträgen würde der Rohbau niemals ein Dach bekommen. Da bot sie 5000 Deutsche Mark dafür, dass das Dach gedeckt werden konnte und wollte als Gegenleistung den alten Saal, der sich an der Ecke zwischen der Hauptstraße und der kleinen Straße zur Ortsmitte hin befand, für zehn Jahre mietfrei übernehmen und renovieren. Das einzige Hindernis war Jonuß, der in dem alten Gebäude seine Bäckerei betrieb. Bilija wollte nicht, dass er seine Bäckerei verlor, denn er hatte eine Familie, die er ernähren musste. Jonuß war ein sehr freundlicher Mensch. Er buk Brot in einem altmodischen Holzofen und in einem großen, mit Ziegeln ausgelegten Backofen, in dem er 200 Brote auf einmal backen konnte. All das erläuterte Bilija auf dieser Versammlung. Am nächsten Tag wurde sie zum Ortsbeirat bestellt und alles wurde so festgesetzt, wie sie es vorgeschlagen hatte. Jova, ein recht wohlhabender Mann, zahlte 10.000 Deutsche Mark für die Fertigstellung der neuen Halle. Jonuß blieb in seiner Bäckerei. Aber die Dorfbewohner wurden durch ständige RTS-Nachrichten gegen die Albaner im Kosovo aufgehetzt und wollten sein Brot plötzlich nicht mehr kaufen. Der eine verbreitete das Gerücht, dass er in seinen Teig Drogen mische, ein anderer, dass er in seine Maschinen uriniere, ein Dritter eine weitere Lüge. Jonuß verlor seine Kunden und erfuhr nackten Hass. »Geh nach Kosovo. Du bist hier nicht willkommen!« Einige Wochen blieb er noch, dann kaufte er sich einen Traktor, packte seine Sachen und fuhr mit seiner Familie in seinen Heimatort.

DER KRIEG RÜCKT NÄHER

1990 begann Familie Badaik mit dem Umbau des alten Saals in der Mitte des Dorfes und bereitete zugleich die Gründung des Unternehmens B*B CO-MERZ« Eischenor GmbH* im neuen Gebäude vor. Die große Halle wurde im Herbst fertiggestellt: eine umfangreiche Ladenfläche von 500 qm Größe. Unter einem Dach wurden eine Diskothek, ein Lebensmittelladen, ein Handel für Landwirtschaftsbedarf und eine Apotheke eingerichtet und im Obergeschoss ein Möbelgeschäft. Der Lebensmittelladen *Bunweni* blieb parallel dazu bestehen. Bilija besorgte sich Mitarbeiter und der Betrieb wurde aufgenommen. Alles lief wunderbar. In nur sechs Monaten zahlte sie ihre Schulden bei den Firmen ab, die ihr geholfen hatten, und behielt noch Geld übrig. Ihre Kinder Corina und Milan besuchten die fünfte und die zweite Klasse. Alles schien gut.

Dann kam der Krieg. Menschen flüchteten. An jedem Samstag starteten fünf Autobusse mit Menschen aus der Region im Dorf Eischenor und überquerten die nahegelegenen Grenzen. Die meisten Menschen wollten nach Deutschland oder nach Österreich. Auch die jüngeren Bewohner von Eischenor sahen für sich kein Bleiben mehr. Nach wenigen Wochen war das Dorf wie ausgestorben, nur die Alten waren noch da. Diese aber kauften nicht viel, nur das Allernötigste. Nach kurzer Zeit wurden die Grenzen dichtgemacht. Zurückgeblieben waren hartnäckige Patrioten oder solche, die aus gesundheitlichen oder sonstigen Gründen nicht fliehen konnten. Die Patrioten aber, die an der Seite Slobodan Milosevics standen, fühlten sich als Retter und Verteidiger Serbiens. Dann gewann Lili, Bilijas rechte Hand im Lebensmittelladen *Bunweni*, einen Prozess gegen ihre Schule und konnte ihre Arbeit als Lehrerin wieder aufnehmen. Gleichzeitig sollte Bilijas zweite Mitarbeiterin Dunja eigentlich im neuen Unternehmen *BB-Comerz Eischenor* eingesetzt werden. Bilija machte sich Sorgen. Was sollte sie jetzt tun? Nur noch Danuka, ein junger Mann aus Stavinica, war im Laden *Bunweni* geblieben. Er war sehr fleißig, doch als Einziger wollte er auch nicht zurückbleiben, und so kündigte er auch. Schließlich blieb Dunja im Geschäft.

Nachdem die Grenzen dicht waren, blieben die Menschen aus der Region ohne Arbeit und ohne Geld zurück, denn ihre Arbeitgeber hatten das Weite gesucht. 1991, als Slowenien und Kroatien ihre Unabhängigkeit erklärt hatten und der Krieg begonnen hatte, befand sich eine Gruppe Weißbinder, die einige Mitglieder aus Slowenien, Kroatien und Bosnien hatte, noch in Eischenor. Diese Handwerker wurden jetzt von den Bewohnern als Feinde wahrgenommen. Wegzukommen hatten sie keine Chance. Bilija wollte helfen und spendierte ihnen ein warmes Mittagessen im Restaurant Holiday Club.

Es herrschte ein richtiges Chaos. Die gesellschaftliche Ordnung war aus den Fugen geraten. Die Einwohner aus Eischenor waren bis auf eine Minderheit fort, dafür strömten jetzt andere Menschen aus dem nahegelegenen Rumänien in das Dorf. Auch Bulgaren, Belorussen, Ukrainer tauchten einfach aus dem Nichts auf. Bilija verfolgte die politische Situation mit Schrecken und aus Angst, dass ihre Familie und ihre Mitarbeiter verhungern würden, kaufte sie alles, was sie für die Selbstversorgung brauchte. Ihren Stall füllte sie mit Hühnern und Schweinen. Mehl hatte sie durch ihr Getreide von den Feldern. Öl und Zucker kaufte sie in großen Mengen und versteckte alles im *Pivnica*. Ebenso bunkerte sie Toilettenpapier. Mit diesen Vorräten fühlte sie sich sicherer und sie konzentrierte sich darauf, ihre Unternehmen weiterzuführen.

Im Restaurant herrschte eine hohe Fluktuation unter den Mitarbeiterinnen, die sich von den männlichen Gästen belästigt fühlten: Keine wollte wegen deren schlechten Benehmen länger bleiben. Bilija setzte alles daran, klarzustellen, dass die Mädchen nicht für jedermann da waren, sondern nur zum Bedienen, hatte aber nur begrenzt Erfolg damit.

Die politischen Fronten verhärteten sich derweil immer mehr. Am 1. Mai 1991 hatten kroatische Polizisten in der auf ihrer Seite gelegenen Grenzstadt Borovo bei Vukovar versucht, eine kroatische Nationalflagge zu hissen und die Flagge der Sozialistischen Föderativen Republik Jugoslawien abzuhängen. Daran wurden sie von serbischen Bürgern, die in der Nacht Wache gehalten hatten, gehindert. Die kroatischen Polizisten gerieten in Gefangenschaft, woraufhin die kroatischen Behörden 150 Polizeikräfte nach Borovo schickten. Es kam zu einer Schießerei mit zahlreichen Toten. Am Tag nach diesen Ereignissen sprach der kroatische Präsident Tudjman im Fernsehen die Warnung aus, dass der »offene Krieg« begonnen habe und dass das kroatische Volk im Notfall zu den Waffen greife.

Bilija versuchte, ihr Leben den Umständen entsprechend normal weiterzuleben, aber der Krieg rückte immer dichter an sie heran. Vom 16. September bis zum 19. November 1991 stand die Stadt Vukovar unter

Beschuss. Truppen der Jugoslawischen Volksarmee (JNA) und weitere Kampfeinheiten setzten die Stadt unter Artilleriebeschuss. Vukovar wurde von kroatischen Streitkräften verteidigt, die sich in der Stadt verschanzt hatten. Die Auswirkungen dieser Kampfhandlungen spürte auch Bilija. Ein junger Soldat aus Eischenor kam nach nur einer Woche in Vukovar im Sarg zurück. Seine Beerdigung war für Bilija das Schlimmste, was sie bisher vom Krieg erlebt hatte. Als der Leichenzug mit dem Sarg sich langsam vorwärts zum Friedhof bewegte und der laut kreischenden Mutter und der schluchzenden Schwester folgte, da fiel Bilijas Blick auf den Vater, der sich die Lippen blutig biss, um nicht zu weinen, denn ein Kommunist weint nicht. Sein Sohn hatte sein Leben für sein Land gegeben und in Vukovar gekämpft. Die Mutter aber schrie laut: »Warum sind die Kinder der anderen nicht nach Vukovar gegangen? Warum mein Sohn, er erst 22 Jahre alt war?« Sie zerrte am Sarkophag und rief erneut nach ihrem Sohn: »Djoleee! Warum? Warum bist du gegangen?«

Bevor der Trauerzug aufgebrochen war, hatte der Bürgermeister Protic, der ein überzeugter Kommunist war, eine Rede gehalten. Er hatte den jungen Mann gelobt, der nun ruhig in seinem Sarg »schlief« und sich dafür bedankt, dass er sich in Vukovar für Serbien eingesetzt hatte. Bilija hatte den Kopf geschüttelt und beschlossen, sich in diesen Krieg nicht einzumischen und auch niemanden aus ihrer Familie oder ihrer Firma in irgendwelche politischen Konflikte zu verwickeln. Denn sie konnte den Streit zwischen Serben und Kroaten nicht verstehen. Da waren Menschen, die seit 50 Jahren zusammenlebten, die untereinander geheiratet, einander Einigkeit und Brüderlichkeit geschworen haben. Die gingen jetzt auseinander und hetzten ge-

geneinander wie wilde Tiere. So jedenfalls empfand es Bilija. Die Ehen zerbrachen, nur weil der eine Partner Kroate und der andere Serbe war. Schwiegereltern, die der anderen Nationalität angehörten, wurden gehasst. Die vormaligen Brüder trennten sich und einer tötete den anderen. Bilija sagte nein. Das ist nicht mein Krieg und auch nicht der Krieg meiner Familie. Wir werden versuchen, uns nicht in die Politik einzumischen. Sie spendete Nahrungsmittel, um die Armee ernähren zu können. Das tat sie unauffällig und verschwiegen, aber mehr wollte sie mit allem nicht zu tun haben.

Eines Tages aber kam ein Mann namens Stomacic zu ihr und sagte, sie und ihre Mitarbeiter sollten Mitglied in der SPS-Partei werden. Das war die Sozialistische Partei Serbiens, die 1990 von Slobodan Milosevic gegründet worden war und als Nachfolgepartei des Bundes der Kommunisten Serbiens nationalistisch geprägt war. Bilija entgegnete gleich »Warum?«

»Na, weil du eine Firma hast und das dazugehört.«

Bilija schaute Stomacic streng an und erwiderte mit harter Stimme: »Nein. Wir sind ein privates Unternehmen und mischen uns nicht in die Politik ein.«

Das war es erst einmal, aber schon eine Woche später kam Rodko, der Landwirtschaftstechniker des Dorfes, erhob seinen Kopf und klein und rund, wie er war, schaute er zu Bilija auf und sagte: »Frau Badaik, Sie haben kein Bild von Milosevic in auch nur einem Ihrer Geschäfte hängen.«

»Nein, das tue ich auch nicht.«

»Dann solltest du Titos Bild in deine Geschäfte hängen.«

»Nein, auch das nicht.«

»Und wen willst du dann hinhängen?«

Rodkos Gesicht war puterrot. »Willst du Draskovic' Bild aufhängen?«, fragte er vor Wut zitternd. Draskovic war ein Gegner Milosevics, zwar auch ein serbischer Nationalist, aber wesentlich demokratischer ausgerichtet als dieser. Bilijas Aufregung wuchs. Ihr Blut pulsierte in ihren Adern und sie entgegnete heftig: »Wenn ich ein Bild aufhänge, dann das von mir und meinem Mann. Denn uns hat niemand etwas geschenkt, kein Milosevic, kein Tito und auch kein Drascovic, sondern mein Mann und ich, wir sind jeden Morgen aufgestanden, um Kühe und Schafe zu melken, Felder und Gärten zu pflegen und zwei Kinder großzuziehen. Nein, kein Bild von einem Politiker wird in meinem Unternehmen hängen!« Rodko war erschreckt und wütend zugleich. »Sie werden noch sehen, was Sie davon haben«, schnauzte er Bilija an. Er wandte sich ab und ging schnell weg.

Eine Woche später wurden die Männer im Dorf für den Krieg eingezogen. Der Krieg mit Kroatien war in vollem Gang und nun begannen auch militärische Auseinandersetzungen mit Bosnien, nachdem angeblich eine serbische Militäreinheit in eine Hochzeitsgesellschaft in Sarajevo geschossen hatte. In der Krajina, dem serbisch-bosnisch-herzegowinischen Grenzgebiet, wo die Mehrheit der Bevölkerung serbisch war, machte kroatisches Militär Druck, damit die Menschen die Flucht ergriffen. Nachdem Kroatien am 8. Oktober 1991 seine Unabhängigkeit erklärt hatte, gründete Serbien im Grenzgebiet die Serbische Autonome Provinz Krajina. Die Militäraktion *Oluja/ Sturm* unter der Führung von Ante Gotovina beendete den Kroatienkrieg. Nun wurden viele Serben aus dem Gebiet der Krajina vertrieben. Auch in Bosnien wurde ab 1992 Krieg geführt, durch den drohenden Zerfall der Sozialistischen föderativen Republik Jugoslawiens nahmen auch die Spannungen zwischen den Bosniern und den Herzegowinern zu. Besonders die Bosnier strebten nach der Gründung eines eigenen Staates, da der Verbleib in dem von den Serben dominierten Jugoslawien zu unsicher war.

In dieser unruhigen Zeit versuchte Bilija ihre Geschäfte so gut wie möglich weiterzuführen. Sie versuchte neutral zu bleiben, doch der Druck, den serbischen Nationalismus zu vertreten, wurde immer wieder an sie herangetragen. Der Schulalltag ihrer Kinder verlief jedoch wie gewohnt. Die Lehrer vermittelten den Schülern nur Wissen nach ihrem gewohnten pädagogischen Programm. Über den Krieg wurde kaum gesprochen.

Bilijas Freundin, die Professorin Darija, brauchte Hilfe. Ihr Sohn Andreja studierte Maschinenbau in Belgrad. Er wohnte dort in einem kleinen Studentenzimmer. Darijas Gehalt fiel immer zu niedrig aus, sodass es nicht ausreichte, um ihren Sohn zu unterstützen, obwohl ihr Mann Sarko durch Weinverkauf etwas hinzuverdiente. Auf Bilijas und Simons Familienfest im Jahr 1992 sprachen die beiden Frauen darüber. Als die übrigen Gäste fort waren, blieb Darija mit ihrer Familie zum Gespräch. Geheimnisvoll redeten sie über die politische Lage und Darija gab zu, dass ihr Sohn nicht in den Krieg ziehen wollte und dass er normalerweise in den Semesterferien immer mit den anderen Studenten nach Hause kam, um dann zum Semester wieder nach Belgrad zurückzukehren. Aber es war zu teuer, die Studiengebühren und den Unterhalt zu finanzieren. Wenn sie nicht die Möglichkeit fand, privaten Englischunterricht zu geben, dann müsse Andreja sein Studium abbrechen und in den Krieg ziehen. Bilija und Simon hörten zu, sagten aber nicht viel, denn sie waren müde. Doch klangen Darijas Worte in Bilijas Ohren nach. Sie sprach mit Simon darüber: »Dann soll doch Corina Englisch lernen. Einmal in der Woche. Das monatliche Honorar ist 30 Mark. Englisch zu lernen ist doch eine sehr vernünftige Sache. Gott weiß, wozu es ihr noch nützen wird.«

Bilija fragte auch ihre Tochter. Die inzwischen vierzehnjährige Corina war begeistert. So begann ihr Privatunterricht in Englisch, der sechs Jahre dauern sollte. Am Ende eines jeden Jahres wurde geprüft, bewertet und zertifiziert. In der Schule lernte Corina Russisch und so wuchs sie viersprachig auf: Serbisch lernte sie in der Schule und Rumänisch wurde zu Hause gesprochen. Nach zwei Jahren beschritt Milan denselben Weg. Auch er wuchs mit vier Sprachen auf.

EINE BITTERE ENTTÄUSCHUNG

Bilija sah sich vielfältigen Schwierigkeiten ausgesetzt. Jetzt bekam sie zu allem noch das Gefühl, dass mit Simon etwas nicht stimmte. Er war oft sehr nachdenklich. Bilija hatte den Eindruck, er entferne sich von ihr. Wenn sie zusammen nach Norin fuhren und jeder in einen anderen Großhandel ging, um Waren für die Geschäfte zu bestellen, dann vergaß er oft, dass sie einen Treffpunkt vereinbart hatten, um nach Eischenor zurückzukehren. Er fuhr ohne Bilija zurück. Sie blieb in Norin und musste mit dem Bus hinterherfahren oder laufen. Nachdem das fünfmal passiert war, beschloss Bilija, den Führerschein zu machen, was ihr auch recht bald gelang. Jetzt konnte sie selbst mit dem Auto nach Norin fahren und alles erledigen. Simon wirkte erleichtert darüber, dass er jetzt nicht mehr so viel im Geschäft mitarbeiten musste. Er ging oft seine eigenen Wege und Bilija wusste nicht, wo er war, obwohl er immer wieder Ausreden fand. Bilija hatte keine bösen Hintergedanken. Sie spürte nur, dass ihre Liebe einen schalen Beigeschmack bekommen hatte. Aber sie schob die Gedanken daran weg, weil sie mit so viel Arbeit überlastet war.

Dann kam das Jahr 1993 und mit ihm die Inflation. Sie war so hoch, dass man sich es so vorstellen kann: Bekam ein Lehrer sein Gehalt, musste er sofort zur Bank rennen, um dafür DM zu kaufen. Doch ehe er bei der Bank angekommen war, war sein gesamtes Monatsgehalt nur noch eine Mark wert. Die jugoslawischen Banknoten wurden in Millionen gedruckt. Sie waren groß und ansehnlich, aber in der Geschäftswelt waren sie wertlos. Niemals gab es mehr Millionäre in Serbien als in dieser Zeit!

Die Hyperinflation von 1993/1994 war schlimm. Jugoslawien versuchte, im Zuge seines Verfalls, den Wertverlust des Dinars durch mehrere Währungsreformen aufzuhalten, aber nichts zeigte Erfolg. Obwohl sie auf dem Papier Millionäre waren, sank der Realwert der Gehälter der Serben rasant in die Tiefe.

Dunja arbeitete trotzdem ruhig und geduldig weiter. Ihr Gehalt von vormals umgerechnet 800 DM war Anfang 1993 auf 50 DM gesunken. Die Preise im Großhandel stiegen viermal am Tag. Bilija kaufte auch viermal am Tag Waren ein, aber bei jedem Ankauf verlor sie Geld, denn die Ankaufspreise waren höher als die Verkaufspreise, die Bilija an ihre Kunden weitergeben konnte. Dunja aber vermochte von ihrem Gehalt nicht mal ein Paar Schuhe für ihre Tochter zu kaufen.

Und dann war Simon so seltsam verändert. Von morgens bis abends hielt er sich im Restaurant auf. Trug Bilija ihm eine Aufgabe auf, machte er nur das Nötigste. Sehr oft fehlte Geld vom Umsatz, das Bilija aus der Kasse nehmen wollte, um es auf der Bank in DM umzutauschen. Aber sie verdrängte die Gedanken, dachte, sie hätte sich verrechnet und machte keine großen Umstände.

An einem Tag im Sommer, nach dem langen Wochenende von Christi Himmelfahrt, sammelte Bilija den gesamten Umsatz von Freitag bis Montag ein, und gab ihn Simon, damit er ihn zur Bank brächte. Die Summe hatte einen Wert von 3000 Mark. Das war für diese Zeit viel, denn an kirchlichen Feiertagen geben die Menschen in dieser Region viel für Essen und Trinken aus. Simon nahm das Geld und verließ das Lokal um 8 Uhr. Um 11 Uhr sollte er zurück sein, denn im Geschäft musste er eine Schicht übernehmen. Er kam aber nicht. Bilija sagte sich: Ihm ist etwas dazwischengekommen. Er wird schon kommen.

Bilija übernahm die Schicht im Restaurant und sagte der Bedienung Bescheid, die schon seit den Vormittagsstunden arbeitete, so wurden die Arbeitsplätze besetzt. Der Abend kam. Immer noch kein Simon. Bilija rief Ihre Freundin Manika an, die bei der Bank arbeitete und für Bilijas Unternehmen *BB-Comerz* zuständig war, und fragte, ob Simon das Geld eingezahlt hätte. Manika sagte »Nein. Ich habe ihn nicht gesehen, sonst wüsste ich es.«

Es wurde Mitternacht. Simon meldete sich immer noch nicht. Jetzt kam Bilija der Gedanke, dass ihm etwas zugestoßen sein könnte. Ihr Herz stand still. Sie dachte an Corina und Milan. Simon hatte seinen Vater viel zu früh verloren. Drohte ihren Kindern jetzt das gleiche Schicksal? Panisch rief sie die Polizei an und meldete Simon als vermisst. Sie bekam zur Antwort: »Wir werden uns darum kümmern und melden uns wieder bei Ihnen.«

Ein Klicken und das Gespräch war beendet. Bilija wartete ungeduldig. Nach fünf Minuten rief sie die Polizei wieder an. Die Stimme auf der anderen Seite war freundlich: »Machen Sie sich keine Sorgen. Ihr Mann ist nicht entführt und nicht vermisst. Er wird bald zu Hause sein.« Bilija aber konnte nicht mehr schlafen. Ständig lief sie im geräumigen Erdgeschoss ihres Hauses hin und her. Um halb drei hörte sie das vertraute Geräusch seines Autos. Als er reinkam, fragte sie ihn sofort, wo er gewesen sei und warum er das Geld nicht zur Bank gebracht habe. Er gab zur Antwort: »Ich war mit Axel etwas trinken und habe ihm Geld geliehen.« Bilija zählte das verbliebene Geld. Es fehlten etwa 1000 Mark. Bilija kannte Simons Freund Axel und sie wusste, dass er hart arbeitete und sich niemals so viel Geld von Simon leihen würde. Zu ihrem Mann sagte sie: »Ich werde ihn morgen fragen.«

»Das sollst du nicht. Das wäre ein Vertrauensbruch!«

»Lass uns eine Nacht darüber schlafen.«

Bilija legte sich ins Bett, aber fand keine Ruhe. Sie hatte das Gefühl, dass Simon sie belogen hatte. Ich habe das alles satt, dachte sie. Ich werde fortgehen.«

Aber einfach wegzugehen, das ging auch nicht. Es herrschten Krieg und Inflation. Es bestand Geldmangel und die Grenzen waren dicht. Bilija hatte auch keine Freunde im Ausland, zu denen sie so einfach hingehen konnte. Sie schob ihr Vorhaben also auf, bis ein geeigneter Zeitpunkt kommen würde. Von ihrem Vorhaben erfuhr keiner, Bilija benahm sich wie immer. Auch mit ihren Kindern sprach sie nur in Andeutungen, sodass sie nicht merkten, was in ihrer Mutter vorging. Sie schienen aber etwas zu spüren. Milan hatte eine Weltkarte in seinem Zimmer. Darauf hatte er die Stadt Frankfurt am Main angekreuzt. Und Corina wurde meistens nachdenklich, wenn ihre Mutter allgemein vom Ausland sprach. Im Geschäft beschwerte sich Dunja über das niedrige Gehalt und beklagte, dass Vila, ihre Tochter, dringend Schuhe bräuchte. Bilija tat es leid, dass sie nicht mehr geben konnte, und nahm ihre Angestellte beiseite: »Dunja, hör mir zu. Ich sage dir jetzt in vollem Ernst, weil ich deinen Einsatz für dein Kind bewundere: In den ganzen 5 ½ Jahren, die du hier arbeitest, hast du dich niemals verspätet. Du stapfst durch den höchsten Schnee über den Berg, nur damit du hierher zur Arbeit kommst. Das respektiere und schätze ich sehr, aber ich bin der Überzeugung, dass du deiner Tochter hier nicht die Zukunftsperspektiven ermöglichen kannst, die du ihr wünschst. Geh nach Deutschland. Du bist jung und intelligent und du wirst es dort schaffen. Wenn du es nicht schaffst – zurückkommen kannst du jederzeit und ich werde dich wieder einstellen. Geh weg aus diesem Land, denn wenn es so weitergeht, werde auch ich dieses Land verlassen.«

Dunja sah Bilija lange an und meinte dann: »Ich habe auch schon darüber nachgedacht. Ich werden mit jemandem sprechen, der mich für die erste Zeit aufnehmen kann, bis ich eine Wohnung gefunden habe.«

Nach diesem Gespräch arbeiteten beide ruhig zusammen, wie immer. Doch nach zwei Wochen nahmen Bilija und Dunja voneinander Abschied. Bilija zahlte Dunja ihren Lohn aus und spendierte ihr 50 DM extra mit den Worten: »Das ist für die erste Zeit, damit du nicht verhungerst.« Und mit einem letzten »Gute Reise. Dreh dich nicht um!«, schickte sie Dunja auf ihren Weg.

Kurze Zeit später stellte sie Vesna ein, eine jüngere Frau, und versuchte mit ihr das Geschäft zu betreiben, wie es in solchen Zeiten nur möglich ist. Bilija überlegte auch, wie sie ihren Mann wieder zur Vernunft bringen konnte. In ihrer Schwiegermutter sah sie eine Rettung. Bilija rief Dora an und bat sie, Simon für einige Zeit nach Österreich einzuladen. Sie deutete an, dass die Situation nicht in Ordnung war und dass sie außerdem Geld brauchten. Simon sollte für kurze Zeit in Österreich arbeiten, um das Familieneinkommen aufzubessern. Dora sagte zu. Simon aber machte zur Bedingung, dass er vorher noch Corinas Abschlussball der Grundschule miterleben wollte. Er wollte die Schönheit seiner Tochter sehen. Und Bilija war klar, dass sie beide zu der Veranstaltung hingehen würden.

Am Vormittag des großen Tages im August 1993 bekamen die Kinder ihre Abschlusszeugnisse. Corina hatte in allen acht Klassen und allen Fächern die Bestnote. Glücklich kam sie nach Hause. Die ganze Familie gratulierte ihr und alle küssten sie. Corina strahlte mit ihren grünen Augen und zeigte ihre Ergebnisse. Schon um drei Uhr am Nachmittag begannen die Vorbereitungen für den Abschlussball. Maniküre und Pediküre machte das Mädchen selbst. Corinas Haar war hochgesteckt und sie war dezent geschminkt. In ihrem blauen Ballkleid, das ein tiefes Dekolleté und schmale Bänder über den Schultern hatte, sah sie nicht mehr wie ein Kind aus. Das Kleid lag geschmeidig am Körper an und unterhalb der Hüften ging es auseinander wie der Tüllrock einer Ballerina, aber bis unter die Knie. Zu ihrem Kleid trug Corina hochhackige blaue Schuhe. Sie sah aus wie eine Prinzessin auf einem königlichen Ball. Bilija und Simon, ihnen beiden war klar, dass sich ihre Tochter, obwohl sie noch ein Kind war, zu einer wunderschönen jungen Frau entwickelt hatte. Corina wurde von einem Schulkameraden abgeholt und sie gingen zur Schule voraus, wo der Ball stattfinden sollte. Bilija, Simon und Milan folgten langsamer nach. In diesem Moment vergaß Bilija ihre Eheprobleme. Jetzt waren sie nur die Eltern ihrer wundervollen Tochter.

ANGST UM CORINA

Eine Woche später packte Simon seinen Koffer und fuhr zu Dora nach Österreich. Bilija blieb allein zurück, um ihre Unternehmen zu führen. Ihre Arbeitszeit war von 6 bis 24 Uhr. Um die Familienehre und das gesellschaftliche Leben musste sie sich auch kümmern: Corina war immerhin fünfzehn und Milan war zwölf Jahre alt. Nach dem Abschlussball hatten die Eltern der Jungen, die an Corina interessiert waren, angefangen, Bilija um ihre Hand zu bitten, denn Simon, der Vater, war ja nicht da. Corina selbst reagierte gleichgültig. Sie war wie Bilija früher! Bilija merkte das und sagte zu den Leuten: »Nein, Corina möchte noch nicht heiraten. Sie wird weiter in die Schule gehen. Sie wird die Medizinschule besuchen.« Als Bilija diese drei Antworten gegeben hatte, sprach es sich im Dorf herum: »Corina Badaik geht weiter zur Schule, um Krankenschwester zu werden.«

In der Medizinschule gab es allerdings nicht genug Plätze. Außerdem musste man Nachhilfe nehmen, um die Aufnahmeprüfung zu bestehen. Und das beim Direktor der Schule. Davon erfuhren auch Corinas Kameradinnen Jaca, Janica und Mara. Sie sandten ihre Eltern zu Bilija mit der Bitte, sie möge mit dem Direktor sprechen, dass auch diese drei in den Nachhilfeunterricht aufgenommen würden. Also ging sie mit allen vieren zum Direktor der Medizinschule und schenkte ihm eine Flasche Schnaps mit dem Namen *Hajduck Veljko*.

»Danke, das war doch nicht nötig, Frau Badaik.«
»Das ist doch nur eine Kleinigkeit«, sagte Bilija nur. »Danke, dass Sie diesen Kindern das Wissen für die Aufnahmeprüfung nahebringen möchten.«

Nach einem Monat Unterricht wurden alle vier Mädchen an der Medizinschule aufgenommen.

In dieser Zeit schloss Milan die sechste Klasse ab, auch mit der höchsten Note. Er half seiner Mutter im Geschäft. Er passte auf, dass niemand etwas stahl und informierte Bilija, wenn jemand vom Personal etwas Negatives über sie sagte oder gegen Geschäftsgesetze verstieß. Bilija nahm sich jeden Abend nach Geschäftsschluss um 20 Uhr eine Stunde Zeit, um mit ihren Kindern gemeinsam zu Abend zu essen und sie danach auf ihre Zimmer zu begleiten und ein wenig mit ihnen zu sprechen. Einmal sagte Corina: »Mama, können wir für zwei Wochen zu Papa fahren und mit ihm zusammen nach Hause zurückkommen?« Bis zu diesem Abend hatte Bilija nicht gemerkt, dass die Kinder ihren Vater vermissten. »Corina, ich habe nichts dagegen«, sagte sie, »aber ich muss mit deiner Tante sprechen, damit sie euch ein Touristenvisum sendet.«

»Wir haben schon gesprochen«, meinte Corina. »unsere Tante hat das Visum schon geschickt und die Einreiseerlaubnis befindet sich bereits in Belgrad in der österreichischen Botschaft.«

»Wie jetzt?« Bilija war perplex. Milan kam ins Zimmer, setzte sich neben seine Schwester und schaute seine Mutter mit großen Augen an. »Mach dir keine Sorgen, Mama. Ich werde dir am Samstag im Geschäft helfen.« Bilija betrachtete ihre Kinder und spürte, wie sie weich wurde von deren sanft bittenden Blicken. Aber sie sagte nur: »Wir reden morgen darüber. Jetzt ab ins Bett, ihr meine zwei Sonnenscheine!«

Als beide Kinder ihre Zimmertüren geschlossen hatten, fuhr sie ins Restaurant, um ihre Mitarbeiter zu unterstützen. Dabei entwickelte sie eine Strategie. Corina würde allein nach Belgrad fahren müssen, um die Visa bei der Botschaft zu holen, und am Abend würde sie zurückfahren müssen. Um 24 Uhr würde Bilija an der Bahnstation Norin auf sie warten. Sie selbst würde in Eischenor bleiben müssen, denn Tomislav Makronic, der ihr seinen Acker vermacht hatte und dafür umsonst Lebensmittel und andere Waren aus *Bunweni* bezogen hatte, war gestorben und wurde an diesem Samstag beerdigt. Er hatte nun sein Vermögen der Familie Badaik vermacht, weil sie ihn gut behandelt und seine Felder gepflegt hatte.

Opa Toma, wie er genannt wurde, hatte viel geraucht und getrunken. Bilija hatte ihn einmal daran erinnert, dass die Ärztin gesagt hatte, er solle nicht trinken. Da hatte er erwidert: »Nein, sie hat nicht gesagt, dass ich nicht trinken soll, sondern: ‚Wenn ich sterben will, dann soll ich trinken'.«

Bilija hatte ihn angeschaut und gefragt: »Und? Willst du sterben?«

»Ja. Wenn ich schon sterben muss, dann will ich satt sterben?«

»Mach, was du willst«, hatte Bilija nur gesagt. »Du bist ein erwachsener Mensch. Ich zeige dir Fass und Schlauch und du kannst trinken, so oft du willst und wie viel du willst.«

Nach vier Jahren reichlichen Trinkens, Rauchens und Essens war er wirklich gestorben. Weil er keine Angehörigen hatte, wurde er von Familie Badaik bestattet und er bekam auch einen Grabstein mit seinem Namen. Kurz darauf erbte die Familie seine sämtlichen Felder, sein Grundstück und sein Haus.

Am Morgen dieses denkwürdigen Samstags hatte Bilija Corina zum Busbahnhof gebracht und ihr noch einmal eingeschärft, ja mit niemandem zu reden. Sie sollte nur die Visa abholen und zurückkommen. Als sie in den Bus gestiegen war, winkte Bilija ihr nach und der Bus startete nach Belgrad.

Am späten Abend um 24 Uhr fuhren Bilija und Milan nach Norin zum Bahnhof. Bilija bereute schon, ihre Tochter allein nach Belgrad geschickt zu haben, und war sehr angespannt. Mutter und Sohn warteten ungeduldig. Dann kam der Zug und die Passagiere stiegen aus. Bilija und Milan warteten, bis der Zug leer war. Aber Corina stieg nicht aus. Bilija geriet in Panik. Der Zug verstärkte seinen Dampfausstoß und fuhr an. Bilija lief einer Frau hinterher, die von fern wie Corina aussah, und griff nach ihrer Hand. Diese drehte sich um und warf einen überraschten, aber auch ängstlichen Blick auf Bilija, die nur »Entschuldigung« stammelte und einer anderen Frau hinterherlief. Doch auch das war eine Enttäuschung. Bilija rannte in das Büro der Bahnbeamten. Ängstlich bat sie darum, man möge in Donavica – das war die letzte Station des Zuges – fragen, ob Corina im Zug eingeschlafen sei. Der Beamte ging tatsächlich zum Telefonieren in sein Büro und kam nach 10 Minuten wieder. »Nein, sie ist nicht im Zug«, sagte er. »Sie haben den ganzen Zug überprüft.« Bilija bedankte sich rasch, sagte kurz zu Milan: »Bitte steig ins Auto« und fuhr mit ihm zum Bahnhof von Stavinica, vielleicht war Corina ja hier ausgestiegen. Der Gleisbeamte, den Bilija fragte, schüttelte nur den Kopf und sagte: »Hier hat niemand den Zug verlassen.«

Da fuhr Bilija mit Milan nach Hause. Sie gingen in ihr Restaurant. Vielleicht war Corina ja dort und hatte Angst, zu Hause allein auf Mutter und Bruder zu warten. Die Bedienung war noch da, denn sie hatte eine Gruppe von Gästen, die schon betrunken waren und noch eine schöne Nacht beim Bier verbringen wollten. Bilija setzte sich mit Milan an einen Tisch und weinte um ihr Kind. Denn auch im Restaurant war Corina nicht. Wo konnte sie noch sein? Wo sollte Bilija mit der Suche anfangen? Sie weinte und weinte. Auch Milan war sehr ernst und erschreckt durch den Gedanken, dass er seine Schwester niemals wiedersehen würde. Er sagte aber ruhig: »Mama, warte, Mama. Wir müssen nachdenken. *Dada* hat uns angerufen und gesagt, dass sie um 18 Uhr von Belgrad nach Norin starten würde.«

»Ja«, schluchzte Bilija. »Dann, Mama, kann sie aber nicht um 24 Uhr in Norin sein. Denn der Zug braucht acht Stunden bis Norin.«

Bilija, die am ganzen Körper zitterte, erwiderte: »Doch, mein Sohn. Das ist ein Schnellzug.« Milan widersprach: »Nein, Mama, es gibt keinen Zug, der es in sechs Stunden von Belgrad nach Norin schafft.«

Bilija, die immer noch verwirrt war, sagte streng zu ihrem Sohn: »Steig ins Auto!«

Milan tat es und sie fuhren zurück nach Norin. Dort sah der Bahnbeamte, dass die beiden in Panik geraten waren, und versuchte sie zu beruhigen:

»Wie heißt denn Ihre Tochter und wie alt ist sie?«

»Corina. Sie ist fünfzehn.«

»Findet sie sich gut zurecht?«

»Ja.«

»Warten Sie hier«, sagte der Beamte und ging in sein Büro. Bilija und Milan zitterten vor Angst. Es dauerte eine gefühlte Ewigkeit, bis der Mann zurückkam, aber dann sagte er: »Machen Sie sich keine Sorgen. Wir haben Ihre Tochter gefunden. Sie ist tatsächlich um 18 Uhr in Belgrad abgefahren, ist dann aber in Nazih umgestiegen. Dort hat sie den Zug nach Norin genommen. Warten Sie morgen früh um 8 Uhr in Stavinica. Ich habe dem Schaffner gesagt, dass er auf Ihre Tochter achten soll und zusehen, dass sie in Stavinica wirklich aussteigt.«

Bilija und auch Milan fiel eine Zentnerlast von ihren Herzen. Trotzdem konnten sie in der Nacht kaum schlafen. Am anderen Morgen fuhren sie nach Stavinica, um auf den Zug zu warten. Der Zug fuhr ein und seine Geschwindigkeit ließ nach. Mit einem kurzen Quietschen hielt er an. Corina stand auf der Treppe, die zum Erste-Klasse-Abteil führte und lächelte ihre Mutter und ihren Bruder herzlich an. Sie sprang die Stufen herunter und lief auf die beiden zu. Die Morgensonne, die sehr intensiv war, ließ ihre Strahlen auf Corinas Gesicht fallen. Für Bilija wirkte ihre Tochter für einen kurzen Moment wie ein Engel. Sie rannte auf sie zu und drückte sie an sich. Auch Milan klammerte sich an die beiden und für kurze Zeit blieben sie in einer festen Umarmung stehen. Corina schien über diesen innigen Empfang überrascht zu sein, denn Bilija zeigte ihren Kindern gegenüber nicht so oft Gefühle. Bilija spürte das, beruhigte sich und sagte zu beiden, dass sie ins Auto steigen sollten. Ein Glück, dass ich den Führerschein gemacht habe und das Auto nehmen kann, dachte Bilija bei sich. Was hätte sie sonst in dieser Situation gemacht?

Eine Woche nach diesem Ereignis fuhren beide Kinder zu ihrem Vater Simon und zur Großmutter Dora nach Wien. Dort gefiel es ihnen so sehr, dass sie einen ganzen Monat lang blieben. Und dann brachten sie ihren Vater und die Großmutter mit zurück. Darüber freute sich Bilija sehr, denn sie konnte nicht das für serbische Verhältnisse große Unternehmen für lange Zeit allein führen. Vor allem hoffte sie, dass Simon wieder mehr Zeit für sie hätte und ihre Ehe nun wieder in Ordnung war. Die Kinder waren jedenfalls sehr glücklich darüber, dass die Familie nun wieder vereint war. Simon übernahm die Führung im Restaurant gerne wieder.

In diesem Sommer feierte ein Cousin von Simon die Hochzeit seines Sohnes Djole. Die Familie Badaik war glücklich und sie tanzten an der Spitze des Kolo. Bei dieser Gelegenheit spendierten Dora und Simon ihr in Österreich verdientes Geld und so durften Simon und Bilija an der Spitze des Kolo tanzen und Simon schenkte den Musikern viel Geld. Die Sängerin hieß Barka Branis und sie sang »Grünäugiges Liebchen«, ein Volkslied aus Rumänien, das Bilija sehr liebte. Für den Augenblick vergaß sie, dass eine wirtschaftliche Krise herrschte und dass das Unternehmen sparen musste. Auch Bilija beschenkte die Musiker mit Geld, was sie ansonsten nie tat. Die Hochzeit dauerte drei Tage. Bilija dachte: Das Geld ist egal. Hauptsache, ich habe meine Familie zurück.

BILIJA BRICHT AUF

Das große Glück war aber nur von kurzer Dauer. Denn die Inflation wurde immer schlimmer. Man musste sehr vorsichtig sein. In unruhigen Zeiten tauchen nämlich auch vermehrt Betrüger auf. Drei Wochen nach der Hochzeit von Djole und Vladica kamen abends zwei Kollegen zu ihr, die ihre Unternehmen etwas später als sie gegründet hatten, und wollten 20.000 Liter Öl an Bilijas Firma *BB-Comerz* verkaufen. Bilija weigerte sich. Da überredeten die beiden Simon mit den Worten, dass sie »Informationen aus erster Hand« hätten, dass »das Öl um 200 % verteuert« würde. Simon witterte einen großen Profit und überredete Bilija zu dem Handel. Das gekaufte Öl lagerten sie im Keller. Der Wert lag bei etwa 40.000 DM. Bilija hoffte auf 20 % Gewinn. Doch zwei Tage später hörte sie im Fernsehen, dass der Wert des Dinars wieder um 50 % gefallen war. Bilija war wie versteinert. Denn damit hatte auch das Öl die Hälfte seines Wertes verloren. Und die übrigen Waren in ihrem Lager und in den Magazinen ebenso. 50.000 DM waren weg. Wie vom Winde verweht. Da war nichts zu machen. Bilija war am Boden zerstört. Sie sagte sich aber: In Ordnung. Diese Zeit wird nicht ewig dauern. Hauptsache, wir sind gesund und zusammen.

Bilija merkte aber, dass Simon wieder ab und zu verschwand und keine klaren Angaben machte, wann er zurückkam. Bilija wollte keinen Streit und fragte Simon nur einmal, nachdem er für einen Tag verschwunden war, wo er denn gewesen sei.

»In Paslak.«

»Warum?«

»Um Schmieröl für den Traktor zu kaufen.«

»Du bist aber ohne Öl zurückgekommen.«
»Ja, der Mann hatte keins.«
Bilija kannte ihren Mann gut und wusste, wann er log. Jetzt war es so. Sie war enttäuscht von ihm, aber sagte nichts, sondern beschloss, einen Weg zu finden, um fortzugehen. Aber wohin? Nach Deutschland? Sie dachte bei sich: Ich warte bis September, wenn Corina in Caroli mit der Medizinschule anfängt, und dann werde ich gehen. Wie und wohin, das weiß ich noch nicht, aber mit meiner Familie muss ich darüber reden.

Bilija hatte eine Freundin, auf die sie sich verlassen konnte, das war Dragomirka Sobolan. Diese rief sie am nächsten Morgen an. Dragomirka wusste über alle Neuigkeiten Bescheid, die in der Gegend erzählt wurden. Denn in ihrer Bäckerei kauften die Bewohner aus beiden Dörfern Eischenor und Stavinica und auch Kunden aus der Umgebung ein. Sie trafen sich und Bilija vertraute sich ihr an. Sie sagte: »Um meine Ehe zu retten, muss ich fortgehen. Die Geschäfte laufen miserabel, aber die Kinder werden größer und brauchen Geld. Auf Simon kann ich mich nicht verlassen. Ihm rinnt das Geld nur so aus den Fingern. Ich habe Angst um meine Kinder, liebe Dragomirka.«

Dragomirka schaute Bilija nachdenklich an und sagte nach kurzem Schweigen: »Mein Großvater Modrja führt die Menschen illegal über die Grenzen bis nach Frankfurt am Main. Ich kann mit ihm sprechen. Aber bist du sicher, dass du das willst?«

»Ja, Dragomirka, ich will es. Mit meiner Familie werde ich sprechen, wenn feststeht, wie ich das in die Tat umsetzen kann.«

»Gut«, sagte Dragomirka. »Ich werde mit ihm sprechen. Aber ich muss dir sagen: Bevor du dich aufmachst, frage dort jemanden, wo du die erste Zeit übernachten kannst. Modrja wird dich über die Grenzen führen, aber wenn du in Frankfurt bist, dann gehe nicht zu ihm. Denn er ist ein schlechter Mensch.«

»Dragomirka, ich danke dir. Ich werde zu Dunjas Eltern gehen und nach Dunjas Adresse fragen. Vielleicht kann sie mir in der ersten Zeit helfen.«

»Gute Idee. Modrja wird kommen, um mit dir zu reden und dir zu sagen, wann es losgeht.«

Dragomirka wünschte Bilija eine gute Reise und umarmte ihre Freundin noch einmal.

Am anderen Tag, als die Kinder aus der Schule kamen, bereitete Bilija ein besonders gutes Mittagessen zu und kündigte Simon, Corina und Milan an, was sie vorhatte. Milan freute sich sofort und piekte wieder eine Stecknadel bei Frankfurt auf der Europakarte in seinem Zimmer an, denn seine Mutter würde hier arbeiten und er würde sich endlich etwas leisten können. Denn schon seit längerer Zeit hatten die Eltern ihm keinen Wunsch mehr erfüllen können. Er beobachtete ja schon seit längerem, wie jeden Samstag ein Bus aus Deutschland kam und die Eltern, die ausstiegen, ihren Kindern Geschenke und gutes Essen brachten.

Corina dagegen war sehr besorgt, denn sie wusste wohl, dass alles schieflaufen würde, wenn die Mutter nicht zu Hause war. Sehr ernsthaft sprach Bilija mit Simon. »Simon, du musst das Unternehmen jetzt ohne mich führen, denn ich weiß noch nicht, ob ich in Frankfurt Arbeit finden werde. Viel musst du nicht verdienen, aber lass nicht zu, dass es kaputt geht.«

Er versprach es und Bilija konnte sich ruhig auf die Reise vorbereiten. Nach zwei Wochen ging es los. Bilija packte ihre Koffer. Simon, Corina und Milan brachten sie gemeinsam zur Bushaltestelle. Dort sah Bilija auch andere Menschen, die traurig wirkten. Alle wollten nach Deutschland, jeder hatte seinen Grund. Der eine wegen seinem Partner, der andere aus Armut, wieder andere flüchteten vor dem Militär, denn in Kroatien und in Bosnien war Krieg. Im Bus schrieb Bilija ein Gedicht:

ZERSTREUTE PERLEN

Ich packte in meine Jackentasche unser Familienfest
Eine Handvoll Erde bei den blauen Rosen
Aus unserem Garten.
Und ging fort ins Unbekannte

Im Erdloch bei den blauen Rosen
Im Tausch für die Handvoll Erde
Begruben wir unsere Herzen.

An der Bushaltestelle, traurige Menschen
Meine zwei Liebsten und Du.
Wir wussten beide, dass das so sein muss.

Ein sanfter Kuss, ein kurzes Tschüss
Und ich verschwand im Autobus.

3. Teil

Auf dem Eisernen Steg

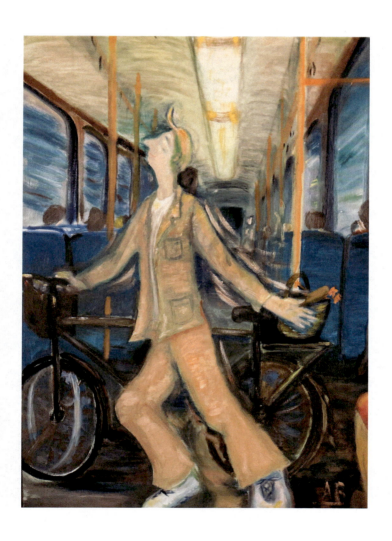

ALLEIN IN FRANKFURT

Der Busfahrer schob die Koffer in den Gepäckraum des Busses. Bilija gab Simon, Corina und Milan noch einen Kuss. Am schlimmsten war der Abschied von den Kindern. Bilija spürte, dass in den Herzen der beiden eine Leere zurückbleiben würde, so ohne die Mutter. Bilija sah Corina und Milan dem Bus hinterherwinken und dachte: »Meine Kinder sind mein Leben. Für ihre berufliche Zukunft werde ich alles geben, und wenn ich dafür sterben muss.«

Mit Modrja, dem alten Mann, der sie über die Grenze führen sollte, sprach Bilija nicht viel, denn alles musste geheim bleiben. Ihr wurde gesagt, dass der Übergang der ungarisch-österreichischen Grenze am gefährlichsten sei. Bilija schluckte ihre Angst hinunter und schwieg. Nach 12 Stunden Fahrt erreichten sie das Grenzgebiet und der Bus hielt an. Der Busfahrer kam durch den Gang und wandte sich an die Reisenden. »Hören Sie zu. Der Bus wird kontrolliert. Ich nehme eure Pässe an mich.« Bilija flüsterte er zu: »Du, wenn der Bus anhält, dann steige an der hinteren Tür aus, so als ob du zur Toilette gingest, laufe hinter dem Zollamt herum und komme zur anderen Seite des Gebäudes. Ich werde dort anhalten und dich mitnehmen.«

Bilija sah den Mann wie durch eine Nebelwand. Wie im Traum kam sie sich vor. Nach zwanzig Minuten erreichten sie die Grenzstation. Der Bus hielt. Es war ein sehr regnerischer Tag. Bilija stieg an der hinteren Tür aus und versuchte es so zu machen, wie der Fahrer ihr gesagt hatte. Der Zollbeamte merkte es aber und rief ihr etwas hinterher. Bilija blieb wie angewurzelt stehen, denn sie war von Angst überwältigt. Außerdem verstand sie kein Wort Deutsch. Aber sie verstand die Körpersprache des Zollbeamten, der ihr bedeutete, dass sie sofort zurückkommen sollte. Zwei weitere Zollbeamte hatten inzwischen alle Passagiere aus dem Bus geholt und alle Pässe an sich genommen. Ein Beamter, der von den Reisenden umringt wurde, las laut die Namen aus den Pässen vor. Wer aufgerufen wurde, nahm seinen Pass, hob ihn hoch und zeigte ihn dem nächsten Zollbeamten, der am Eingang des Busses stand. Dieser warf einen Blick in das Ausweisdokument und ließ den Passagier einsteigen. Bilija verfolgte alles genau. Sie hatte ihren Pass bei sich behalten. Der Busfahrer hatte die Situation richtig eingeschätzt und gemeint, dass es besser sei, wenn Bilija ihren Pass behielte. Bilija hatte eine sehr gute Auffassungsgabe. Sie beobachtete, wie zwei Leute ihre Pässe hochhoben, als der Beamte einen Namen vorlas. Das hieß also, dass es noch andere Passagiere gab, die wie Bilija illegal über die Grenze wollten. So funktioniert das also, dachte sie. Nachdem noch fünf Namen vorgelesen worden waren, verlas der Zollbeamte einen sechsten Namen und gab den Pass an die Frau, die ihre Hand hochhielt. Da hob auch Bilija ihren Pass hoch. Die Frau mit dem Pass im nach oben ausgestreckten Arm ging zum Bus und am dort stehenden Zollbeamten vorbei. Hinter ihr ging auch Bilija mit erhobenem Pass und mit gesetzten Schritten zum Bus, stieg ein, setzte sich ruhig auf ihren Platz und wartete. In ihrem Kopf hämmerten die Gedanken: Ich bin durch.

Als alle Passagiere im Bus waren, fuhr dieser zuerst zu einem Restaurant, um dort Rast zu machen, aber Bilija wollte nichts trinken. Nachdenklich stand sie am Rand des Parkplatzes. Sie dachte an die Zollbeamten. Bilija war überzeugt, dass diese durchschaut hatten, was geschehen war, aber heimlich ein Auge zugedrückt hatten. Sie waren auch nur Menschen. Mit diesen Gedanken beschäftigt, wartete sie darauf, dass der Bus weiterfuhr. Als es nach einer halben Stunde wieder losging, wollte Bilija nicht mehr wachbleiben, denn ihre Angst vor den Behörden, aber auch vor allem Kommenden, war kaum auszuhalten. Schließlich schlief sie ein und wurde erst in Frankfurt am Main wieder wach.

»Wir sind in Frankfurt angekommen!«, verkündete der Busfahrer laut. Bilija rieb sich die Augen, um besser zu sehen. Sie schaute aus dem Fenster. Es war ein grauer Morgen und kalt. Die Mitreisenden stiegen aus und jeder ging seinen Weg. Bilija versuchte sich in der Menschenmenge zu orientieren. Dunja war nicht da. Bilija drehte sich noch einmal um. Da war niemand, den sie kannte. Einige Meter entfernt stand Modrja und wartete. Worauf er wartete, wusste Bilija nicht. Sie wollte nichts mit ihm zu tun haben, denn in ihren Ohren klangen die Worte ihrer Freundin Dragomirka nach, die gesagt hatte: »In Frankfurt gehe weg von ihm, denn er ist ein schlechter Mensch ...«

Fünf Minuten stand Bilija ganz allein da. Um sich herum sah sie nur hohe Gebäude. Doch dann tauchte wie aus dem nichts Boka Tarkoma auf. Den kannte Bilija aus Eischenor!! Er hatte oft bei ihr eingekauft und war immer gut bedient worden. Boka war mit einer Frau namens Dara verheiratet, mit deren Cousine Bilija in der Wirtschaftsschule befreundet gewesen war. Die Eheleute Boka und Dara Tarkoma waren als sehr hilfsbereit bekannt. Sie unterstützten viele Menschen, die wie Bilija in Frankfurt angekommen waren. Boka sprach Bilija an: »Hallo Bilija, was machst du hier? Zu wem kommst du?«

»Zu Dunja, meiner Mitarbeiterin aus *BB-COMERZ*«, erwiderte Bilija ängstlich.
»Und? Wartet sie nicht auf dich?«
»Sie wollte kommen, aber sie ist nicht da.«
»Weißt du, wo sie wohnt?«
»Ich habe ihre Adresse von ihrem Vater bekommen«, sagte Bilija kleinlaut. Sie fühlte sich, als versinke sie im Moor und wüsste nicht, wie sie herauskommen sollte. Da war nur dieser Mann, der wie ein Strohhalm war, an den sie sich anklammern musste, um nicht zu versinken. Wie ein Licht am Ende des Tunnels kam ihr Boka vor. Modrja, der Schlepper, verschwand, als er Boka sah.
»Komm, ich bringe dich zu Dunja«, sagte Boka Tarkoma. »Es ist gut, dass du nicht mit Modrja gegangen bist, denn er ist ein schlechter Mensch.«
Bilija verstand nicht, was das bedeutete. Nun hörte sie das schon zum zweiten Mal. Dann stieg sie in Bokas Auto und fuhr mit ihm zu Dunja. Auch in diesen Straßen standen nur graue, hohe Gebäude, ein Viertel grenzte ans andere, es gab kein Grün, keine Felder. Bilija fühlte sich wie auf einer Irrfahrt.

Dunja zeigte keine besondere Begeisterung, Bilija zu sehen, denn sie lebte sehr beengt. Als Untermieterin einer serbischen Familie, die den Aufenthaltsstatus einer Duldung besaß und von der Stadt Frankfurt eine Wohnung bekommen hatte, bewohnte sie ein kleines Zimmer mit einem Bett. Die Küche teilte Dunja mit dieser Familie. Aber für 100 Euro die Woche nahm sie Bilija für zwei Wochen mit in ihr Zimmer auf. Arbeit musste Bilija sich selber suchen.

Mit Hilfe der Menschen, die sie kannte, fand sie Arbeit als Reinigungskraft in rumänischen Familien. Denn Bilija sprach kein Wort Deutsch. Als die zwei Wochen um waren, versuchte eine Bekannte, Lipa

Frunze, Bilija zu sich zu nehmen. Bilija übernachtete einmal bei ihr, aber schon am ersten Abend versuchte Lipa, Bilija ins Rotlichtmilieu zu locken. Das lehnte Bilija sofort ab mit den Worten: »Ich bin verheiratet und habe zwei Kinder.«

Das sei nicht schlimm, wiegelte Lipa ab, aber Bilija wusste, dass dies die unterste Ebene menschlicher Existenz darstellte. Von der Unternehmensleitung in ihrem Land zur Putzfrau in Deutschland abzusinken, war für sie tiefer Fall genug.

Am anderen Morgen rief Bilija eine Verwandte an und erzählte ihr alles. Draga Pura war sehr ehrlich und hilfsbereit. Sie holte Bilija bei Lipa Frunze ab und nahm sie für eine Woche zu sich. Nach einer weiteren Woche fand sie sogar eine Unterkunft für Bilija, die aber noch frei werden musste, bei einer Freundin aus Belgrad. Draga Pura nahm Bilija auf ihre Putzstelle mit. So verdiente Bilija ihre ersten 30 DM in Deutschland. Die nächsten Nächte schlief sie bei Zvezda Aria, die mit Draga Pura befreundet war. Von Zvezda und ihrem Mann Duce Aria erhielt Bilija ihre erste regelmäßige Putzstelle, auf der sie einmal in der Woche Geld verdienen konnte, um ihren bescheidenen Lebensunterhalt damit zu bestreiten! Alles, was übrigblieb, schickte sie an ihren Mann und an ihre Kinder in Serbien. Dann wurde das kleine Zimmer mit Bad und Küche in der Wohnung von Draga Puras Freundin frei und Bilija konnte mit in die Einzimmerwohnung einziehen. Sie fand weitere Putzjobs. Im zweiten Monat in Deutschland, freilich illegal, reichten ihre Einnahmen zum Überleben und auch für die Kinder zu Hause.

BILIJA SCHLÄGT SICH DURCH

Es war für Bilija aber sehr schwer, in Deutschland allein zu bleiben. So ohne Sprachkenntnisse, mit zu wenig Arbeit und mit nur einer Matratze zum Schlafen, denn sie hatte nicht einmal ein Bett. Sie fragte Simon, ob sie nicht doch nach Hause zurückkehren sollte, aber seine Antwort war: »Bleib dort, denn wir brauchen Geld, damit die Kinder irgendwo wohnen können. Corina in Nazih und Milan in Caroli. Bitte bleib in Deutschland und such dir mehr Arbeit.«

Bilija war sehr enttäuscht von seiner Antwort. Sie entschied sich jetzt, erst recht in Frankfurt zu bleiben. Aus Trauer wurde Wut. Sie war wütend auf die politischen Verhältnisse und auf die deutschen Medien, die die Serben in ein schlechtes Licht rückten. So beschloss sie, zu bleiben, um ihren Kindern gute Berufsausbildungen zu ermöglichen und deren Zukunft durch gute Bildung zu retten.

Sie stellte sich vor den Spiegel und sagte zu sich selbst: »Bilija, wenn du hierbleiben willst, dann musst du die deutsche Sprache lernen.«

In ihrem Hinterkopf keimte auch der Wunsch auf, für ihre eigene Bildung etwas zu tun, aber sie schob den Gedanken beiseite, denn jetzt waren die Kinder an der Reihe.

An diesem Tag ging sie am Main spazieren. Weil die Wohnung in der Ostendstraße lag, spazierte sie am Ufer entlang, bis sie den Eisernen Steg erreichte. Sie betrat die Brücke und schaute zum Himmel. Obwohl erst März war, zeige sich das Wetter für diese Jahreszeit von seiner besten Seite. Die Sonne strahlte und der blaue Himmel spiegelte sich im Wasser. Ein Spiel aus Licht und Schatten bewegte sich auf seiner Oberfläche. Der Wind klang wie eine leise Musik.

In der Ferne hörte Bilija die Sirene eines Schiffes. Fasziniert nahm sie das Ambiente in sich auf. Sie betrachtete auch die hohen Gebäude um sich herum. Mitten auf der Brücke blieb sie stehen. Noch einmal schaute sie in den Himmel und in die Sonne und ließ ihre Blicke am Mainufer entlangschweifen. Da sah sie am linken Ufer, auf der Sachsenhäuser Seite, ein prachtvolles Gebäude, auf dem in großen Lettern *Städelmuseum* stand. Bilija begann zu träumen. In ihrer Phantasie sah sie ihre Tochter im weißen Mantel und ihren Sohn als Direktor in seinem Büro. Aus dieser Träumerei wurde sie durch eine angenehme Melodie aus Vogelgezwitscher geweckt. Bilija atmete tief, schaute sich noch einmal um und dachte: »Das ist meine Stadt. Hier will ich leben.«

Sie verließ den Eisernen Steg und machte sich auf den Weg zu ihrer Unterkunft, fest entschlossen, ihr Leben hier in den Griff zu bekommen. Als sie am Römerberg rechts abbog, sah sie ein mächtiges Gebäude mit der Inschrift *Schirn Kunsthalle*. Hier lief sie geradeaus. Vor ihr erhob sich der Dom. Noch hatte sie keine Ahnung von der Bedeutung dieser Bauwerke, doch ihr Entschluss, in Frankfurt zu leben, stand fest. Von hier aus wollte sie ihre Kinder unterstützen.

Zwischen den Leuten aus Bilijas Umfeld in Serbien, die in Frankfurt wohnten, hatte sich herumgesprochen, dass Bilija Unterstützung brauchte. Ohne große Worte zu machen, halfen ihr die Frauen, Arbeit zu finden. Fünf Frauen verzichteten auf jeweils eine ihrer Putzstellen und überließen Bilija diese. Obwohl das für sie sehr anstrengend war, übernahm sie diese Arbeit. Und sie hatte Glück. Sie traf auf vernünftige, gebildete

Familien, die für sie Verständnis hatten und versuchten, ihr die deutsche Sprache beizubringen.

Nach Feierabend las Bilija deutschsprachige Bücher und sah das deutsche Fernsehen. Genau hörte sie hin. Und so blieben die Worte in ihrem Kopf. Tagsüber arbeitete sie wie eine Wahnsinnige, denn sie hatte Angst, entlassen zu werden. Das aber würde nicht nur sie treffen, sondern vor allem ihre Kinder.

Unter anderem putzte sie bei Familie Schneider. Frau Schneider war eine sehr verständnisvolle Frau. Sie sagte etwas und fragte: »Verstehst du?« Bilija sagte traurig: »Nein.« Frau Schneider wiederholte das Wort, aber Bilija verstand immer noch nicht. Beim dritten Mal nahm Frau Schneider Bilijas Hand und zeigte ihr, was sie meinte. So ging das Tag für Tag und nach einigen Monaten begann Bilija zu verstehen, was die Familien von ihr verlangten. Frau Schneider unterstützte Bilija, so gut sie konnte. Sie vermittelte ihr weitere Putzstellen bei ihren Bekannten. Einmal testete sie Bilijas Verhalten, indem sie eine größere Summe Geldes scheinbar achtlos auf dem Tisch liegen ließ. Bilija machte ihre Arbeit, ohne das Geld anzurühren. Das wusste sie seit frühester Kindheit: Was einem nicht gehört, das darf man sich nicht nehmen. Und so besserte sich die Lage für sie. Nach einem halben Jahr konnte sie alle Putzstellen, wo sie schlecht behandelt worden war, kündigen und sich auf die Arbeitgeber konzentrieren, die menschlich mit ihr umgingen.

Alles Geld, das Bilija verdiente, schickte sie nach Hause, um ihre Familie zu unterstützen. Im Juni 1998 fand Corinas Aufnahmeprüfung an der Medizinischen Universität in Nazih statt. Corina bestand und sie wurde zum Medizinstudium zugelassen. Bilija war überglücklich. Dies war einer der wichtigsten Augenblicke ihres Lebens. Im Oktober begann dann das Studium. Corina lernte sehr fleißig und bestand alle Tests und Klausuren mit sehr guten Noten. Milan hatte mit der dritten Klasse der Wirtschaftsschule begonnen. Seine Noten hatten sich ebenfalls verbessert, denn er hatte Lust bekommen, ebenfalls an die Universität zu gehen und dort Wirtschaft zu studieren.

Bilija verdiente inzwischen nicht nur genügend Geld, um ihre Kinder zu unterstützen, sondern ihr blieb so viel übrig, dass sie auf eine eigene Einzimmerwohnung hoffte. Sie wollte nicht mehr zur Untermiete wohnen und in dem einzigen Zimmer auf dem Boden schlafen. Dazu wollte sie sich noch mehr Arbeit suchen. Ihr kam die Idee, zu den Wohnblocks zu gehen und in die Briefkästen Zettel zu werfen mit dem Text: »Frau, spricht notwendig Deutsch, sucht Arbeit in Haushalt.«
An diesem Tag, als sie in der Hagelstraße unterwegs war, regnete es stark. Bilija hatte keinen Schirm. Der Regen wurde immer stärker und fiel, wie aus Kübeln gegossen, vom Himmel. Bilija suchte unter der Eingangstür von einem Hochhaus Schutz. Sie war traurig und durchnässt, aber sie weinte nicht. Da kam eine zierliche, hübsche, blonde Frau an ihr vorbei und wollte eintreten. Bilija machte ihr Platz. Die Frau steckte den Schlüssel ins Schlüsselloch und öffnete die Haustür einen Spalt. Sie drehte sich, die Tür festhaltend, zu Bilija um und fragte, wer sie sei und was sie bei dem schlechten Wetter hier mache. Bilija erzählte traurig: »Ich bin aus Serbien. Und suche Arbeit. Ich habe zwei Kinder, eine Studentin und einen Schüler, der auch studieren möchte. Ich bin vor dem Krieg geflüchtet, um meine Kinder durchs Studium zu bringen. Haben Sie etwas Arbeit für mich? Bitte!« Eine Träne rollte aus Bilijas Auge, obwohl sie das nicht wollte.

»Wie heißen Sie?«, fragte die Frau.
»Ich heiße Bilija.«
»Sind Sie hier alleine? Haben Sie keinen Mann?«
»Ich habe einen Mann, aber er ist in Serbien geblieben«, sagte Bilija und fügte fast flehend hinzu: »Haben Sie einen Job für mich? Bitte!«
»Ich bin Frau Dr. Kohler. Ich könnte Ihnen etwas anbieten, zweimal die Woche für drei Stunden. Kommen Sie am nächsten Dienstag um acht und dann besprechen wir alles Weitere. Ich habe einen Sohn, der Jan heißt und aufs Gymnasium geht. Dann bis dann. Ich muss jetzt hoch. Wenn der Regen aufhört, gehen Sie bitte weiter.«
Bilija hätte die Frau am liebsten geküsst oder umarmt, aber ihr war klar, dass das in Frankfurt nicht so üblich war. Hier gaben sich die Menschen geschäftsmäßiger und mochten keine Umarmungen.

So begann für Bilija ein neues Arbeitsverhältnis. Frau Dr. Kohler war eine sehr angenehme und korrekte Persönlichkeit. Auch sie half Bilija, die deutsche Sprache besser zu beherrschen. Bilija fiel auf, dass Frau Dr. Kohler malte. Bilija verstand ihre Bilder aber nicht und irgendwann fragte sie, was das Abgebildete bedeuten würde.
»Das ist Expressionismus«, sagte Frau Dr. Kohler. »Ich male nicht das, was ich draußen sehe, sondern das, was von innen kommt und was ich fühle. Ich drücke meine Gefühle in meinen Bildern aus, denn ich arbeite mit schwer geistig behinderten Kindern und brauche die Kunst, um im seelischen Gleichgewicht zu bleiben.«
Für Bilija, die aus der Wirtschaftsbranche kam, waren solche Begriffe fremd. Den Begriff »Kunst« hatte sie zwar schon vernommen, aber von »Expres-

sionismus, Impressionismus« hatte sie noch nie etwas gehört. Was sollte das schon sein?

In der darauffolgenden Nacht schlief Bilija besonders tief, denn sie ernährte sich sehr sparsam, und wenn sie schlief, dann spürte sie den Hunger nicht. Sie musste mit fünf DM in der Woche auskommen, denn mehr war nicht drin. Alles was sie verdiente, sandte sie nach Hause. An jedem Donnerstag rief Simon sie an, sprach kurz mit ihr und sagte am Ende: »Schick ein paar Geldscheine nach Hause, die Kinder brauchen etwas.«

Wenn sie ihn fragte, ob er im Laden etwas einnehme, sagte er kurz: »Nein, wir haben nicht genug Kunden, um etwas zu verdienen.«

Und Bilija glaubte ihm. Sie schickte alles, was sie verdiente, nach Serbien, dazu die Hilfspakete mit Lebensmitteln und Kleidungsstücken, die sie von den Familien, für die sie arbeitete, bekam.

Eines Tages sagte Frau Dr. Kohler zu Bilija »Wir sollten uns duzen.« Bilija verstand das Wort nicht, aber sie merkte, dass Frau Kohler nicht mehr »Sie«, sondern »Bilija« zu ihr sagte. Aha, dachte Bilija, »duzen« bedeutet, dass ich sie nicht mehr »Frau Kohler«, sondern »Martina« nennen soll. Sie fühlte sich damit wohl. Und lernte weiter Deutsch. Der Wunsch, in eine größere Wohngelegenheit zu ziehen, wurde immer stärker in ihr. Aber dazu brauchte sie noch mehr Arbeit. Sie sprach davon. Martina Kohler sagte: »Ich werde sehen, was ich machen kann.« Und wenige Tage später, als Bilija bei ihr im Haus war, brachte sie eine fremde Frau mit. Bilijas Beobachtungsgabe sagte ihr gleich, dass diese Frau kein gewöhnlicher Mensch war. Die Dame betrat das Wohnzimmer und setzte sich auf das Sofa. Sie trug ein sehr weites, schwarzes

Gewand und Bilija konnte nicht definieren, ob es ein Kleid, ein Mantel oder eine breite Stola war. Um den Kopf hatte sie ein Tuch gewickelt, das ihre Haare bedeckte, aber ihr ausdrucksvolles Gesicht mit Klugheit ausstrahlenden grüngrauen Augen war gut zu erkennen. Bilija beobachtete alles. Martinas Sohn Jan spielte Klavier. Er bereitete sich auf eine Prüfung in Musik vor, soviel war Bilija klar. Sie wusste auch, dass er in einer Band spielte. Babette stand hinter ihm und hörte ihm über eine Stunde lang bei seinem Klavierspiel zu. Ihr Kaftan umgab sie und bedeckte ihre Füße. Ihre Miene zeigte kaum eine Regung und sie lauschte mit geschlossenen Augen. Als Jan fertig war, sprach Babette mit ihm und seiner Mutter über das Gehörte. Bilija dachte, Babette sei eine Königin oder Prinzessin aus Arabien oder irgendeinem anderen orientalischen Land. Länger konnte sie nicht zuschauen, denn sie musste im dritten Stock weiterarbeiten.

Martina hatte diese Frau Bilija nicht vorgestellt, aber am nächsten Tag fragte sie sie, ob sie nicht auch für Babette im Haushalt arbeiten könne. Darüber freute Bilija sich sehr. Denn sie war von dieser Babette vom ersten Moment an fasziniert gewesen. Nach einer Woche stellte sich Bilija bei Babette vor und Babette stellte sie als Haushaltshilfe ein.

Jetzt reichte Bilijas Geld für die Miete einer eigenen Bleibe, aber sie lebte immer noch illegal in Deutschland. So konnte sie auf legalem Wege keine Wohnung mieten. Ihr Besuchervisum war schon lange abgelaufen. So fragte sie bei ihren Bekannten herum und schließlich erfuhr sie von einem Zimmer in der Goldbrettstraße, in einem Haus, das dem Immobilienbesitzer Fischer gehörte. Bilija hatte mit einer jungen Frau aus Serdar gesprochen, die auch in einer seiner Wohnungen untergekommen war, aber auf der anderen

Straßenseite. Bilija bekam ein Zimmer von 8 Quadratmetern im fünften Stock. Eigentlich handelte es sich um eine Siebenzimmerwohnung mit Dusche und Toilette. Aber in jedem Zimmer war eine andere Frau untergebracht, denn alle waren illegal oder hatten nur eine Duldung und es fehlte ihnen das nötige Geld für eine richtige Wohnung. Alle diese Frauen stammten aus Bilijas Umgebung und schickten Geld nach Hause für ihre Familien.

Bilija war das egal. Hauptsache, sie hatte endlich ein Zimmer und einen Schlüssel, mit dem sie ihre Tür von innen abschließen konnte. Den Kontakt mit den anderen Frauen mied sie und konzentrierte sich auf ihre Arbeit. Nur das Nötigste sprach sie mit den Frauen und sie ließen Bilija in Ruhe, weil sie Deutsch lernen wollte. Was bildete die sich ein? Wozu brauchte sie die deutsche Sprache? So oder ähnlich dachten sie wohl.

Wenigstens von zu Hause kamen gute Nachrichten. Milan besuchte jetzt die vierte Klasse der Wirtschaftsschule und versprach seiner Mutter, fleißig zu lernen. Bilija vertraute ihren Kindern und war stolz auf die beiden.

DR. MARTREK

Das kleine Zimmer in der Goldbrettstraße war der einzige Ort, wo sich Bilija vor fremden Menschen und undurchschaubaren Situationen schützen konnte. Nachts träumte sie oft. Sehr häufig war es der gleiche Traum. Sie hatte ihn zuerst in Serbien geträumt, als sie noch nicht gewusst hatte, dass sie weggehen würde. Sie träumte, sie würde in einem Bus sitzen und einen Weg bergauf fahren, der in ein Gebirge mündete. Der Weg führte zwischen hohen grünen Wäldern hindurch. Die Bäume waren sehr hoch. Man sah auf diesem Weg nur die Bäume und den Himmel.

Bilija dachte darüber nicht nach, denn der Mensch träumt einfach, ohne das zu reflektieren. Auch Bilija beschäftigte sich nicht damit, obwohl sie aus Erfahrung wusste, dass ihre Träume ihr immer etwas zu sagen hatten. Vielmehr dachte sie an ihre Familie, besonders an die Kinder. Sie hatte Angst, weil eine große Bedrohung gegen Jugoslawien, das heißt gegen Serbien, in der Luft lag. Die Bevölkerung wurde durch die Medien darauf vorbereitet.

Im Februar 1999 hetzten die deutschen Medien die Bevölkerung gegen Milosevic und sein Handeln immer mehr auf. Bilija hatte das Gefühl, dass die Deutschen, denen die Serben ohnedies schon unsympathisch waren, diese jetzt noch mehr hassten. Aber nicht alle Serben waren wie Milosevic! Bilija verlor kein Wort über ihre Landsleute. Nur mit ihrer Arbeit beschäftigte sie sich. Die Menschen, mit denen sie zu tun hatte, also die Familien, die ihr Arbeit gaben, redeten auch nicht über dieses Thema. Sie akzeptierten Bilija als eine Person, die das Pech hatte, aus einem Land zu kommen, in dem Krieg herrschte. Und Bilija kämpfte weiter darum, ihr Leben in Frankfurt zu meistern. Sie lernte Deutsch. Und zwar bei Babette. Die gab ihr zweimal in der Woche Unterricht. Babette war Dozentin und arbeitete an der Johann Wolfgang Goethe-Universität Frankfurt. Besonders stolz war sie darauf, dass sie Gründungsmitglied und Vorsitzende des Vereins 7000 *Eichen* in der Stadt Kassel war, der von dem Künstler Joseph Beuys ins Leben gerufen worden war. Anlässlich der Kunstausstellung Documenta 1982 hatten sie 7000 Bäume im Stadtgebiet von Kassel gepflanzt.

Babette nahm von Bilija kein Geld für den Deutschunterricht, denn Bilija hatte nichts, aber sie verrichtete als Gegenleistung eine Stunde Hausarbeit extra für eine Deutschstunde. Babette unterrichtete sie oft länger als sechzig Minuten, aber ganz umsonst wollte Bilija ihre Leistungen nicht annehmen.

Einmal in dieser Zeit, als sie in der Mörfelder Landstraße bei einer Prinzenfamilie aus Sri Lanka war, sah sie einen deutschen Mann, von dem sie vom ersten Augenblick an sehr angetan war. Er sagte nur »Hallo.« Sie gab den Gruß zurück. Er ging weg. Aber Bilija blieben seine blauen Augen und seine lockigen Haare im Sinn. Sie wollte nicht weiter darüber nachdenken, denn sie war schließlich verheiratet und hatte zwei Kinder. Doch nach einer Woche, als sie wieder in der Mörfelder Landstraße war, fragte sie ihre Arbeitgeberin, die Frau Prinzessin, wer der Mann sei. Sie sagte: »Dr. Martrek.« Bilija erwiderte: »Er ist der erste deutsche Mann, der mir gefällt.«

Im März suchte Bilija wieder nach einer neuen Arbeitsstelle, denn zwei Jobs fielen weg. Frau Schneider teilte mit, dass sie mit ihrer Familie nach Köln umziehen werde. Sie meinte, sie werde sich im Haus nach einer anderen Möglichkeit für Bilija erkundigen, könne aber nichts versprechen. Am 24. März 1999 griff die Nato-Allianz die Bundesrepublik Jugoslawien an, die aus Serbien und Montenegro bestand. Denn die Jugoslawen hatten den Vertrag von Rambouillet nicht unterschrieben. Das war der Entwurf für einen Friedensvertrag zwischen der Bundesrepublik Jugoslawien und den führenden Politikern der Kosovo-Albaner. Das Kosovo erstrebte die Unabhängigkeit, aber Jugoslawien wollte diese nicht gewähren, denn die Regierung Milosevic nahm das Kosovo als festen Bestandteil der Nation wahr.

Als Bilija das hörte, rief sie sofort ihren Mann an und schärfte ihm ein, er solle die Kinder aus ihren Schulen abholen, Milan aus Caroli und Corina aus Nis. Tatsächlich holte Simon seine Tochter sofort ab, aber als Bilija ihn nach Milan fragte, sagte er nur gedehnt: »Jaa, Milan ist in Caroli. Dort wird ihm nichts passieren.« Bilija war wütend und rief: »Du holst jetzt sofort das Kind nach Hause! Wie kannst du nur da herumsitzen? Er ist erst 17 Jahre alt. Die Schule ist geschlossen. Wo soll er bleiben und warum? Geh und hol den Jungen nach Hause!«

Simon bekam wohl ein schlexchtes Gewissen und machte sich Sorgen um Milan. Er versprach, gleich zu seinem Auto zu gehen und nach Caroli zu fahren. Bilija rief am Abend noch mal an, um sich zu vergewissern. Beide Kinder waren abgeholt worden, befanden sich jetzt in ihren Zimmern und hörten Nachrichten. Bilija konnte mit beiden sprechen. Sie waren erleichtert, zu Hause zu sein. Bilija fühlte es genauso. »Gott sei Dank«, dachte sie. »Jetzt kann ich aufatmen, sie sind zu Hause.«

Bilija konzentrierte sich auf die weitere Arbeitssuche. Sie las in der Frankfurter Rundschau. »Mann mit siebenjährigem Sohn sucht Haushaltshilfe« stand in einer Anzeige. »Einmal pro Woche für drei Stunden.« Bilija meldete sich. Sie verabredeten ein Erkennungszeichen: Er würde sein Kind an der einen und sein Mobiltelefon in der anderen Hand halten; Bilija sollte eine Zeitung und eine rote Blume halten. Der Treffpunkt war am Bahnhof von Wiesbaden. Dort trafen sie sich eine Woche nach dem Telefonat. Bilija erkannte sofort den gutaussehenden Mann wieder, den sie in der Mörfelder Landstraße gesehen hatte: Dr. Martrek. Er stellte sich aber mit seinem Vornamen als Jochen und seinen Sohn als Carl vor und erklärte, dass die Arbeit nicht in Wiesbaden sei, sondern dass sie ein Stück mit dem Auto fahren müssten. Bilija stieg in den Wagen und sie fuhren los Richtung Schlingenhain. Auf dem Land angekommen, fuhr Jochen genau den Weg entlang, von dem Bilija geträumt hatte. Es waren dieselben Bäume, derselbe Himmel zu sehen. Ihr kam es vor, als würde sie schon ewig hier leben. Bilija erkannte auch das Haus aus ihren Träumen wieder. Sie fragte: »Herr Jochen, ist das ihr Enkelkind?« Er entgegnete: »Nein, Carl ist mein Sohn.« Bilija stellte sich eine große Familie mit vielen Kindern und Enkelkindern vor. Doch in dem Haus war außer ihnen niemand. Vor Ort besprachen sie den Preis und die Arbeitszeit und dann fuhren sie nach Wiesbaden zurück.

Und so übernahm Bilija in Schlingenhain eine neue Stelle als Haushaltshilfe. An die Arbeit gewöhnte sie sich schnell. Das Haus war riesig. Allein das Wohnzimmer maß 60 Quadratmeter. Im Eingangsbereich hinter der drei Meter breiten Haustür gab es einen Flur, der diesen durch eine ebenfalls drei Meter breite Glastür vom Wohnzimmer trennte. In diesem Zwischenraum befand sich rechterhand eine Gästetoilette und links ein Arbeitszimmer mit einem großen Bücherregal und einem Schreibtisch in der Mitte. Alle Möbel waren Antiquitäten, schön instandgehalten und gepflegt. Im Wohnzimmer selbst war eine Bar. Vor der Theke standen sechs einbeinige Barhocker, in einer Reihe angeordnet. An der Längswand, rechts von der breiten Glastür, war in zentraler Position ein großer Kamin. In der Mitte des eleganten Raumes lag ein Teppich ausgebreitet, auf dem ein rotes Ledersofa und ein eleganter, runder Tisch standen. An der Wand links von der Glastür stand ein weiteres Bücherregal. Dort war auch eine weitere Glaswand.

Es gab einen Keller mit einer großen Abstellkammer, einem kleinen Badezimmer mit Toilette und einer Sauna sowie einem Schwimmbad, das Bilija riesig erschien. Sie war vom ganzen Haus beeindruckt. Alle Zimmer waren lichtdurchflutet, auch im Obergeschoss. Über der Treppe hing ein großes Portrait von Albert Einstein. Jochen Martreks Büro war mit Computern und Druckern, einem großen Schrank und einem weißen Schreibtisch in der Mitte eingerichtet. Der weiße Rollschrank war mit Computerkabeln angefüllt. An der Wand sah Bilija Holzregale voller Bücher.

»Was ist das denn?«, wollte sie wissen und zeigte auf die Kabel.

»Mein Computer- und Softwaresystem«, antwortete er.

Auch ein großes Fernglas auf einer Staffelei nahm Bilija wahr. Zusammen mit seinem Sohn beobachtete Jochen damit die Sterne.

Neben diesem Arbeitszimmer gab es im Obergeschoss ein Bad, ein Gästezimmer und das Zimmer des 7-jährigen Carl. Noch ein weiterer Raum war vorhanden, der anscheinend nicht genutzt zu werden schien. Ganz am Ende des Flurs war das Schlafzimmer. Es zeigte sich in voller Pracht mit seiner hohen Spiegeldecke, mit weißen Schränken und einem handgeschreinerten Bett. Auch für diesen Raum gab es ein eigenes Bad. An der Südseite des Schlafzimmers befand sich, wie im Erdgeschoss, eine großzügige Glastür, die auf einen mit roten Platten gefliesten Balkon von sechs Metern Breite und zwei Metern Tiefe führte. All das hatte Bilija schon einmal gesehen, und zwar in ihren Träumen, die sie schon in Serbien gehabt hatte. Ohne lange nachzudenken, übernahm Bilija die Arbeit in diesem faszinierenden Haus. Auch zu seinen beiden Bewohnern spürte sie eine tiefe innere Verbundenheit.

Als Bilija zum zweiten Mal nach Schlingenhain fuhr, genoss sie das schöne Wetter eines sonnigen Morgens. Es war um 8 Uhr in der Frühe, als ihr Bus durch dichte Wälder fuhr. Als sie das schöne, große Haus erreichte, hörte sie durch die Eingangstür musikalische Klänge, die sie als sehr wohltuend empfand. Bilija schellte und Jochen öffnete ihr. Sie betrat das Wohnzimmer. In der Mitte des Raumes saß Carl hinter dem Violoncello und spielte eine leichte Melodie, die kindlich klang, aber sehr schön. Der Platz neben dem Jungen war frei und vor ihm stand ein Cello. Jochen ging an Bilija vorbei, setzte sich und spielte gemeinsam mit Carl. Vater und Sohn hatten Notenständer vor sich stehen. Die Musik war von Bach, wie Bilija erfuhr. Durch die breite Glastür fiel Sonnenlicht herein und streifte Carls Wange. Das Licht fiel auch auf seine kleinen Hände und bewegte sich mit dem Bogen über die Saiten des Violoncellos. Auch Jochen bewegte seinen Bogen und ließ Musik erklingen, die eine sehr starke Wirkung auf Bilija hatte und sich ihr tief einprägte.

Durch die Sonnenstrahlen auf den Händen war ein Spiel von Licht und Schatten entstanden, das Bilija tief beeindruckte. Vogelgezwitscher, das von draußen durch die geöffnete Tür hereinklang, gab der schönen Stimmung eine weitere Untermalung. Für einen Moment wusste Bilija nicht, ob sie auf der Erde oder im Paradies war. Für diesen Augenblick fühlte sie sich fern von ihrem schwierigen Leben, vom Krieg und von allem anderen. Sie war wie verzaubert und sehr glücklich. Nach wenigen Minuten kam sie in die Wirklichkeit zurück. Carls Übung war zu Ende. Der Junge stand auf und begrüßte Bilija mit seiner kindlichen Stimme. Bilija umarmte den Jungen und sagte: »Carl, ich danke dir für diesen wundervollen Empfang. Bevor ich mit meiner Arbeit beginne, werde ich dir ein Frühstück zubereiten. Was möchtest du denn essen?« Carl sprang herum und rief: »Pfannkuchen! Jaa!«

Bilija warf einen Seitenblick auf Jochen, denn sie wusste nicht, ob sie das tun dürfe. Er deutete mit einer Kopfbewegung an, dass das in Ordnung sei.

So begann ein sehr freundliches und entspanntes Verhältnis zwischen Bilija und ihren Arbeitgebern. Jochen und Carl freuten sich, wenn Bilija da war und sie war froh, dass sie für die beiden arbeiten durfte. Denn obwohl sie viel zu tun hatte, fühlte sie sich niemals erniedrigt oder unterdrückt. Zweimal die Woche, dienstags und samstags, fuhr sie mit der S-Bahn bis Wiesbaden und von dort mit dem Bus nach Schlingenhain. Nach der Arbeit brachten die beiden Bilija zum Zug nach Wiesbaden. Von dort fuhr sie nach Frankfurt zurück. Manchmal fing Jochen sie auch auf dem Hinweg wie zufällig ab und nahm sie nach Schlingenhain mit. Es war in der Tat eine Art Vertrauensverhältnis entstanden. Trotzdem war sich Bilija immer bewusst, dass sie zum Arbeiten da war und dass ihr eigentlicher Lebensinhalt ihre Familie in Serbien war, wo der Krieg nicht enden wollte.

Dort hatten, nach einem Monat des »Zuhausebleibens« für Schüler und Studenten die Schulen wieder aufgemacht und die Universitäten hatten in den Kellern ihrer Gebäude die Lehre wieder aufgenommen. Corina hatte ihre Mutter angerufen und verkündet: »Ich gehe wieder nach Nazih zu den Vorlesungen. Ich will es dir nur sagen, damit du Bescheid weißt. Milan wird auch wieder in seine Schule in Caroli gehen.« Bilija erstarrte. Sie hatte Angst um ihre Kinder und wollte, dass sie zu Hause blieben. Sie wurde aber nicht gefragt. Ihr blieb nichts, als zu sagen: »Gut, meine lieben Kinder. Passt auf euch auf.«

Am Abend rief Bilija ihre Kinder noch einmal an und wollte wissen, wie es ihnen ergangen war, wo sie jetzt wären und wie die Lage war. Sie rechnete damit, dass sie im Keller oder sonstwo versteckt waren. Corina sagte aber: »Wir sitzen gerade auf dem Balkon und sehen, wie Nazih bombardiert wird.«

»Warum, in Gottes Namen, geht ihr nicht in den Keller?«

»Hier ist es dunkel«, war die Antwort. »Wir haben hier eine Aussicht wie beim Neujahrsfest, wenn die Raketen fliegen.«

Bilija sagte nichts dazu, wiederholte noch einmal ihre Worte »Passt auf euch auf« und legte auf. Was für ein Volk?, dachte Bilija. Hat dieses Volk vor nichts Angst?

In dieser Nacht schlief sie trotzdem gut, denn sie hatte mit ihren Kindern gesprochen und allen in ihrer Familie ging es gut. Auch in der nächsten Zeit lernte Corina fleißig weiter und hielt die Verbindung zu ihrer Mutter, so gut es ging.

Am 7. Mai 1999 sollte Corinas Prüfung sein. Bilija arbeitete wieder bei Jochen und Carl. Sie durfte während der Arbeit Radio hören, und zwar einen serbischen Sender. Zwischen den Nachrichtenblöcken lief leise Musik. Diese wurde plötzlich unterbrochen und die kalte Stimme eines Reporters meldete sich mit Sondernachrichten: »Heute Mittag hat die NATO-Allianz die Stadt Nazih bombardiert. Getroffen wurden die medizinische Universität, die Brücke über den Fluss Nisava und der Obstmarkt. Kassettenbomben mit Streumunition wurden abgeworfen.«

Bilija wurde blass. Ihr Herz schien stillzustehen und ihre Augen fixierten irgendeinen Punkt. Ihre Hände arbeiteten mechanisch weiter. Nach zehn Minuten ließ Bilija ihre Hände sinken und versuchte, Corina telefonisch zu erreichen. Sie griff nach Jochens Telefon. Die Leitung war tot. Die Verbindung mit Nazih war unterbrochen. Jochen war hinter sie getreten, ohne dass sie das bemerkte. Wieder versuchte Bilija, ihre Tochter anzurufen. Nach mehreren Anläufen hörte sie endlich jemanden. Es war die ängstliche und verwirrte Stimme von Corinas Vermieterin. Bilija fragte nach ihr. Die Vermieterin sagte: »Es geht ihr gut, Frau Badaik. Corina hat angerufen. Ja, sie war im Universitätsgebäude, als die Bomben fielen. Ich habe ihr gesagt, sie soll zu ihrer Freundin an der anderen Seite der Stadt gehen, bis die Wege nach Hause wieder freigeräumt sind.«

»Hat sie ihre Prüfung bestanden?«

»Ja«, sagte die Dame. »Eine Neun[22] hat sie bekommen. Es ist alles in Ordnung. Machen Sie sich keine Sorgen.«

Da hörte Bilija mit ihrer Arbeit auf. Ihre Tränen flossen unaufhörlich und ihr Körper zitterte wie Espen-

---

[22] die zweithöchste Note

laub. Sie trat auf den Balkon, setzte sich auf die grüne lange Bank, bedeckte ihr Gesicht mit den Händen und weinte sehr lange. Jochen kam und legte seinen Arm um sie. Bilijas Tränen hinterließen auf seinem schön gebügelten und straffen blauen Hemd einen nassen Fleck. Doch Jochen beschwerte sich nicht, sondern wischte ihr mit dem Handrücken die Tränen von der Wange. Bilija beruhigte sich und sagte: »Es geht ihr gut. Danke, Gott, dass du sie beschützt hast.«

Bewusst nahm sie den Mann wahr, der den Arm um sie gelegt hatte, schob ihn sanft von sich weg und kehrte zu ihren täglichen Aufgaben zurück. An diesem Abend, als sie nach Hause gekommen war, dachte sie sehr intensiv über diesen Tag nach. Sie hatte es satt, allein in Deutschland zu sein. Sie spürte aber auch, dass sie für Jochen mehr empfand, als es zwischen Arbeitgeber und Arbeitnehmer angemessen war. Und das bereitete ihr Sorge.

DAS VERFAHREN GEGEN BILIJA

Nach einigen schönen Spätsommerwochen, in denen Bilija nach Serbien gereist war, um Zeit mit ihren Kindern zu verbringen, wollte sie nach Frankfurt zurückkehren. Dazu wollte sie zuerst nach Belgrad fahren, um ein Visum für Österreich zu bekommen, für einen Besuch bei ihrer Schwägerin Branka. Die Grenzen zwischen Österreich und Deutschland waren nämlich offen und wenn man erst mal in Österreich war, konnte man ungestört weiter nach Frankfurt kommen. Bilija war guter Dinge.

Um fünf Uhr Nachmittag erreichte sie die österreichische Botschaft. Es hatte sich schon eine lange Schlange gebildet, die bis zum Zaun der französischen Botschaft reichte. Und es kamen immer noch mehr Menschen. Alle warteten geduldig, obwohl die Botschaft schon geschlossen war. Bilija war klar, dass diese Menschen bis zum Morgen dableiben würden. Bilija nahm ihren Platz am Ende der Schlange ein. Nach einer halben Stunde waren schon weitere fünfzig Leute hinter ihr. Sie gab es auf, weiterzuzählen.

Eine Toilette war nicht vorhanden. Zum Glück lag die Botschaft nicht weit vom Bahnhof entfernt. Bilija bat die vor ihr und den hinter ihr Wartenden, ihr den Platz freizuhalten. Das ging in Ordnung. Alle warteten geduldig. Manche setzten sich auf die Bordsteinkante. Sie lasen etwas oder sprachen über die Probleme und das Schicksal, das die serbische Bevölkerung getroffen hatte und das jetzt so viele ins Ausland trieb. Unglaubliche Geschichten hörte Bilija, die in der Menschenschlange erzählt wurden.

Mit der Zeit wurde es dunkel. Bilija sah sich um, ob es eine Übernachtungsmöglichkeit gab. Sie sah die

Wartenden vor sich und hinter sich. Niemand scherte aus der Schlange aus. Da nahm Bilija ihre Jacke und eine dünne Decke, die sie immer mit sich trug, wenn sie auf Reisen ging, legte diese auf den Boden und setzte sich darauf. Denn die Kolonne würde sich nicht mehr bewegen bis zum anderen Morgen um acht, wenn die Botschaft ihre Türen wieder öffnen würde. Ein belegtes Brot hatte Bilija noch und ausreichend Wasser. Sie aß ihr Sandwich und trank drei Schlucke Wasser. Mehr durfte sie nicht trinken, weil sie sonst zu oft auf die Toilette musste. Ein oder zweimal würde man ihr den Platz freihalten, aber nicht andauernd. Dann würde sie noch mal ans Ende der Schlange zurückkehren müssen.

Gegen 22 Uhr ging sie noch einmal zum Bahnhof zur Toilette. Wieder zurück, bedankte sie sich bei den Wartenden, die ihr freigehalten hatten. Sie setzte sich, bedeckte sich mit ihrer leichten Decke und schlief tatsächlich ein. Zum ersten Mal in ihrem Leben war es ihr egal, was mit ihr geschehen würde und wie hart der Beton, auf dem sie schlafen musste, war. Hauptsache, sie bekam ihr Visum. Von diesem Visum hing die Zukunft ihrer Kinder ab.

Am Morgen wurde sie um 6 Uhr wach und sah sich um. Einige andere waren ebenfalls wach und standen in der Reihe. Alle hielten ihre notwendigen Dokumente in der Hand und betrachteten sie mit besorgtem Gesichtsausdruck. Denn niemand wusste, ob er sein Visum erhalten würde, denn in dieser Zeit konnten die Behörden der westlichen Länder auch ohne Grund ein Visum ablehnen. Die Sonne brannte und es gab keinen Schatten. Doch keiner dachte an die Hitze.

Um acht Uhr öffnete die österreichische Botschaft. Vor dem Eingang wachten drei österreichische Polizisten. Einer stand vor der Tür und ließ die Menschen ein. Ein weiterer stand vier Schritte entfernt von der Warteschlange und musterte die Leute, die die Behörde betraten, und der dritte beobachtete die Bewegungen in der Kolonne. Nach und nach betraten die Antragsteller die Behörde. Bilija konnte die Behörde gegen 15 Uhr betreten. Sie war sich sicher, ein Visum zu bekommen, da es sich ja nur um ein Besuchervisum handelte.

Doch die Beamtin sagte sofort: »Sie können nicht ausreisen. Gegen Sie wurde ein Verfahren eingeleitet.«

»Was für ein Verfahren?«, fragte Bilija geschockt. Die Frau blieb freundlich und sagte: »Gehen Sie zu Ihrem Ortsgericht. Die werden Ihnen alles erklären.«

Wie betäubt ging Bilija an den hinter ihr Wartenden vorbei. Was für ein Verfahren? Sie hatte doch nichts gemacht. Und die Firma, die existierte doch schon seit drei Jahren nicht mehr. Als ich Unternehmerin war, habe ich alles versucht, richtig und korrekt zu machen ... dachte Bilija.

Auf direktem Wege ging sie von der Botschaft zum Bahnhof und kam nach vier Stunden Fahrt in Eischenor an. Sie wollte sofort Simon zur Rede stellen. Er war aber nicht da. Bilija fragte die Kinder, wo er sei. »Papa ist einkaufen«, hörte sie.

In dem Augenblick, als sie Dora fragen wollte, ob sie etwas wisse, kam sie ihr schon entgegen und sagte: »Bilija, heute waren zwei Polizisten hier und haben nach dir gefragt.«

»Warum, Mama?«

»Ich weiß es nicht. Sie haben gesagt, dass du dich morgen bei Richter Gerendic melden sollst.«

Da betrat Simon mit dem Einkauf das Haus. Bilija fragte ihn, ob er etwas wisse. Simon meinte: »Ich weiß nicht, warum du zum Richter sollst, aber morgen gehst du da hin. Vielleicht bist du uns eine Erklärung schuldig.«

Am anderen Morgen um acht warteten Bilija und Simon vor den Türen der Justizbehörden. Der Richter merkte, dass die beiden aufgeregt waren, und rief sie herein. »Es gibt ein Verfahren gegen Sie, Frau Badaik«, sagte der Richter Gerendic ohne Umschweife. »Wir haben auch im Ausland nach Ihnen gefahndet, aber ohne Erfolg. Es ist gut, dass Sie sich selbst gemeldet haben.«

Bilija hob die Augenbrauen und sah ihren Mann an. Der konnte ihrem Blick nicht standhalten und senkte den Kopf. Bilija sagte: »Herr Richter, ich habe nichts Schlimmes getan.« Er sagte: »Setzen Sie sich erst mal.« Dann nahm er Bilijas Unterlagen und erklärte: »Frau Badaik, Sie haben am 29. September 1997 einen Scheck bei einer Firma deponiert, bei der Sie Handelsware für *BB-COMERZ* gekauft haben.«

»Ja und? Das war eine Art des Zahlungsverkehrs.«

Der Richter fuhr fort: »Die Firma sollte nach zwei Monaten ihr Geld durch Lastschrifteinzug bei Ihrem Unternehmen *BB-COMERZ* einziehen.«

»Um welche Firma geht es, Herr Richter?«

»Um die Firma *Agrokomerc* aus Caroli.«

»Wie gesagt, ich gehe davon aus, dass sie ihr Geld eingezogen haben. Simon, weißt du etwas davon?«

Er murmelte leise etwas, das Bilija nicht verstand. Sie ahnte aber sofort, was das bedeutete. Der Richter fuhr fort: Die Firma *Agrokomerz* konnte das Geld nicht einziehen, denn es war kein Geld auf dem Konto. Sie als Unternehmerin waren dafür verantwortlich, dass es genug Geld auf ihrem Konto gab.«

Bilija blieb wortlos stehen.

»Er hat Sie verklagt. Wollen Sie diese Rechnung bezahlen? Oder was sollen wir tun, Frau Badaik? Wenn

Sie nicht zahlen, dann müssen Sie ins Gefängnis gehen.«

Bilija war, als würde sich der Raum um sie drehen. Der Richter wartete auf ihre Antwort. Bilija fasste sich und erwiderte: »Natürlich, Herr Richter, wir zahlen die Rechnung. Was muss ich tun, es muss doch schnell gehen?«

Er sagte: »Die Richterin, die Sie betreut, ist die Maria. Sprechen Sie mit ihr. Sie sitzt in Zimmer 3.«

Bilija bedankte sich und sie verließen das Büro des Richters. Simon sah seine Frau ängstlich von der Seite an und wirkte wie ein kleiner Junge, der etwas ausgefressen hatte. Bilija ging darüber hinweg, denn eine Diskussion hätte nichts gebracht. So suchten sie die Richterin Maria auf. Die schlug vor: »Rufen Sie den Direktor der Firma *Agrokomerc* an und sprechen Sie mit ihm. Ich gebe Ihnen einen Termin in drei Tagen um 7:30 Uhr. Kommen Sie dann, um Ihre Erklärung abzugeben. Wenn Sie den Betrag von 900 DM bezahlen, werde ich im Prozess darlegen, dass Sie Ihre Schulden beglichen haben. Sie erwartet eine Haftstrafe von sechs Monaten auf Bewährung. Es wird nicht ins Vorstrafenregister eingetragen. Denn ich habe keine Zweifel daran, dass sich das nicht noch einmal wiederholen wird.«

Am anderen Tag fuhr Bilija nach Caroli und sprach mit dem Direktor von *Agrokomerc*. Wie besprochen, kam er drei Tage später zum Prozess nach Norin. Bilija kam mit einer Bewährungsstrafe davon. Sie versuchte Simon zur Rede zu stellen, merkte aber, dass es keinen Sinn hatte. Sie begriff, dass ihr Mann sie die ganze Zeit nur benutzt und betrogen hatte. Simon aber empfand keine Schuld. Denn er hatte im Haus das Sagen. Bilija hatte es satt. All das Geld, das Bilija für die Firma gespart hatte, das Geld, das sie für die Kinder gesandt hatte, alles hatte Simon ausgegeben und Bilija wusste nicht, wofür. Sie sagte zu ihm nur, dass er ab sofort keinen Pfennig mehr von ihr erwarten konnte.

   Sie schob die Gedanken weg und konzentrierte sich ganz auf ihre Rückkehr nach Deutschland. Aber wie sollte sie das anstellen? Sie versuchte ein Touristenvisum zu bekommen, das aber abgelehnt wurde, weil Bilijas Unternehmen Konkurs gegangen war. Sie war verzweifelt.

HEIMLICH ÜBER DIE GRENZE

In ihrer Not sprach sie mit ihrer guten Bekannten und früheren Nachbarin Farika Kestic, deren Familie in der Schweiz lebte. Bilija war die Patin von Farika Kestics Sohn Nicola und die Familien pflegten ein freundschaftliches Verhältnis. Nach einem kurzen Nachdenken sagte Farika: »Mach dir keine Sorgen. Wir werden dich für vier Wochen in die Schweiz holen mit der Begründung, dass du die Taufpatin unseres Enkelkindes bist. Da werden die Schweizer das Besuchervisum erteilen.«

Bilija atmete auf. Das war die Rettung! Ihr erschien Farika wie ein Engel. Und sie erinnerte sich, wie sie Farika vor vielen Jahren, als diese Rosko, einen Mann aus Eischenor, geheiratet hatte, in die Gesellschaft integriert und ihr geholfen hatte, die Ablehnung der Frauen im Dorf zu überwinden. Jetzt war Farika es, die helfen konnte. Sie sprach mit ihrem Sohn Nicola, der sich an die Schweizer Botschaft wandte und das Visum für Bilija beantragte. Diesmal bekam Bilija das Visum in Belgrad sofort. Sie musste nur ihren Pass und ihre Hin- und Rückflugtickets nach Zürich vorzeigen. Farika war inzwischen zu ihrer Familie in die Schweiz zurückgekehrt.

Bilija verabschiedete sich von ihren Kindern. Sie fragte Corina, ob sie ihr Studium in Deutschland fortsetzen wolle, aber sie sagte: »Nein, Mama. Ich habe schon das vierte Semester geschafft und beginne mit dem fünften. Ich will das jetzt nicht unterbrechen und wieder bei null anfangen. Ich mache mein Studium hier fertig.«

Bilija sprach mit Milan und sagte: »Du kommst Weihnachten zu mir. Frankfurt hat eine wunderbare

Weihnachtsbeleuchtung. Und jetzt Tschüs, meine Lieben.«

Zu Simon sagte Bilija nur: »Von mir bekommst du kein Geld mehr, weil sich alles, was ich dir schicke, in Luft auflöst. Den Kindern werde ich ihr Geld über Western Union direkt schicken.«

So sagte sie es und machte sich auf den Weg zum Autobus nach Belgrad. Dort angekommen, bestellte sie ein Taxi zum Flughafen Nikola Tesla. Bilija hatte ein Flugticket der Fluggesellschaft Montenegro Airlines. Am Flughafen gab sie ihr bescheidenes Gepäck auf und ging in den Warteraum. Da sie zwei Stunden Zeit hatte, schaute sie sich ein wenig um. Nachdenken wollte sie am liebsten über gar nichts. Denn das, was sie vorhatte, war hochgefährlich. Das Flughafengebäude gefiel ihr, denn alles war sehr schön sauber. Geduldig wartete sie auf den Aufruf ihres Fliegers. Endlich hörte sie »Flug nach Zürich. Halten Sie Ihre Pässe bereit und kommen Sie zum Einstieg ins Flugzeug.« Bilija zeigte Visum und Pass. Die Kontrolleurin wünschte einen guten Flug. Es war Bilijas erste Flugreise. Bilija setzte sich auf ihren Platz, schloss die Augen und wartete. Dann zeigte die Flugbegleiterin mit Gesten, wie man sich bei einem Absturz verhalten sollte. Bilija beobachtete alles genau. Aber sie wollte nicht daran denken, was passieren könnte, sondern ergab sich dem, was geschah und was auf sie zukam. Die Flugbegleiterin kontrollierte die Sicherheitsgurte, dann startete die Maschine mit einer kurzen Turbulenz. Als die Wolkendecke durchbrochen war, sah Bilija durchs Fenster den wunderschönen blauen Himmel. Der Mann neben ihr bemerkte ihre Begeisterung, lächelte sie an und sagte: »Das sind die Wolken.«

»Danke«, sagte Bilija kurz, lehnte sich zurück, so gut es ging, und schloss die Augen. Sie suchte kein Gespräch, denn sie machte sich Sorgen, wenn sie in Zürich nun nicht abgeholt würde. Sie kannte diese Stadt überhaupt nicht. Zwar hatte sie die Adresse von Farika, aber wie sollte sie das mit Bus und Bahn finden. Und so toll war ihr Deutsch nun auch noch nicht ... Bilija schlief ein und erwachte erst von den Stimmen aus den Lautsprechern: »In zehn Minuten landen wir in Zürich. Bitte schnallen Sie sich an.«

Am Zürcher Flughafen verließ Bilija mit den anderen Passagieren die Maschine. Dann musste sie eine Weile laufen und mit einem schnellen Shuttlezug bis zum Hauptgebäude fahren. Alles war hier ganz anders als in Belgrad. Das Flughafenpersonal war sehr schweigsam. Auch die Passagiere redeten nicht viel. An der Kontrolle ging Bilija ungehindert vorbei. Sie hatte nichts zu verzollen. Außer dem Nötigsten hatte sie nichts dabei. »Willkommen in der Schweiz«, sagte ein Zollbeamter und sie murmelte: »Danke.« Sie steckte rasch ihren Pass ein und ging in die Ankunftshalle. Dort war aber niemand, der auf sie wartete.

Bilija blieb geduldig und dachte, gut. Ich werde hier auf ihn warten. Nach einer Stunde holte ihr Neffe Nicola sie mit dem Auto ab und brachte sie zu seiner Familie nach Hause. Alle freuten sich über Bilijas Besuch. Für die Kinder hatte sie sogar Schokolade besorgt. Nach dem Abendessen und einem kurzen Gespräch über den Flug nahm Bilija eine Dusche und ging ins Gästezimmer. Farika kam zu ihr und sagte: »So, Bilija, die Männer haben besprochen, dass du morgen um vier aufstehen und dich auf die Reise nach Deutschland vorbereiten sollst. Um fünf werden sie mit dem Auto über die Grenze fahren. Sie gehen immer an eine bestimmte Stelle zum Angeln. Du sollst ruhig im Auto sitzen bleiben und nicht sprechen, bis die Grenze passiert ist.« Farika sprach so gedämpft, dass Bilija Angst bekam. Die Freundin merkte es und sagte: »Mach dir keine Sorgen. Wir müssen nur leise reden, damit die Kinder nicht aufgeweckt werden.«

Nach diesem Gespräch spielte Bilija noch mit den beiden Kindern, die aber bald müde wurden und schlafen gingen. Das Gästezimmer war eigentlich das Zimmer der kleinen Tochter, die aber lieber bei ihrer Mutter schlief.

Bilijas Bett war frisch bezogen. Sie zog ihren Schlafanzug an, sagte »gute Nacht« zu Farika, machte das Licht aus und legte sich hin. Sie versuchte zu schlafen, konnte es aber nicht. Sie war viel zu aufgeregt, denn sie war längst noch nicht an ihrem Ziel angekommen. Bilija fühlte sich wie auf halbem Wege zwischen Erde und Himmel. Morgen lag noch ein weiter Weg vor ihr. Ein Zurück gab es nicht. Für einen Moment schlief sie ein, um sofort wieder hellwach zu sein. Es war 3:00 Uhr. Neugierig sah Bilija durchs Fenster in die tiefschwarze Nacht. Der Mond war hinter den Bergen nicht zu sehen und Bilija vermisste ihn. Schon bald darauf klingelte der Wecker. Alle außer den Kindern wurden wach. Farika hatte Kaffee gekocht und ein paar frische Hörnchen auf den Tisch gestellt. Während des Frühstücks wurde mit unterdrückter Stimme geredet. Nicola und sein Vater Rosko besprachen den Ablauf der Reise. Zu seiner Frau sagte Rosko: »Pack etwas zum Essen ein, für den Fall, dass etwas schiefgeht.« Das machte Farika dann auch ganz geheimniskrämerisch und steckte es in eine Umhängetasche. Zu Bilija sagte Rosko kurz: »Wenn du deinen Kaffee getrunken hast, dann gehen wir.« Bilija stand auf, nahm ihren kleinen Koffer, umarmte Farika und bedankte sich leise. Bilija winkte Farika zu und mit einem raschen »Tschüss«, verabschiedeten sie sich voneinander.

Draußen war es dunkel und kühl. Das Auto stand in der Garage. Bilija setzte sich nach hinten. Vorne saßen die beiden Männer und besprachen den Ablauf noch einmal. »Hast du die Angeln eingepackt?«, fragte Rosko seinen Sohn. »Ja«, sagte Nicola knapp. Dann wandte Rosko sich an Bilija: »Wenn wir von der Polizei angehalten werden und du etwas gefragt wirst, dann sagst du, dass du unser Gast bist und dass wir zum Angeln gehen. Wahrscheinlich wird das nicht geschehen, aber ich sage dir das für den Fall des Falles.«

»Gut«, presste Bilija hervor. Mehr konnte sie nicht sagen.

Es war ein dunkler Sonntagmorgen Ende August. Das Auto fuhr sehr schnell. Rosko und Nicola waren versierte Autofahrer. Zehn Minuten vor der französischen Grenze verlangsamte Rosko das Tempo und sagte zu Bilija: »Wir kommen jetzt an die schweizerisch-französische Grenze. Du bist unser Gast und dir wird nichts geschehen.« Langsam fuhr er in die Grenzstation ein. Der Grenzposten sah das Autokennzeichen von weitem, hob die Hand zum Zeichen der Begrüßung und bedeutete ihnen, dass sie weiterfahren konnten. Er nahm seine dienstliche Haltung wieder ein, Rosko winkte ihm noch zu und sie waren durch. Nach fünf Minuten sagte er zu Bilija: »So, jetzt sind wir in Frankreich. Später werden wir in Fribourg ankommen.

Bilija konnte es kaum glauben, als sie in Fribourg angekommen war. Sie war die langen Schlangen an den Grenzen, Botschaften und Ämtern auf dem Balkan gewohnt, aber hier war alles ruhig. »Hier kaufst du dir eine Fahrkarte für den ICN nach Frankfurt. Der ICN hat nicht so viele Haltestellen und ist schnell.« Rosko und Nicola brachten Bilija zum Fahrkartenautomaten. Bilija zog eine Karte für den Hochgeschwindigkeitszug. Sie kostete 50 Franc.

»Gute Reise, Bilija«, meinte Rosko. »Melde dich, wenn du dort bist.«

Rosko und Nicola lächelten und winkten ihr zu.

Beide Männer warteten, bis Bilija im ICN saß. Aber sie konnte sich noch nicht entspannen. Nach zwanzig Minuten kam der Kontrolleur und verlangte zwar freundlich, aber doch im Befehlston, Bilijas Fahrkarte. Sie zeigte sie ihm, er bedankte sich und ging weiter. Im Abteil war es ruhig. Die Passagiere verhielten sich angenehm. Einer las, einer hatte Kopfhörer auf, einer schlief. Da fiel auch von Bilija die Spannung ab. Aber einschlafen konnte sie nicht.

Nach mehreren Stunden hörte sie die Durchsage: »Frankfurt am Main. Der Zug endet hier.«

Bilija nahm ihr Köfferchen und stieg aus. Sie war in Frankfurt. Zahllose Menschen nahmen gelassen ihren Weg. Sie trugen ihre Gepäckstücke und gingen an den Imbissständen achtlos vorbei. An den Bahnsteigen warteten die Passagiere geduldig auf ihre Zugverbindungen. Bilija empfand alles als angenehm sauber. Welch verschiedene Welten, dachte sie. Dann nahm sie die Straßenbahn 11, später die U-Bahn 1 und fuhr zu ihrem Zimmer in der Goldbrettstraße. Nachdem sie geduscht hatte, aß sie die Butterbrote, die Farika ihr eingepackt hatte, mit dem Gedanken: »Gottseidank. Ich bin zu Hause.«

Kurz dachte sie über alles nach, was geschehen war, und daran, dass Frankfurt und Eischenor wie zwei Welten waren. Sie rief ihre Familie an und teilte mit, dass sie angekommen war und meldete sich bei Rosko und Farika, um ihnen noch einmal dafür zu danken, welches Risiko sie für Bilija auf sich genommen hatten. Dann legte sie sich ins Bett. Sie gab sich selbst das Versprechen, dass sie ihren Kindern das Studium ermöglichen würde, und wenn sie dafür sterben müsste. Über diesen Gedanken schlief sie ein.

BILIJA KÄMPFT FÜR MILAN

»Herzlich Willkommen in Frankfurt, mein lieber Sohn«, rief Bilija lächelnd aus, als sie Milan an der Internationalen Bushaltestelle in Empfang nahm. Sie umarmte ihn und küsste ihn auf die Stirn. »Mama«, wehrte er ab. Das sollte heißen, dass er kein kleines Kind mehr war und von seiner Mutter nicht mehr geküsst werden wollte. Bilija nahm seine Reisetasche und sie fuhren mit dem öffentlichen Nahverkehr bis zur Goldbrettstraße. In ihrem Zimmer hatte Bilija ein großes Bett für ihren Sohn vorbereitet. Für sich selbst begnügte sie sich mit einem schmalen Bett. Die beiden Schlafstätten waren drei Meter voneinander entfernt und Bilija verhängte ihr Bett mit einem Vorhang, damit Milan wenigstens ein bisschen Privatsphäre hatte. Es war ihr wichtig, dass er seine Zeit in Frankfurt als angenehm empfand. Insgeheim wollte sie aber, dass er gar nicht mehr nach Serbien zurückginge. Denn dort würde ihn der Militärdienst erwarten. Der Krieg war zwar vorbei, aber Bilija fürchtete neue Unruhen, weil der Konflikt um das Kosovo nie wirklich beigelegt worden war.

Milan machte ein enttäuschtes Gesicht. Er hatte eine normale Wohnung erwartet und nicht nur ein einzelnes Zimmer, das er mit seiner Mutter teilen musste. »Das ist nur für den Übergang«, tröstete sie ihn.

Am Abend redeten sie sehr lange miteinander. Bilija erklärte ihrem Sohn, dass das Leben in Deutschland nur aus Arbeit bestehe. Und wenn man hier leben wolle, dann müsse man sich an die Regeln halten. »Aber es ist schön, dass du mal hier bist, um ein wenig Ruhe zu tanken.«

Am anderen Morgen ging Bilija ihrer Arbeit nach. Milan stieß auf einige Freunde aus Eischenor und sprach mit ihnen. Am Wochenende gab Bilija ihm etwas Taschengeld. Sie flanierten durch verschiedene Geschäfte. Bilija kaufte Milan etwas zum Anziehen und er war sehr glücklich und zufrieden. Zwischendurch fragte sie ihn, wie es mit der deutschen Sprache stehe. »Gut«, sagte er. »Ich habe Deutsch im Fernsehen gelernt.«

So vergingen die drei Wochen im Dezember wie im Flug und die vierte brach an. Länger galt Milans Visum nicht. Mutter und Sohn saßen beim Abendessen. Bilija hatte besonders lecker gekocht. Dann sprach sie ihren Sohn auf seine Zukunft an: »Milan, eine Woche kannst du noch hierbleiben. Ich biete dir zwei Möglichkeiten: Kannst du dir vorstellen, hierzubleiben und zu studieren?« Milan machte große Augen. »Wenn du bleiben willst«, fuhr Bilija fort, »werde ich für dein Fortkommen arbeiten, genauso wie für deine Schwester. Aber wenn du dich dafür entscheidest, dann musst du auch durchhalten. Das wird ein langer und schwieriger Weg für uns alle. Du musst mir sagen, ob du diesen Weg gehen kannst und möchtest. Es gibt dann nämlich kein Zurück mehr. Wenn du das aber nicht möchtest, dann gehen wir in dieser Woche, bis du ausreist, in die Geschäfte. Ich kaufe dir alles, was du willst und dann fährst du am Samstag mit dem Bus zurück nach Serbien.«

Milan sah seine Mutter verdutzt an und meinte: »Daran habe ich noch gar nicht gedacht. Gib mir zwei Tage Zeit, dann entscheide ich mich.«

»Gut«, sagte Bilija, beendete das Gespräch und räumte den Tisch ab.

Zwei Abende später saßen Mutter und Sohn wieder beim Essen und Bilija fragte nach, wie er sich entschieden hätte. Milan sagte: »Ich möchte hierbleiben und studieren. Aber ich weiß nicht, wie ich es verwirklichen kann, denn du bist illegal hier und mein Visum läuft ab.«

»Ich weiß es auch nicht«, gestand Bilija ihrem Sohn ein. Dann fügte sie hinzu: »Aber wir werden es versuchen. Ich werde eine Frau anrufen. Vielleicht haben wir Glück und sie hilft uns.«

»Welche Frau?«, wollte Milan wissen. »Unser Nachbar Slavko hat mir eine Nummer gegeben, wo ich anrufen kann, wenn ich in großer Not sein sollte. Und das hier ist jetzt die größte Not, denn es geht um deine Zukunft.«

Nach dem Gespräch gingen Mutter und Sohn ziemlich bald schlafen. Jeder legte sich in sein Bett. Milan schlief schnell ein. Bilija hörte seinen regelmäßigen Atem, freute sich daran und dankte Gott noch einmal dafür, dass ihr Sohn lebte und bei ihr war. Sie würde alles dafür tun, um ihn auf den richtigen Weg zu leiten!

Am anderen Morgen, als der Junge noch schlief, holte Bilija die geheimnisvolle Telefonnummer aus ihrem Versteck und wählte. Es meldete sich eine Frau Grafi, der sie erklärte, von wem sie die Nummer hatte. Bilija bat die Frau um Hilfe. Frau Grafi sagte kurz: »Kommen Sie mit Ihrem Sohn zur Zeil 3, direkt ins Zimmer 15.«

Bilija weckte Milan, beide machten sich schnell frisch und sie fuhren mit dem öffentlichen Nahverkehr zu einer ihnen unbekannten Behörde im unteren Bereich der Zeil mit der Hausnummer 3. Am Empfang versicherte Bilija, einen Termin bei Frau Grafi zu haben und wurde eingelassen. Sie fuhren mit dem Aufzug in den 9. Stock. Um 9:30 Uhr waren sie vor der Tür des Zimmers Nr. 15. Sie warteten, bis sie aufgerufen wurden. In dem langen Gang war es still. Ab und zu kamen Mitarbeiter aus ihren Büros mit Papieren in der Hand, auf die sie sich konzentrierten. Mit gesenktem Blick gingen sie an Bilija und Milan vorbei. Um 10 Uhr rief Frau Grafi die beiden zu sich ins Büro. Frau Grafi forderte sie in serbischer Sprache auf, Platz zu nehmen. Bilija und Milan setzten sich. »Erzählen Sie mir Ihre Geschichte«, wurden sie aufgefordert. »Warum sind Sie gekommen und wie kann ich Ihnen helfen?« Bilija begann zu reden: »Mein Name ist Bilija Badaik und das ist mein Sohn Milan. Er ist gerade 19 Jahre alt. Serbien hat den Krieg kaum überstanden und niemand weiß, ob er nicht wieder ausbrechen wird. Milan wird sofort eingezogen, wenn er nach Serbien zurückkehrt. Wir verstehen diesen Krieg nicht und mein Sohn ist zu jung, um irgendwelchen militärischen Entscheidungen geopfert zu werden. Er möchte gern hierbleiben, um zu studieren.«

Frau Grafi sagte: »Er soll zur Johann-Wolfgang-Goethe Universität gehen und sich dort bewerben. Was will er denn studieren?«

»Wirtschaft«, sagte Milan.

»Gut, dann versuchen Sie, an der Universität angenommen zu werden. Wenn Sie das erreichen, kann Sie niemand mehr nach Serbien holen und Ihre Militärpflicht einfordern.«

Frau Grafi sah Bilija an.

»Und Sie, Frau Badaik? Wie ist Ihr Status hier?«

Bilija zog die Schultern hoch, ohne eine Antwort zu geben. Frau Grafi bewegte ihre rechte Hand und sagte »egal.«

»Und wo wohnen Sie?«

Wieder hob Bilija ihre Schultern hoch. Frau Grafi erhob wieder ihre rechte Hand und sagte: »Egal.«

»Und wovon leben Sie, Frau Badaik?«

Frau Grafi sah ihr direkt in die Augen. Bilija bekam Angst und spürte, wie sie rot wurde. Sie zuckte aber wieder die Achseln und antwortete nichts. Denn sie wusste nicht, was sie hätte antworten sollen.

Dann sagte Frau Grafi: »Und, wissen Sie überhaupt, wo Sie hier gelandet sind?«

Bilija sah sie traurig an und hob wieder die Schultern hoch.

»Sie sind hier im Ersten Polizeirevier der Stadt Frankfurt.«

»Wollen Sie uns jetzt verhaften?«, fragte Bilija ängstlich.

Mit strenger Stimme sagte Frau Grafi: »Gehen Sie. Machen Sie das mit der Universität, aber verschwinden Sie von hier und kommen Sie nicht noch einmal wieder!«

Hastig standen Bilija und Milan auf, verließen das Zimmer mit einem eiligen »Tschüs«, hasteten dann den langen Gang entlang, fuhren mit dem Aufzug ins Erdgeschoss und verließen das Gebäude, ohne sich noch einmal umzudrehen. Auf direktem Wege nahmen sie die S- und U-Bahn zurück zur Goldbrettstraße und gingen in ihre Wohnung. Beide hatten Angst und sprachen unterwegs kein Wort. In ihrem Zimmer saßen sie eine Weile lang schweigend an ihrem kleinen Tisch. Bilija brachte etwas zu essen und frischen Kaffee. Da fragte Milan: »Mama, war das ein Polizeirevier, wo wir da waren?« Bilija sagte: »Ja.«

Milan sah seine Mutter mit vor Angst aufgerissenen Augen an.

»Es wird uns doch jetzt nichts geschehen? Vor allem dir nicht?«

»Mein Sohn, wir sind alle in Gottes Hand«, meinte Bilija. »Morgen gehen wir zur Goethe-Universität und da werden wir sehen, wie es weitergeht.«

Am nächsten Morgen fuhren Bilija und Milan zum Universitätscampus an der Bockenheimer Warte. Jemand schickte sie zur Beratungsstelle. Dort mussten sie eine Stunde warten. Milan versuchte, sein Anliegen auf Deutsch zu erklären, aber es gelang ihm nicht. Bilijas Deutsch war etwas besser, aber ebenfalls nicht gut genug, dass der Berater sie verstehen konnte. Da sprach Milan Englisch. Diese Sprache beherrschte er nach zehn Jahren Unterricht sehr gut. Der Mann hörte ihm zu, stand dann auf und gab Bilija einen Packen Formulare in die Hand und sagte: »Gehen Sie jetzt. Nehmen Sie 270 Unterrichtsstunden in Deutsch, dann kommen Sie wieder.«

Ratlos schauten Bilija und Milan sich an, dann gingen sie aus dem Zimmer und fuhren wieder nach Hause. Milan war seine Enttäuschung anzumerken. Bilija dachte nach.

Am anderen Morgen hatte sie Dienst bei Babette. Ihr erzählte sie nichts von dem, was sie beschäftigte. Aber sie beschloss, Jochen Martrek anzurufen. Der war doch ein Doktor für Physik und Mathematik. Vielleicht konnte er so schnell eine Sprachschule für Milan finden. Um 10 Uhr rief sie ihn an und fragte, wo ihr Sohn Deutsch lernen und sofort aufgenommen werden könnte.

»Wo bist du jetzt, Bilija?«
»Bei Babette.«
»Gut, ich rufe dich in einer halben Stunde an.«

Und Bilija wartete. Diese halbe Stunde erschien ihr wie eine Ewigkeit. Jochen meldete sich wirklich und ordnete an, dass Milan um 12 Uhr am Bahnhof von Wiesbaden sein sollte.

»Ich fahre ihn von dort aus zu seiner Schule«, ergänzte er.

Bilija überlegte. Die S-Bahn-Verbindungen hatte sie wegen ihrer regelmäßigen Fahrten im Kopf. »Ich rufe Milan sofort an. Er braucht 15 Minuten, um sich fertigzumachen. Wenn er um 10:45 Uhr losfährt, dann ist er um 12 Uhr in Wiesbaden.«

Umgehend sprach Bilija mit ihrem Sohn. »Herr Martrek hat für dich eine Sprachschule gefunden. Er erwartet dich in Wiesbaden am Bahnhof. Er wird dich dorthin bringen. Du weißt den Weg nach Wiesbaden?«

»Ja, Mama. Ich komme zurecht. Ich habe aber noch nicht gefrühstückt.«

»Nimm dir ein Butterbrot und eine Flasche Wasser und frühstücke in der S-Bahn. Es eilt!«

Am Abend, als Bilija von der Arbeit nach Hause kam, war Milan nicht da. Bilija machte sich Sorgen, aber beruhigte sich mit dem Gedanken, dass Jochen ihren Sohn nicht in eine ungünstige Situation bringen würde. Um 20 Uhr betrat Milan die Wohnung. Er war wütend: »Wen soll ich umbringen? Dich oder den Martrek?«

»Warum das?«

»Ja, er hat mich zu der Schule gebracht und hat mich dort zurückgelassen.«

»Was hast du erwartet? Dass er sich zu dir auf die Bank setzen würde?«

»Ich wusste den Weg zurück zum Bahnhof doch nicht.«

»Ich sehe aber, dass du zurückgekommen bist.«

Milan erzählte, dass er sich auf Englisch verständigt und zum Bahnhof durchgefragt habe. Bilija war erleichtert. Jetzt wollte sie aber Näheres über die Sprachschule wissen. »Ich gehe jetzt für fünf Stunden am Tag ein halbes Jahr lang hin. Die Schule heißt *Logos* und ich mache einen Intensivkurs.«

Das Institut war vom Bahnhof nicht so weit entfernt, wie Milan erst gedacht hatte. Bilija war sehr froh und dankte Jochen in ihrem Herzen für die Vermittlung. Milans Ausbildung, die sie selbst bezahlen würde, hatte mit diesem Lehrgang begonnen und er musste jetzt nicht nach Serbien zurückkehren. Damit beruhigte sich der Alltag von Mutter und Sohn erst einmal. Auch aus Serbien kamen gute Nachrichten. Corina bestand ihre Prüfungen mit immer besseren Noten. War eine schlechte Note darunter, wiederholte sie die Prüfung, um sich zu verbessern. Bilija fragte sie am Telefon, warum sie so ehrgeizig sei: »Wenn du eine fertige Ärztin bist, wer fragt dann nach deinen Noten?«

»Darum geht es nicht«, sagte Corina. »Ich muss perfekt sein. Ich werde nicht mit leblosem Papier arbeiten. Als Ärztin werde ich mit Menschen arbeiten. Und wenn ich da einen Fehler mache, muss es der Mensch mit seinem Leben bezahlen. Entweder ich beherrsche die Medizinkenntnisse sehr gut oder ich werde nicht als Ärztin arbeiten.«

So entschlossen war diese junge Frau!

Nachdem Milan mit Deutschlernen fertig war, bekam er einen Studienplatz und begann zu studieren. Bilija arbeitete weiter für Dr. Martrek. An einem heißen Sommertag kam Bilija in die Küche, denn bevor sie mit ihrer Arbeit begann, kochte sie Kaffee für Jochen und für sich selbst. Als Carl hereinkam, bekam er einen Becher Milch. Bilija hörte weiter auf die Musik und fühlte sich gut. Als der Kaffee fertig war, ging sie zu Jochen und sagte: »Der Kaffee ist fertig. Möchten Sie kommen?« Er freute sich auf den Morgenkaffee, obwohl Bilija keinen besonders guten Kaffee kochte. Jochen kam und sie setzten sich zusammen an den großen, weißen Tisch im Esszimmer.

Sie sprachen über das Wetter und die Schönheiten des Hauses. Sie lachten und Bilija zeigte, wie der Volkstanz im ihrer Heimat ging. Jochen stand von Stuhl auf und zeigte Bilija, wie man in Bayern jodelt und tanzt. Bilija bat Carl zu tanzen, er wollte aber nicht. Nach kurzer Zeit räumte Bilija den Tisch ab. Jochen merkte, das Bilija, obwohl sie es nicht zeigen wollte, traurig war. Das konnte er in ihren Augen lesen. Da fragte er sie, was los sei.

»Ach nichts, Jochen. Ich komme schon allein zurecht.«

Als Milan mit dem Studienkolleg anfing, hatte seine Mutter bereits eine kleine Wohnung in Frankfurt. In dieser Zeit zog Frau Schneider mit ihrem Mann und ihren beiden Kindern nach Köln. Sie bat aber die Familien Plantin, Dierkes und Lürsen, Bilija zu beschäftigen. Denn, so sagte sie, sie sei fleißig und korrekt und habe zwei erwachsene Kinder, deren Studien sie unterstützen müsse. Frau Plantin war Anwältin und ihr Mann Professor für Wirtschaftswissenschaften. Sie hatten zwei Töchter, Belinda und Louana, mit denen sie im oberen Stockwerk einer Villa wohnte. In die mittlere Wohnung, die Frau Schneider jetzt aufgegeben hatte, zog Familie Lürsen ein. Herr Lürsen hatte eine leitende Funktion bei der Deutschen Bahn, seine Gattin war Hausfrau, arbeitete aber ehrenamtlich für verschiedene gemeinnützige Organisationen, deren Vorsitzende sie war. Im Erdgeschoss des stattlichen Gebäudes lebte Familie Dierkes. Er war Maschinenbauingenieur, sie Buchhalterin und ihre beiden Kinder hießen Claudia und Thomas. Bilija war froh, bei allen drei Familien arbeiten zu dürfen. Sie bekam genug Zeit und wurde korrekt bezahlt. Bei Lürsens war selten jemand da. Bilija betrat die Wohnung, brachte dort alles in Ordnung und nahm das Geld, das für sie auf dem Küchentisch lag. Und in der darauffolgenden Woche war es dann das Gleiche. Als sie drei Monate dort gearbeitet hatte, empfing Frau Lürsen Bilija in der Wohnung. Auch ihr Mann war da, um Bilija ein Ostergeschenk zu überreichen. Sie fragte die Eheleute Lürsen: »Brauchen Sie mich überhaupt? Ihre Wohnung ist immer sauber, denn Sie sind niemals da.« Beide lächelten Bilija an und Herr Lürsen sagte: »Machen Sie sich darüber keinen Kopf. Sie bekommen jede Woche Ihr Geld, egal, in welchem Zustand die Wohnung ist.« Über diese pfiffige Bemerkung freute Bilija sich.

Bei Dierkes konnte Bilija nur die halbe Wohnung putzen. Frau Dierkes hatte nämlich die Regel aufgestellt, dass die Kinder ihre Zimmer selbst in Ordnung halten sollten. An einem Tag hatte Thomas sein Zimmer nicht aufgeräumt. Seine Mutter sagte ihm in strengem Ton: »Thomas, wenn du dein Zimmer nicht sofort aufräumst, bitte ich Bilija, es zu tun und dein Taschengeld gebe ich ihr.« Nach dieser Äußerung sah man Thomas` Zimmer nie wieder in unordentlichem Zustand, denn der Zwölfjährige hatte um sein Taschengeld Angst. Bilija gefiel diese Art der Erziehung und sie nickte Frau Dierkes fast unmerklich zu.

Bei Frau Plantin fühlte sich Bilija besonders wohl. Diese Arbeitgeberin konnte genau einschätzen, wie viel Bilija in vier Stunden erwartungsgemäß schaffte. War sie früher fertig, galt die Arbeit als gemacht. Frau Plantin hatte die Eigenart, dass sie ihre Wohnung selber staubsaugen wollte. Als Bilija einmal nach dem Grund dafür fragte, und meinte, dass sie doch diese Arbeit erledigen könnte – schließlich werde sie dafür bezahlt – da erwiderte Frau Plantin: »Nein, Bilija. Jede Frau muss in ihrem Haushalt etwas machen, aus

Liebe zu ihrer Familie und zu ihrem Haus. Das Saugen übernehme ich.« Bilija akzeptierte die Haltung von Frau Plantin und ging besonders gern zu ihr, denn hier war sie auch nicht allein.

EINE BESSERE WOHNUNG

Mit dem Geld, das sie verdiente, unterstützte Bilija ihre Kinder. Nach einem halben Jahr am Studienkolleg verlangte Milan von seiner Mutter, sich eine größere Wohnung zu suchen. Er wollte nicht mehr mit ihr in einem Zimmer schlafen. Abends konnte er nicht mehr lernen, denn Bilija ging früh zu Bett. Also sagte er an einem Abend: »Mama, wenn du nicht bald eine normale Wohnung findest, werde ich alles hinschmeißen und nach Serbien zurückkehren. Ich bin 19 Jahre alt.«

Bilija sah ihn an und merkte, dass er es ernst meinte. »Gut, Milan«, sagte sie nur. »Gedulde dich bitte. Ich werde eine Wohnung suchen. Aber ganz so schnell geht es nicht.«

»Ja das sagst du jetzt so. Bis jetzt hast du auch noch nicht gesucht. Als ich dir gesagt habe,
dass ich ausziehen will, hast du dagegengehalten, dass du keine zwei Wohnungen finanzieren könntest. Das weiß ich und das akzeptiere ich auch, aber dann such wenigstens eine größere Wohnung, in der ich ein eigenes Zimmer habe.«

Er hat Recht, dachte Bilija. Ich muss mich darum kümmern. Zum Glück arbeitete sie am nächsten Tag bei Babette. Sie erzählte ihr von dem Gespräch mit Milan, denn sie hatte Angst, dass ihr Sohn ernst machen würde. Babette sagte zu Bilijas Überraschung: »Ich kenne eine Frau, die eine Wohnung hat. Die Frau ist alt, aber Sie können sie treffen und mit ihr darüber sprechen. Sie heißt Anna Lena Steinbrecher, aber alle nennen sie Leni. Babette rief Frau Steinbrecher noch am selben Tag an und vereinbarte für Bilija einen Termin. Das Treffen war für den kommenden Sonntag angesetzt. Bilija machte sich auf den Weg zu Frau Steinbrecher.

Dort wurde sie fast wie eine Freundin empfangen. Die alte Dame hatte Kaffee gekocht und stellte feines Gebäck zum Naschen hin. Nach kurzem Geplänkel sprachen sie über die Wohnung, die sich im selben Haus im zweiten Stock befand. Diese Wohnung war aber noch nicht frei und Bilija sollte für einen Monat in die Kellerwohnung ziehen.

»Wir werden dem Mieter oben kündigen«, sagte Leni Steinbrecher.

»Warum?«

»Wir gehen gleich hoch in die Wohnung und Sie werden sehen, warum.«

Die beiden Frauen gingen die Treppe hinauf und Bilija erfasste die Eigenschaften der Wohnung sofort: Sie war altmodisch und lag unterm Dach. Aber sie war 64 Quadratmeter groß, hatte eine Küche, eine Toilette, ein großes und ein kleines Schlafzimmer, ein mittelgroßes Wohnzimmer und einen fast quadratischen, geräumigen Flur, von dem die Türen zu den Zimmern abgingen. Das kleinere Schlafzimmer konnte man nur durchs Wohnzimmer erreichen. Die Miete würde 500 Euro warm betragen.

Am niedrigen Couchtisch saß eine Frau, die Frau Steinbrecher schon erwartete. Diese sprach die Kündigung aus und gab der Frau einen Monat Frist. Die Frau wiederholte, dass sie einen Monat Zeit brauche, bis sie ausziehen würde. Da kam ein Mann aus dem kleinen Zimmer, das ans Wohnzimmer anschloss. Dann folgte eine Frau, nach ihr noch eine und dann noch eine. Bilija zählte die Menschen, die aus dem kleinen Zimmer kamen. Es waren neun Personen. Mit der Frau, die im Wohnzimmer saß, waren es zehn Personen. Das Gespräch war beendet und Bilija und Frau

Steinbrecher gingen die Treppe wieder hinunter. Als sie am ersten Stock vorbeikamen, sagte Leni Steinbrecher: »Hier wohnt die Josefine.« Als sie wieder im Erdgeschoss waren, setzte sie hinzu: »Sehen Sie jetzt, warum ich die Kündigung ausgesprochen habe?«

»Ich nehme die Wohnung«, erwiderte Bilija. Sie bezahlte für das Zimmer im Keller sofort 200 Euro und wollte auch eine Kaution hinterlegen. Frau Steinbrecher meinte: »Nein, Bilija, das brauchen Sie nicht. Kommen Sie mit Ihren Sachen am Ersten des nächsten Monats und alles ist gut.«

Froh ging Bilija nach Hause und erzählte Milan alles. Er wollte sofort in dem Raum im Keller übernachten. Bilija ließ es zu, denn sie merkte, dass ihr Sohn sich schon seit langer Zeit wie ein Gefangener fühlte.

Anfangs hatte Milan am Studienkolleg Schwierigkeiten, denn er hatte in Serbien das Fach Wirtschaft erlernt. Aber da er das Talent für Mathematik und Technik von seinem Vater geerbt hatte, stellte er sich schnell um und seine Noten besserten sich. Bilija machte ihre Arbeiten in den verschiedenen Haushalten weiter und kam auch mit ihrer neuen Vermieterin sehr gut zurecht. Frau Steinbrecher war ein sozial eingestellter Mensch, dazu war sie Kommunistin, und sie beschäftigte Bilija in ihrem Haushalt. Es handelte sich jedoch mehr um eine freundschaftliche Gemeinschaft als um Arbeit, denn Frau Steinbrecher, die sie bald mit »Leni« ansprechen durfte, begann Bilija mit der Welt von Kunst und Literatur vertraut zu machen. Oft rief sie abends Bilija zu sich oder kam in den zweiten Stock zu ihr, denn das Haus war drinnen für alle offen und niemand schloss die Tür ab. Zu den Festen der Literaturgesellschaft Hessen, die sie in ihrem verwilderten Garten feierte, lud sie Bilija ein. Ging Leni aus, nahm sie Bilija mit. Sie führte sie im Gewerkschaftshaus, bei

Lesungen, im Literaturhaus und in der Kirche in Eschersheim ein.

Leni erzählte Bilija von ihrer Familie, dem Zweiten Weltkrieg, über die Flucht nach Frankreich, das Leben in Frankreich und von ihrem Vater Johann Anton Steinbrecher, den die Nazis umgebracht hatten. Wie ihre Mutter, so war auch Lenis Vater schon immer ein Kommunist gewesen.

Sie ließ Bilija auch an den Treffen der kommunistischen Partei in ihrem Haus teilnehmen. Es kamen vier linksorientierte, alte Menschen, die sich in Frau Steinbrechers Haus trafen, und sich Kommunisten nannten. Worüber eigentlich diskutiert wurde, das war Bilija nicht klar, aber sie freute sich sehr über die Einladungen. Schnell gewann sie aus diesen Erzählungen neuen Wortschatz hinzu und sie verliebte sich immer mehr in die Stadt Frankfurt und in Deutschland überhaupt. Sie wollte nicht mehr nach Serbien zurück. Nur in den Urlaub wollte sie problemlos dorthin fahren können.

An einem Tag, als Bilija wieder bei Babette arbeitete, fragte die Frau, die über ihr wohnte, ob sie auch ihre Wohnung in Ordnung halten könnte. Bilija überschlug ihre verfügbare Zeit und nahm die Arbeit an. Ihre neue Arbeitgeberin hieß Esther. Eine Woche später ging Bilija hin. Esthers Mutter Renate war auch da. Sie machte gerade Pfannkuchen für ihre Enkelkinder Caspar und Franziska. Bilija kam mit Renate ins Gespräch und erfuhr, dass sie Künstlerin war. Sofort war Bilija Feuer und Flamme. Sie wollte wissen, was man tun muss, um Künstlerin zu werden. Renate sah Bilija mit ihren ausdrucksvollen Augen an und meinte: »Ah. Man muss lernen. Aber wenn man talentiert ist, muss man nicht unbedingt studieren. Man kann es sich selbst beibringen.«

»Wer kann sagen, ob ein Bild gut oder schlecht ist?«
»Jeder Künstler malt anders. Und es gibt keinen Künstler, der so malt, dass seine Kunst allen Menschen gefällt. Man macht seine Bilder und es ist egal, ob es jemandem gefällt.«
Bilija dachte kurz darüber nach, aber dann konzentrierte sie sich wieder auf ihre Arbeit, denn sie musste Geld verdienen.

In der Zwischenzeit brachte Milan sein Studienkolleg zu Ende und begann zu studieren. Corina war schon im 12. Semester an der Medizinischen Universität in Nis. Bilijas Leben war von ihrer Arbeit und der Sorge um diese beiden Studenten geprägt. Beiden Kindern ging es gut. Eines Tages sagte Milan: »Mama, du musst nicht mehr für mich arbeiten. Ich habe einen gut bezahlten Job gefunden. Ich werde ausziehen.« Bilija stutzte. Ihr Sohn war auf einmal erwachsen!
Nach Milans Auszug blieb Bilija bei Frau Steinbrecher. Sie fuhr auch weiterhin nach Schlingenhain. Jochen erwartete sie an jedem Morgen mit Musik oder mit einem Lächeln. Ab und zu fuhr er Bilija nach der Arbeit oder morgens früh in die Berge und zeigte ihr wunderschöne Landschaften oberhalb von Wiesbaden. Er lud sie zu Musikfestivals ein, in Konzerte im Kurhaus, zum Musikabend im Kloster Eberbach und am Abend gingen sie stundenlang spazieren. Mit Jochen lernte Bilija eine andere Welt kennen – fernab von allen Sorgen.
Doch oft kehrte sie ihm auch den Rücken zu, ging zur großen Balkontür und schaute in die Ferne. Sie dachte an ihre Familie, hatte Angst vor ihren Gefühlen und wusste zugleich, dass das falsch war. Nur Carls Glück war ungetrübt. Er freute sich, eine mütterliche Freundin zu haben, die ihm Pfannkuchen machte. Im

Pool konnten alle schwimmen und toben. Bilija redete sehr viel und war überzeugt, die deutsche Sprache so gut gelernt zu haben, dass Vater und Sohn sie immer gut verstanden.

Eines Tages nach der Arbeit fuhren die beiden Bilija nach Wiesbaden. Bilija erzählte etwas Lustiges aus ihrer Heimat. Jochen und Carl hörten aufmerksam zu. Auf halbem Weg nach Wiesbaden fragte Jochen: »Bilija, ist das Deutsch?«
»Jaa.«
Jochen wandte sich an seinen Sohn: »Carl, wir müssen Deutsch lernen, denn wir kennen diese Sprache nicht gut genug, um Bilija zu verstehen.«
Da lachten alle und Carls kindliche Stimme scholl wie Musik durchs Auto. Da bat Jochen Bilija noch einmal, eine Sprachschule zu besuchen. Er sagte: »Ich gebe dir Geld. Du musst nicht schwer arbeiten.« Doch wieder lehnte Bilija ab: »Nein, Jochen. Ich habe zwei Kinder, für die ich arbeiten muss.«
Enttäuscht gab er auf. So hatten sie jetzt eine Freundschaft, die aus zwei Begegnungen pro Woche bestand. Aber Bilija vergaß nie, dass sie in Serbien einen Mann hatte, wenngleich es ihm ziemlich egal war, wie es Bilija ging und wie sie in Deutschland zurechtkam. Hauptsache, er bekam Geld. Bilija zahlte ihm schon länger nichts mehr, aber jetzt wollte er Geld von seinem Sohn. Milan tat sein Vater leid und er forderte für Simon Geld von seiner Mutter und so zog ihr Mann ihr ganz indirekt das Geld aus den Taschen.
Corina war weiterhin finanziell von ihrer Mutter abhängig. Sie wollte kurz vor dem Abschluss ihres Medizinstudiums mit ihrer amerikanischen Freundin, die Gaststudentin in Nazih war, in die USA reisen. Deren Mutter Vila war Zahnärztin in Kalifornien. Die beiden

Mädchen sollten in der Praxis mithelfen. Dafür würde sie ihnen den Flug bezahlen. Corina bat Bilija um Erlaubnis und Bilija ließ sie ziehen. Sie wusste, dass die Jugend Freiheit brauchte, losfliegen zu können, um wieder zurückkommen zu können.

Doch manchmal fliegt die Jugend auch davon, ohne zurückzukehren: Corina lernte in San Pedro einen jungen Mann namens Bojan kennen, der ihre große Liebe wurde. Nach einem Monat in Amerika fragte sie ihre Mutter: »Ich brauche ein Visum hier. Soll ich bleiben?« Bilija entgegnete: »Nein, mein Kind, komm zurück. Schließ dein Studium ab. Wenn du dein Diplom in der Tasche hast, kannst du gehen, wohin du möchtest.«

Corina kehrte nach Serbien zurück. Ihr Freund reiste ihr drei Monate später nach. Corina zog mit in das Elternhaus von Bojan, so wie es in den serbischen Familien üblich war. Von dort führte sie ihr Studium zu Ende. Eines Tages rief sie ihre Mutter an und erklärte: »Mama, du brauchst mir kein Geld mehr zu senden, Bojans Eltern werden mir weiterhelfen, denn ich bin jetzt Teil dieser Familie.« Bilija war erschrocken. Statt Erleichterung fühlte sie Angst. Doch als sie zu sich kam, war ihr, als hätte ihr jemand eine Last von den Schultern genommen. Denn sie hatte die viele Arbeit auch satt. Sie konnte jetzt akzeptieren, dass auch ihre Tochter nun erwachsen war und ihren Lebensweg unabhängig von den Eltern beschreiten wollte. Na gut, sagte sie sich, das ist normal.

DIE KUNST ALS QUELLE

Auch bei Jochen spürte Bilija eine Veränderung. Carl versuchte, ihn und Bilija zusammenzuhalten, schaffte es aber nicht. Eines Morgens, als Bilija sich ihm wie immer freundschaftlich näherte, wich er zurück und sagte: »Wir müssen mehr auf Abstand gehen.« Bilija schaute ihm in die Augen und fragte ihn mit wortlosen Blicken, was geschehen sei. Er verstand, was sie fühlte und meinte: »Übrigens habe ich mich in eine Frau verliebt.« Bilija fing zu zittern an, fühlte sich immer geringer werden und schob ihn wortlos von sich weg. Sie fing mit ihren täglichen Aufgaben an. Sie empfand keine Wut, denn ihr war klar, dass das irgendwann hatte kommen müssen. Es tat aber weh.

Abends kam sie nach Hause in die leere Wohnung. Milan war längst ausgezogen. Sie versuchte ihn telefonisch zu erreichen, um nach seinem Befinden zu fragen, er ging aber nicht dran. Dann versuchte sie es bei Corina. Auch sie hob nicht ab. Zuletzt versuchte sie Simon zu sprechen, um zu hören, ob in Serbien alles in Ordnung sei. Doch auch bei ihm schwieg das Telefon. In ihrer Not wollte sie sich bei Frau Steinbrecher melden, doch dann fiel ihr ein, dass ihre Vermieterin zu einem Treffen der Literaturgesellschaft Hessen ins Gewerkschaftshaus gehen wollte und erst spät in der Nacht heimkommen würde. Frau Steinbrecher kam sehr oft erst gegen Morgen nach Hause. Niedergeschlagen ging Bilija zu Bett.

Am anderen Tag wurde ihr zugetragen, dass Simon ein Stück Land verkauft hätte, um einen Teil der Schulden für die Firma zu bezahlen, die er so schlecht gemanagt hatte. Es war ein Stück Land gewesen, das

Bilija und Simon gemeinsam gehört hatte. Auch das machte Bilija traurig.

Tag für Tag war sie allein und niemand fragte nach ihr. Ihre Arbeitsstellen waren das einzige, wo es gut lief. Bilija verbesserte ihre Deutschkenntnisse weiter und heimlich las sie in Büchern über Kunst. Trotz der Trennung von Jochen arbeitete sie weiter für ihn. Als fünf Monate vergangen waren, öffnete er ihr, wie so oft, die Tür. Neben ihm stand eine zierliche, hübsche Frau. Er stellte beide einander kurz vor. Zu Bilija sagte er: »Das ist Marina. Sie ist meine Freundin.« Zu Marina sagte er nur: »Das ist Bilija.« Weiter sagte er nichts. Das bedeutet, ich bin nichts, dachte Bilija. Sie schluckte und schwieg. Dann machte sie ihre Arbeit, denn Marina war nett. Aber Bilija fühlte sich sehr schlecht. Sie dachte an ihren Mann, der sie nicht liebte. Denn wenn ein Mann seine Frau liebt, dann beschützt er sie. Simon aber hatte Bilija wie ein Arbeitstier benutzt und zum Schuften geschickt! Deshalb sah er auch kein Geld mehr von ihr.

Am Abend fühlte sich Bilija von allen vergessen und verlassen. Sie dachte daran, sich umzubringen. Noch aber schob sie den Gedanken vor sich her. Von Zuhause hörte sie noch schlechtere Nachrichten. Simon hatte wegen seiner Schulden noch einen Hektar Land verkauft. Die Kinder meldeten sich nicht. Manchmal kam der Neffe von Frau Steinbrecher und kassierte die Miete. Er war höflich und angenehm. Bilija gab ihm das Geld, sie redeten kurz und Bilija erfuhr, dass ihre Wohnung eigentlich seiner Schwester gehörte.

An einem regnerischen Spätsommertag machte Bilija wieder einen Spaziergang zum Eisernen Steg. Sie stand auf der Brücke und schaute ins Wasser. Wie schön wäre das, wenn ihr verunglücktes Leben jetzt ein Ende fände, dachte sie und sah lang und intensiv ins Wasser. Ihr Blick streifte die Ufer und das Städelmuseum. Das Gebäude sah längst nicht so schön aus wie damals, als sie es zum ersten Mal gesehen hatte. Es war ein sehr grauer Tag. Regen tropfte vom Himmel. Bilija beugte sich über das Brückengeländer, entschlossen, ins Wasser zu springen. Doch als sie sich weit vorbeugte und auf das Geländer stützen wollte, da hörte sie leises, trauriges Vogelgezwitscher. Bilija verharrte und schaute in die Richtung, aus der die Töne kamen. Auf dem Brückengeländer sah sie einen Vogel, der intensiv seine Melodie zwitscherte, obwohl er völlig durchnässt war. Da kam Bilija zur Vernunft und sie ging nach Hause in ihre Wohnung. Dort setzte sie sich in ihren Sessel und starrte für eine Weile ins Leere. Ihr Blick fiel auf das Bildnis ihrer Tochter, das bei ihrem Abiturball in Serbien aufgenommen worden war: Corina jung, im langen violetten Kleid, mit hochgestecktem Haar und dezentem Make-up. Corinas Hals zierte eine schöne Kristallkette und unterm Saum ihres Kleides lugten die Spitzen ihrer schwarzen High Heels hervor. Vom Foto lächelte sie ihre Mutter an, als ob sie sagen wollte: »Alles wird gut, Mama.«

Bilija erwachte aus ihrer Trance und sagte in die Stille: »Nein. Ich werde mich nicht umbringen. Ich werde malen.«

Und sie nahm Bleistift und Papier und zeichnete Corina. Das machte sie einmal und nochmal und noch einmal. Das Zeichnen kam aus Bilijas Inneren und brach aus ihr hervor wie eine Quelle, die plötzlich entspringt.

Bilija ging an diesem Abend sehr spät ins Bett. Am nächsten Abend zeichnete sie wieder und am übernächsten auch. Sie kaufte sich preisgünstige Wasserfarben und malte ihre ersten Bilder. Zu Weihnachten schenkte sie Babette, die fast so etwas wie eine Freundin für sie geworden war, das Bild eines Getreidefeldes, das sie getuscht hatte. Babette hatte gespürt, dass Bilija malen wollte, und schenkte ihr die ersten richtigen Aquarellfarben. Bilija freute sich sehr darüber und malte weiter. An jedem Abend malte sie zwei bis drei Stunden. Ihre Farben mischte sie so lange, bis die Nuancen den Gemälden der alten Meister entsprachen. Bilija wurde immer besser.

Sie malte für sich selbst. Ihre Bilder hängte sie im Flur und den Zimmern auf. Das merkte auch Frau Steinbrecher. Sie schenkte Bilija einige Bildbände über Kunstgeschichte und klassische Werke. Außerdem nahm sie Bilija zu Lesungen der Literaturgesellschaft Hessen mit. Niemand beachtete Bilija, aber sie beobachtete die anderen und lernte dabei immer besser Deutsch. Sie hörte gerne Lesungen.

Nach einiger Zeit des autodidaktischen Lernens suchte Bilija wieder einmal das Farbengeschäft auf, um sich etwas auszusuchen. Da entdeckte sie nahe der Kasse einen Aushang, von dem sie ein Blatt abreißen konnte. Sie ließ den Zettel zwei Tage lang auf ihrem Küchentisch liegen. Dann rief sie die junge Künstlerin Annemarie Freiberg an, von der der Aushang stammte. Sie bot einen Malkurs an, und Bilija sagte, dass sie diesen gern besuchen würde.

»Sie sind die einzige Teilnehmerin«, erwiderte Annemarie. »Mit nur einem Teilnehmer kann ich den Raum nicht bezahlen. Aber ich bin bereit, Sie zu Hause zu unterrichten.«

Und tatsächlich kam sie einmal die Woche für zwei Stunden, um Bilija zu unterrichten. Beim ersten Besuch bemerkte Annemarie Bilijas Bilder an der Wand.

Sie betrachte sie ausgiebig und fragte dann, wer sie gemalt habe.

»Ich«, sagte Bilija betont ruhig.

»Die Bilder sind gut, Frau Badaik«, entgegnete Annemarie Freiberg. »Sie haben Talent, aber sie müssen die Techniken erlernen.«

»Deswegen habe ich Sie hergebeten«, sagte Bilija selbstbewusst.

Der Privatunterricht ging über zwei Monate. Für das Frühjahr 2004 hatten sich wieder mehrere Teilnehmer für Annemaries Kurs angemeldet. Auch Bilija nahm teil. Wie in anderen Phasen ihres Lebens auch, erschloss Bilija rasch den Lernstoff und übte jeden Abend zu Hause weiter. Im Herbst organisierte Annemarie als Kuratorin die erste Ausstellung für Bilija in ihrem Atelier in Darmstadt. Bilija war begeistert und Annemarie ließ sie die Ehre spüren, die eine solche Kunstausstellung bedeutet. Danach war Bilija klar, dass Kunst mehr bedeutete als das, was die Künstlerin Annemarie ihr beibringen konnte. Doch um leben und ihre Kurse bezahlen zu können, musste Bilija noch mehr Arbeit annehmen. Allerdings verkaufte Familie Lürsen ihre Wohnung und zog weg. Frau Dierkes' Kinder hatten zu studieren begonnen und verließen ebenfalls das Haus. Für die Kinder von Frau Plantin galt dasselbe. Trotzdem – als einzige ließ Frau Plantin das Arbeitsverhältnis mit Bilija bestehen, worüber sie froh war – zwei Arbeitsstellen hatte sie aber verloren. Corina und Milan musste sie nicht mehr unterstützen, aber die Kunstkurse und auch die Malutensilien waren teuer.

Dann bekam Bilija eine Blasenentzündung. Was sollte sie jetzt tun? Sie lebte noch immer illegal in Deutschland und war in keiner Krankenkasse. Zufällig traf sie eine Freundin, die einen Arzt mit Namen Dr. Bugarski kannte, der unversicherten Menschen in Notsituationen ab und zu behandelte. Die Freundin gab Bilija die Adresse und die Telefonnummer. Doktor Bugarski überwies sie zum Urologen und empfahl ihr Dr. Münster, der in Sachsenhausen seine Praxis hatte. Dort bekam sie auch bald einen Termin und der Arzt untersuchte sie. Dr. Münster befragte Bilija auch kurz über ihre Lebensweise.

»Rauchen Sie, Frau Badaik?«

»Ja, ich rauche«, gab sie zu. »Zwei Päckchen Marlboro am Tag.«

Der Arzt sagte nichts dazu, aber Bilija war klar, dass das Rauchen nicht gesund war. Sie hatte es angefangen, als sie nach Deutschland gekommen war, um diese schwierige Zeit zu überstehen. Der Arzt sagte nach kurzem Schweigen: »Es besteht der Verdacht, dass Sie Tuberkulose haben. In sechs Wochen kommen Sie zur Kontrolle. Dann haben wir die Laborergebnisse.«

Verängstigt kam Bilija in ihrer Wohnung an. Sofort rief sie Corina an, um sich auch von ihr einen ärztlichen Rat zu holen.

»Mama, hast du Fieber?«

»Nein.«

»Hast du Husten.«

»Nein.«

»Und wie fühlst du dich? Ist dir übel? Fühlst du dich schlapp?«

»Nein, meine Liebe, nichts davon.«

»Mama, ich weiß nicht, aus welchem Grund dir dieser Urologe das gesagt hat, aber du hast bestimmt keine Tuberkulose.«

Bilija war erleichtert. Sie nahm sich aber fest vor, nicht mehr zu rauchen. Und von diesem Tag an hörte

Bilija auf zu rauchen und fasste nie mehr eine Zigarette an.

Nach sechs Wochen ging sie, wie besprochen, zur Kontrolluntersuchung bei Dr. Münster. Der lächelte sie an und sagte: »Frau Badaik, Sie sind gesund wie eine zwanzigjährige Frau. Sagen Sie, was machen Sie in ihrem Leben?«

»Ich lerne Malerei und halte mich mit Haushaltsarbeit über Wasser.«

Überraschend fragte Dr. Münster: »Hätten Sie Zeit, mein Haus in Ordnung zu halten? Ich bin sehr selten da und brauche jemanden, der den Haushalt macht und sich auch um die Katzen kümmert.«

Bilija versprach, nachzudenken. »Rufen Sie mich in einer Woche an«, sagte sie selbstbewusst. Und tatsächlich meldete sich der Doktor bei ihr und Bilija übernahm die Arbeit in seinem Haus. Er bezahlte sie gut. Dazu war er auf ihre Gesundheit bedacht und vertraute ihr die Hausschlüssel an, damit sie auch mal bei den Katzen übernachten durfte, wenn er nicht da war. Sogar am Telefon durfte sie sich während seiner Abwesenheit melden. Einmal meldete sich eine Frauenstimme »Claire ist hier.« Beim zweiten Mal rief Runa an, die dritte Stimme gehörte einer Frau Runswick und die vierte einer Sabine. Als Dr. Münster zur Mittagspause nach Hause kam, wollte Bilija Genaueres wissen.

»Herr Dr. Münster, da hat eine Claire angerufen, wer ist sie?«

»Das ist meine Frau.«

»Ich dachte, Runa ist Ihre Frau.«

»Ist sie auch.«

»Und wer ist Sabine? Sie fragte auch nach Ihnen.«

»Sie ist auch meine Frau.«

»Und Frau Runswick? Sie kommt sehr oft hierher und fragt nach Ihnen.«

»Sie ist meine Freundin.«

Bilija blieb beinahe der Mund offenstehen. Sie dachte, Dr. Münster würde Spaß machen, aber er sah sehr ernst aus, als er seine Antworten gab. Forsch und zugleich naiv, wie sie manchmal war, fragte Bilija: »Was machen Sie, um Gottes Willen, mit vier Frauen, Herr Dr. Münster?«

Der Arzt lächelte Bilija an, wandte sich ab und ging weg. Ab sofort fragte sie ihn nicht mehr nach seinen Frauen. Sie spürte, dass sie das nichts anging und dass sie einen Schritt zu weit gegangen war. Dr. Münster war ein eigenartiger Mensch, aber die Bezahlung und sein Umgang mit Menschen war korrekt. Er hatte auch Kontakte zur Kunstszene und förderte junge Künstlerinnen und Künstler. Bilija sagte sich, dass sie das auch ohne seine Förderung schaffen würde. Sie beschloss, sich ihm gegenüber zurückzuhalten. Dennoch sprach sie mit ihm über Kunst. Dr. Münster empfahl ihr eine Kunstschule in Offenbach. Dort wurde sie aber nicht angenommen, denn mit ihren 52 Jahren war sie für einen Studienplatz zu alt.

BILIJAS ERSTE AUSSTELLUNG

Dann aber las sie zufällig ein Plakat an der Frankfurter Hauptwache mit der Aufschrift »Kunstkurse, Malerei«, durchgeführt vom Berufssverband Bildender Künstler in Hessen. Kursleiter war Hartmut Hopf. Der Kurs kostete 110 Euro pro Semester. Bilija schrieb sich die Kontaktdaten ab und rief sofort, als sie zu Hause war, dort an. Sie sprach mit dem Kursleiter, überwies das Geld und nach drei Wochen begann sie mit dem Malkurs. Doch schon bald genügte Bilija das, was ihr vermittelt wurde, nicht mehr. Sie hatte das Gefühl, schon alles zu kennen. Derweil besorgte Dr. Münster ihr Bücher über Proportionen und dank ihrer guten Beobachtungsgabe konnte sie vieles malen. Trotzdem wollte sie noch mehr lernen. In derselben Schule meldete sie sich auch bei der Künstlerin Eliane Rock an, die Zeichnen und Aktzeichnen unterrichtete. Bei Eliane lernte sie sehr viel, nicht nur über Malen und Zeichnen, sondern auch über das Leben als Künstlerin. Manchmal stand Elianes Mann Roland, ein Architekt, Modell, wenn ein Gärtner gemalt werden sollte. Von ihm erfuhr Bilija, dass beim Verkauf eines Bildes nur das Bild selbst, nicht aber die Rechte verkauft wurden. Diese Information war für Bilija, ihre Zukunft betreffend, sehr wichtig. Zuhause malte sie weiter und erstellte interessante Arbeiten.

Eines Tages im Sommer 2006 lernte Bilija die Eheleute Maja und Günter Tabel mit ihrem Sohn Julian kennen. Sie hatten auch einen Hund, den sie sehr verwöhnten. Der Name des Terriers war Rolly und die Hündin wurde gehalten wie ein Familienmitglied. Bilija kannte die Frau, die Tabels den Haushalt führte.

Sie war auch aus Serbien und sollte ausreisen und wurde krank. Um ihre Stelle nicht zu verlieren, suchte sie eine Vertretung. Bilija war bereit, das zu übernehmen. Weil sie nach der Hausarbeit im Malkurs mit Eliane über ihre Bilder sprechen wollte, hatte sie einmal ihre Mappe mitgenommen. Maja fragte, was Bilija denn da bei sich hätte.

»Das sind meine Arbeiten«, erklärte Bilija. »Von hier aus gehe ich zum Unterricht.«

»Kann ich das mal sehen?«, fragte Maja skeptisch. Sie dachte wohl, dass Bilija sich nur wichtigmachen wollte. Bilija gab ihr die Mappe. Maja öffnete sie desinteressiert, dann ging sie zum Tisch, setzte sich und blätterte nun aufmerksam in der Mappe. Bilija zog sich zurück und ging ihrer Arbeit nach. Als sie Feierabend hatte, verlangte sie nach ihrer Mappe. Maja sagte: »Bilija, deine Bilder sind sehr schön. Ich habe mit meinem Mann darüber gesprochen. Wir werden für dich eine Ausstellung in der Tanzschule Beulke organisieren. Die ist in einem berühmten Schloss in Darmstadt. Bilija zögerte, dann sagte sie: »Ich weiß nicht, ob das geht, denn mein Aufenthaltsstatus hier ist noch nicht geregelt.«

»Das klären wir«, beruhigte Maja Tabel sie. »Wir werden dich aus Serbien zum Ausstellen einladen. Du bist eine Künstlerin. Für Künstler gelten andere Regeln als für die anderen. Für die erste übernehmen wir deine sämtlichen Kosten hier.«

Bilija wusste nicht, ob sie träumte. Erlebte sie ein Märchen oder war das die Wirklichkeit? Aber nach zwei Wochen erhielt Bilija von Herrn Tabel die unterschriebene Einladung, die sie der deutschen Botschaft in Belgrad vorlegen sollte. Von Eliane bekam sie zertifiziert, dass sie eine Künstlerin war und dass sie Ausstellungen durchführe. Das Zertifikat war mit einem

Stempel des Berufsverbands Bildender Künstler Hessen versehen. Zuletzt bescheinigte Frau Steinbrecher ihr, dass sie bei ihr wohnen konnte.

Mit diesen Dokumenten ausgestattet, überquerte Bilija im Sommer 2006 die Grenze nach Serbien zum letzten Mal illegal. Es gab keine Probleme. Die Fahrt mit Rados Kombi, einem privaten Kurierdienst, der nur acht Reisende mitnahm, war teurer als erwartet, dafür lief aber alles reibungslos. Dagegen war es schwierig, in die Deutsche Botschaft zu kommen, denn es erwartete Bilija wieder die ihr schon vertraute Menschenschlange. Manche warteten schon seit drei Tagen. Von dem Andrang profitierten viele Serben, die in der Nähe der Botschaft wohnten. Die Restaurants und Kioske in der Umgebung waren 24 Stunden geöffnet, die Anwohner vermieteten ihre Stühle oder Sessel für einen Euro am Tag und findige Helfer unterstützten die Antragsteller gegen Bezahlung beim Ausfüllen der Formulare. Die verzweifelt wartenden Menschen schwiegen und zahlten, um in die Botschaft zu kommen. Und niemand wusste, ob er dort sein Visum bekommen würde oder nicht. Für Bilija war es ein ganz besonderes und erhebendes Gefühl, nicht mehr in dieser Schlange warten zu müssen. Denn für Geschäftsausreisen und für Künstler galten in der Tat andere Regeln. Ohne lange anzustehen, bekam Bilija ein Künstlervisum für Deutschland. Bedingung war, dass sie sich in Deutschland ausschließlich mit Kunst beschäftigte.

Auf dem Rückweg fuhr sie wieder mit Rados Kombi. Sie kam mit Rado ins Gespräch und Bilija berichtete von der geplanten Ausstellung. Da fragte Rado: »Hast du die serbische Botschaft und den Konsul eingeladen?« Bilija verneinte.

»Die musst du einladen. Du gehst in Frankfurt zum serbischen Konsulat und bringst Einladungskarten dorthin. Eine richtest du an den Konsul persönlich. Er heißt Radomir Kalisnov.«

»Och, die werden bestimmt nicht kommen«, winkte Bilija ab.

»Egal. Hauptsache, du lädst sie ein.«

Bilija sagte nichts dazu, aber wie so oft, beschloss sie, der Empfehlung Folge zu leisten.

Maja und Günter Tabel freuten sich mit Bilija. Maja kuratierte die Ausstellung und tat alles dafür. Für Bilija war das eine ungewohnte Erfahrung, dass andere, reiche Leute sich so für sie einsetzten. Und mit Ausstellungsorganisation kannte sie sich gar nicht aus! Sie hatte ihre Bilder und das sollte ihr fürs Erste genügen. Alles andere würde sie nach und nach lernen. Zur Vernissage kamen alle Gäste, die Bilija wichtig waren. Aus der Schweiz reisten Farika und ihr Mann Rosko an, die ihr beim Überqueren der Grenze geholfen hatten. Jochen Martrek und seine Freundin Marina, die er inzwischen geheiratet hatte, waren auch da. Natürlich ebenso die Gastgeber der Ausstellung, Tabels, und einige serbische Freunde. Und Leni war gekommen! Bilija wartete aber insgeheim noch auf jemanden. Um kurz vor 18 Uhr betrat ein gutaussehender und mit braunem Anzug und weißem Hemd gepflegt gekleideter Mann den Ausstellungsraum. Aus dem Augenwinkel musterte Bilija seine glänzenden Markenschuhe. Der Mann ging direkt auf die Bilder zu, rückte seine Brille zurecht und stellte sich dicht vor die Bilder. Bilija beobachtete ihn weiter aus der Ferne und merkte, dass er an den Bildern sehr interessiert war. Spontan ging sie auf ihn zu und sagte: »Guten Abend, mein Name ist Bilija. Ich bin die Künstlerin dieser Ausstellung.« Er schaute von oben auf sie herab und sagte mit wohlklingender, ausgeglichener Stimme: »Guten Abend. Ich bin der Generalkonsul der Republik Serbiens, Radomir Kalisnov.«

Bilija führte sich geehrt, denn ein Generalkonsul geht nur zu ausgewählten Veranstaltungen. Sie sprachen kurz. Kalisnov interessierte sich dafür, seit wann Bilija malte und wie sie auf die Idee gekommen war, sich mit Kunst zu beschäftigen. Dann sprach der Generalkonsul mit anderen Gästen, die da waren. Bilijas Blick fiel auf einen Mann, der in der Tür stand und in den Raum hineinschaute, ohne ihn zu betreten. Bilija bat ihn herein. Er sagte:»Nein, ich bin der Fahrer des Generalkonsuls. Ich komme nicht rein.« Da ging Bilija zum Konsul und fragte, warum sein Chauffeur nicht in die Ausstellung hereinkommen könne.

»Er darf nicht. Sein Platz ist dort«, sagte Kalisnov knapp.

Bilija verstand nicht viel vom Protokoll und der Etikette. Aber als die Begrüßungsrede gehalten wurde, holte sie den Fahrer in den Ausstellungsraum. Er blieb nur kurz und ging schnell wieder an seinen Platz zurück.

Mit dieser Ausstellung begann Bilijas Leben als Künstlerin in Frankfurt am Main. Da sie Bilder verkaufte, wollte sie auch Steuern zahlen und eine Krankenversicherung für sich abschließen. Frau Steinbrecher sprach mit einem Versicherungsvertreter. Viermal kam er zu Bilija zum Gespräch, bis er bereit war, eine Versicherung bei der Technikerkrankenkasse für sie abzuschließen. Bilija dachte aber schon weiter: Es lief gut. Eine Krankenversicherung hatte sie jetzt. Sie verkaufte Bilder und verdiente Geld. Also musste sie auch Steuern zahlen. Im Internet suchte sie nach einem Steuerberater. Durch das Informatikstudium ihres Sohnes hatte sie nämlich gelernt, mit dem Computer umzugehen. Sie hatte ihn immer unbemerkt beim Lernen beobachtet und dadurch mitgelernt. Nun las sie, dass es auf der Zeil einen Steuerberater gebe. Bilija machte sich auf den Weg. Doch auf der Zeil fand sie die Namen nicht. Sie war erschöpft und wollte sich im Haus der Bildung mit einem Kaffee stärken, denn dort gab es eine Cafeteria, in der Menschen wie Bilija sich einen Kaffee leisten konnten. Auf halbem Weg dorthin las sie auf einem Messingschild am Eingang eines Hochhauses: »Vester und Partner, Steuerberater«. Bilija beschloss, hineinzugehen. Das tat sie, fuhr mit dem Aufzug in den 8. Stock und klingelte. Die Tür ging auf und Bilija wartete im Flur. Da wurde sie von einem hochgewachsenen Mann mit gepflegter Erscheinung angesprochen. Bilija nannte den Grund ihres Besuchs. Er wollte wissen, wie Bilijas Status war und sie erklärte, dass sie ein befristetes Künstlervisum hatte.

»Ich brauche einen Steuerberater, der die Steuererklärung für mich anfertigt.«

»Zuerst müssen Sie aber zum Steueramt gehen, um sich anzumelden.«

Bilija bedankte sich und fuhr zum Finanzamt in der Gutleutstraße. Dort bekam sie ihre Steuer- und ihre Identifikationsnummer. Damit ging sie wieder zum Steuerberater und wurde als Klientin angenommen. So wurde aus der illegal untergekommenen Bilija Badaik eine offizielle steuerzahlende Bürgerin der Stadt Frankfurt am Main.

In dieser Zeit hatte sie oft mit der serbischen Botschaft zu tun, denn sie stellte immer wieder ihre Bilder aus und brachte den Botschaftern Einladungen zu Veranstaltungen mit. Sie hätte diese auch mit der Post senden können, fand es so aber viel persönlicher. Von zwischenmenschlichem Kontakt hielt Bilija viel, denn für sie war alles besser, wenn sie mit einem Menschen über ein Thema sprechen konnte. Unter anderem befreundete sie sich mit der jungen serbischen Konsulin Jutrica Mladgranic, einer hübschen und intelligenten jungen Dame, die die rechte Hand des serbischen Generalkonsuls war. Wenn Bilija ein Anliegen hatte, konnte sie zu ihr oder zum Konsul Kalisnov gehen. Dieser fragte sie eines Tages, während sie über Beiläufges gesprochen hatten: »Was ist mit Ihrem Visum, Frau Badaik?«

»Es läuft in einigen Wochen ab.«

»Sie müssen es verlängern lassen.«

»Ja«, sagte Bilija. »Dafür muss ich nach Serbien gehen und ich weiß nicht, ob sie mir nochmal ein Visum ausstellen werden. Ich bleibe lieber einfach so hier.«

Der Konsul, der in einem großen und sehr bequemen schwarzen Ledersessel saß, schaute Bilija über den Rand seiner Brille hinweg an. Seine braunen Augen strahlten Klugheit und freundlichen Nachdruck aus. Ruhig sagte er: »Nein, Frau Badaik, Sie reisen nach Serbien, beantragen ein Visum und kommen wieder her, aber offiziell.«

Bilija sah ihn respektvoll an. Dieser Mann forderte sie heraus, ihr Leben in den Griff zu bekommen. Tat sie das, was er sagte, würde sie problemlos reisen können, da ihre einjährige Aufenthaltsgenehmigung, die bis zum Herbst 2007 gelten würde, noch nicht überschritten war.

AUFENTHALTSRECHT ALS KÜNSTLERIN

In Serbien angekommen, verbrachte sie ihre Zeit zuerst mit Corina. Ihre Tochter, die kein eigenes Geld besaß und in der Zwischenzeit einen Sohn bekommen hatte, den sie Ailai nannte, war von ihrem Mann und seiner Familie abhängig. Trotzdem hatte sie an der medizinischen Universität ihren Abschluss mit der Note Zehn gemacht. Danach hatte sie drei Monate als Assistenzärztin in der Klinik Sokobanja gearbeitet und auch in den Dörfern des ganzen Gebiets die Patienten betreut, die nicht zum Arzt gehen konnten oder wollten. Zuletzt hatte sie die Ärztliche Staatsprüfung in Belgrad abgelegt. Als sie sich mit ihrer Mutter traf, sagte sie stolz: »Mama, ich bin hier mit allem fertig. Es wird Zeit, dass ich zu Bojan, der mein Mann und der Vater von Ailai ist, nach Amerika gehe. Ich bin so froh, dass wir uns sehen, denn Gott weiß, wann wir uns wiedersehen können.«

So vergingen zwei für Bilija traumhafte Wochen mit Corina, Ailai und ihren Schwiegereltern Marinka und Radisa, die für Corina wie Ersatzeltern waren. Alle waren froh, dass Corina ihren Traum, Ärztin zu werden, trotz aller Widrigkeiten wahr gemacht hatte. Die zwei schönen Wochen gingen für Bilija viel zu schnell vorbei. Auch Simon begegnete sie. Doch zwischen ihnen war nur eine Art Freundschaft geblieben, wie sie zwei Menschen pflegen, die zwar gemeinsame Kinder haben, aber sich darüber hinaus nicht viel zu sagen haben. Bilija hatte sich geschworen, dass sie niemals jemand berühren dürfe, der ihr nicht mit Leib und Seele zugetan war. Denn sie hatte es gründlich satt, vom Leben und von der Liebe betrogen zu werden. Simon respektierte das und ließ sie in Ruhe.

Dann flog Corina mit Ailai in die USA und Bilija blieb, um ihr Künstlervisum zu verlängern. In der deutschen Botschaft in Belgrad wurde sie zum Leiter bestellt. Ihre Mappe hatte sie wieder dabei. Der Botschafter sprach mit Bilija Deutsch. Bilija beherrschte die deutsche Sprache in Wort und Schrift mittlerweile recht sicher. Der Mann sah ihr ernst in die Augen und sagte: »Frau Badaik, Sie sind Künstlerin.«

»Ja.«

»Sie arbeiten dort als Künstlerin, verdienen Geld und zahlen Steuern und Versicherung.«

»Ja.«

»Wir können Ihnen solch ein Visum nicht mehr erteilen. Wir müssen Ihnen einen Aufenthaltsstatus gewähren. Das wird aber dauern, aber so sind die Gesetze.«

»Wie lange wird das dauern?«, fragte Bilija.

»Bis zu sechs Wochen. Nehmen Sie diese Liste. Hier steht alles, was Sie an Dokumenten benötigen.«

Der Botschafter erhob sich und zeigte Bilija so, dass das Gespräch zu Ende war. Sie verließ den Raum. Erst im Bus nach Eischenor las sie, was in dem Papier geschrieben war. Da stand:

Punkt 1: 10.000 Euro

Punkt 2: Kranken- und Rentenversicherung

Punkt 3: Wohnung

Wo sollte Bilija so viel Geld hernehmen, um sich ihren Wunsch zu erfüllen? Sie beschloss, ihr Gold zu verkaufen und den Erlös auf ihr Konto einzuzahlen. So machte sie es auch, aber es war nicht genug. Von ihrem Bruder Ljubce lieh sie sich auch 400 Euro, aber es reichte immer noch nicht. Zu ihrer Überraschung sprang Simon mit 300 Euro ein, die er von den Ernteerträgen übrigbehalten hatte. Bilija versprach, dass sie es bald zurückzahlen werde und war von ihrem Mann positiv überrascht: Das letzte Geld, das er im Haus hatte, gab er für Bilijas Visum aus!

Bilija zahlte die 10.000 Euro auf das angegebene Konto. Die erforderlichen Versicherungsscheine erhielt sie mit der Post. Am selben Tag erhielt sie einen Brief ohne Absender. Sie öffnete ihn und las: »Sehr geehrte Frau Badaik, wir freuen uns, Ihnen Ihre Police überreichen zu dürfen.« Es war die Police der Zentralversicherung in Deutschland. Bilija war mehr als erleichtert. Denn nach den schönen Tagen mit Corina war nun eine schwere Zeit in Serbien für sie gekommen. Ihre Eltern und die weitere Verwandtschaft lehnten ihre Tätigkeit als Künstlerin ab. Nur ihren Bruder Ljubce und seine Frau Violeta hatte sie auf ihrer Seite – und ihre Kinder. Aber Gischa und Gica verurteilten sie. Bilijas Mutter kam die Malerei so vor, als führe ihre Tochter ein Lotterleben und habe alle Moralvorstellungen über Bord geworfen. Naiv wie sie war, hatte Bilija ihren Eltern die Aktzeichnungen gezeigt, die sie in Elianes Kursen angefertigt hatte. Die Reaktion war blankes Entsetzen: »Du bist ja von allen guten Geistern verlassen! Du bist nicht mehr meine Tochter!«, rief Gica aus. Bilija war bestürzt und enttäuscht. Sie verstand das Verhalten ihrer Mutter nicht. Als sie sich von ihren Eltern verabschieden wollte, stieß ihr Vater sie von sich weg. Gischa hatte einen Ausdruck in den Augen, als sei Bilija ein Stück Dreck.

In Simons Familie erging es ihr nicht besser. Ihre Schwiegermutter Dora verhielt sich abweisend und wollte Geld von ihr, das sie nicht geben konnte, weil sie nichts hatte. Daraufhin schickten Dora und Simon Bilija mit Waren zum Markt, die sie verkaufen sollte. Am Ende steckte Simon das ganze Geld ein. So wurde

Bilija von ihrer Familie aus ihrem eigenen Garten vertrieben, denn sie gehörte nicht mehr dazu. Simon sagte zu ihr: »Wenn du nicht mit der Malerei aufhörst, werde ich dich über das Balkongeländer schmeißen.« Bilija erwiderte: »Dann werde ich nicht mehr nach Hause kommen, und basta.«

Sie dachte an Scheidung. Zugleich hatte sie Angst vor diesem Wort, denn es erinnerte sie an ihre Kinderheirat und an spätere verächtliche Worte: »Sie war verheiratet.« Bilija hatte Sorge, dass man denken würde, eine geschiedene Frau sei für jeden Mann da. Und sie begriff, warum Simon ihr das Geld für das Visum geliehen hatte: Er wollte sie einfach aus dem Haus, aus dem Dorf und der Umgebung weghaben. Es war eine grausame Zeit für Bilija, als sie noch nicht aus Serbien ausreisen konnte. Ihr fehlte noch die Bescheinigung über eine Wohnung. Da rief sie Frau Steinbrecher an und beschrieb ihre Situation. Frau Steinbrecher wandte sich an die Ausländerbehörde in Frankfurt und besprach die Möglichkeiten, Bilija nach Deutschland zu holen. Sie wurde rechtlich beraten und bescheinigte schließlich, dass Bilija ihre Freundin war, dass sie Bilija brauche und dass Bilija bei ihr kostenlos wohnen könne, solange sie in Deutschland sei.

Nach vier Monaten und einer Woche bekam Bilija im Herbst 2007 eine auf drei Jahre befristete Aufenthaltserlaubnis für Deutschland, verbunden mit einer Arbeitserlaubnis, ausschließlich als Künstlerin tätig zu sein.

DIE STÄDEL-ABENDSCHULE

»Ich habe Abendessen vorbereitet, Bilija. Ich bin sehr froh, dass du wieder hier bist. Ich war traurig ohne dich und habe dich vermisst.«

So sprach Anna Lena Steinbrecher und umarmte Bilija. Für eine Weile verharrten sie in der Umarmung. Bilija dachte, Frau Steinbrecher und sie waren wie zwei einsame Seelen, die ihre Eigenständigkeit nicht aufgeben wollten und trotzdem füreinander da waren. Frau Steinbrecher war froh, dass sie sich jederzeit auf Bilija verlassen konnte und Bilija war glücklich, dass sie ein Dach über dem Kopf hatte und sich ohne Einschränkungen auch in Lenis Wohnung, im Keller und im Garten bewegen durfte. Sie fühlte sich zu Hause. Immer wieder dankte sie Leni für alles, was sie für Bilija getan hatte. Sie spürte, dass ihre Vermieterin keine finanziellen Interessen ihr gegenüber hatte, sondern vielmehr wusste, dass Bilija kein Geld hatte, und sie trotzdem so sehr schätzte.

Kurz nach Bilijas Rückkehr nach Frankfurt hatte auch Milan sich gemeldet und nach ihrer Reise erkundigt. Unter anderem wollte er wissen, ob bei seinem Vater in Serbien alles gut sei. Bilija bestätigte es. Milan entschuldigte sich dafür, dass er die nächste Zeit nicht würde kommen können, weil er ein Projekt in Dänemark durchführe. Und er gratulierte seiner Mutter auch dafür, dass sie offiziell als Künstlerin in Deutschland aufgenommen worden sei und nun nicht mehr in Angst leben müsse.

Bilija wiegelte seine Gefühle etwas ab und meinte knapp: »Mach du deine Sachen, ich mache meine. Wir werden uns schon irgendwann wiedersehen.«

Nach dem Telefonat machte sie sich frisch und ging zu Leni Steinbrecher zum Abendessen. Der Abend verging in einer angenehmen Atmosphäre. Leni berichtete in aller Ausführlichkeit von dem Hin und Her mit der Ausländerbehörde und wie aufwändig es gewesen sei, die Bewilligung ihres Antrages zu erreichen. Umso glücklicher war sie darüber, dass Bilija nun da war.

Anfang 2008 ging Dr. Münster in den Ruhestand. Bilija gab die Stelle auf, denn seine Lebensart war ihr fremd. Jochen Martrek führte mit seiner Marina eine glückliche Ehe. Bilija fühlte sich im Vergleich dazu wie ein Straßenhund, den jeder mit Füßen treten oder mit Schlägen vertreiben konnte. In der Wohnung, die ihr Refugium war, dachte sie intensiv an ihren Mann. Der aber war in Serbien und beabsichtigte nicht, mit Bilija noch einmal zusammenzukommen. Sie sah ihre Familie vor sich, die zerrüttet war und die nichts mehr zusammenführen konnte. Nie wieder würden sie wie früher gemeinsam in einem Haus auf einem Grundstück leben. In Bilijas Kopf entstand ein Text aus literarischen Zeilen, die sie niederschrieb:

> ... Und so verging die Zeit.
> Wir gehen wie leere Hüllen
> Mit der Hand voll Erde aus unserem Garten
> Und unserem Familienfest.
> Unsere Liebsten zerstreuten sich
> Mit dem Familienfest in der linken Tasche des Sakkos
> Und suchten eine neue Welt.
> Und du und ich warten auf den Zug,
> Der niemals kommen wird
> Um die aufgehobene Erde
> Unter der blauen Rose zu begraben
> Und unsere Herzen zurückzuholen ...

Als Bilija dieses Gedicht aufgeschrieben hatte, ging es ihr besser. In den nächsten Tagen beruhigte sie sich und fand zu ihrem normalen Künstlerdasein zurück.

Nach zwei Jahren bei Eliane genügten ihr die Kurse nicht mehr. Bilija wollte sich weiterentwickeln. Sie sprach mit ihrer Lehrerin darüber, dass sie gern Kunst studieren würde. Eliane schlug ihr vor, es an der Städel Kunsthochschule zu versuchen. »Deine Arbeiten sind gut. Ich bin sicher, dass du an der Städelschule aufgenommen wirst.«

Bilija meldete sich sofort und wurde zum Vorstellungsgespräch eingeladen. Doch die Botschaft war ernüchternd: »Sie sind gut, Frau Badaik, doch für einen Studienplatz sind Sie mit 55 zu alt«, hörte sie auch hier. »Aber wir empfehlen Ihnen die Städelabendschule. Dort muss man keine Aufnahmeprüfung bestehen, muss auch keine Abschlussprüfung ablegen und bekommt nur ein Zertifikat. Aber für Künstler ist das auch nicht so wichtig, oder?«

Die Sekretärin überreichte Bilija alle wichtigen Unterlagen. Die Abendschule wurde von der Künstlerin Franka Schweiger geleitet, die selbst in der Städelschule Kunst in der Klasse von Roman Esser belegte und auch Kunstpädagogik studierte. Bei ihr bewarb sich Bilija und wurde für das Wintersemester 2008/2009 aufgenommen.

Eines Abends rief Frau Steinbrecher Bilija zu sich. Anna Lena Steinbrecher entstammte einer Juristenfamilie und kannte sich mit deutschem Recht sehr gut aus. Sie hörte, wie Bilija nach Hause kam und rief ihr von ihrer Küche aus zu, wo sie, wie so oft, ihre Zeit am gedeckten Tisch verbrachte. Denn Leni merkte es immer, wenn Bilija den Hausflur betrat. Bilija blieb stehen und ging in Lenis mit Nippes überfüllter Küche stehen. Frau Steinbrecher sagte: »Bilija, du hast mich gefragt, was du noch machen kannst, was nicht mit zu schwerer körperlicher Arbeit verbunden ist?«

»Ja.«

»Ich habe im Aja Textor Goethe-Haus nachgefragt«, sagte Leni und strich sich ein Butterbrot. Sie nahm Aprikosenkonfitüre aus einem Gläschen und strich sie über die Butter. Sie legte die Schnitte auf den Tisch und fuhr fort: »Sie suchen ehrenamtliche Mitarbeiter. Du kannst mit demenzkranken Menschen arbeiten. Das wird für die Mitarbeiterinnen eine Erleichterung sein. Die Pfleger werden entlastet und die Menschen haben eine Beschäftigung. Du musst dich ans Bürgerinstitut wenden. Die sind dafür zuständig.«

Anna Lena Steinbrecher nahm ihre belegte Brotscheibe, biss hinein und machte »hmmm.« Dieser Laut war ein Zeichen dafür, dass es ihr schmeckte und dass sie mit Bilija für diesen Abend fertig war. Bilija bedankte sich und wünschte Frau Steinbrecher eine gute Nacht. Kaum in ihrer Wohnung angekommen, rief Leni sie noch mal an. »Die werden dich weiter beraten.«

Anderntags setzte sich Bilija umgehend mit dem Bürgerinstitut in Verbindung. Dort erhielt sie die Kontaktdaten der Ansprechpartnerin im Aja Textor Haus. Bilija bekam die Aufgabe, einmal in der Woche von 10 Uhr bis 11:30 Uhr mit demenzkranken Menschen zu malen. Diese Arbeit gefiel ihr sehr. Bilija lernte eine wichtige Lektion für ihr Leben. Alle Bemühungen, sich zu profilieren und Erfolg zu haben, verlieren am Lebensende ihre Bedeutung. Bilija lernte von den Anthroposophen außerdem, dass der Mensch sich nur so viel nehmen soll, wie es für das Leben notwendig ist.

Bilija merkte, dass die Menschen, um die sie sich jetzt kümmerte, Doktoren und andere hochgebildete Akademiker gewesen waren, die von diesen Qualifikationen jetzt keine Vorstellung mehr hatten. Sie malten in einer Gemeinschaft im Gartenhaus des Aja Textor Goethe-Komplexes und wussten nicht mehr, dass sie früher Anwälte, Doktoren für Physik oder reiche Unternehmer gewesen waren. An Bilija würden sie sich nicht erinnern können, sie würden nicht wissen, wer Bilija war, aber sie wussten, dass sie malten. Sie kamen zum Malen und waren sehr froh darüber.

Die Kurse an der Städel-Abendschule besuchte Bilija allabendlich von 18 bis 21 Uhr. Sie traf dort ihren Künstlerkollegen Vatir, der die Kurse ebenfalls besuchte. Nicht alle, er bevorzugte Malen und Aktzeichnen: »Wenn man diese beiden Disziplinen beherrscht, dann kann man alles malen.«

In der Abendschule musste Bilija hart arbeiten. Der Lernstoff wurde sehr schnell vermittelt und sie musste sich sehr darauf konzentrieren. Die Dozenten waren sehr kompetent und Bilija war begeistert von allen Lehrenden, sie liebte alle Fächer: montags Zeichnen, dienstags Malen nach dem Vorbild der alten Meister, donnerstags freies Malen, freitags Aktzeichnen, alles bei Franka Schweiger. Mittwochs unterrichtete Mona Rambach Kunstgeschichte.

Im zweiten Semester belegte Bilija Maltechniken bei Ludger Köhler und im dritten Semester besuchte sie zusätzlich den Kurs Bildhauerei bei Lisa Merschuka und Maja Holsten. Bilija ging jeden Abend zum Unterricht. Sie fand Menschen, die ihre Bilder kauften, und so hielt sie sich über Wasser. Ihre künstlerische Begabung sprach sich herum und Bilija begann im Frankfurter Raum auszustellen. Bilijas Ausstellung im

Haus der Bildung war ein Verkaufserfolg. Nach dem Vorschlag von Dr. Martina Kohler, die enge professionelle Kontakte zur Leitung des Hauses unterhielt, ermöglichte Dr. Jan Klarsdörfer, der in dieser Zeit die Leitung innehatte, Bilija, 67 Gemälde auf drei Stockwerken in den Fluren des Hauses auszustellen. Der schön gepflegte Flur wurde in eine Galerie umgewandelt und jedes Jahr wurden alle sechs Wochen wechselnde Ausstellungen organisiert. Bilija, die gelernt hatte, sich bescheiden und zurückhaltend zu benehmen, wurde in die Frankfurter Kunstkreise aufgenommen. Auch in der Familie von Leni war sie herzlich willkommen.

Und doch fehlte Bilija das gewisse Etwas. Sie spürte, dass sie noch auf der Suche war. So verfolgte sie jetzt ganz besonders, was um sie herum in der Abendschule passierte, denn sie wollte das gewisse Etwas, wenn sie es fand, nicht verpassen. Bilija bekam mit, dass in Gesprächen oft über die Städelschule geredet wurde. Aber darüber hinaus wurde über den neu gegründeten Kunstverein *ProgressArt* gesprochen. Dieser Verein war von Künstlern der Städelakademie, die in der Klasse von Roman Esser studierten, gegründet worden. *Künstler der Städelakademie?,* dachte Bilija. Das musste etwas ganz Besonderes sein. Wie konnte sie dieses Ziel erreichen? Das hier war nur die Abendschule. Für kurze Zeit machte sie sich Gedanken darüber, doch dann ließ sie ihre Überlegungen fallen, denn sie würde es niemals erreichen, *Künstlerin der Städelakademie* zu sein. Sie war froh, überhaupt hier zu sein, lernte fleißig und verfolgte alles, was die Dozenten ihr vermittelten. Sie lernte auch Mitstudenten kennen, doch es entwickelten sich keine näheren Freundschaften, weil die anderen merkten, dass Bilija sich nur für die Kunst interessierte. Sie suchte die

Nähe der Dozenten und es entwickelten sich kollegiale Beziehungen, so wie es zwischen Studierenden und ihren Dozenten möglich ist. Bilijas Fragen wurden kompetent beantwortet und die Dozenten diskutierten mit ihr über ihre Arbeiten. Dadurch veränderte sich Bilijas Leben, sie wurde sehr aufmerksam und aufgeschlossen gegenüber allem und sie war ständig auf der Suche nach Ideen, Motiven und potenziellen Käufern ihrer Bilder.

Wie schon oft, führte sie ihre Suche auch an einem Samstag Anfang Juni ins Nordwestzentrum, einem größeren Einkaufszentrum im Frankfurter Norden. Das Künstlerleben war Bilijas Traum, aber in Wirklichkeit bedeutete es einen ständigen Kampf um die Existenz. Sie hatte mit einem Kunden ein Verkaufsgespräch über ein Bild geführt, doch weil der Handel nicht zustande gekommen war, fühlte sich Bilija enttäuscht und müde. An der U-Bahn-Station wartete sie darauf, nach Hause zu kommen. Sie setzte sich auf eine Bank und beobachtete die Menschen, die schwere Einkaufstüten schleppten. Erschöpft fiel ihr Blick immer wieder auf die elektronische Anzeigetafel. Gelbe Buchstaben leuchteten auf dunklem Hintergrund: »U 1 Richtung Südbahnhof in 5 Minuten.«

Gut, dachte Bilija, ich muss nicht mehr lange warten. Nach drei Minuten wurde die Einfahrt der Bahn angekündigt. Die Menschen schickten sich an, einzusteigen, so auch Bilija. Da hörte sie hinter sich eine exotisch klingende Musik, die immer lauter wurde. Sie drehte sich um: Ein Mann mit einem Fahrrad fuhr die Rolltreppe herunter mit der Absicht, in die U-Bahn zu steigen. Der Mann musste Mitte 60 sein. Bilija fand ihn schön. Er war groß, schlank, gut gebaut und hatte ein angenehmes, ebenmäßiges Gesicht. Er trug einen elegant wirkenden Seidenanzug, der ihm sehr gut stand, und eine Mütze. Am Lenker seines Fahrrades war ein Korb befestigt, in dem ein Kassettenrekorder lag, aus dem die Musik erklang. Der Mann hielt den Lenker fest und bewegte sich im Takt der Musik. Dann ließ er einen Griff los, bewegte auch den nun freien Arm zu den Klängen. Er begann zu tanzen, nach rechts, nach links, zwei Schritte vor und zwei zurück, dann drehte er sich um und machte wieder zwei Schritte vor und zwei zurück. Die U-Bahn fuhr ein. Die Türen öffneten sich. Die Fahrgäste stiegen ein und Bilija setzte sich auf den ersten freien Platz. Der Mann schob sein Fahrrad in die U-Bahn und tanzte weiter. Er tanzte so elegant, als ob er sich auf einer Tanzfläche der Alten Oper bewegte. Da fiel sein Blick auf Bilija, der er wohl anmerkte, dass sie von seinem Tanz angetan war. In seiner Tanzposition verharrend, rief er ihr zu: »Ich bin reich!« und setzte wieder zu tanzen an. Bilija ließ sich keine Regung anmerken und dachte: »Es ist mir egal, ob Sie reich sind. Und ich bin müde.«

Er setzte sich jetzt zwei Plätze entfernt von ihr nieder, hielt noch immer mit einer Hand sein Fahrrad fest, und bewegte sich jetzt im Sitzen. Ab und zu warf er einen Blick auf das frische Gemüse, das sich in einem weiteren Korb befand, der auf dem Gepäckträger seines Rades befestigt war. Er lächelte dem Gemüse zu. Bilija fand die Musik noch immer sehr angenehm. Zwei junge Paare konnten die Geräuschkulisse aber nicht ertragen und wechselten den Platz. Auch zwei Männer waren aufgestanden und hatten sich ins hintere Abteil gesetzt. Doch Bilija blieb sitzen. Dem Tänzer schien es zu gefallen, dass Bilija seine Zuschauerin und Zuhörerin war. Die Stationen zogen vorbei: Goldbrettstraße ... Grüneblattweg ...

Beim Ebersheimer Tor stand der Tänzer auf, nahm sein Fahrrad, lächelte Bilija an und sagte: »Tschüs, Madame. Das Leben ist trotzdem schön.«
Bilija verabschiedete ihn mit einem kurzen Tschüs. Er winkte und stieg aus, die Bahn fuhr weiter. Aber der Satz »Das Leben ist trotzdem schön« klang noch lange in ihr nach. Solche kleinen Begegnungen konnten sie sehr erfreuen, doch viele Leute hatten für künstlerische Menschen wie diesen Mann kein Verständnis.

LENI STEINBRECHERS GEBURTSTAG

Als sie zu Hause ankam und hinauf in ihre Wohnung wollte, rief Leni ihr zu: »Bilijaaa! Komm zu mir!« Bilija folgte dem Ruf und betrat Frau Steinbrechers Wohnung. Leni saß im Wohnzimmer und sah fern. Sie fragte Bilija, warum sie in letzter Zeit so übermüdet aussehe. Bilija erzählte von ihren Problemen. Sie hatte nämlich nach und nach ihre Arbeitsstellen aufgegeben, um künstlerisch tätig sein zu können, aber nun verdiente sie kaum noch Geld. Jetzt aber drohte ihr, dass sie ihre Existenz verlor. Leni sagte: »Bilija, du liest deine Texte auch bei Veranstaltungen in der serbischen Gruppe und du liest auch bei deinen Ausstellungen. Ich gebe dir jetzt etwas, das du lesen sollst.«

Die alte Dame ging zum Regal, zog ein Buch heraus, schlug es auf und zeigte Bilija die aufgeschlagene Seite. Bilija begriff sofort: »Das ist ein Gedicht, Frau Steinbrecher. Es hat aber keinen Titel.«

»Ja, es hat keinen Titel, aber es ist für dich und es wird dir den Weg zeigen. Das Buch ist sehr alt. Du musst es sehr sorgfältig aufbewahren.«

Dann trug sie Bilija das Gedicht vor und schloss mit den Worten: »Es ist von Goethe. Wenn du in deiner Wohnung bist, dann lies es solange, bis du es verstehst.«

Bilija nahm das Buch und wandte sich zum Gehen, doch Leni hielt sie noch einmal auf: »Da ist noch etwas. Am Sonntag in einer Woche werde ich 82 Jahre alt. Ich feiere groß im Garten. Brigitte, meine Schwiegertochter, wird für diese Feier das Essen vorbereiten. Daniel, mein Sohn, besorgt die Getränke. Meine Tochter Mireille und meine Enkelin Sarah werden auch kommen. Ich lade dich herzlich zu meiner Geburtstagsfeier ein. Und ich möchte dich bitten, Brigitte zur Seite zu stehen, um ihr zu helfen, denn es werden sehr viele und berühmte Menschen kommen, unter anderem Klaus Fehrmann.«

»Klaus Fehrmann? Kenne ich nicht.«

»Ich weiß, dass du ihn nicht kennst. Du wirst ihn kennenlernen, er kandidiert als unser zukünftiger Oberbürgermeister und wir werden uns alle Mühe geben, dass er auch gewählt wird.« Leni setzte hinzu: »Wir werden einen gemütlichen Nachmittag haben. Vielleicht werde ich den nächsten Geburtstag schon im Himmel feiern. Mit den Engeln.«

Sie lächelte Bilija an. »Nein!«, erwiderte diese vehement. »Das darf nicht geschehen. Was wird dann aus mir? Es ist besser, Sie bleiben auf der Erde und wir feiern weiter. Ich komme in jedem Fall zu Ihrem Geburtstagsfest und ich helfe auch Brigitte.«

Bilija wollte aus dem Zimmer gehen, da rief Leni noch so nebenbei: »Du verstehst nicht, was alles Goethe mit diesem Gedicht sagen wollte, aber wenn du es mehrmals liest, dann wirst du es begreifen.«

Bilija verabschiedete sich ohne Erwiderung und ging in ihre Wohnung. Als sie etwas gegessen und getrunken hatte, setzte sie sich in ihren Sessel und las das Gedicht, das Leni ihr mitgegeben hatte. Beim ersten Lesen verstand Bilija nicht genau, was Goethe mit diesem Gedicht gemeint hatte. Sie stand auf und nahm das Buch mit in ihr Schlafzimmer, um dort noch einmal nachzudenken.

Der nächste Tag war ein Sonntag. Ein ruhiger Tag nach einer Woche Anstrengung. Bilija stand auf und machte sich frisch. Sie kochte sich einen Kaffee und brachte ihn zum Wohnzimmertisch. Dort hatte sie schon das Buch bereitgelegt. Auch hatte Bilija am Vorabend eine Scheibe Brot mit Pflaumenmarmelade vorbereitet und mit einer Frischhaltefolie bedeckt. Das war ihr Sonntagsfrühstück. Sie zog die Folie ab, nahm das Marmeladenbrot und biss hinein. Dann trank sie zwei Schlucke Kaffee. Sie griff nach dem Buch und las das Gedicht noch einmal:

Feiger Gedanken
Bängliches Schwanken
Weibisches Zagen
Ängstliches Klagen
Wendet kein Elend,
macht dich nicht frei.
Allen Gewalten
Zum Trutz sich erhalten,
Nimmer sich beugen,
Kräftig sich zeigen
Rufet die Arme
Der Götter herbei![23]

Nach wiederholtem Lesen dieses Gedichts meinte Bilija zu verstehen, was Goethe damit sagen wollte, und beschloss, sich in Zukunft seiner Botschaft entsprechend zu verhalten.

In Bilijas Arbeitsumfeld hatte sich herumgesprochen, dass Bilija Künstlerin geworden war und dass sie auch versuchte, Geschichten und Gedichte zu schreiben. Weitere Stellen wurden ihr gekündigt, denn sie sei »... Künstlerin geworden. Ihre schlanken Finger sind nicht zum Putzen da. Bilija wird nie eine Putzfrau

---

[23] Johann Wolfgang Goethe: *Lila*. Singspiel 1777, zweiter Aufzug, 2. Szene.

sein.« So hatte es Frau Jasa im Gespräch mit ihren Freundinnen gesagt. Also stand Bilija in diesen Tagen öfter sehr besorgt vor dem Spiegel und dachte über ihre verlorenen Arbeitsstellen nach. Mit ihrer Kunst verdiente sie noch nicht genug, dass sie alles aufgeben konnte. Immerhin, mit Lenis Hilfe konnte sie gerade über die Runden kommen, auch wenn sie keine Putzarbeiten mehr ausübte. In dieser Stimmung dachte sie besonders an Lenis Einladung zu ihrem Geburtstag. Der Satz »sehr berühmte Menschen werden da sein« klang ihr noch immer in den Ohren und machte ihr Angst. Wie sollte sie sich benehmen? Bilija nahm sich vor, sich ganz natürlich zu verhalten. Denn, so hatte Goethe es geschrieben: *Nimmer sich beugen – kräftig sich zeigen* ... Bilija nahm sich vor, zum Kunstverein *ProgressArt* zu gehen. Dort würde sie versuchen, sich in der Kunstwelt zu etablieren.

Am Morgen von Lenis Geburtstag stand Bilija früh auf und ging zu der Freundin. Leni brauchte Hilfe bei der Auswahl ihrer Garderobe für den festlichen Tag. Leni war langsam und sprach auch sehr langsam. Sie hatte ein ausgeprägtes Umweltbewusstsein und warf fast nichts weg. Zwischen ihrem Kleiderschrank und ihrem Bett war nur ein halber Meter Platz. Leni öffnete den Schrank und bat Bilija, ihr die Kleider herauszugeben. Denn sie war eine kleine Frau und konnte nicht an die Bügel heranreichen. Wie sie ihre Sachen aber aufgehängt hatte, das wollte sie Bilija nicht sagen. Bilija gab Leni ein Kleid. Sie nahm es ihr ab, drehte es zweimal und sagte: »Schau, Bilija, wie schön das ist.« Dann gab sie es Bilija wieder und bat sie, es zurückzuhängen. »Dann gib mir das andere daneben.« Und Bilija gehorchte. So gab Bilija ihr die Kleider eins nach dem anderen, um sie dann alle in den Schrank zurückzuhängen. Ihr war diese Zeremonie nicht fremd, denn Leni hatte sie schon oft dazu eingeladen, sich ihre Kleider anzuschauen. Endlich entschied sie sich für einen langen Rock mit Volants. Ihre bequemen Sandalen zog sie an ihre bloßen Füße. Dazu trug sie eine weiße Seidenbluse, die einen Spitzenkragen hatte und vorne geknöpft wurde. In diesen Rausch der Garderobenauswahl drang Lenis Sohn Daniel ein, der die Getränke für die Feier brachte. »Stell sie bitte auf den Balkon«, sagte Leni.

Daniel machte es, wie ihm gesagt wurde, und richtete die Flaschen auf den Tischen auf dem Balkon und im Garten an. Dieser war nur an der Frontseite des Hauses freigeräumt, damit die Menschen sich setzen konnten. Danach begann eine Wildnis von 30 Metern Länge. In der Mitte war ein kleiner Platz freigelegt, dessen Fläche mit einem Mosaik bedeckt war, das Lenis verstorbene Tante gelegt hatte, dann folgte ein Gartenhaus und danach wieder Wildnis. Brombeeren und Kirschen wuchsen ohne gärtnerischen Eingriff. Man durfte hier weder schneiden noch etwas entfernen oder bearbeiten. Alles blieb naturbelassen. Man durfte aber davon pflücken und etwas probieren.

Brigitte brachte das Essen auf den großen Tisch im Garten. Nach 12 Uhr kamen die Gäste zu zweit, zu dritt oder allein und gratulierten Leni zum Geburtstag. Zu Bilija sagte Leni: »Du bleibst hier, bis die Gäste alle da sind, denn ich möchte dich vorstellen.« Bilija war überrascht, aber auch froh, in dieser Menschenansammlung nicht allein gelassen zu sein. Alle Freundinnen und Freunden stellte Leni Bilija nacheinander vor: »Das ist Sigrid Garbe, wir haben zusammen ein Buch geschrieben.« Sie gingen weiter. »Das ist Hans Bestmann. Der hat Marcel Prousts Roman ‚Auf der Suche nach der verlorenen Zeit' im Frankfurter Literaturhaus ganz vorgelesen. Weißt du noch, als wir dort zusammen auf einer Lesung waren?« Natürlich wusste Bilija das. Dann kam Babette. »Meine Liebe, ich freue mich, dich zu sehen«, wurde sie von Leni begrüßt. Babette schaute sich um, sagte »Guten Tag« zu allen und ging dann auf Leni zu: »Alles Gute zum Geburtstag, meine liebe Leni.« Diese bedankte sich, führte Babette zu Sigrid und kehrte zu Bilija zurück, um das Vorstellen fortzusetzen. »Das ist Warja Strix, das ist Inge Heinze, sie sind in der Literaturgesellschaft Hessen. Und hier ist Klaus Fehrmann, der als Oberbürgermeister für Frankfurt kandidieren wird. ... Und das ist ... Und das sind ... Jochen und Marina Martrek. Aber ich brauche sie dir sicher nicht vorzustellen.«

Als die Begrüßungen ein Ende genommen hatten, begann das Essen. Jeder nahm sich einen Teller und stellte sich vom Buffet das zusammen, was er haben wollte. Jeder fand im Garten einen Stuhl und genoss Lenis Geburtstag. Leni selbst thronte wie eine Königin auf einem Stuhl auf dem Balkon, hatte einen Teller auf den Knien, genoss das Essen und betrachtete ihren mit Freunden angefüllten Garten. Sie war froh, dass das Essen für alle reichte.

Leni war nicht arm, aber die Zeit der Emigration nach Frankreich mit ihren Eltern und Hunger und Entbehrung saßen ihr noch in den Gliedern. Jetzt aber gab es Nudeln mit Eiern und Käse, Scampi, Couscous, Würstchen, Frikadellen, Bohnensalat, Heringssalat und noch vieles mehr. Alle Anwesenden waren froh, an diesem Tag hier zu sein. Nach dem Essen trug Warja Strix ein Gedicht für Leni vor. Der bekannte Schauspieler Hans Bestmann verlas Briefe, die Lenis Vater Johann Anton Steinbrecher in der Emigration in Frankreich geschrieben hatte. Bilija beobachtete

Klaus Fehrmann. Da kam er zu ihr, unterhielt sich kurz mit ihr und entfernte sich dann wieder. Mit den Worten »Die Pflicht ruft« verabschiedete er sich von der Festgesellschaft. Nach den Lesungen und einigen Gesprächen verabschiedeten sich die älteren Gäste, denn viele gehörten Lenis Generation an.

Gegen 22 Uhr waren auch die letzten Gäste gegangen. Bilija und Brigitte blieben und räumten auf. Daniel nahm die Kisten mit den leeren Flaschen und brachte sie zum Auto. Dann fuhr er mit seiner Frau ab. Zurück blieben Leni und Bilija, um noch zu reden.

»Wie gefallen dir alle diese Leute?«

»Ach Leni, ich kenne sie nicht, aber es war ein wundervolles Fest. Alles Gute zum Geburtstag, meine liebe Frau Steinbrecher.«

Bilija umarmte Leni und küsste sie auf beide Wangen.

»Vielen Dank«, sagte Leni kurz. »Und danke für deine Hilfe.«

Und da kamen ihr die Freudentränen. Bilija sagte: »Und jetzt kommt noch ein Geburtstagsgeschenk.« Bilija übergab Leni ein Porträt, das sie selbst von ihr gezeichnet hatte. »Vielen Dank, Bilija. Ich habe alles und brauche nichts, aber das ist etwas ganz Besonderes.«

ERFÜLLUNG ALS KÜNSTLERIN

Nach diesem Geburtstag wurde Leni irgendwie ruhiger. Sie wollte nicht mehr zu Lesungen ins Literaturhaus oder ins Gewerkschaftshaus gehen. Auch wurden ihre Kontakte immer weniger und sie war fast nur noch zu Hause. Und Bilija leistete ihr Gesellschaft. Sie dachte bei sich: Wegen der fehlenden Einkünfte sollte ich mir keine Gedanken machen. Es wird sich schon etwas ergeben mit der Kunstszene, das mir helfen wird, meinen Lebensunterhalt zu bestreiten. Ein altes Gedicht aus ihrer Heimat fiel ihr ein:

Mach dir keine Sorgen
Das Leben kümmert sich
Wo es Menschen gibt
Gibt es auch Geld[24]

Im Mai des folgenden Jahres kam Leni ins Krankenhaus und starb kurze Zeit später. In dieser Zeit trat Margret Holder, eine Freundin von Frau Jasa, überraschend in Bilijas Leben. Frau Holder war eine rundliche kleine Dame, die an Bilija als Künstlerin interessiert war. Frau Jasa hatte ihr von Bilijas Talent erzählt. Frau Holder war Kunstsammlerin und besaß mehrere Sammlungen, die sie Bilija zeigen wollte. Zu diesem Zweck durfte sie Frau Holder öfter in ihrem Haus besuchen. In dieser Zeit hatte Bilija schon einige Gedichte geschrieben. Sie las sie Frau Holder vor und

---

[24] Gedicht *Goldene Dukaten* von Aleksandar Stavlev, gesungen von der Gruppe Balkan Express, Solo Tanja Boskovic. Im Film „Balkan Express" singt Olivera Markovic.

bat sie um Korrektur. Frau Holder bereitete ihr immer ein richtiges Mittagessen zu, von dem Bilija sehr angetan war, denn so gut kochen wie Frau Holder konnte sie nicht. Die wiederum freute sich, dass sie einen Gast hatte, dem ihr Essen schmeckte. Mit den gemeinsamen Mahlzeiten begann die Freundschaft zwischen einer Künstlerin und einer Kunstförderin. Margret Holder war intelligent, gut erzogen und reich, aber auch einsam. Sie kaufte Bilder von Bilija. Auch Babette, die von Bilijas künstlerischer Entwicklung sehr angetan war, kaufte ebenfalls Bilder von ihr. Bilija ging es finanziell besser. Auch mit Jochen Martrek und seiner Frau Marina stand sie noch in Kontakt. Marina gab ihr Deutschunterricht, ohne Geld dafür zu nehmen. Sie brachte Bilija bei, wie man laut liest und richtig artikuliert. Auch sie kaufte für stattliche Beträge Bilder von Bilija, wenn ihr das Geld auszugehen drohte. Bilija fühlte sich gut und wurde immer selbstsicherer. Das merkte Margret Holder und sie sagte: »Ich merke, Bilija, dass es dir jetzt einigermaßen gut geht. Wir beenden jetzt unsere Treffen, denn ich möchte auch anderen helfen. Freunde werden wir aber bleiben. Ich werde weiter deine Bilder kaufen, wenn du etwas hast, das mir gefällt. Deine Kinder gehen ihren Weg. Du bist eine Künstlerin und du brauchst meine Hilfe nicht mehr.«

Bilija senkte den Kopf, denn es tat ihr leid, von Margret Holder Abschied zu nehmen.

»Mach weiter und geh deinen Weg«, sagte diese. »Du kannst es.«

Und Bilija machte weiter. Sie fand eine Wohnung im Gallusviertel, weil sie in dem Haus von Steinbrechers nicht bleiben konnte. Dort übte sie sich weiter in der Malerei, um ihre Technik noch weiter zu verbessern.

Ihr Ziel war es, im Kunstverein *ProgressArt* auszustellen, und sie ging oft dorthin. Der Verein befand sich im Städelshof in der Breiten Gasse in der Frankfurter Innenstadt. Dort fand für eine Woche die Ausstellung »Stadt Zirkus« statt. Bilija ging an jedem Abend hin. Sie betrachtete die Kunstwerke und verfolgte das Treiben der Künstler. Besonders fiel ihr ein Mann auf, dessen Gesicht sie schon in der Frankfurter Allgemeinen Zeitung gesehen hatte. Sie erkannte ihn jetzt auf dem *Hochzeitsbild des Kunstvereins ProgressArt* wieder. Es war Jacek Nowak, der Gründer des Kunstvereins. Ein Idol der Kunstwelt.

Am letzten Abend der Ausstellung wandte sich Bilija an ihn:

»Guten Abend. Sind Sie Jacek?«

Er sah von oben auf sie herunter wie ein Tiger auf eine Maus, denn er war sehr groß und Bilija kam sich winzig vor. Für einen Moment strahlte ein Licht in seinen blauen Augen, dann wurde er ernsthaft und sagte gedehnt »jaa.«

»Mein Name ist Bilija Badaik. Ich bin eine Künstlerin der Städelabendschule. Ich würde gerne hier ausstellen. Ist das möglich?«

»Sprechen Sie mit Fritz Heine. Er ist der Kurator hier. Er steht neben der Tür.«

Bilija leistete Folge und suchte den hochgewachsenen Mann auf, der in seinem langen, schwarzen Ledermantel eine sehr gepflegte Erscheinung hatte. Auch er sah Bilija von oben herab an, strich sich durch die kurzgeschnittenen Haare, die nach vorne zur Seite gekämmt waren, und sagte dann: »Es gibt keine Möglichkeit. Unser Ausstellungsraum ist für die nächsten drei Jahre ausgebucht.«

»Da habe ich wohl Pech gehabt«, gestand Bilija sich ein.

Sie besuchte aber weiter die Ausstellungen des Kunstvereins *ProgressArt,* vor allem im Städelshof in der Breiten Gasse. Dort beobachtete sie, wie die Künstler sich verhielten, was sie malten und welche Techniken sie anwendeten. Oft kaufte sie zwei Bier, die sie dann an der Theke zurückließ, um später noch mal zwei zu ordern. Mit dieser kleinen Spende wollte sie dem Verein helfen. Denn der Kunstverein *ProgressArt* musste im Mai 2012 das Haus in der Breiten Gasse aus Gründen der Gebäudesicherheit räumen und war nun ohne Bleibe. Jacek Nowak organisierte unter dem Label »ProgressArt im Exil« eine zweijährige Ausstellungsreise durch Museen und Galerien in verschiedenen deutschen Städten. Von 74 Künstlerinnen und Künstlern nahm er Bilder mit auf seine Reise. Die Wanderausstellung trug den Titel *Wurzeln weit mehr Aufmerksamkeit widmen.* Von Bilija hatte Jacek das Bild *Blumen auf der Fensterbank* ausgewählt. Darüber freute sich Bilija sehr.

Noch mehr beglückten sie aber die guten Nachrichten, die von ihren Kindern kamen. Corina und ihrer Familie ging es in Amerika gut. Sie arbeitete als Ärztin. Auch Milan hatte die richtige Partnerin gefunden, ein junges Mädchen, das seinetwegen aus Nazih nach Frankfurt gezogen war.

Schlecht aber waren die Neuigkeiten, die aus Serbien kamen. Es war im Frühjahr 2015, als Bilijas Mutter anrief und sagte: »Deinem Vater geht es nicht gut. Nur dass du es weißt.«

»Kann ich mit ihm sprechen?« Sie hörte, wie Gica ihm das Telefon weiterreichte. Gischas Stimme war schwach und Bilija fragte: »Papa, soll ich nach Hause kommen?«

»Ja«, hauchte er. »Ich werde sterben.«

So schnell und einfach aber kam man von Frankfurt nicht nach Serdar. Bilija buchte einen Flug, so zügig es ging. Aber am anderen Morgen war ihr Vater schon verstorben. Mit ihrer Nichte – Danika lebte mit ihrem Mann und ihren Kindern inzwischen auch in Deutschland – flog sie gemeinsam nach Belgrad, von dort reisten sie mit dem Bus nach Serdar. Sie kamen rechtzeitig zur Beerdigung. Am Grab bat Bilija ihren Vater um Verzeihung, nahm Abschied und verzieh ihm, dass er sie wegen der Kunst verstoßen hatte. Eine Woche nach der Beerdigung kehrte sie nach Frankfurt zurück. In diesem Jahr erhielt Bilija, die jetzt 62 war, ihre unbefristete Aufenthaltserlaubnis.

Zwei Jahre später rief Simon an und sagte, dass seine Mutter im Sterben liege. »Die Ärzte sagen, dass keine Besserung zu erwarten ist. Sie fragt nach dir. Du musst aber nicht kommen. Komm aber, wenn du willst.« Auch dieses Mal machte sich Bilija sofort für die Reise nach Serbien bereit. In ihrem Haus in Eischenor betrat sie den Raum, wo Dora auf dem Sterbebett lag. Sie lächelte, als sie Bilija sah, ihre Augen bekamen einen fast schwärmerischen Glanz. Dora war sehr schwach, doch konnte sie mit sanfter Stimme sagen: »Die Bilija ist gekommen.«

Im Raum waren ihre Tochter Branka und noch weitere Familienmitglieder. Alle wirkten darüber überrascht, dass Dora am Ende ihres Lebens solch eine Liebe für Bilija zeigte. Bilija setzte sich zu ihr. Dora sagte mit schwacher Stimme: »Ich werde sterben. Was wird mit Simon geschehen nach meinem Tod? Sprich mit den Kindern, dass sie ihn nicht im Stich lassen.«

»Wir werden ihn nicht im Stich lassen.«

»Versprich es mir bitte. Ich weiß, dass einiges zwischen euch vorgefallen ist, aber bitte versprich es mir.«

Bilija versprach es und ihre Schwiegermutter schloss die Augen.

Nach der Beerdigung kehrte Bilija rasch nach Frankfurt zurück und widmete sich konzentriert der Malerei. Sie erhielt wichtige Ausstellungsangebote. Im Jahr 2018 stellte Bilija in Rom bei dem Projekt *Künstler für die Philippinen* aus. Ihr Gemälde *Unverhofft* und ein Text von ihr dazu wurden dort verkauft. Wieder kam ein Anruf aus Serbien, von Bilijas Bruder Ljubce: »*Dado*, ich muss dir mitteilen, dass Mama gestorben ist. Du weißt ja, dass sie mit dem Herzen etwas hatte. Aber sie ließ sich nicht operieren. Gestern bekam sie einen Anfall. Wir haben sie an den Inhalator angeschlossen, aber es half nicht. Dann haben wir den Arzt angerufen, doch sie starb, ehe der Arzt da war, innerhalb von fünf Minuten.«

Wieder bereitete sich Bilija auf eine Beerdigung vor, wieder reiste sie zusammen mit Danika, diesmal mit dem Flugzeug. Der Flug ging bis Belgrad. Von Belgrad nach Serdar fuhren sie mit dem Taxi. Am späten Abend waren sie dort. Gica lag ruhig in ihrem Sarg. Es gab keine bösen Worte, keine Streiterei, keine Vorwürfe. Bilija zündete eine Kerze an und weinte. Sie weinte tief und ausgiebig. Wortlos bat sie ihre Mutter dafür um Verzeihung, dass sie nicht nach deren Werten und Vorschriften hatte leben können und wollen. Als sie keine Tränen mehr hatte, dachte sie: »Ich verzeihe dir, Mama.«

Bilija war sehr traurig, dass sie beide Eltern nicht mehr lebendig gesehen hatte.

Auf dem Friedhof bat sie die Blaskapelle, für ihre Mutter zu spielen. Sie gab den Musikern etwas Geld dafür. Als sie fertig waren, nahmen sie ihre Instrumente unter den Arm und gingen weg. Bilija wechselte einige Worte mit Ljubce und Violeta. Dann wandte Bilijas Bruder sich ab, um seinen Traktor für die Rückkehr ins Dorf bereitzumachen. Bilija kniete sich noch einmal vor den Grabstein, küsste die Fotografien ihrer beiden Eltern und sagte: »Wiedersehen Mama, wiedersehen Papa. Ich muss nach Deutschland. Ich habe noch zu tun.«

Drei Tage später flog sie mit Danika zurück nach Frankfurt. Dort ging sie zum Eisernen Steg und warf zwei Blümchen in den Main. »Das ist für euch, meine lieben Eltern. Eins für Papa, eins für Mama. Ich muss jetzt Abschied nehmen und euch zurücklassen, denn meine Kunst ruft mich.«
Ein lebhaftes Vogelgezwitscher war zu hören und Bilija konnte nicht genau sagen, ob es traurig oder fröhlich war.

Vorgeschichte

Die Familie Fari   5

1. Teil
Ein eigenwilliges Mädchen   12

Bilija bekommt einen Bruder   14
Die Schule und die Schafe   21
Die Weinlese und andere Ereignisse   33
Geborgen in den Traditionen   41
Bilija wird vorgezeigt   53
Die aufgezwungene Heirat   64
Die Wirtschaftsschule   73
Bilija beißt sich durch   85
Die Gastfamilie in Caroli   99
Zwei Frauen am Brunnen   116
Urgroßmutter Lilica   126
Ehrgeizige Vorhaben   140

2. Teil
Aufstieg und Fall   160

Der Internationale Frauentag   162
Ein neues Zuhause   168
Schmerzliche Erinnerungen   174
Der kleine Doriel   180
Bewältigungsstrategien   190
Simon fährt wie ein Henker   197
Die beiden Kinder   205

Mutterinstinkt und Mutterglück	214
Der Baumarkt in Eischenor	225
Das eigene Haus	233
Die Sache mit der Kuh	243
Der Schritt in die Selbstständigkeit	256
Badaiks Familienfest	264
Der Lebensmittelladen *Bunweni*	271
Eine tatkräftige Geschäftsfrau	279
Der Krieg rückt näher	287
Eine bittere Enttäuschung	295
Angst um Corina	301
Bilija bricht auf	308

3. Teil
Auf dem Eisernen Steg — 312

Allein in Frankfurt	314
Bilija schlägt sich durch	319
Dr. Martrek	327
Das Verfahren gegen Bilija	337
Heimlich über die Grenze	343
Bilija kämpft für Milan	350
Eine bessere Wohnung	361
Die Kunst als Quelle	368
Bilijas erste Ausstellung	376
Aufenthaltsrecht als Künstlerin	383
Die Städel-Abendschule	387
Leni Steinbrechers Geburtstag	396
Erfüllung als Künstlerin	403

Gemälde
von Aleksandra Botic

1. Teil:
„Junge Familie"
Öl auf Leinwand
60 x 78 cm

„Der Sternenhimmel"
Öl auf Leinwand
63 x 78 cm

2. Teil:
„Zwei Frauen am Brunnen"
Öl auf Leinwand
63 x 78 cm

„Lilica"
Öl auf Leinwand
63 x 68 cm

3. Teil:
„Im Fluss"
Öl auf Leinwand,
150 x 290 cm

„Künstler in der U-Bahn"
Öl auf Leinwand
63 x 68 cm

ALEKSANDRA BOTIC, geb. 1953 in Srbovo, Serbien. Besuch der Handelsschule, Kauffrau im Einzelhandel, Unternehmerin in Serbien. Ab 2004 Leben als Künstlerin in Frankfurt am Main. 2006-2008 Ausbildung zur Künstlerin beim BBK, 2008-2013 Besuch der Städel-Abendschule. Einzel- und Gruppenausstellungen in Frankfurt, Darmstadt, Schlangenbad, u.a. im Haus der Volksarbeit und im Kunstverein Familie Montez. Ausstellungen in Rom, Palermo, Zürich, Luxemburg. Seit 2015 Veröffentlichungen in Anthologien. 2017 ein eigener Gedichtband. Mitglied im Kunstverein Familie Montez. Leitung von Malkursen in Sozialzentren und privat. Vorsitz des Kunstvereins Farben International. 2020 literarisches Arbeitsstipendium vom Land Hessen.
https://www.ab-galerie.de

SUSANNE KONRAD lebt und arbeitet in Frankfurt am Main. 1965 in Bonn geboren, studierte sie Literaturwissenschaft und Geschichte. 1995 promovierte sie über Goethes *Wahlverwandtschaften*. 2005 erschien ihr erster Roman *Camilles Schatten*. Die Autorin hat (auch als Dr. Susanne Czuba-Konrad) Fachbücher, Romane und Erzählungen veröffentlicht, ferner zahlreiche literarische und redaktionelle Beiträge. Schwerpunkte ihrer schriftstellerischen Arbeit sind die Diversität in der Liebe, in der Inklusion, in der lokalen Identität. Im Herbst 2017 erhielt sie ein Arbeitsstipendium vom Hessischen Ministerium für Wissenschaft und Kunst und im Sommer 2021 ein Brückenstipendium von der Hessischen Kulturstiftung. Sie ist Autorin in der Bibliothek der Generationen des Historischen Museums Frankfurt.
www.susanne-konrad.de

In der edition federleicht bereits erschienen:
Walzer mit Mr. Spock. Erzählungen. 2020.

In den Erzählungen von Susanne Konrad geht es um die Liebe und um die Frage, was wichtiger ist, die Konvention oder die Wahrhaftigkeit des Gefühls – auch jenseits gesellschaftlicher Schranken.

In der Erzählung „Martin in der Kammer" verliebt sich eine junge Frau in den geistig behinderten Sohn ihrer Dienstherren. Zu diesem Text gibt es eine Übersetzung in einfache Sprache von Marianne Arndt, die ins Buch aufgenommen wird.

Die Erzählung „Annabelle und ihr wilder Stier" handelt von der Liebe einer Studentin zu einem älteren sozialen Außenseiter.

In der titelgebenden Geschichte „Walzer mit Mr. Spock" geht es um die Liebesbeziehung zwischen einer Psychiatriepatientin und ihrem Arzt.

SUSANNE KONRAD
WALZER MIT MR. SPOCK
ERZÄHLUNGEN
Softcover, 152 Seiten
ISBN 978-3-946112-53-2, 12,50 EUR

Drei verletzte Frauen.
Und die Liebe, die sie nicht gesucht haben.

Er ist sicher keine Romanze, der neue Erzählband von Susanne Konrad *Walzer mit Mr. Spock*. In klarem, trockenem Stil schreibt die Autorin über das Zueinanderfinden von Menschen unter Widrigkeiten wie Psychiatrieaufenthalten, Suchterkrankungen oder geistiger Behinderung – Erzählungen, die gesellschaftlich indoktrinierte Grenzen literarisch überschreiten, vielleicht gar überwinden.

„Susanne Konrad zeigt auch, dass man die Liebe anderer nicht bewerten darf. Jeder hat das Recht, seine Liebe so zu leben, wie er möchte. Das erfordert Toleranz.

In jedem Fall ist Walzer mit Mr. Spock ein Lesevergnügen mit Tiefgang und absolut empfehlenswert."

— Petra Seitzmayer

BISHER ERSCHIENEN IM VERLAG

THOMAS BERGER
DER FREMDE ARCHIVAR
ROMAN
Festeinband, 292 Seiten
ISBN 978-3-946112-80-8, 24,00 EUR

JONAS ZAUELS
DIE REISE DES ELIAS MONTAG
ROMAN
Softcover, 212 Seiten
ISBN 978-3-946112-72-3, 13,95 EUR

KAREN AYDIN
SAPPHOS SPRUNG
ROMAN
Softcover, 376 Seiten
ISBN 978-3-946112-71-6, 15,95 EUR

BERNDT SCHULZ
EIN HERBST AUF DEM LAND
ROMAN
Softcover, 250 Seiten
ISBN 978-3-946112-74-7, 14,95 EUR

SYLVIA SCHMIEDER
SALING aus dem Wald
ROMAN
Softcover, 182 Seiten
ISBN 978-3-946112-70-9, 13,95 EUR

PETER JABULOWSKY
LENA
Zwischen Liebe und Intrige
ROMAN
Softcover, 308 Seiten
ISBN 978-3-946112-61-7, 14,95 EUR

JONAS ZAUELS
BOHÈME
ROMAN
Softcover, 270 Seiten
ISBN 978-3-946112-58-7, 14,00 EUR
E-Book ISBN 978-3-946112-64-8, 10,99 EUR

JANNIS RAPTIS
ELASPHERA
Band 1 – Der Fall des Kaisers
ROMAN
Softcover, 876 Seiten
ISBN 978-3-946112-48-8, 19,00 €
E-Book ISBN 978-3-946112-65-5, 15,99 €

BIRGIT SINGH-HEINIKE
KINARE UND DIE UMARMUNG
DER UNENDLICHKEIT
ROMAN
Softcover, 288 Seiten
ISBN 978-3-946112-54-9, 14,50 EUR

BERNDT SCHULZ
SCHÖNE GRÜNE WELT
EPISODEN VOM LAND
ROMAN
Softcover, 192 Seiten
ISBN 978-3-946112-36-5, 14,00 EUR
E-Book ISBN 978-3-946112-43-3, 11,99 EUR

PATRICK WEBER
DER PFAD DES
EWIGEN FEUERS
ROMAN
Softcover, 480 Seiten
ISBN 978-3-946112-34-1 , 16,80 EUR
E-Book ISBN 978-3-946112-39-6, 12,99 EUR

PATRICK WEBER
DER BOTE
DES JÜNGSTEN GERICHTS
ROMAN
Softcover, 390 Seiten
ISBN 978-3-946112-24-2, 14,80 EUR
E-Book ISBN 978-3-946112-40-2, 11,99 EUR

JOHANNES CHWALEK
GESPRÄCHE AM TEETISCH
ROMAN
Softcover, 198 Seiten
ISBN 978-3-946112-35-8
13,00 EUR
E-Book ISBN 978-3-946112-42-6
10,99 EUR

DANA POLZ
DER SCHMIERFINK
ROMAN
Festeinband, 275 Seiten
ISBN 978-3-946112-09-9 , 16,00 EUR

ANTHEA BISCHOF
DES ZIMMERMANNS SOHN
Von Blut und Wein
NOVELLE
Softcover mit Klappen, 245 Seiten
ISBN 978-3-946112-33-4, 15,00 EUR

BERNDT SCHULZ
GLÜCKLICHE PAARE
IN UNGLÜCKLICHEN ZEITEN
ERZÄHLUNGEN
Softcover, 202 Seiten
ISBN 978-3-946112-68-6, 13,95 EUR

CARINA SCHMIDT
WAS WISSEN HEILIGE VOM LEBEN
ERZÄHLUNGEN
Softcover, 156 Seiten
ISBN 978-3-946112-55-6, 13,00 EUR

SUSANNE KONRAD
WALZER MIT MR. SPOCK
ERZÄHLUNGEN
Softcover, 152 Seiten
ISBN 978-3-946112-53-2, 12,50 EUR

CHRISTIANE WIDROWSKI
JEDES JAHR EIN
SCHMETTERLING
Mit Gemälden von Brigitte Struif
ERZÄHLUNGEN
Softcover, 160 Seiten
ISBN 978-3-946112-28-0, 14,50 EUR

IRENE BARTHEL
EINEN PULSSCHLAG LANG
ERZÄHLUNGEN
Softcover, 138 Seiten
ISBN 978-3-946112-12-9, 13,00 EUR

MATHIAS SCHERER
VOM IRRWITZ DES ALLTAGS
ERZÄHLUNGEN
Softcover, 210 Seiten
ISBN 978-3-946112-14-3, 15,90 EUR

KARINA LOTZ
WortRaum
ERZÄHLUNGEN
Softcover, 108 Seiten
ISBN 978-3-946112-00-6, 9,00 EUR

THOMAS BERGER
AUF DICHTERSPUREN
Literarische Annäherungen
BIBLIOPHILE AUSGABE
Illustrationen von Denis Mohr
Festeinband mit Schutzumschlag
und Leseband, 464 Seiten
ISBN 978-3-946112-52-5, 34,00 EUR

THOMAS BERGER
ALBERT CAMUS
ABSURDITÄT UND GLÜCK
ESSAY
Softcover, 80 Seiten
ISBN 978-3-946112-69-3, 12,00 EUR

THOMAS BERGER
WILHELM BUSCH
BEKANNT UND UNBEKANNT
ESSAY
Softcover, 48 Seiten
ISBN 978-3-946112-57-0, 8,00 EUR

THOMAS BERGER
DAS EUROPÄISCHE
FRIEDENSPROJEKT
ESSAY
Softcover, 94 Seiten
ISBN 978-3-946112-46-4, 8,00 EUR

THOMAS BERGER
„INMITTEN DER
EUROPÄISCHEN NACHT ..."
Erneuerung der
Sozialdemokratie
aus dem Geist des
„mittelmeerischen Denkens"
(Albert Camus)
ESSAY
Softcover, 48 Seiten
ISBN 978-3-946112-13-6, 8,00 EUR

THOMAS BERGER
GUTENBERG UND DIE
REFORMATION
Ein folgenreiches Bündnis
ESSAY, REIHE V
Softcover, 64 Seiten
ISBN 978-3-946112-32-7, 6,50 EUR

SONST GEHT ES MIR NOCH GUT
FELDPOSTBRIEFE VON
GEORG ROLLY
10. Mai 1940 bis 2. Februar 1944
Festeinband mit Leseband
336 Seiten
Herausgeberin: Eva Schlingmann
ISBN 978-3-946112-45-7, 28,00 EUR

KARINA LOTZ
ALLES AUF EINER KUHHAUT
Heitere Verse
Mit Illustrationen von Denis Mohr
Festeinband mit Schutzumschlag,
128 Seiten Format: 18 x 27 cm
ISBN 978-3-946112-17-4, 18,00 EUR

DAVID H. RICHARDS
MOSAIKO
GEDICHTE
Softcover, 106 Seiten
ISBN 978-3-946112-62-4, 12,50 EUR

ANDREAS EGERT
fehlfarbenfroh
APHORISMEN
Mit Zeichnungen von Norbert Städele
Softcover, 150 Seiten
ISBN 978-3-946112-66-2, 20,00 EUR

THOMAS BERGER
KURIOSE BEGEGNUNGEN
Tierisches & Menschliches
REIMGEDICHTE
Softcover, 106 Seiten
ISBN 978-3-946112-05-1, 15,00 EUR

THOMAS BERGER
ORTE UND WORTE
IMPRESSIONEN
GEDICHTE und FOTOGRAFIE
Softcover, 86 Seiten
ISBN 978-3-946112-19-8, 12,80 EUR

NIELS-JOHANNES GÜNTHER
WORTE HERZGEMACHT
GEDICHTE
Softcover, 140 Seiten
ISBN 978-3-946112-15-0, 14,90 EUR

JONATHAN RAPHAEL RICHARDS
GERADE DAS ERSCHÖPFTE SINGT!
GEDICHTE
Softcover, 36 Seiten, 2. Auflage 2016
ISBN 978-3-946112-11-2, 5,00 EUR

IRENE BARTHEL und
KARL PEIFER
FARBEN DES HORRORS / COLOURS OF HORROR
Impressionen in Worten /
Impressions in Words
Impressionen in Öl auf Leinwand /
Impressions in Oil on Canvas
Softcover, 60 Seiten
ISBN 978-3-946112-03-7, 16,90 EUR

... IM LEBEN / ... IN LIFE
ANTHOLOGIE
Festeinband, 48 Seiten
ISBN 978-3-946112-27-3, 12,00 EUR

TONY BÖHLE
PLAYLIST
TANKA
Mit Illustrationen von
Valeria Barouch
Softcover mit Klappen, 84 Seiten in Farbe
ISBN 978-3-946112-56-3, 18,00 EUR

RENATE DIEFENBACH
LYRISCHE REISEN
HAIKU
Festeinband, 68 Seiten
ISBN 978-3-946112-31-0, 15,50 EUR

BRIGITTE TEN BRINK
& GABRIELE HARTMANN
KNOTEN IM KOPF ...
DOPPEL-RENGAY und
TAN-RENGA
Softcover, 64 Seiten
Format: 16 x 16,5 cm
ISBN 978-3-946112-10-5, 9,50 EUR

DANA POLZ
FRAGIL
REIHE K
Festeinband, 140 Seiten,
Format: 8,5 x 12,5 cm
ISBN 978-3-946112-73-0, 12,00 EUR

BERNDT SCHULZ
DER GOTT DES GLÜCKS
EINE LIEBESGESCHICHTE
REIHE K
Festeinband, 176 Seiten
Format: 8,5 x 12,5 cm
ISBN 978-3-946112-60-0, 10,00 EUR

MATHIAS SCHERER
ERSTLINGSWERK
Ein Wiesbaden-Krimi
REIHE K
2. Auflage 2022
Festeinband, 120 Seiten
Format: 8,5 x 12,5 cm
ISBN 978-3-946112-25-9, 11,00 EUR

ERICH NIEDERDORFER
BRICKEGICKEL
KRIMINALROMAN
Softcover, 130 Seiten
ISBN 978-3-946112-78-5, 14,00 EUR

BERNDT SCHULZ
DIE RÜCKKEHR
DER KRANICHE
EIN LANDKRIMI AUS DER SCHWALM
Softcover, 246 Seiten
ISBN 978-3-946112-77-8, 14,95 EUR

HAJO GELLHAUS
MORD IM
TAUNUS ADVENTURE PARK
KRIMINALROMAN
Der zweite Fall
von Kommissar Leichtfuß
Softcover, 182 Seiten
ISBN 978-3-946112-30-3, 12,50 EUR
E-Book ISBN 978-3-946112-38-9, 9,49 EUR

HAJO GELLHAUS
MORD AN DER ALTEBURG
KRIMINALROMAN
Der erste Fall
von Kommissar Leichtfuß
Softcover, 176 Seiten, 4. Auflage 2018
ISBN 978-3-946112-06-8, 12,90 EUR
E-Book ISBN 978-3-946112-37-2
9,49 EUR

HAJO GELLHAUS
GOLDFÄNGER
KRIMINALROMAN
Softcover, 176 Seiten
ISBN 978-3-946112-20-4, 12,50 EUR

KARLHEINZ SELLHEIM (Hg.)
AUTORENTREFF
BAD CAMBERG E.V.
WELLENREITER
ERZÄHLUNGEN
Softcover, 295 Seiten
ISBN 978-3-946112-67-9, 12,00 EUR

FEDERSPRUNG
EINE HUMORIGE MISCHUNG
Softcover, 242 Seiten
ISBN 978-3-946112-49-5, 10,00 EUR

KRIMIS UND ANDERE
SPANNENDE GESCHICHTEN
ERZÄHLUNGEN
Softcover, 218 Seiten
ISBN 978-3-946112-18-1, 10,00 EUR

FRANK HARALD SCHRÖDER
DAS SCHWEINCHEN
RUTZEFUTZ UND SEINE FREUNDE
Texte und Lieder
Mit Illustrationen
von Marvin Herbring
Festeinband, Großformat in Farbe
88 Seiten
ISBN 978-3-946112-76-1, 20,00 EUR

GERHARD MOHLER (Hg.)
MÄRCHEN UND LEGENDEN
Für Kinder und Erwachsene
SCHRIFTKUNST
Festeinband mit Leseband
112 Seiten in Farbe
ISBN 978-3-946112-50-1, 18,00 EUR

NIELS-JOHANNES GÜNTHER
DIE SCHATZFÄNGER UND
DAS HÖHLENABENTEUER
JUGENDROMAN
Mit Illustrationen von
Lara Ennigkeit
Softcover mit Klappen
180 Seiten in Farbe
ISBN 978-3-946112-26-6, 18,00 EUR

EMELY ARNHEITER
LÜMPFLAND IN GEFAHR
ERZÄHLUNG
Mit Illustrationen von Denis Mohr
Softcover, 102 Seiten
Format: 17 x 17 cm
ISBN 978-3-946112-51-8, 15,00 EUR

BERNHARD SATTLER
LUALMA STRAHLT IN DIE WELT
ERZÄHLUNG
Mit Illustrationen von Denis Mohr
Softcover mit Illustrationen
153 Seiten, Format: 17 x 17 cm
ISBN 978-3-946112-22-8, 15,00 EUR

JELISAVETA KOVA
MIT TIERKINDERN AUF ENTDECKUNGSREISE
GESCHICHTEN
Softcover, 50 Seiten, Format: 21 x 21 cm
ISBN 978-3-946112-08-2, 11,80 EUR

SCHREIBTISCH.
Literarisches Journal
Ausgabe 2021
Softcover, 258 Seiten
ISSN 2567-1138
ISBN 978-3-946112-75-4, 14,00 EUR

Ausgabe 2020
Softcover, 236 Seiten
ISSN 2567-1138
ISBN 978-3-946112-59-4, 12,00 EUR

Ausgabe 2019
Softcover, 224 Seiten
ISSN 2567-1138
ISBN 978-3-946112-44-0, 10,00 EUR

Ausgabe 2018
Softcover, 160 Seiten
ISSN 2567-1138
ISBN 978-3-946112-07-5, 9,00 EUR

Ausgabe 2017
Softcover, 112 Seiten
ISSN 2567-1138
ISBN 978-3-946112-04-4, 8,00 EUR